„Unter all meinen Katzen war Sara meine große Liebe. Sie war der Prototyp einer Schriftstellerkatze. Sie liebte es, in meiner Nähe zu sein, wenn ich konzentriert an der Arbeit saß, und wusste immer genau, welche Distanz ich brauchte. Sie ließ mich soweit in Ruhe, wie ich es brauchte, und war doch da. Ein bisschen Gegenwart. Gemeinsam saßen wir in einer Wolke wortloser Vertrautheit. Stundenlang konnte das so gehen, mit genau dieser Distanz, genau dieser Nähe. Sonst brauchten wir niemanden.“

Anja Meulenbelt in „Geliebtes Untier“

W0085260

Dieses Buch widmen wir unserer Katze Hexe. Sie ist eine inspirierende, beruhigende, kraftgebende Katze, die uns beim Schreiben vielfältig mit ihrer Anmut und Liebe begleitet hat.

Barbara Messer, Sandra Masemann

Touch it

**Teilnehmer emotional berühren –
der Schlüssel zum Trainingserfolg**

managerSeminare Verlags GmbH, Edition Training aktuell

Barbara Messer, Sandra Masemann
Touch it
Teilnehmer emotional berühren – der Schlüssel zum Trainingserfolg

© 2012 managerSeminare Verlags GmbH
Endenicher Str. 41, D-53115 Bonn
Tel: 0228-97791-0, Fax: 0228-616164
info@managerseminare.de
www.managerseminare.de/shop

Printed in Germany

ISBN: 978-3-941965-38-6

Herausgeber der Edition Training aktuell:
Ralf Muskatewitz, Jürgen Graf, Nicole Bußmann

Lektorat: Jürgen Graf
Cover: Silke Kowalewski, istockphoto
Zeichnungen Kellerkinder: Uwe Müller, www.kunstundrestaurierung.de
Zeichnungen und Fotos: Masemann & Messer
Druck: Kösel GmbH und Co. KG, Krugzell

Inhalt

Touchdown – ein ungewöhnlicher Prolog

Jedem Anfang wohnt ein Zauber inne. Wir bekamen Post. Petra M. aus N. schrieb uns:

Sehr geehrte Frau Masemann, sehr geehrte Frau Messer,

seit einigen Jahren bin ich jetzt als Trainerin recht erfolgreich tätig. Ich habe ein pädagogisches Studium, einiges an Weiterbildungen, auch im Bereich NLP, und jede Menge branchenübergreifende Erfahrungen. Die Themen, die ich trainiere, sind im Soft-Skills-Bereich. Meine Teilnehmer sind oft Führungskräfte oder Teammitglieder, mit denen ich an einer besseren Kommunikation arbeite. Klar geht es um Konflikte und deren Bewältigung, aber auch schlichtweg um rhetorische Grundfertigkeiten.

Im Großen und Ganzen bin ich zufrieden, probiere hier und da eine neue Methode aus, da gibt es ja jede Menge Bücher mit tollen Anregungen. Meistens gefällt es den Teilnehmern. In letzter Zeit schaue ich mir jedoch die Feedbackbögen nach meinen Trainings genauer an. Sie sind gut – und dennoch kann ich zwischen den Zeilen Hinweise finden. Ich wirke irgendwie distanziert, ja fast abgeklärt, und zu gut organisiert. Neulich erfuhr ich eher durch Zufall von dem Feedback einer Teilnehmerin: „Die Trainerin sollte einfach mal natürlicher daherkommen. Sie war in allem tipptopp – und genau das glaube ich ihr nicht. Als wenn sie in jeder Situation immer alles perfekt formulieren könnte. Da würde ich gern mal Mäuschen spielen, wie die in Stresssituationen reagiert."

Das hat mich richtig umgehauen, ich grübelte die halbe Nacht. Seitdem frage ich mich, was ich tun kann. Haben Sie eine Idee für mich?

Zwischen den Zeilen der Feedbackbögen ...

anonym

Sehr geehrte Damen,

ehrlich gesagt, weiß ich gar nicht, warum ich Ihnen schreibe. Ein befreundeter Trainerkollege meinte: Junge, Du wirst immer egozentrischer, das ist kaum noch auszuhalten. Die beiden, die kenn ich aus einem Train-the-Trainer-Seminar. Nimm mal Kontakt mit denen auf.

Eigentlich bin ich super ...

Also, um es kurz zu sagen: Ich bin Verkaufstrainer, schon einige Jahre, und ich bin wirklich gut. Seit etwa einem Jahr geht meine Auftragslage allerdings zurück. Zuerst dachte ich, es hat mit der Wirtschaftslage zu tun. Hat sich der Markt verändert? War ich schon bei allen relevanten Kunden mit dem entsprechenden Budget? Mittlerweile habe ich daran meine Zweifel.

Ich bin jedenfalls der Experte, wenn es um Marketing und Vertrieb geht. Mit mir und meinen Kompetenzen können sich nur wenige Mitbewerber messen. Im Training sitzen die Teilnehmer oft mit offenem Mund da und haben dann an meiner deutlichen Botschaft zu kauen. Am allerliebsten mag ich ja Großveranstaltungen, da kriege ich sie alle und die Leute gehen richtig durchgeschüttelt raus. Das begeisterte bisher auch meine Auftraggeber.

Doch mein Kollege meinte nun: „Klar bist Du ein Überflieger, aber vielleicht fliegst Du im Training auch über den ein oder anderen hinweg. Ich glaube, Dir täte ein bisschen Demut gut."

Na ja, das wollte ich Ihnen gar nicht erzählen, ist aber vielleicht eine wichtige Info für Sie. Ich weiß jedenfalls nicht, was ich davon halten soll. Ich werde doch nicht zum Kuscheltrainer – das ist absolut nicht meine Baustelle.

Freu mich auf Ihre Tipps und schau dann, was ich damit anfangen kann.

Michaela S. aus R. ist zurzeit auch nicht ganz glücklich:

„Liebes Team, ich war immer eine Trainerin, die für ihre Themen brannte. Ich konnte gar nicht genug kriegen und bereitete oft bis spät in die Nacht meine Trainings vor. Ein Gläschen Wein, schöne Musik – das war überhaupt kein Problem. Jetzt muss ich mich mehr und mehr quälen. Akquise hasse ich und selbst die Trainingsvorbereitung ist richtig zäh. Und zu einem Training komme ich schlecht aus dem Bett, bin kurz vor knapp da, was sehr anstrengend ist. Ich weiß natürlich um das Phänomen Burnout, aber das kann mir eigentlich nicht passieren. Habe erst vor Kurzem eine wirklich gute Trainerausbildung gemacht und 'ne Menge investiert.

Vielleicht bin ich auch einfach in einer Sinnkrise – als Trainerin meine ich. Wozu mache ich das eigentlich alles? Die Frage kann ich im Moment nicht mehr mit Leidenschaft beantworten, auch wenn da gute Sätze auf meiner Internetseite stehen. Manchmal stehe ich richtig neben mir und denke über mich selbst: „Die redet und redet!" Ich bin wirklich dankbar für Ihre Einschätzung und Ihre Ideen, denn eigentlich will ich meinen Job nicht an den Nagel hängen.

Irgendwie ist alles so anstrengend ...

Entdecken Sie sich und Ihren Trainingsalltag in diesen Briefen wieder? Viele Trainerinnen und Trainer glauben, sie stünden mit solchen Problemen alleine da. Erstaunt stellen sie dann im Kollegenkreis fest: Fast alle treiben ähnliche Erfahrungen im Laufe ihres Trainerdaseins um. Eine konkrete und pragmatische Hilfestellung wäre nun sinnvoll, um der eigenen Arbeit wieder zu alter – oder sogar ganz neuer – Stärke zu verhelfen. Am besten natürlich eine Buchempfehlung ... Nun, nehmen wir die Lektüre eines solchen Buches doch einfach einmal vorweg!

„Ich wurde als Trainer von managerSeminare als Testperson ausgewählt, um vor Erscheinen des Buches ein Statement abzugeben. Merkwürdig, das hatte ich noch nie erlebt. Also gut, hier meine Meinung:

Das neue Buch von Masemann und Messer hat mich magisch angezogen, doch zugleich war da diese Skepsis. ,Teilnehmer emotional berühren' – klar, dass es von zwei Frauen geschrieben ist. Dennoch: Der

Eine Rezension vorweg!

‚Touch' kannte ich bisher nur von meinem Smartphone.

Titel ‚Touch it' machte mich neugierig. Sofort tauchte bei mir die Frage auf, worum es in diesem Buch eigentlich geht. ‚Touch' kannte ich von meinem Smartphone – einfach zu bedienen und absolut angesagt. Also hab ich es vorab gelesen. Und ich muss sagen: Dieses Buch ist tatsächlich anders. Während des Lesens tauchte ich manchmal in einen geradezu tranceähnlichen Zustand – die beiden Autorinnen nennen das Alpha-Zustand – und in mir arbeitete es. Dann kam mir Tage später im Training oder auch beim Joggen ein Gedanke, fast wie eine Eingebung, und ich wusste: ‚Ja, so mache ich es jetzt!'

Der Appell der Autorinnen ist bei mir angekommen: Trainer sollen abrüsten, um mehr Nähe und Kontakt herzustellen, sodass Teilnehmer emotional und als Mensch intensiver beteiligt sind. Sie unterstreichen ihren Ansatz durch vielfältige und fundierte Ausflüge in andere Disziplinen wie die Psychologie, das Theater und die Kunst. So habe ich meine Tätigkeit als Trainer noch nie betrachtet – die Lektüre war sehr spannend und Augen öffnend.

Ich habe in diesem Buch u.a. die Postulate des Clowns kennen- und schätzengelernt, die seitdem an meinem Schreibtisch hängen. Ab und an erläutere ich sie sogar im Training.

Dieses Buch wirkt langsam und zugleich tief. Selbst wenn ich manchmal dachte: Ich bin doch kein Psycho-Trainer. Die Zeichnungen und witzigen Bemerkungen sowie die wirklich ungewöhnliche Aufmachung des Buches haben mich dann auch immer wieder auf den Teppich geholt.

Ich weiß jetzt, wie ich Teilnehmern in meinem Training mehr Raum und Möglichkeiten zur Entfaltung bieten kann. Ich nehme mich selbst weitaus stärker zurück, das schafft neue Erlebnisräume in meinen Trainings. Vorher hatte ich nie wirklich über meine Mission als Trainer nachgedacht. Jetzt wird sie mir tatsächlich jedes Mal im Training bewusst und führt mich auch sicher durch heikle Situationen. Und es macht einfach mehr Spaß – oft denke ich noch Wochen später an Situationen und Begegnungen aus dem Training. Ich kann das Buch nur empfehlen und jeden Skeptiker einladen, sich in dessen Bann ziehen zu lassen."

Wie schön, dass Sie dieses Buch jetzt tatsächlich in den Händen halten. Sie sind genau die/der Richtige!

Machen Sie sich mit uns auf den Weg ins Neuland – weg vom super-
organisierten Mega-Trainer hin zu Ihnen als ganzer Persönlichkeit
– als Mensch, der Sie sind und der das Kostbarste ist, was Ihre Teilnehmer bekommen können.

Vom Mega-Trainer zur
Trainerpersönlichkeit

Dieses Buch wird Ihre Trainings verändern, weil es – hoffentlich
– Sie ein Stück verändert. Es wird die Trainings nicht unbedingt
leichter machen. Unser Anspruch ist es, dass Sie mit diesem Buch
jede Menge Anregungen für tief bewegende Momente in Trainings
bekommen, um Lernprozesse anzuregen, die wirklich etwas bewegen. Und zwar in erster Linie bei Ihnen, um diese dann an Ihre
Teilnehmer weiterzugeben.

Seit sechs Jahren arbeiten wir als Trainerinnen-Duo – im
ewigen Spagat zwischen zwei Herzen, klugen und bisweilen
sturen Köpfen und unterschiedlichen Erfahrungen. Kein leichtes Unterfangen, denn Auseinandersetzungen mit schlagkräf-
tigen Argumenten und kleinen Punktsiegen gehören genauso
dazu wie die schönen glanzvollen Momente eines Dreamteams.
Wir erleben unser Teamwork als ständige Herausforderung, an
der wir wachsen dürfen, bei dem aber auch das zwischenzeit-
liche Scheitern dazugehört. Uns sind die menschlichen Abgründe
und emotionalen Höhenflüge in Trainingssituationen auf beiden
Seiten äußerst vertraut. Unsere Synergie schafft Verbundenheit,
die Räume füllt und Menschen einlädt, sich zu zeigen. Weil wir es
selbst tun!

Somit ist dieses Buch für uns ein Appell an die pure Menschlichkeit
im Training. Für ein Training auf Augenhöhe, bei dem Wachstum
und Entdeckung Programm sind. Entschleunigung und Lebendigkeit
sind kostbare Zutaten für ein Training, in dem wirklicher Kontakt
und Nähe stattfindet. Zu sich und zu anderen.

Mehr pure
Menschlichkeit im
Training

Jede Idee, jeder Gedanke dieses Buches ist das Ergebnis schweiß-
treibender Kraftakte, des Ringens um das, was uns beiden am Herzen liegt: Menschen in Trainings tatsächlich zu berühren, um so die
Bereitschaft für Neues, für Begegnung, für Lernprozesse überhaupt
zu wecken.

Allein die Fragen: Warum braucht es dieses Buch? Was haben Sie als
LeserIn davon? brauchten viele Kilometer Sandstrand, in denen wir

Antworten fanden und diese wieder verloren, um sie am nächsten Tag erneut zu finden.

Dieses Buch ist kein Methodenbuch, es ist gewissermaßen ein Selbstlernbuch, angefüllt mit vielen Gedanken, Erkenntnissen und Inspirationen, an die sich am Ende exemplarische Methoden anschließen. Jede Methode ist indes nur so gut wie der Trainer, der an sie glaubt. Deshalb beschäftigen wir uns in erster Linie mit Ihnen und uns als Trainer.

Ein Buch für Trainer, die sich auf den Weg machen

Methodenbücher gibt es wunderbare und vor allem viele, die auch wir immer wieder gerne als Inspiration für unsere Trainings nutzen. Trainings, in denen Menschen ihre Masken abnehmen und ihr Statusgehabe im Laufe der Zeit vergessen, weil sie es nicht brauchen. Damit verlassen wir den Bereich eines Methodenbuchs und betreten den Bereich von Persönlichkeitsentfaltung und -entwicklung. Dies ist ein Buch für Trainer, die sich auf den Weg machen – mit uns ein Stück weit als Reisebegleitung.

Uns ist es ein tiefes Anliegen, Impulse für Trainer und Trainings zu geben, die mitten ins Herz gehen. Wir haben „die Nase voll" von Trainings, die an den Teilnehmern vorbeigehen und lediglich der Beweihräucherung des vorne stehenden Trainers dienen.

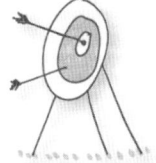

Unser Ziel: Wenn Sie dieses Buch gelesen und im wahrsten Sinne des Wortes durchgearbeitet haben, werden Sie anders als bisher trainieren: Sie werden in erster Linie als Mensch und erst in zweiter Linie als Trainer auf Ihre Teilnehmer blicken. Hiervon sind wir fest überzeugt: Begegnung und Berührung findet von Mensch zu Mensch statt.

Wobei, letztlich können Sie glauben, was Sie wollen, es wird eintreten.

Denn wenn wir eines von Henry Ford gelernt haben, dann dieses: „Ob Sie glauben, dass eine Sache gelingt, oder ob Sie glauben, dass sie nicht gelingt: Sie haben in jedem Fall recht."

16

Und jetzt lassen wir uns selbst noch einmal zu Wort kommen, aber einzeln:

Sandra Masemann – mein ganz persönliches Statement:

Was ich mit diesem Buch erreichen möchte? Das ist sehr viel und genau das ist die Herausforderung und macht das Ringen um Gedanken und Worte so kostbar und anstrengend. Auch der Zweifel, ob wir dem überhaupt gerecht werden können, schwingt wie ein tiefer Ton bei jedem Satz mit und sorgt wohl dafür, dass wir auf dem Teppich bleiben.

1. Ich wünsche mir mehr Mut für Trainer. Denn ich glaube daran, dass Trainer ähnlich wie Lehrer einen gewaltigen Einfluss auf Lebensläufe und auch auf Unternehmen und Organisationen haben. Wir haben eine Menge Verantwortung, die sehr viel Spaß machen und Sinn geben kann, wenn wir als ganzer Mensch dahinterstehen. In der heutigen Zeit, glaube ich, braucht es in unserer Gesellschaft vor allem Mut: Mut sich einzubringen, Ideen voranzubringen auch mit der Gefahr, das ein oder andere Mal zu scheitern. Mut, sich persönlich ins Training einzubringen, zu erkennen, dass es ungeheuer kostbar ist, sich zu zeigen. Wir Trainer sind ein wichtiges Modell für Teilnehmer wie auch für Auftraggeber.

    Trainer haben immer auch eine Modellfunktion.

2. Begegnung ist das, was unser menschliches Dasein ausmacht. Das Miteinander, die schönen Momente wie auch die Reibung und Auseinandersetzung mit Unterschiedlichkeiten bringen unsere Gesellschaft voran. Barbara und ich genießen bei jedem Training die Begegnung mit den Teilnehmern. So wünsche ich es mir auch für die Leser. Ich möchte, dass die Leser in ihren Trainings noch intensiver und bewusster mit der Begegnung umgehen, und hoffe, dass wir jede Menge Anregungen dafür geben können.

3. Training kann so unglaublich viel Genuss und Freude bedeuten. Es wäre fantastisch, wenn die Leser hinterher in erster Linie darauf achten, dass sie selbst eine ganz besondere Freude in den Trainings haben. Denn die färbt ab und hinterlässt positive Erinnerungsspuren – garantiert!

4. Ich möchte mit diesem Buch die Wahrnehmung von Trainern um ein gewaltiges Stück erweitern, damit sie Möglichkeiten sehen und schaffen, wie Menschen in Trainings ihre Potenziale entfalten und wachsen lassen können.

5. Ich möchte, bei aller Emotion und Kreativität, dass die Trainer nach diesem Buch noch klarer wissen, wie sie die Trainingsziele ergebnisorientiert im Blick behalten. Erfolg hat für mich zu einem sehr hohen Anteil mit drei Wörtern zu tun: Ziele, Ziele, Ziele.

Barbara Messer – mein ganz persönliches Statement:

Was ist mir bei diesem Buch wichtig? Viel. Aber unsere Frage war ja: „Was möchtest Du, Barbara, was die Leser hinterher, nachdem sie das Buch gelesen haben, umsetzen können/wollen/möchten/ sollen?" Und das bitte in fünf Punkten:

1. Mir ist es ein Anliegen, dass die Menschen die Postulate des Clowns verstehen und sich trauen, diese umzusetzen. Dazu gehört auch die schöne Lust am Scheitern. Fehler, Stolpern und Co. tun uns gut, sie sorgen dafür, dass wir innehalten und reflektieren, dass wir deutlicher wahrnehmen und nicht gleich – im gewohnten Muster – weitereilen, weil es ja „nach Plan weitergehen soll". Das Herz des Clowns, sein Purismus und seine deutliche Klarheit machen unsere Welt schöner und menschlicher. Dazu gehört das Staunen im Moment, die Lust und Freude am Lachen, das Staunen und der Moment. Wir brauchen keine Clowns zu sein, um im Moment zu leben und wahrhaftig zu sein. Das können wir als normale Menschen auch.

Lust am Scheitern statt „Weiter im Plan"

2. Ich wünsche mir aus tiefem Herzen, dass Trainer sich trauen, Settings (also Trainings) zu kreieren, in denen die Teilnehmer ihre tiefe, ureigene Kreativität und Schaffensfreude wahrnehmen, entdecken und nutzen. Und sich hinterher erfüllter fühlen. Dazu gehört eine Portion Mut und „Leinen los". Für uns Trainer bedeutet das: Den Teilnehmern mehr Raum geben, sie wirken, schaffen und *tun* lassen. Und Methoden auszuwählen, die die Kreativität der Menschen fördern. Momente schaffen, in denen die Menschen sich ihrer ureigenen Kreativität und ihrem inneren Reichtum wieder zuwenden können.

3. Oh, ich träume davon, dass die Menschen sich mehr (und mehr) trauen, sich als Menschen zu zeigen. So, wie sie sind, in diesem Moment, in dieser Zeit, an diesem Tag. Das Leben ist zu kostbar, als dass wir uns verstellen und so tun als ob. In dieser persönlichen Offenheit liegen für mich auch die Kernwerte Freude, Liebe (und in der Liebe steckt auch die Achtsamkeit vor der Traurigkeit und dem Drumherum), Kreativität. Ich wünsche mir, dass die Leser sich trauen, offen auf andere zuzugehen und wertschätzende, zu Herzen gehende Begegnungen und Momente schaffen. Dabei dürfen wir auch irritiert sein über all das, was uns dann wiederfährt. Unsere Gefühle und Wahrnehmungen sind unsere und sie sind einmalig, in jedem Moment. Wir brauchen sie nicht zu verstecken, wir sind immer ein Mensch, egal welche Maske wir aufsetzen. Unsere Mitmenschen spüren doch sowieso meist, wenn wir uns verstellen und so „tun als ob".

4. Mein vierter Wunsch: Die Leser sollen, ebenso wie wir, unbedingt darauf vertrauen, dass sie den Teilnehmern viel zutrauen dürfen. Ganz nach dem Motto „Die machen das schon!" entstehen die wunderbarsten und tiefsten Ereignisse. Allein der Glaube daran, schafft in den Teilnehmern Mut und Vertrauen, das stärkt sie für ihre Aufgaben und verleiht ihnen Flügel.

Die Teilnehmer machen das schon.

5. Auch sollten sich Trainer noch weitaus stärker trauen, Inhalte oder Wesentliches zu konzentrieren und: *erfahrbar* zu machen. Für die Teilnehmer! Lernen und Kontexte, in denen gelernt wird, sollen sinnlich erfahrbar sein, sollen voller Neugier und Spannung sein, sollen lebendig sein. Langeweile dagegen macht müde und verführt zum Passivsein.

6. Upps, jetzt sind es sechs Punkte. Auch wenn es sich eigenartig-esoterisch-heimpsychologisch anhört, wünsche ich mir, dass die Leser auf einer tieferen Ebene dazu beitragen, dass diese Welt eine bessere wird, dass genau mit diesem Trainingstag die Welt ein Stückchen schöner wird.

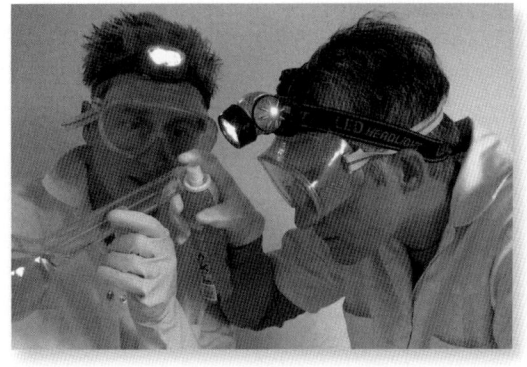

Das Schreiben an diesem Buch war ein wahres Experiment – sehen Sie selbst.

„In Touch" kommen

Im ersten Kapitel finden Sie:

Was sind „Touch-Momente"?

Touch (englisch: berühren, anrühren, anfassen) hat die Bedeutung im Sprachgebrauch, dass jemand oder eine Sache angedeutet wird.[1]

Trainings und Seminare mit „emotionalem Touch"? Hier wagen wir uns an etwas heran, was gar nicht leicht zu fassen ist. Denn Berührung ist in unserem Kulturkreis stark reglementiert. Im Arbeitskontext ist dieses Thema eher ungewöhnlich und möglicherweise auch mit Angst besetzt. Dabei ist Berührung ebenso alltäglich wie unvermeidlich. Schenken wir dem Pförtner am Eingang ein Lächeln, kommt etwas zurück. Vielleicht ein Lächeln, ein „Guten Morgen, Sie sind aber spät dran!" oder ein zugeworfener frischer Apfel. In Trainings werden Begegnungen/Berührungen manchmal vermieden, weil Teilnehmer die Sorge haben, dass sie damit verwundbar werden. Es könnte etwas Intimes oder Privates, was sie auf der Arbeit auf jeden Fall verbergen wollen, mit herausflutschen. Und das passt nicht in unsere Leistungsgesellschaft. Doch damit halten die Teilnehmer viel von dem zurück, was sie als Mensch ausmacht. Dies gilt ebenso für uns als Trainer: Immer wieder gibt es Dinge, die wir bewusst verbergen.

Berührung – ebenso alltäglich wie unvermeidlich

*Frau Dr. Schlau:
„Um es einfach auf den Punkt zu bringen, möchte ich an dieser Stelle den Philosophen Martin Buber zitieren: ‚Der Mensch wird am Du zum Ich.'"*

Wenn wir uns gegenseitig fragen, was wir uns für unser Leben wirklich wünschen oder wenn wir auf entsprechende Äußerungen und Hinweise unserer Teilnehmer in Trainings hören, bekommen wir oft Antworten wie diese:

Sie wollen, wünschen, möchten
▶ Froh und gesund sein
▶ Mehr Gelassenheit und Entspannung in sich spüren

▶ Mehr Vertrauen haben
▶ Ihre Lebendigkeit spüren und erfahren
▶ Leichtigkeit und Zufriedenheit erleben
▶ Auch unbekümmert sein oder dies phasenweise erleben
▶ Ihre Kreativität und Schaffensfreude spüren und ausprobieren sowie weiterentwickeln
▶ Andere fördern und unterstützen
▶ Eigenes Wissen & Können einbringen
▶ Achtung und Wertschätzung bekommen

Das ein oder andere Mal trauen sie sich auch gar nicht, diese Wünsche und Bedürfnisse offen zu äußern. Vielleicht handelt es sich um eine angeordnete Firmenveranstaltung, die die Teilnehmer in ihr „seriöses Korsett" zwingt. Vielleicht hat der ein oder andere mit den Jahren schon „gut" gelernt, sich stark zurückzunehmen und auf seine Lebendigkeit zu verzichten. Doch letztlich wollen wir als Menschen eigentlich etwas ganz anderes. Unsere Sehnsüchte nach einem erfüllten Leben und somit nach einem erfüllten Tag sind uns nicht immer präsent, dennoch leiten sie uns durch den Alltag.

Da wir unserer Lebendigkeit eine hohe Achtsamkeit und Aufmerksamkeit schenken, treibt uns diese auch in unseren Trainings stark um – und voran. Freude, Humor und Kreativität halten uns nicht davon ab, in tiefer Ernsthaftigkeit selbst sehr traurige oder schwere Themen anzugehen, sie dabei jedoch mit einer weiten Palette an Emotionen und Möglichkeiten zu bearbeiten. Diese Momente und Phasen bezeichnen wir als Touch-Momente. Da sind wir ganz bei uns.

Was Touch-Momente ausmacht

Momente, in denen wir die eigene Lebendigkeit spüren, echten Kontakt, Nähe und Halt erleben, in denen unsere Grundbedürfnisse befriedigt sind, in denen wir für Kontakt, Begegnung und Beziehung offen sind und in denen wir uns den Freiraum nehmen, authentisch zu sein und den Moment wertzuschätzen. Das sind die Touch-Momente in unserem Leben wie in unseren Trainings.

Es ist eine Welt, in der sich die Menschen direkt begegnen, in der wir uns anlächeln und berührt voneinander sind, wenn unsere Blicke sich begegnen. Wir fühlen uns berührt, wenn uns etwas auf einer sehr persönlichen, fast schon intimen Ebene erreicht und uns dort nahegeht, im positiven Sinne trifft. Jean de la Bruyère hat einmal gesagt: „Es ist schön, den Augen dessen zu begegnen, dem man soeben etwas geschenkt hat." Es ist die Welt des freien, unbeschwerten, spielerischen Raums, in dem die Dinge ohne Wertung gesehen werden. Und diesen Raum wollen wir als Trainerinnen kreieren.

Wir können innen und außen berührt sein, durch uns selbst, durch andere, aber auch durch bestimmte Erfahrungen und Erlebnisse. Innerlich berührt sind wir, wenn wir uns öffnen, wenn uns etwas nahegeht, wenn wir etwas zulassen, was wir vorher versteckt gehalten haben. Wenn wir emphatisch sind, sind wir berührt.

Jeder unserer Persönlichkeitsteile kann auf unterschiedliche Weise berührt sein. Doch wenn uns etwas berührt, hat das zutiefst etwas mit uns selbst zu tun. Der eine ist vielleicht von etwas berührt, was jemanden anderen völlig kalt lässt. Wenn unser tiefstes Wesen berührt ist, spüren wir uns, unsere Lebendigkeit, unser Ich. Dazu braucht es meist Öffnung und Wahrnehmung, Achtsamkeit und Aufmerksamkeit. Aber auch Liebe, Lebensfreude und eine Herzenswärme, die einem durch und durch geht.

„Wenn uns mit Liebe begegnet wird, blühen wir auf, wenn nicht, ist unsere Lebenslust geschmälert – wir können sogar die Lust am Leben ganz verlieren. Wir verlieren das Lachen und die Motivation, etwas zu tun. Wir können zwar das Fehlen von menschlicher Wärme, Nähe und Anerkennung durch unseren Verstand notdürftig

Heimpsychologin Dagmar Blume: „Um es mal ganz einfach zu sagen: Die Liebe ist doch mit das Wichtigste im Leben. Sorgen wir doch dafür, dass wir lieben können! Nicht wahr, meine Damen und Herren?"

ausgleichen, dennoch bleibt stets ein Gefühl des Mangels spürbar. Dieser Mangel beeinflusst maßgeblich unsere Entwicklung als Erwachsener und unsere Haltung zum Leben. Wie wir über uns denken, zeigt sich in unserem Verhalten und in unserer Körperhaltung, in unserer Stimme wie in unserer Grundstimmung, in unserem Atem, in unserer Gefühlswelt und in unseren Beziehungen zu anderen Menschen und zu der Welt um uns."[2]

Als Kinder waren wir oft berührt. Alles um uns herum schien faszinierend, magisch und anziehend: Ein kleiner Käfer, eine Schnecke, die Sterne oder der Regenbogen, ein alter Mensch, ein kranker Hund und vieles andere sind uns nahegegangen – an die Seele und an das Herz. Im Zuge des Heranwachsens lernten wir, „cool" zu werden. Unsere Herzen haben sich in gewisser Weise verschlossen, unser Verstand hat eine Decke der Bewertungen über unser Gefühlserleben gelegt. Gefühle zu zeigen ist uncool, „typisch Frau" oder etwas anderes aus der Kiste mit all den Attributen, die es dafür gibt.

Warum waren die Erlebnisse als Kind so intensiv?

Und dabei haben wir es alle anders erlebt. Wenn wir zurückblicken, wird uns stets bewusst, um wie viel intensiver die Erlebnisse als Kinder oder auch Jugendliche waren. Die Erinnerungen an besondere, berührende Momente sind plastisch und sinnlich intensiv abgespeichert. Auch Erinnerungen an unsere damaligen Gefühle sind noch vorhanden. Das kann ein trauriges wie ein freudiges Erlebnis sein. Oder Momente der Stille, der Freude, der Nachdenklichkeit, der Angst – egal: Denn alles hat uns mehr berührt als unser Erwachsenenleben.

Oft haben wir Erwachsenen Angst vor Berührung, vor der körperlichen wie auch der emotionalen und der auf Nähe beruhenden. Daher berühren wir Erwachsenen einander oft nur professionell bzw. rollenkonform: als Pflegekraft oder Arzt den Patienten, als Mann eine Frau, als Masseur den Körper, als Eltern das Kind. Der Trainer die Hand der Teilnehmer. Es sind Berührungen, die der Rolle zugeschrieben sind, was uns im Umgang miteinander Sicherheit vermittelt.

Doch ist die spontane körperliche Berührung für uns Menschen lebenswichtig. Als Säugling erfahren wir darüber Nähe, Vertrauen, Halt und Geborgenheit. Wir erfahren durch Berührung auch die Grenzen unseres Körpers. Unsere Haut gibt uns diesen Reiz von außen nach innen weiter. Dies wird in der Pflege und Therapie z.B. von Menschen mit Lähmungen bewusst genutzt. Durch die körperliche Berührung lernen wir die Unterscheidung vom Ich und Du. Und wir spüren und erfahren das Wir.

„Zwischen uns Menschen bestehen Schutzwälle, Distanzen und manchmal sogar Wüsten. In stillen Momenten merken wir das, wissen aber in der Routine unseres vielfältigen Alltags oft nicht, wie wir da rauskommen sollen."

Geht es um das körperliche Berührtwerden und Nähe, können wir auch hier von den Kindern lernen. Diese haben keine Scheu, einander zu berühren, sich an den Händen zu fassen, sich aneinander zu drücken, zu raufen, um sich zu spüren. Und wir großen Menschen? Auch wir rücken zusammen – meist in Notsituationen oder bei Gefahr, da wollen wir die Wärme, den Halt des anderen spüren. Man findet dann Kraft im gemeinsamen Durchstehen einer Situation. Der Wunsch nach Kontakt ist jedem Menschen angeboren, denn nur die Gemeinschaft war viele Jahrmillionen lang seine Überlebensgarantie. Nähe tut uns gut und hält uns gesund. Das erleben wir auch im Training: Da fällt es den Teilnehmern bei einer Präsentation oftmals leichter, wenn sie in der Gruppe antreten dürfen. Oder sie setzen sich bevorzugt gleich neben den Menschen, der ihnen vertraut ist.

Der Wunsch nach Kontakt ist angeboren.

Doch deutlichere Berührungen fallen vielen Menschen schwer. Denken wir daran, einen Trauernden in den Arm zu nehmen, wissen einige nicht, wie sie das anfangen sollen. Viel zu ungewohnt ist die spontane Berührung. Und das betrifft auch die Berührung unseres Herzens oder unseres Seins, unseres Ichs – wie auch immer wir unseren inneren Kern nennen möchten. Im Zustand des Berührtseins – also den besagten Touch-Momenten – erfahren und erleben wir stärker, intensiver, meist beschleunigter.

Dann kommen wir einer kindlichen Neugier oder einem kindlichen Erleben näher, gehen mehr in den Kontakt mit uns und anderen. Wir sind im Fluss, im Jetzt, „in Touch". Dann sind wir bei uns, spontan, unvoreingenommen und voller Leichtigkeit und innerer Akzeptanz. Unser Körper, Denken und Fühlen ist durchlässig für die Welt um uns herum. Eben diese Touch-Momente möchten wir in Trainingskontexten fördern. Um damit den Menschen eine tiefe Freude und Erfahrung im Zusammenhang mit dem Lernen zu ermöglichen.

„Wie weit die Sehnsucht nach Nähe uns bis in unsere ureigensten Körperfunktionen verfolgt, zeigt ein Experiment der amerikanischen Harvard-Universität: Der Psychologe David McClelland führte eine Gruppe von Studenten einen berührenden Film über Mutter Teresas Hilfe für die Armen von Kalkutta vor. Bei den Testpersonen, die anschließend sagten, der Film habe starkes Mitgefühl in ihnen erregt, fanden sich erhöhte Werte des körpereigenen Ab-

Mitgefühl stärkt – sogar das Immunsystem.

wehrstoffs Immunglobulin A im Speichel. Die Wissenschaftler sehen das als Beleg dafür, dass Mitgefühl das Immunsystem stärkt und dadurch Krankheiten und möglicherweise sogar manchen Krebsarten vorbeugt."[3]

Touch-Momente geben den Impuls für Veränderungen.

Touch-Momente sind für uns Menschen auch der Impuls für Veränderungen, die wir uns wünschen oder die uns beschäftigen. Ohne Veränderungen geht es nicht. Stellen Sie sich die Frage: „Wann sind wir zu Veränderung bereit?" In der Regel erhalten Sie die Antwort „Wenn wir uns eine Welt schaffen können, die uns gefällt" und „Wenn wir etwas zu einer besseren Welt beitragen können". Und wenn wir etwas in uns entdecken, was für diese Welt hilfreich und nützlich ist. Wenn wir uns selbst als Teil der Veränderung spüren.

In Resonanz sein!

Wir sprechen manchmal – auf das Lernen oder ein Training bezogen – auch davon, mit „etwas" in Resonanz zu kommen bzw. zu sein. In Schwingung zu sein! Hört sich ein wenig esoterisch an, beschreibt aber ursprünglich ein physikalisches Phänomen. Dies besagt, dass „ein schwingungsfähiges System so angeregt wird, dass das Verhältnis von Erreger- zu Ausgangsamplitude minimal wird."[4]

Im physikalischen Sinne entstehen kleine Wellen, die von einem Körper oder einem Material bis zu einem anderen schwingen. Dies findet sich auch in der Musik, in der Tonerzeugung von Streich- und Blasinstrumenten oder auch beim Stimmen von Saiten wie bei einer Gitarre. Die angespielte Saite lässt eine andere mitschwingen. Spielt ein Kind in seinem Zimmer Cello, gibt es klitzekleine Wellen in dem Wasserglas auf dem Schreibtisch.

Auch im Kontext Training gibt es mehrere Ebenen, auf denen wir in Resonanz, in Schwingung, kommen können:

▶ Mit dem Stoff, also dem Inhalt und den Werten dahinter, den Prinzipien und Haltungen zum Lernen und Lehren.
▶ Mit dem Lernfeld, dem Kontext.
▶ Mit den Menschen um mich herum.
▶ Mit mir. Meine Wahrnehmung und Aufmerksamkeit im Jetzt. Mein Ich in Bezug auf die anderen und das Thema.

Bin ich als Trainer im Fluss, in Resonanz, in Touch mit diesen Ebenen, d.h. authentisch zum Stoff, zum Inhalt, zum Thema, zu mir als Person und den anderen, ist das für die Teilnehmer wahrzunehmen. Zweifel tauchen so gar nicht erst auf. Ich werde dadurch zum Modell des lebendig gewordenen Themas.

In Schwingung sind wir auch, wenn wir unsere tieferen Bedürfnisse erfüllt wissen. Dann sind wir in Resonanz mit unserer Wahrnehmung. Das ist beim Lernen wichtig, da es die persönlichen Emotionen berührt und nutzt.

Die Hirnforschung belegt, dass wir uns leichter an Dinge, Ereignisse, Inhalte oder Situationen erinnern, die mit besonders emotionalen Momenten verbunden waren. Momente, die uns tief berührt, bewegt oder auch erschüttert haben. Dies können wir beim Lernen nutzen. Erfahrungen, Emotionen und Lernen sind eng miteinander verbunden. Der bekannte Gehirnforscher Gerhard Roth spricht von einem „emotionalen Erfahrungswissen".

Bekommen Teilnehmer und natürlich auch wir Trainer die Möglichkeit, persönlich mit unseren Emotionen berührt zu sein, lernen wir tiefer, sind wir engagierter. Und noch etwas: Auch die Verknüpfung von Gefühl und Bedürfnis gehört hierher. Der Psychologe und Erziehungswissenschaftler Howard Gardner spricht drei zentrale Aspekte an, die wir als erklärenden Bogen mit einbeziehen wollen:

Mit Emotionen lernt man besser.

1. Außergewöhnlich kreative Individuen stechen durch das Maß hervor, in dem sie – häufig ganz bewusst – die großen und kleinen Ereignisse ihres Lebens reflektieren.
2. Außergewöhnliche Individuen unterscheiden sich weniger durch ihre beeindruckenden „Rohkräfte" als durch ihre Fähigkeit, ihre Stärken zu erkennen und auszunutzen.
3. Außergewöhnliche Individuen scheitern häufig, manchmal auf katastrophale Art und Weise. Statt aufzugeben, fühlen sie sich jedoch durch ihre Rückschläge eher herausgefordert und verwandeln ihre Niederlagen in Chancen.

Berührt zu sein von sich und der Welt um uns herum, können wir lernen, indem wir ...

Touch ist lernbar ...

▶ **die kleinen und großen Ereignisse des Lebens reflektieren.** Das ist mehr, als zu antworten, „wie es mir gerade geht".

„Meine Damen, meine Herren, es geht um das ‚Im-Moment-Leben', zuzulassen, was wir wirklich wahrnehmen, wenn wir durch den Trubel des Alltags treiben. Innehalten und achtsamer werden, das tut sooooo gut!"

Das bedeutet für den Kontext Training, die eigene erlebte Wirklichkeit auch im Training reflektieren zu können, sich als Mensch mit seiner Alltagswelt im Training ausbreiten zu dürfen. Dafür braucht es im Training vertiefende und verlangsamte Momente zu innerer Einkehr: alleine, als Dyade oder als Gruppe. Es braucht das Innehalten und In-sich-Hineinhorchen.

▶ **die eigenen Stärken erkennen und ausnutzen.** Das ist im Training recht einfach. Viele Interventionen und Methoden zielen genau darauf ab, dass der Teilnehmer seine persönlichen Ressourcen, Qualitäten, Kompetenzen und Stärken wahrnimmt. Bei intensiveren Aufgaben kann er ermutigt werden, seine Stärken weitaus mehr als gewöhnlich einzubringen. Und in Phasen, die einem künstlerischen Schaffensprozess gleichen (oder einer sind), kann er seine Stärken ebenfalls vertiefen, da er mit ihnen spielen und experimentieren darf.

„Scheitere, scheitere erneut, scheitere besser."

– Samuel Beckett –

▶ **Scheitern und Niederlagen als Chancen sehen.** „Gewinne Lust am Scheitern!" ist eine der Spielregeln im Improvisationstheater nach Keith Johnstone. Für uns ist es mittlerweile zur guten Gewissheit geworden, dass gerade aus dem Scheitern die besten Dinge entstanden sind. Scheitern und das daraus resultierende Lernen stehen bei uns in direkter Nachbarschaft zu dem wunderbaren Satz: „Wer weiß, wozu es gut ist." Wissen wir immer gleich, wenn etwas „schief" gegangen ist, was das Fatale daran ist? Oder gibt es – einige Zeit später – noch einmal eine ganz andere Erkenntnis? „Wenn wir das Scheitern als einen möglichen Ausgang des Ausprobierens anerkennen, kann das unglaublich befreiend sein. Es kann sogar Spaß machen, weil es uns Erwachsene, die wir oft vom Perfektionismusdrang getrieben sind, auf den Boden zurückholt."[5] Dieses Scheitern kann zum Genuss und positiven Erlebnis werden, wenn wir ihm Raum geben und es auch auskosten. Ein überraschend unkontrollierter Moment, der viel Neues in sich bergen kann und losgelöst ist vom vorschnellen Denken und Beurteilen. Der Clown ist das Paradebeispiel für lustvolles Scheitern: „Der Clown beherrscht nichts – das aber dafür richtig"[6]

Damit besteht die unendliche Chance, immer wieder – jeden Moment – frisch und neugierig zu beginnen und aus allem Bisherigen zu lernen. Das Scheitern zu erleben, bewusst und unbewertet, stärkt die eigene Resilienz, da wir uns der Situation stellen. Wir erleben speziell hier, wie innere Stärke wachsen kann. Menschen mit einer hohen Widerstandsfähigkeit verfügen über Akzeptanz. „Menschen mit Resilienz nehmen vieles hin: Unglück, Enttäuschung und Widrigkeiten sehen sie als unbedingte Teile des Lebens, die sich nicht vermeiden lassen. In der Gabe der Akzeptanz steckt das Annehmen dessen, was jetzt da ist … Menschen mit einer ausgeprägten Akzeptanz lassen sich von Schicksalsschlägen berühren. Sie erkennen, dass Krisen zum Leben gehören, dass es normal ist, wenn etwas unser Denken und Fühlen durcheinander bringt und es tiefer als gewöhnlich erschüttert. Lassen wir diese Erschütterung nicht zu, fehlt uns die anschließend notwendige Neusortierung unserer eigenen Welt, unserer Gefühle, Werte, Glaubenssätze und Gedanken."[7] Dem Scheitern ist die Kraft zur Neusortierung von Gefühlen, Glaubenssätzen, Werten und Gedanken inne – die mithin beste Chance für eine Veränderung. Für ein Kind ist das Einstürzen eines Turms aus eben noch aufmerksam gestapelten Holzklötzen kein Dilemma oder Problem. Im Gegenteil: Es ist der Beginn eines neuen Spiels.

Aus dem Scheitern wächst die Kraft zur Neuorientierung.

In Touch-Momenten sind wir nah an unseren Gefühlen, wir teilen sie mit anderen, wir spüren die Intensität. Die Gefühle nehmen überhand und lassen den Kopf – das ganze Bewerten, Beurteilen und Denken – ausruhen. Denn:

„Weisheit entspringt nicht so sehr aus dem Verstande als aus dem Herzen."

– Peter Rosegger –

Ebenen für Touch-Momente

Für uns gibt es zwei wesentliche Ebenen, auf denen wir als Trainerinnen Touch-Momente schaffen:

▶ Da ist zum einen die **Haltung des Trainers**, die sich in seinem Verhalten, seiner Sprache und seinem Agieren zeigt. Darin eingeschlossen ist auch, *wie* er Methoden und Interventionen gestaltet. Dem werden wir uns im Kapitel 2 ausführlich widmen.

▶ Und da ist zum anderen die Ebene der **Interventionen und Methoden.** Im Prinzip kann jedes Ereignis im Training einen Touch-Moment entstehen lassen, jedoch gibt es Highlights, bei denen einfach mehr geschieht. Einige davon haben wir im abschließenden Kapitel 4 des Buches aufgeführt. Hier stehen außergewöhnliche Erlebnisse im Vordergrund, die z.B. stark auf Schaffensfreude oder Einkehr abzielen. In den folgenden Abschnitten beschäftigen wir uns aber zunächst einmal mit grundlegenden Erkenntnissen, um mit unserem Gehirn und unserem Lernen „in Touch" zu kommen. Und wer hätte das vermutet? Auch dabei spielen Emotionen eine zentrale Rolle ...

Was unser Gehirn zum Lernen braucht

Unser Gehirn ist ein Wunder und nahezu täglich entdecken Wissenschaftler Neues, was bisher für Wahrgehaltenes wieder über den Haufen wirft. Nehmen wir als Beispiel die Annahme über die zwei Gehirnhälften und ihre unterschiedlichen Zuständigkeiten. Auch wenn mittlerweile erwiesen ist, dass die populäre Trennung in eine linke und rechte Hemisphäre nicht mehr aufrechterhalten werden kann, lebt sie nach wie vor in vielen Trainer-Köpfen weiter und wird auch als Basis für Methodeneinsatz etc. verwendet. Warum das so ist, liegt auf der Hand. Unser Gehirn mag es, Gelerntes aufrechtzuerhalten und bemüht sich, Neues immer wieder in bisher bestehende Konstruktionen über die Welt zu integrieren.

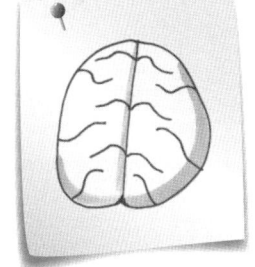

Was sich der Wissenschaft indes immer deutlicher zeigt, ist, dass unser Gehirn ein Meister der Selbstorganisation ist. Mit einem relativ geringen Arbeitsspeicher können wir eine Fülle an Informationen, Erfahrungen und Erlebnissen so organisieren, dass wir tagtäglich darauf zurückgreifen können. Kein Wunder also, dass in der Pädagogik die konstruktivistische Didaktik immer mehr Anhänger findet. „Was ist denn das?" – fragen sich die, die das noch nie gehört haben.

Die konstruktivistische Didaktik versteht Lernen als Prozess der Selbstorganisation aufseiten des Lernenden. Der Lerner konstruiert sich seine Wirklichkeit und Sinnzusammenhänge selbst. In der Folge ist das, was dieser an Wissen erwirbt, relativ individuell und unvorhersagbar.

Merkmale der konstruktivistischen Didaktik

Pippi Langstrumpf – wenn auch eine Romanfigur – ist für uns hierfür ein sehr anschauliches Beispiel. „Ich mache mir die Welt, wie sie mir gefällt!" Sie konstruiert sich ihre Lebenssituation so zurecht, wie es ihr passt. Da kann Frau Prysselius noch so gute Erzie-

„Dementsprechend geht es in der konstruktivistischen Didaktik darum, möglichst reichhaltige, multimodale, interessante und kommunikationsorientierte Umgebungen zu schaffen, welche die subjektiven Erfahrungsbereiche ansprechen. Denken Sie nicht, dass dieser Satz von unserem Altmeister Loriot stammt, nein, er ist von mir."

hungsvorschläge machen, Pippi macht immer wieder etwas Eigenes daraus.

Kurz gesagt: Es geht darum, intensive, wechselnde, sinnesorientierte Angebote zu machen, die den Teilnehmer auf vielfältige Weise ansprechen und anregen.

Irritieren Sie Ihre Teilnehmer – damit sie lernen können.

Gleichzeitig sollten Sie den Lernenden an die Grenzen seiner bisherigen Denk- und Deutungsmustern stoßen, ihm gewissermaßen Rätsel geben, damit er seine bisherigen Konstruktionen erweitern kann. Auf das Training bezogen heißt das, die Teilnehmer insoweit zu irritieren, dass sie mit bisherigen Deutungsmustern zwar andocken können, diese aber in ihrer Komplexität nicht mehr ausreichen. Sie müssen gewissermaßen um genau das erweitert werden, was aktueller wissenschaftlicher und gesellschaftlicher Konsens ist. Ein Wachstum also.

Wir möchten uns nicht anmaßen, das aktuellste Wissen aus der Neurodidaktik parat zu haben. Auf der Basis des derzeitigen wissenschaftlichen Konsenses wollen wir vielmehr Thesen formulieren, die wir in diesem Buch als wichtige Ansatzpunkte für Gedanken (und die daran anschließenden Interventionen) verstehen und nutzen.

Ralf Besser zählt in der Trainerbranche zu den Fachleuten, die sich intensiv mit Neurodidaktik beschäftigt haben. Er hat die einschlägige aktuelle Literatur aus der Gehirnforschung gelesen und für uns Trainer in verdaubare Appetithappen verpackt. Wir beziehen uns hier auf die Erkenntnisse, die er in seinem Kartenset komprimiert zusammengefasst hat.[8] Und wir beziehen uns auf ihn, weil wir ihn schätzen und seine Ansätze zutiefst nachvollziehen können.

Wenn wir also mit diesem Buch den Anspruch erheben, Teilnehmer in unseren Trainings und Seminaren emotional berühren zu wollen mit dem Ziel, ihr Lernen befriedigender, wirkungsvoller und nachhaltiger zu gestalten, so müssen wir zunächst einmal wissen, wie unser Gehirn tatsächlich „tickt" und funktioniert. Daher zunächst zu den „Hard Facts"! So arbeitet unser Gehirn:

Erregung macht Spaß!

Unser Gehirn lernt scheinbar dann am besten, wenn es (in unserer Umgebung) aufregend ist! Aufregend ist in diesem Fall die Intensität des Signals. Huch, da kommt etwas: Neues, Intensives, Vielversprechendes, Unbekanntes. Unser Gehirn liebt Überraschungen! Das ist per se schon einmal klasse, denn häufig haben wir als Trainer für Teilnehmer Neues im Gepäck.

> *„Spannung ist Kaugummi fürs Gehirn."*
> *– Alfred Hitchcock –*

Es gibt allerdings einen wichtigen Haken: In unserem Gehirn sind alte Verhaltensmuster und Denkgewohnheiten wie lieb gewonnene festgetretene Wanderwege eingraviert, die leicht zu finden und gut zu begehen sind. Dementsprechend schnell sind diese Verbindungen und werden von uns gerne genutzt. Autobahnen gleich geht es dort voran.

Um nun neue Bahnen auszubilden, braucht es ein wiederholtes emotionales Fokussieren auf das Neue, es muss also ein tatsächliches „Wollen" da sein. Sprich, eine hohe Motivation ist erforderlich, um die eingefahrenen Pfade zu verlassen. Und es braucht ein intensives Beleuchten von allen Seiten. Unterstützt wird dieser Prozess durch eine Dopaminausschüttung. Diese findet immer dann statt, wenn emotional positive Reize wahrgenommen werden.

Der Neurowissenschaftler Gerhard Roth bringt es gehirnphysiologisch so auf den Punkt: „Die Verkettung von Amygdala und Hippocampus (...) hat zur Folge, dass beim Entstehen von Wünschen und Absichten das unbewusst arbeitende, emotionale Erfahrungsgedächtnis das erste und das letzte Wort hat: Das erste

„Ja, das ist so etwas mit unseren Verhaltensweisen. Wir nehmen uns vor, etwas zu ändern und bei der erstbesten Gelegenheit fallen wir wieder ins alte Muster zurück. Nehmen wir doch unsere Emotionen stärker wahr, dann gelingt eine Veränderung eher!"

Wort beim Entstehen unser Absichten und Wünsche und das letzte bei der Entscheidung, ob das, was gewünscht wurde, jetzt und hier und so und nicht anders getan werden soll."[9]

Damit neue Verhaltensmuster in die Tat umgesetzt werden, muss unser Gehirn also entsprechend häufig in diese Richtung aktiviert werden, um langfristig neue stabile Bahnen zu ermöglichen. Zudem muss das neue Erregungsmuster nahe an der praktischen Realität liegen, sonst macht es für uns keinen Sinn.

Nachhaltiges Lernen braucht Emotion und Wiederholung.

Was heißt das für uns als Trainer? Eine unserer zentralen Aufgaben ist es, den Teilnehmern Möglichkeiten zu geben, neue Denk- und Verhaltensmuster auf vielfältige Weise auszuprobieren. Diese sollten nicht nur häufig wiederholt werden, sondern zudem mit positiven Emotionen besetzt sein, die die Teilnehmer motivieren, „das Neue" auch wirklich anzunehmen und als brauchbar zu erleben.

Konsistenzregulation oder: Unser Gehirn mag Übereinstimmung!

„Konsistenz ist die Vereinbarkeit von gleichzeitig ablaufenden neuronalen/psychischen Prozessen. Das heißt, dass parallele Erregungsmuster im Gehirn miteinander in Übereinstimmung sind."[10] Huuups, was ist das denn wieder für ein Satz? Unser Organismus strebt grundsätzlich nach dieser Konsistenz, wobei dessen Regulation überwiegend unbewusst stattfindet.

Nehmen wir jedoch eine Inkonsistenz wahr, führt dies bei uns zu Abwehrreaktionen. Ein einfaches Beispiel: Ein Trainer äußert verbal „Ich finde es ganz wunderbar, dass Sie hier sind", während zugleich seine Körpersprache ausdrückt „Ich habe keine Lust auf diese Gruppe". Ein weiteres Beispiel: Bei einer Tagung zur Visionsentwicklung

„Doch wie wird Konsistenz erreicht? Ganz einfach, über die Erfüllung von vier persönlichen Grundbedürfnissen:
*- dem Bedürfnis nach **Bindung**,*
*- dem **Lustgewinn** bzw. **Unlustvermeidung**,*
*- dem Bedürfnis nach **Selbstwerterhöhung**/-schutz,*
*- dem Bedürfnis nach **Orientierung** und **Kontrolle**."*

Sandra Masemann, Barbara Messer: Touch it

in einem Change-Prozess müssen die Mitarbeiter im abgedunkelten Raum zahlreiche PowerPoint-Folien überstehen. Unser Gehirn sucht auch hier vergeblich nach Übereinstimmung: „Vision? Ich seh' nix!"

Erleben Menschen diese Konsistenz, erfahren und erleben sie Wohlbefinden. Und was heißt das für uns Trainer?

▶ Stellen Sie eine tragfähige Beziehung zu den Teilnehmern her und sorgen Sie dafür, dass die Teilnehmer diese auch miteinander erleben und aktiv mitgestalten können. Dann sind die Teilnehmer aufnahmefreudiger. Denn sie fühlen sich wohl und erleben Gemeinschaft und Bindung.

▶ Sorgen Sie für Lustgewinn! Vermeiden Sie Langeweile und andere Formen der Unlust. Wagen Sie selbst, lustvoll dabei zu sein, und schaffen Sie entsprechende Interventionen, die alle Sinne beteiligen, die abwechslungsreich sind und die befriedigen.

▶ Gehen und bleiben Sie mindestens auf Augenhöhe mit Ihren Teilnehmern. Schenken Sie ihrem „harten" Alltag Glauben. Signalisieren Sie Achtung und Respekt vor deren Transferleistung und Kompetenzen. Schaffen Sie viele Momente und Situationen, in denen die Teilnehmer wachsen dürfen und sie spürbar erfahren, wie ihr Selbstwert größer wird. Stellen Sie niemals jemanden bloß!

▶ Geben Sie bei aller Kreativität Orientierung, schaffen Sie sichtbare Strukturen. Das schafft Sicherheit und kann von den Teilnehmern mit der Realität abgeglichen werden. Strahlen Sie Orientierung aus, indem Sie zu dem stehen, was Sie sagen.

So sorgen Sie für Wohlbefinden beim Lernen.

Erst wenn wichtige persönliche Bedürfnisse der Teilnehmer spürbar und in ein Training integriert sind, sagt unser Gehirn „Jawoll, ich bin dabei!" Außerdem möchten wir, wenn wir Teilnehmer eines Trainings sind, dass wir die ganz persönlichen Konsequenzen der Lerninhalte für uns bearbeiten können, um diese in unsere Person zu integrieren. Nach dem Motto: „Das hat mit meiner Wirklichkeit zu tun und ich kann es tatsächlich umsetzen!" Das Streben nach Konsistenz erklärt auch, warum Teilnehmer immer wieder uns Trainer und unser Auftreten scannen: „Tut der da vorne das, wovon er spricht, oder redet der nur?"

Walk it like you talk it!

Glaubwürdigkeit entsteht aus Teilnehmersicht eben genau dann, wenn Reden und Handeln zusammenpassen. Nehmen Teilnehmer hier Ungereimtheiten beim Trainer wahr, ist ihre Aufmerksamkeit darauf gerichtet, nach Übereinstimmung zu suchen. Finden sie diese nicht, schalten sie auf Abwehr oder wenden sich ab und gehen auf gedankliche Reisen (Tagträume), weil sie uns als Trainer nicht für glaubwürdig befinden!

Angst bleibt Angst!

Einmal gelernte Angstmuster sind im Gehirn nicht zu löschen! Dies ist aus Trainersicht eine traurige Nachricht. Denn einmal gelernte Erregungsmuster, die mit Angst verbunden waren, sind nicht mehr rückgängig zu machen. Das sollte uns für unser Training und dessen Wirkung sensibel machen, indem wir positive Erlebnisse dagegen setzen, auch wenn wir „Altlasten" nicht mehr wegretuschieren können.

Aus Sicht des Organismus ist das eine äußerst sinnvolle Vorgehensweise. Dies sorgt dafür, dass er aufmerksam und in höchstem Maße sensibel dafür ist, Situationen zu vermeiden, in denen er ähnliche Angstzustände erneut durchlebt.

Angstbesetzt: *Rollenspiele!* Ein klassisches Beispiel, das uns im Trainingskontext sofort einfällt: Rollenspiele. Wie viele grauenhafte Erfahrungen haben Teilnehmer mit der Anleitung und Durchführung von Rollenspielen gemacht? Ehrlich gesagt: Kaum einer keine! Diese alten Ängste werden sofort aktiviert, sobald der Mund des Trainers dieses Wort nur ansatzweise formuliert. Bei der Vorabfrage von Teilnehmerwartungen zählt der Wunsch „keine Rollenspiele" zu den häufigsten Antworten.

Davon lassen wir uns jedoch nicht abschrecken, sondern sind im Training sehr achtsam bei der Anleitung von Rollenspielen, um positive Erfahrungen mit dieser äußerst effektiven Form des Lernens zu ermöglichen. Der erste kleine Schritt ist schon getan, wenn Sie das Wort Rollenspiel durch ein anderes ersetzen wie Übung, konkretes Erlebnis, Praxiseinblick. Und dann sorgen wir natürlich dafür, dass das Erlebnis deutlich angenehmer ist, als das, was

„Wie oft haben wir vor etwas Angst und nachher stellt sich heraus, dass es gar nicht nötig war. Denken Sie nur an die Wirkung des Scheinriesen bei Jim Knopf. Je näher man ihm kam, desto kleiner wurde er. Und vorher zitterten alle vor Angst, weil er so groß schien."

Sandra Masemann, Barbara Messer: Touch it

Teilnehmer bisher erfahren haben. Auf die Frage, was Teilnehmer an Erkenntnissen aus einem Training mitnehmen, oder auch „Was Ihnen besonders gefallen hat", ist die überraschend häufige Antwort: „Die Rollenspiele haben mir am meisten gebracht!"

Was ist passiert? Wie konnte das mit Rollenspielen verbundene Angstreaktionsmuster verändert werden? Auch hierfür gibt es im Gehirn eine fantastische Fähigkeit: Einmal gelernte Erregungsmuster können zwar nicht gelöscht, aber sie können gehemmt werden.

Erfolgreich ist Training also, wenn diese unerwünschten, tief verankerten Zusammenhänge und Anbahnungen gehemmt werden. Dies gelingt laut Grawe[11], wenn folgende Voraussetzungen im Training erfüllt werden:

▶ Die Teilnehmer wünschen sich eine Bindung – untereinander – und zum Trainer. Diesen Trainer möchten sie kompetent (und damit glaubwürdig), verständnisvoll und engagiert erleben.

So begegnen Sie angstbesetzten Lernsituationen.

▶ Die Ziele, die das jeweilige Training hat, sind so formuliert, dass sie motivieren, Lust machen und Beteiligung fördern.

▶ Diese Ziele sind nicht nur Makulatur – sie sind vielfältig in der Umsetzung erlebbar.

▶ Wir Menschen möchten, wenn wir Teilnehmer sind, mit unseren eigenen Fähigkeiten und persönlichen Ressourcen dabei sein, sie sollen uns tragen und nützlich sein. Das schafft eine Beteiligung und ein Engagement, welches die eigenen Lernprozesse fördert. Der Aktivierung der persönlichen Ressourcen gehört das Augenmerk des Trainers.

▶ Setzen Sie Kontrapunkte zu angstbesetztem Lernen: Aus der Hirnforschung wissen wir, dass wir uns leichter an Dinge, Ereignisse, Inhalte oder Situationen erinnern, die mit besonders emotionalen Momenten verbunden sind oder waren. Momente, die uns tief berührt, bewegt oder auch erschüttert haben. Erfahrungen, Emotionen und Lernen sind eng miteinander verbunden. Schaffen Sie also eine Fülle an positiven Emotionen im Training. Es gibt nichts Besseres!

▶ Für Teilnehmer, die bisher angstbesetzte Lernsituationen erlebt haben, ist es klasse, wenn sie am positiven Beispiel sehen können, wie es „angstfrei" gehen kann. Das Vorbildmodell können z.B. wir als Trainer sein oder andere Teilnehmer, die etwas selbstverständlich tun, was einem selbst schwerfällt. Dabei sollte es möglich sein, dass Teilnehmer wirklich erleben: „Wenn ich da über meinen Schatten springe, lohnt sich das für mich! Ich habe etwas Neues gelernt."

Beispiel

Ängste überwinden lernen

Vor Kurzem hatten wir den Auftrag, mit einem kleinen Mitarbeiterteilnehmerkreis das zuvor erarbeitete Serviceversprechen zur Kundenzufriedenheit vor der ganzen Mitarbeiterschaft zu präsentieren. Wir brachten die Teilnehmer dazu, eine Szene zu erarbeiten, in der das Serviceversprechen in der Welt des Kunden Wirklichkeit wird. Eine Teilnehmerin war erst sehr ängstlich und traute sich nicht, sie wollte auf keinen Fall vor ihren Kollegen auf der „Bühne" stehen. So wählte sie sich eine recht harmlos anmutende Situation. Sie spielte eine Fernsehansagerin. Während sie die Sätze als Nachrichtensprecherin sagte, hielt sie sich einen aus Flipchart-Papier gebastelten Fernseher vor den Körper. Somit war sie kaum zu sehen. Gleichzeitig hatte sie eine wichtige Rolle, da ihre Aussagen für die anderen Anker für den Einsatz ihrer jeweiligen Rolle waren. Im Laufe der Weiterentwicklung der Story traute sie sich mehr zu, ihre Kompetenzen waren gewachsen. Für die nächste Szene übernahm sie eine Rolle, in der sie ganz zu sehen war. Für sie war das langsame Herantasten sowie das Beobachten der Kollegen in ihren Rollen ein notwendiger Zwischenschritt: Sie erlebte intensiv, mit wie viel Freude (statt Angst) ihre Kollegen bei der Sache waren und wollte schließlich selbst mehr davon.

▶ Negativ geprägte Zusammenhänge werden gehemmt, wenn der Teilnehmer in einem Training erlebt, dass seine Kompetenzen wachsen und er bereits im Training selbst die Chance zur Entwicklung bekommt.

▶ Von Affirmationen wissen wir, dass diese eine positive Wirkung zeigen. Gleiches gilt für persönliche Äußerungen der Teilnehmer zum Inhalt und für den gelebten Transfer des Trainingsthemas oder Inhalts. Lassen Sie sie über Erlebtes sprechen, eigene Erkenntnisse formulieren und damit auch in die Zukunft blicken. Solche Sätze oder verbal formulierten Aussagen können im Training vielfach geübt werden. Alleine und in der Gruppe.

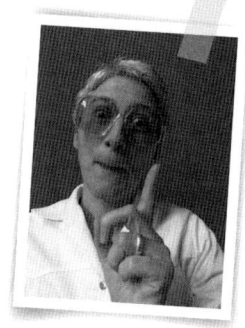

▶ Wir als Trainer tun Gutes und Wirk-
samens, wenn wir intensives Lernen
ermöglichen. Und wie bei einem
guten Essen darf und sollte es hier
bitte mehrere Gänge, sprich: Lern-
durchgänge, geben. Thema und
Inhalt sollten mehrfach und vielfältig erlebbar sein – und zwar
über die ein bis zwei Tage hinaus, auf die ein Training üblicher-
weise angesetzt wird. Review und Reflexion, in denen weitere
Lernvorgänge stattfinden, sind unerlässlich, wenn Lernen erfolgreich sein soll.

▶ Auch unser Gehirn liebt die Lösung statt des Problembohrens.
Eine konsequente Ausrichtung des Inhalts in Richtung Lösung
(verlockender Zukunft) motiviert und reduziert Ängste. Eine
ewige Analyse des Problems schürt Angstgefühle.

Möglicherweise setzen diese Voraussetzungen nun ihrerseits wiederum Angstmuster frei, die z.B. aus dem Wunsch nach Perfektion
erwachsen:

▶ „Wie soll ich das alles schaffen? Ich bin doch kein Übertrainer."
▶ „Und was ist, wenn ich nur einzelne Punkte davon berücksichti-
ge, geht es dann schief?"

Unser Tipp dazu: Sorgen Sie sich selbst gegenüber für positive
Äußerungen. Sortieren Sie die genannten Anforderungen oder Kri-
terien einmal für sich durch:

▶ Was fällt Ihnen leicht, es gleich umzusetzen?
▶ Was braucht noch Zeit und die Entwicklung von konkreten Maß-
nahmen?
▶ Was liegt Ihnen schon nahe?

Und noch etwas: Alles ist halb so schlimm! Sie können aufatmen,
denn jeder Teilnehmer entscheidet, bewusst oder unbewusst, darüber, was er lernen möchte und was nicht. Sie können die Verantwortung für das, was Teilnehmer aus Ihren Trainings mitnehmen,
also getrost in deren Händen lassen.

Inhalte werden mehrperspektivisch im Gehirn verarbeitet

Das Gehirn verarbeitet Informationen nicht unbedingt logisch.

Unser Gehirn verarbeitet Informationen bzw. Inhalte nicht eindimensional, vielmehr tut es dies aus verschiedenen Perspektiven. Ralf Besser erwähnt in diesem Zusammenhang die Ergebnisse von bildgebenden Verfahren sowie die erstaunlichen Erkenntnisse der modernen Gehirnforschung bei Experimenten mit Zahlen und Mathematik. „Die exakten Rechenergebnisse von Zahlen werden an anderen Orten im Gehirn repräsentiert als die ungefähren, geschätzten Größenangaben. Die geschätzten Werte werden (…) in der Hirnregion verarbeitet, in der auch die räumliche Orientierung stattfindet. Zudem ergaben die Untersuchungen, dass die exakten Ergebnisse sprachlich, die geschätzten dagegen nichtsprachlich verarbeitet werden. Das Gehirn scheint Informationen nicht rein rational, sondern in mehreren ‚nichtlogischen' Kategorien zu verknüpfen."[12]

Wow! Das erklärt vieles, aber macht die Sache wiederum nicht einfacher. Was bedeutet diese Entdeckung für das Lernen? Wenn Inhalte im Gehirn aus verschiedenen Perspektiven verarbeitet werden, dann bedarf es eben nicht nur der Herausarbeitung von Regeln, Zahlen, Daten und Fakten, sondern genauso der intuitiven Verarbeitung aufseiten des Lernenden. Das kann z.B. durch das Schätzen und Nachdenken über mögliche Resultate und deren Bedeutung stattfinden.

Auswendiglernen: eine uneffektive Methode der Wissensaufnahme

Wenn also Teilnehmer die Chance bekommen, über die Auswirkungen von neuem Wissen und Verhalten auf künftige Situationen nachzudenken bzw. dies sogar probehandelnd im Kopf oder in Als-ob-Situationen tatsächlich tun, steigert das den Wert ihres Erfolges und ihrer persönlichen Erkenntnisse im Training. Dies kann z.B. auch über die Verbindung mit Metaphern und starken Bildern erreicht werden.

Eines wird hierbei definitiv klar: Das früher so geschätzte Auswendiglernen ist eine absolut uneffektive Methode der Wissensaufnahme. Es passt nicht zu den vielfältigen Funktionen unseres Gehirns. Damit ist auch der beliebte und immer wieder sehnlichst herbeigewünschte Nürnberger Trichter endlich aus dem Rennen.

Auch wenn uns Trainern dies in der Regel bewusst ist, so gibt es aufseiten von Auftraggebern noch häufig die Erwartung, dass wir

Teilnehmern bestimmtes Wissen eintrichtern sollen, damit sie es dann in der Praxis einfach umsetzen. Doch es gibt eine frohe Botschaft: Unser Gehirn kann etwas, das durch keinen Trichter der Welt zu ersetzen ist. Was, erfahren Sie im nächsten Punkt.

Unser Gehirn liebt es, Regeln und Muster zu erkennen!

„Du musst schon genauer wünschen!" Dieses berühmte Zitat des Sams aus der Geschichte von Paul Maar verrät viel intuitives Wissen über die Funktionsweise unseres Gehirns. Das kleine Wesen mit dem roten Schopf besitzt Wunschpunkte im Gesicht, die jeweils für einen Wunsch zu Verfügung stehen, um dann zu verschwinden. Und genau darin besteht der kleine Haken, der den entscheidenden Unterschied zu unserem Gehirn aufweist. Sind die Wünsche vom Wünschenden nicht genau formuliert, geschieht viel Ungewolltes. So wünscht sich Herr Taschenbier, bei dem das Sams lebt: „Können wir auf einer Insel leben?" Dabei hegt er den Wunsch nach einem wunderschönen Südseeparadies. Aber: Nach der Erfüllung dieses Wunsches sitzen beide, Herr Taschenbier und das Sams, auf einer Insel, die sichtlich nur aus Felsen und alten, abgeaasten Gerippen besteht.

Die Antwort des Sams auf die durchaus berechtigte Beschwerde des Herrn Taschenbier: „Du musst eben genauer wünschen!"

Die Wunschpunkte tun genau eine Sache nicht, die unser Gehirn erfolgreich arbeiten lässt: Die Wunschpunkte extrahieren keine Regeln und Muster – sie denken nicht. Alles, was nicht genau gewünscht wird, wird beim Sams nicht beachtet. Die Konsequenz in der Geschichte ist, dass der wünschende Herr Taschenbier lernt, immer genauer zu wünschen. Er erkennt die Muster und Regeln und nutzt sie, weil er verstanden hat, was er an präzisen Zusatzinformationen geben muss, damit er die Wunschpunkte tatsächlich in seinem Sinne nutzen kann.

Ralf Besser bezeichnet unser Gehirn in diesem Sinne als „Regelextraktionsmaschine". „Das Gehirn überprüft unbewusst alles Wahrgenommene daraufhin, ob daraus Regeln und Prinzipien abgeleitet werden können."[13] Und es ist dabei aufgrund des Selbsterhaltungstriebs unseres Organismus so programmiert, dass es vor allem

Welches Prinzip steckt dahinter?

Aha, unterschiedliche Muster!

solche Muster lernt, die uns grundsätzlich handlungsfähiger machen. „Fast alles, was wir gelernt haben, wissen wir nicht. Aber wir können es."[14]

Das ist doch großartig! Kinder lernen die Sprache und die damit verbundene komplexe Grammatik intuitiv. Sie saugen sie ja quasi mit der Muttermilch auf. Kein Kind und die wenigsten Erwachsenen können die korrekte Verwendung des Dativs erklären und dennoch verwenden die meisten Kinder diesen bereits im Alter von vier Jahren auf die richtige Weise. Viele Kinder, die Deutsch als zweite Sprache erwerben, haben hiermit meist ihr Leben lang zu kämpfen. Warum? Weil sie in ihrer intuitiv erworbenen Muttersprache dafür kein Muster bzw. keine passenden Regeln finden.

Unser Wissen, welches wir im Laufe unseres Lebens erwerben, erlernen wir intuitiv. Dabei greifen wir immer wieder – prozedural und implizit – auf die von uns erkannten Muster und Regeln zurück. Der Vorteil liegt auf der Hand. Wir müssen nicht jede Situation neu analysieren und durchdenken. Aufgrund unserer Lebenserfahrung automatisiert sich unser Verhalten und verschafft uns somit Sicherheit.

Sie selbst tun dies vermutlich auch in Ihrer Rolle als Trainer, wenn Sie z.B. in ein Unternehmen oder eine Trainingssituation kommen. Dann sind Ihre Antennen darauf gerichtet, wahrzunehmen, welche offenen und verdeckten Verhaltensmuster, Umgangsweisen und Führungsprinzipien Sie erkennen können.

Lassen Sie Teilnehmer nach Regeln suchen, statt sie mit Fakten zu überfluten.

Was heißt das wiederum für Lernen in Trainingssituationen? Im Vordergrund sollten nicht die auswendig zu lernenden Fakten stehen, auch wenn diese natürlich an der einen oder anderen Stelle notwendig sind. Stattdessen sollte sich das Gehirn aus einem Angebot an verschiedenen Beispielen, in denen diese Prinzipien deutlich werden, die Regeln unbewusst herausfiltern und verinnerlichen können. Dies braucht vor allem Zeit und Wiederholungen. Ermöglichen Sie den Teilnehmern eher forschende, durch Fragen geleitete Aufgaben, in denen sie nach Mustern und Regeln suchen bzw. diese aufstellen, als dass Sie ihnen zu viele Fakten vor den Kopf knallen. Haben Teilnehmer z.B. die Aufgabe, Inhalte in einen anderen Kontext zu transportieren, extrahieren sie die wesentlichen Muster und Regeln, um diese dann zu übertragen.

Die Erinnerung an erworbenes Wissen ist immer mit der dabei erlebten Emotion verbunden!

Wenn wir uns an etwas Konkretes erinnern, also z.B. an etwas, was wir gelernt haben, wird dabei immer auch die damals empfundene Emotion mit aufgerufen. Denn Wissen wird immer mit den dabei erlebten Emotionen abgespeichert. Je intensiver die Emotionen, desto deutlicher die Erinnerung.

„Gefühle wirken wie eine Schleuse, durch die neues Wissen ins Gehirn gelangen kann. Die Schleuse ist geschlossen, wenn negative Gefühle dominieren."

„Es kann nicht deutlich genug betont werden, dass all diesen Lernhilfen – etwa dass eine Information, wenn sie mit Freude, Erfolgserlebnis, erotischer Anregung, mit Neugier, Spaß oder Spiel verbunden ist, weit besser verankert wird – ganz konkrete biologische Mechanismen zugrunde liegen und dass wir damit ein in unseren Schulen und Universitäten sträflich vernachlässigtes Lerngesetz berühren: die Aktivierung der positiven Hormonreaktion. So wichtig es ist, den Lernprozess von unangenehmen Begleitereignissen zu befreien, so wichtig ist es auch, das Lernen mit schönen und angenehmen Ereignissen zu verknüpfen (...) Der Effekt ist sogar ein doppelter. Beim späteren Abrufen, beim Erinnern der so gespeicherten Information wird ja auch die Freude wiedererinnert, der Spaß, die Begeisterung, die wir dabei hatten."[15]

Die Ereignisse, die mit diesen positiven Erlebnissen verbunden sind, werden im Übrigen auch länger im Langzeitgedächtnis behalten, weil sie wegen der positiven Hormonlage wesentlich vielseitiger assoziiert werden.[16]

Auch dies hat mit der Aufrechterhaltung unseres Systems zu tun. Ist allerdings unser Wissen, oder auch der Moment dieser Wissenserlangung, mit negativen Emotionen und Ereignissen verbunden, versuchen wir natürlich, diese zukünftig zu vermeiden. In der Folge wenden wir das – emotional negativ besetzte – Wissen ungerne an. Ist das Wissen wiederum mit positiven Emotionen gekoppelt, nutzen wir es gern, denn positive Emotionen tun gut! Das wollen wir! Mehr davon!

Ganz schlecht: schlechte Laune beim Lernen

Die persönlich gespeicherten Emotionen begründen die Tatsache, dass in diversen Trainingsveranstaltungen Teilnehmer sitzen, die

„noch" einen unmotivierten Eindruck machen. Kein Wunder, sie haben vielfältige unangenehme Erinnerungen an die Schulzeit. Teilweise gibt es richtige Blockaden, weil früher etwas gelernt werden sollte, was als äußerst unangenehm und angstbesetzt erlebt wurde.

Beispiel

Meine Lernblockaden – Barbara Messer: „Oh Mann, wenn ich da an die grausamen Erfahrungen im Sprachlabor in den 70ern denke. Ohne dass ich es wusste, schaltete sich meine Russischlehrerin in mein Gestammel ein. Und verbesserte mich dann plötzlich und unverhofft. Voller Scham und Angst wollte ich nur noch nach Hause."

Sandra Masemann: „Ah, da habe ich auch eine Erinnerung. Meine Französischlehrerin war Alkoholikerin. Während sie mir über die Schulter auf das Papier blickte, wurde mir jedes Mal übel. Tatsächlich habe ich die Fremdsprache schnell abgewählt, obwohl ich sie heute unglaublich gerne höre und gerne könnte."

Deuten sich den Teilnehmern Hinweise an (z.B. bedingt durch die Ausschreibung des Trainings, das Verhalten des Trainers, Akzente in der Umgebung etc.), dass es in eine ähnliche Richtung gehen könnte, erinnern sie sich automatisch an die unangenehmen Situationen. Und dabei muss man nicht unbedingt in die Schulzeit zurückgehen. Auch in aktuellen Trainings werden unangenehme Lernsituationen geschaffen. Einmal mehr kann man an dieser Stelle wieder das Rollenspiel, am besten vor laufender Kamera, erwähnen. Oder Trainer, die ohne PowerPoint nicht leben können und denken: „Das geht den Teilnehmern sicher auch so." Seien wir Trainer also achtsam mit den Teilnehmern, respektieren und achten wir ihre alten Ängste. Machen wir es einfach anders!

Gezielt Kontrapunkte
zu negativen
Lernerfahrungen
setzen

Erfolgreiche Trainer setzen deshalb sehr bewusst Kontrapunkte, die einen Unterschied zu bisherigen negativen Lernerfahrungen machen und deutlich wahrnehmbar sind. Sorgen wir vom ersten Moment an für positive Emotionen und Erlebnisse. Lernen gelingt nur dort, wo tiefe positive Emotionen mit an Bord sind. Wir Trainer sind somit ein Schlüsselfaktor für effektives Lernen. Deshalb sind wir doch da und lieben unseren Beruf so sehr ...

Positive Emotionen setzen – ein vor Kurzem in einem unserer Train-the-Trainer-Seminare gehörtes erfolgreiches Beispiel: Ein Trainerkollege fährt immer mit seinem Motorrad zu Trainings. Ein Kunde aus der Bekleidungsindustrie hatte folgende Idee: Bevor der Trainer das Gelände befährt, wird er mit den neuesten Kleidungsstücken des Unternehmens bestückt und wartet hinter einem Busch auf ein verabredetes Zeichen. Dann fährt er vor und der Geschäftsführer verkündet vor der versammelten Teilnehmerrunde: „Das ist Euer Trainer!" Es folgten Applaus und Begeisterung.

Beispiel

Der Unterschied macht's!

Unser Gehirn ist einer Vielzahl an Reizen ausgesetzt. Damit es diese gut meistert, filtert es Informationen. Sonst wäre es einer ständigen Überlastung ausgesetzt. Ein wichtiges Kriterium ist dabei die Frage: „Macht diese Information einen Unterschied?" Unser Gehirn prüft ständig die Informationen und Daten, die es aufnehmen könnte, hinsichtlich einer vermuteten Erwartung.

Entsprechen die tatsächlichen Geschehnisse den Erwartungen, werden sie als eher unbedeutend abgespeichert, die Aufmerksamkeit sinkt, eine weitere Verarbeitung findet nicht wirklich statt. Eine Anmerkung, die wir uns an dieser Stelle nicht verkneifen können: Das ist wohl auch der Grund, warum Daily Soaps am Feierabend so gut laufen: Es braucht kaum menschliche Anstrengung, dabei vor dem Fernseher zu sitzen. Denn man weiß ja eh, was als Nächstes passiert. So kann man richtig wegdämmern und entspannen.

„Das ist doch für viele der Inbegriff der Erholung: Das Fernsehen angestellt, die Füße hochgelegt und ein paar Kartoffelchips geknabbert. Um unser schlechtes Gewissen zu beruhigen denken wir dann: ‚Das habe ich mir verdient!' Dabei haben wir doch viel mehr verdient!"

Sind die Ergebnisse nun aber besser als erwartet, gibt es eine Belohnung. Unser Körper schüttet verstärkt den Neurotransmitter Dopamin – unser Glückshormon – aus. Das damit verbundene positive Gefühl unterstützt wiederum das Lernen. Unser Gehirn reagiert also auf alles Neue und Interessante mit diesen wahnsinnigen Glückshormon-Ausschüttungen. Das ist

Gelernt wird, was positive Konsequenzen hat!

doch irre und das können wir so gut nutzen! Das Gehirn motiviert sich quasi von selbst und braucht keine künstlichen Belohnungsanreize von außen! „Gelernt wird, was positive Konsequenzen hat!"[17]

Unser Gehirn ist ständig damit beschäftigt, mögliche Vorhersagen für etwas zu produzieren. Danach überprüft es deren Eintreffen und generiert unser Handeln. Natürlich freuen wir uns, wenn unsere Vorhersagen zutreffen, nach dem Motto: „Das habe ich doch gleich gewusst!" Lernen findet aber erst statt, wenn wir einen Unterschied zu unserer Vorhersage feststellen, wenn wir überrascht werden.

Gelernt wird, wenn wir überrascht werden.

Deshalb funktionieren Witze: Unser Gehirn (also unsere interne Vorhersage) wird überrascht.

Ein Beispiel[18]: Ein Mann an der Bar: *„20 Jahre waren meine Frau und ich so glücklich."* Barmixer: *„Und dann?"*

Bevor wir den Witz weitererzählen, ist hier Platz für die Vorhersage Ihres Gehirns. Denken Sie auch an ein Paar, das nach zwanzig Ehejahren – durch was auch immer – in die Krise geriet? Der Mann sitzt nun allein in der Bar und betrauert bei Schnaps und Bier, dass es – warum auch immer – zu Ende gegangen ist … Doch jetzt kommt die Pointe:

Mann: *„Dann haben wir uns kennengelernt!"*

Nun müssen die meisten von uns Schmunzeln und wir bekommen eine Belohnung – die Dopamin-Ausschüttung!

Noch ein Witz:

Nach langem Warten riss der Mann die Tür der Telefonzelle auf und rief wütend: *„Sprechen Sie eigentlich noch?"* Da drehte sich der Mann am Telefon um: *„Bis jetzt habe ich noch kein Wort gesprochen …"*

Möglicherweise ist jetzt schon Ihr Gehirn als Regelextraktionsmaschine aktiv und sucht nach einer Antwort, die nicht die übliche Vorhersage ausspuckt. Was hat dieser Witz mit dem davor gemeinsam, wo sitzt dieses Mal die Überraschung? Ja, Sie sind auf der richtigen Fährte …

„… Ich telefoniere mit meiner Frau!"

Damit Neues behalten bleibt, braucht es die Verlagerung vom Bewussten ins Unbewusste

Wenn wir Neues lernen, ist unsere Großhirnrinde, der Cortex, aktiv. Hier sitzen besonders viele Nervenzellen. Neue Lernvorgänge führen dazu, dass sich unsere Großhirnrinde neu strukturiert. Die jeweils zuständigen Bereiche vergrößern sich und auch die Aufgaben bestimmter Neuronen werden dabei umfunktioniert. Ein gewaltiger Prozess. Dies bedarf einer Menge Aufmerksamkeit und braucht auch Übung.

Wenn eine neue Fertigkeit oft genug trainiert worden ist, passiert etwas Faszinierendes: Die Aufgabe wird gewissermaßen an andere Bereiche delegiert, so kann sich die Großhirnrinde wieder neuen komplexen Anforderungen widmen. Genau genommen, bildet sich die Aktivität im Cortex wieder zurück und die Aufgaben werden an andere Regionen des Gehirns im subcortikalen Bereich verlagert. Der Weg führt vom Bewussten zum Unbewussten. Automatisierung sorgt dafür, dass uns die erlernte Fähigkeit schließlich unbewusst zur Verfügung steht. Bis dieser Schritt jedoch vollzogen ist, braucht es zuvor die regelmäßige Wiederholung in relativ kurzen Zeitintervallen.

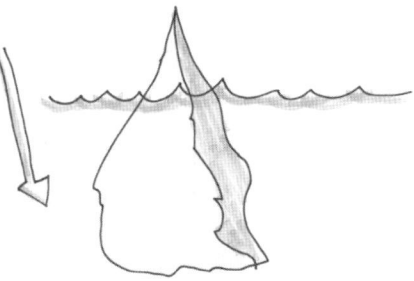

Der Weg der Routine

Autofahren lernen

Zu Beginn säuft der Wagen diverse Male ab, bis das feine Zusammenspiel zwischen Kupplung, Schaltung und Gaspedal überhaupt gelingt. Es kostet die gesamte Aufmerksamkeit, dabei gleichzeitig den Blick in den Rückspiegel nicht zu vergessen. Das Lösen der Handbremse beim Anfahren am Berg zu schaffen, scheint schier unmöglich. Nach einigen Fahrstunden wird es leichter und wir schaffen es tatsächlich, die gelernten Verkehrsregeln im Kopf zu finden und im richtigen Moment zu aktivieren. Sind wir geübte Autofahrer, ist der Prozess so automatisiert, dass wir bei der Frage, was die Füße dort unten denn eigentlich genau treiben, ins Nachdenken kommen. Das kennen Sie doch, oder?

Autofahren ist so zur totalen Routine geworden, dass wir definitiv nicht vergessen, wie es funktioniert, aber kaum beschreiben können, was wir tatsächlich tun. Selbst wenn wir einige

Beispiel

Jahre kein Auto gefahren sind, wissen unsere Füße, sobald wir darin sitzen, ganz genau, was sie zu tun haben, auch wenn die Motorik möglicherweise nicht mehr ganz so geschmeidig und fein aufeinander abgestimmt ist.

Die Routine versagt indes, wenn wir plötzlich in Neuseeland Auto fahren, da steigen wir bereits auf der falschen Seite ins Auto.

Für das Lernen der Teilnehmer im Training hat dies die Konsequenz, dass sie für etwas wirkliches Neues, was sie lernen, Aufmerksamkeit und Konzentration brauchen.

Wie Sie die Konzentration der Teilnehmer fördern

Dazu können wir als Trainer positiv beitragen, indem wir ...

▶ klar mit unserem Angebot und unseren Interventionen sind.
▶ unsere Erklärungen oder Handlungen einfach und nachvollziehbar gestalten – statt mit dem Aufdecken komplexer Zusammenhänge und mit verwirrenden Fachwörtern unsere Kompetenz ins rechte Licht zu rücken.
▶ in angemessenen Zeitabständen Wiederholungen durch Eigenaktivität und „Selbertun" und „Anwenden" in unterschiedlichen Settings anbieten. So können neue Fertigkeiten trainiert werden.
▶ alles was wir tun, immer wieder in Bezug auf das Hauptziel des Tages überprüfen und ggf. anpassen.
▶ auf Reduktion, Reduktion, Reduktion achten. In der Werbung heißt es, ein gutes Logo muss man mit einer Zehenspitze in den Sand malen können. Überlegen Sie, was die Teilnehmer nach Ihrem Training auf jeden Fall können und behalten wollen/sollen?

Unser Gehirn bildet starke Netze!

Netzwerken ist in – auch im Gehirn. Die neuronalen Verbindungen in unserem Kopf arbeiten nicht isoliert voneinander, sondern überlappen sich in vielen Funktionen. Unser Gehirn verarbeitet Informationen nicht eindimensional, es sorgt immer wieder für Vernetzung. Im Grunde funktioniert es genauso wie gute soziale Netzwerke, die wir haben.

In Netzwerken unterstützen sich verschiedene Menschen in verschiedenen Verbindungen gegenseitig – das erzeugt einen vorher nicht da gewesenen Mehrwert für alle Beteiligten. Auch unser Gehirn nutzt solche Kräfte. Es sorgt dafür, dass sich die verschiedenen erlernten Muster oder Fähigkeiten unbewusst gegenseitig unterstützen.

Dies wird uns oftmals bei ganz banalen Ereignissen deutlich. Wir sind beispielsweise im Garten und jäten Unkraut, unser Kopf scheint entspannt, unsere Hände sind angenehm mit Erde verkrümelt und, hoppla, genau in diesem Moment kommt uns die *zündende Idee* für das Training in der kommenden Woche. Das passiert, weil unser Gehirn ständig nach Vernetzungen und möglichen Verbindungen sucht.

Auch Teilnehmer bringen viele Erfahrungen und persönliche Muster ins Training mit. Damit haben wir viel Unterschiedlichkeit im Raum und in der Gruppe, die sich ganz wunderbar nutzen lässt. Dieses kollektive Erfahrungswissen aller Beteiligten trägt, wenn es gelungen genutzt wird, zum tiefen und für alle zufriedenstellenden Erfolg eines Trainings bei.

Gruppenarbeiten und -aufgaben, bei denen diverse Perspektiven und unterschiedliche Anforderungen gestellt werden, laden Teilnehmer ein, ihr Wissen – auch aus ganz anderen Bereichen ihres Lebens – zu nutzen. Damit ermöglichen wir, dass die Gehirne der Teilnehmer – ganz nebenbei – netzwerken, es bilden sich dabei starke Verbindungen und Überlappungen. Je vielfältiger und persönlicher das Wissen im Gehirn vernetzt ist, desto deutlicher ist die spätere Erinnerung daran. Dies ist speziell für den nachfolgenden Transfer bedeutsam. Projektbezogenes, fächerübergreifendes Arbeiten in Teams bietet sich hierfür an – logisch, oder?

Gruppenarbeit vernetzt das Wissen – auch im eigenen Kopf.

Unser Gehirn nutzt verschiedene Strategien zum Speichern und Abrufen von Informationen

Unser Langzeitgedächtnis hat zwei Formen, die unterschiedliche Arten von Informationen speichern. Es gibt das deklarative und das prozedurale Gedächtnis.

Die zwei Gedächtnisse

▶ **Das deklarative Gedächtnis**, welches im Neocortex sitzt, wird auch als Wissensgedächtnis oder explizites Gedächtnis bezeich-

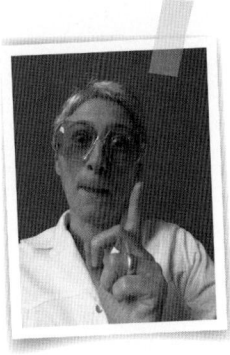

„Die komplexe Arbeitsteilung des menschlichen Gehirns ist beim Lernen der Erfolgsfaktor Nr. 1!"

net, weil es Tatsachen und Ereignisse speichert, die bewusst wiedergegeben werden können. Das ist bei alten oder älter werdenden Menschen so wunderbar zu erleben. Wenn diese anfangen, ihre Lebensgeschichten und persönlichen Erinnerungen zu erzählen, greifen sie auf diesen Teil des Langzeitgedächtnisses zurück.

▶ **Das prozedurale Gedächtnis** befindet sich im Subcortex und speichert automatisierte Handlungsabläufe. Hierhin werden Lernprozesse delegiert, sobald sie automatisiert sind und nicht mehr unsere Aufmerksamkeit benötigen. Dies betrifft z.B. komplexe Bewegungen, deren Abläufe bereits automatisiert sind, wie etwa Gehen, Fahrradfahren, Autofahren.

Auch das deklarative Gedächtnis ist zweigeteilt.

Noch einmal zurück zum deklarativen Gedächtnis. In ihm gibt es zwei besondere Abteilungen. Das semantische und das episodische Gedächtnis.

▶ Das **semantische Gedächtnis**, welches das Weltwissen/Faktenwissen enthält. Dieses ist unabhängig von uns als Mensch sowie dem Ort und der Zeit. Hier liegt quasi neutrales Wissen: „Die Hauptstadt von Deutschland ist Berlin." Basta.

▶ „Das **episodische Gedächtnis** stellt die Erinnerung an unsere persönlichen Erlebnisse in zeitlicher und räumlicher Zuordnung dar. Es ist unser ‚Geschichten-Gedächtnis'."[19] Es ist der persönliche Teil unseres Langzeitgedächtnisses. Im episodischen Gedächtnis werden komplexe Alltagserinnerungen, Episoden, Ereignisse und Tatsachen aus unserem eigenen Leben langfristig gespeichert.

Dieses Gedächtnis speichert gewissermaßen den Kontext ab, in dem etwas gelernt wird, und es ist für das Erleben der eigenen Persönlichkeit besonders wichtig. Hier werden z.B. die persönlichen Erinnerungen an den eigenen Berlinbesuch gespeichert. Das sind Erinnerungen, die z.B. etwas darüber aussagen,

- wo wir uns gerade befinden,
- was wir tun und
- wie wir uns dabei fühlen.

„Berlin, ach ja, am Brandburger Tor, da wird die Geschichte spürbar. Ich liebe es, dort langzugehen und die vielen verschiedenen Menschen und Kulturen zu sehen, das Sprachgewirr zu hören und die vielen Fotoposen zu sehen. 1989, das ist wirklich lange her."

Neben all dem Einzigartigen unseres Gehirns kommt nun noch hinzu, dass durch unsere Generalisierungsfähigkeit episodische Inhalte in das semantische Gedächtnis übergehen können. Gelingt es also, zu lernende Fakten mit Erinnerungen aus unserem episodischen Gedächtnis zu verbinden, fällt es uns weitaus leichter, Fakten o.Ä. zu merken.

Storytelling[20] ist nach unserer Ansicht eben deshalb ein so effektiver Ansatz im Training, weil genau hierbei die Verbindung von episodischem und semantischem Gedächtnis genutzt wird. Werden Fakten in Geschichten verpackt, hilft unser episodisches Gedächtnis dabei, uns an die Fakten zu erinnern. Aber auch andere Methoden, die der modernen Suggestopädie beispielsweise, nutzen diese Effekte beim Lernen oder greifen auf diese zurück.

Storytelling verbindet die Gedächtnisebenen.

Für die Teilnehmer ist es ein Gewinn, wenn sie in vielfältigen Formen Inhalte mit einem Kontext verbinden können. Dabei spielen Bilder, Metaphern, Geschichten, Raumnutzung, Gruppendynamik, Eselsbrücken, Spiele wie z.B. Quiz, unterschiedliche Seminarsettings, vielfältig-kreative Inhaltsbearbeitung, die Sinne anregende Formen sowie die – schon so oft erwähnte – starke emotionale Beteiligung ganz wichtige Rollen.

Bewegung lässt uns besser lernen!

Und noch etwas: Bewegung und Kognition sind unauflöslich miteinander verbunden. Das fand der Entwicklungspsychologe Jean Piaget heraus. Bei seinen eigenen Kindern beobachtete er nicht nur fasziniert ihre Entwicklung als Vater, sondern auch als Entwicklungspsychologe. Das Ergebnis seiner Studien lautet: Über unser Handeln verstehen wir die Welt. Unser Denken ist zum großen Teil verinnerlichte Bewegung.

Denken – verinnerlichte Bewegung

Dies wird bei Kindern besonders deutlich. Kinder lernen erst nach und nach, dass es Dinge gibt, die sie nicht sehen und die dennoch existieren. Als Kleinkinder gibt es für uns Gegenstände nur so lange, wie wir sie vor Augen bzw. in greifbarer Nähe haben – nach dem Motto: „Aus den Augen, aus dem Sinn."

Auf einer Decke liegend entdecken sie durch Zufall, z.B. durch eine Körperdrehung, die einen Gegenstand wieder ins Sichtfeld bringt, dass er noch da ist. Die Freude ist groß und sie beschäftigen sich damit. Sie erfahren immer mehr über diesen Gegenstand und verinnerlichen z.B. seine Beschaffenheit, die Farbe, das Gewicht und was man damit alles tun kann. Nach und nach hantieren sie mehr mit dem Gegenstand und nehmen ihn auch dann wahr, wenn er nur halb zu sehen ist, weil er z.B. von einer Decke verdeckt wird. Auch das häufige Hin- und Herreichen eines Gegenstandes zwischen Kind und Bezugsperson sorgt dafür, dass es immer besser begreift, dass ein Ding existiert, auch wenn es sich woanders befindet. Ganz verzaubert sind Kleinkinder, wenn sie für sich erkannt haben, dass Dinge existieren. „Da!" ist eines der ersten Wörter, welches sie nutzen, um voller Freude auf Gegenstände zu zeigen und uns deutlich zu machen: „Guck mal, das ist tatsächlich da!" Schön ist es auch für uns Erwachsene zu erleben, wenn Kinder beim Versteckenspielen die Augen schließen und glauben, dass sie nun für niemanden mehr zu sehen sind. Schritt für Schritt erfahren sie durch ihre Handlungen und die damit verbundenen Wahrnehmungen, dass dem nicht so ist.

Was uns dieses Beispiel aus der Entwicklung von Kindern zeigt, ist identisch mit dem, was in unserem Gehirn passiert. „Der Geist und die Bewegung entsprechen einander."[21]

Bewegung – Schlüssel zum Lernerfolg

Die Bewegung ist für alle Hirnfunktionen von entscheidender Bedeutung. Für unser Gedächtnis, unsere Sprache, unsere Emotionen und unser Lernen im Allgemeinen ist die Bewegung ein entscheidender Schlüssel zum Erfolg. Unser Kleinhirn ist maßgeblich für unsere Bewegungsabläufe zuständig. Es steuert zudem unsere Gedankenabfolge, während wir uns Dinge oder Ereignisse vorstellen.

Es scheint fast so, als ob das Gehirn von der Bewegung aus denkt und sich dazu entsprechende innere Repräsentationen bildet. Alle unsere Gedanken münden schließlich auch in einem konkreten Ver-

Sandra Masemann, Barbara Messer: Touch it

halten. Im Kleinhirn werden bei gedanklichen Vorgängen zugleich entsprechende Bewegungsareale mit aktiviert.

Dieses Phänomen erklärt auch die Wirkung mentaler Trainings. Erfolgreiche Sportler gehen Bewegungsabläufe Schritt für Schritt im Kopf durch. Dabei sind dieselben Areale aktiv, als würden sie diese Bewegung tatsächlich ausführen. So trainieren und verbessern sie ihre sportliche Leistung, während sie möglicherweise gemütlich auf dem Sofa liegen. Nichts anderes passiert auch in psychotherapeutischen Prozessen. Da werden im Geiste mentale Bewältigungsstrategien und Verhaltensmuster erarbeitet und erlernt, um sie dann in einer realen Situation anzuwenden. Die mentale Vorstellung unterstützt also die praktische Ausführung.

Dies ist laut Ralf Besser auch einer der Gründe, warum viele von uns Spaziergänge so schätzen. „Ein Spaziergang kann festgefahrene Gedanken wieder in Fluss bringen und umgekehrt kann die mentale Vorstellung von Bewegungsabläufen die praktische Ausführung unterstützen."

Als Trainer profitiert man auch hier von den Erkenntnissen der Gehirnforschung. Je vielfältiger sich Bewegung als Element in Trainings wiederfindet, desto besser. Das Set an Möglichkeiten ist nahezu unbegrenzt:

▶ Spaziergänge in den Pausen helfen, über Inhalte nachzudenken.
▶ Räumliche Bewegung – sprich bewusster Wechsel von Plätzen, Orten, Sozialformen und Gruppenkonstellationen – wirkt Wunder: Sie lädt zu neuen Perspektiven auf das Thema ein.
▶ Handlungsorientierte Aufgaben: Bringen Sie die Teilnehmer ins Agieren miteinander und geben Sie ihnen die Möglichkeit, Gruppenergebnisse zu präsentieren.
▶ Inhalte lassen sich durch symbolische Bewegungsabläufe besser erfahrbar machen, als wenn wir sie etwa nur lesen. Unser Körpergedächtnis lässt sich wunderbar für das Training nutzen, denn wir können uns damit Wesentliches sehr gut merken. Die Verbindung von Bewegung (und Rhythmus) mit Inhalt sorgt für eine gute Verinnerlichung.
▶ Körperliche Aktivitäten lösen biochemische Prozesse aus, die unsere intellektuellen Fähigkeiten positiv beeinflussen. Nutzen Sie daher Energizer, um in müden Momenten wieder positive Prozesse zu aktivieren.

So bringen Sie Bewegungn in Ihre Trainings.

Die Welt da draußen ist nicht die, die wir innerlich erleben

Picasso sagte einmal: „Wenn es nur eine Wirklichkeit gäbe, könnten wir nicht tausend verschiedene Bilder darüber malen."

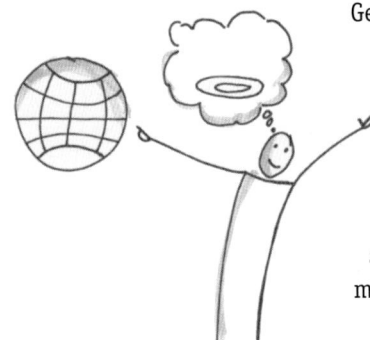

Genauso ist es. Die Welt da draußen – also um uns herum – ist nicht die Welt, die wir wahrnehmen. Unser Gehirn bekommt zwar unendlich viele Informationen über unsere Sinneswahrnehmungen, ob es sie in dem Moment als wichtig erachtet, ist hingegen eine ganz andere Frage. Wir filtern ständig, sonst wären wir auch von der Fülle an Informationen überfordert. Ergo selektieren und bewerten wir, wobei die Auswahl der Informationen durch persönliche Erfahrungen geprägt ist.

Das Gehirn bewertet etwa auf Basis der aktuellen Relevanz und unserer bereits innerlich repräsentierten Welt. Deutlich wird das an den vielen Missverständnissen in unserer Alltagskommunikation. Da denken wir, dass wir über dieselbe Angelegenheit sprechen und dabei ist es ganz anders. Ralf Besser bringt es auf den Punkt: „Die Annahme, der andere denkt und sieht die Welt auch so, wie man selbst, ist schlichtweg falsch."[22] Inhaltliche Übereinstimmung gelingt besser, wenn wir gemeinsame kulturelle Erfahrungen haben und uns darüber, oder auch über aktuelle Erfahrungen, austauschen.

Die Wahrnehmung ist keine Wahrheit.

Der Begriff „Wahrnehmen" liefert in sich bereits eine Erklärung: Unsere Wahrnehmungen beeinflussen das, was wir für wahr nehmen. Ob das dann wirklich wahr ist, wissen wir noch nicht. Dazu bedarf es weiterer Reflexion und Bewertung. Das geht uns nun genauso wie unseren Teilnehmern. Wir bieten ihnen als Trainer etwas an – doch was machen sie damit? Nehmen sie es überhaupt wahr? (Oder so wahr, wie wir es meinen?) Dies macht für uns deutlich, dass Lernen äußerst unterschiedlich und individuell sein kann.

„Als Anhängerin des radikalen Konstruktivismus betone ich: Wissen existiert nur in den Köpfen der Individuen und beruht auf ihren individuellen Erfahrungen. Es gibt keinerlei objektives Wissen. Und selbst das ist eine Konstruktion!"

Je mehr persönliche Erlebnis- und Reflexionsmöglichkeiten wir haben, desto leichter gelingt es uns, die Komplexität der Welt da draußen mehr und mehr in uns zu verinnerlichen. Zum erfolgreichen Verarbeiten der Informationen aus der Außenwelt hilft uns auch der Austausch mit anderen über die ganz unterschiedlichen Wahrnehmungen.

Kunst regt viele Menschen deshalb so an, weil sie sehr spezifische Wahrnehmungen und Interpretationen der Welt zeigt und uns einlädt, darüber zu sinnieren. Wir plädieren sehr dafür, Kunst bzw. künstlerische Prozesse ins Training zu holen. Da halten wir es mit Joseph Beuys' Credo: „Jeder Mensch ist ein Künstler!" Dazu später mehr! Versprochen.

Unser Gehirn braucht tiefe Entspannung, um Gelerntes gut zu vernetzten

Das Gehirn arbeitet viel, wie wir gesehen haben. Deshalb braucht es auch Pausen und Erholung. Schlafen ist z.B. für unser Gehirn lebensnotwendig. In diesem sogenannten Offline-Modus werden die Wahrnehmungen der Außenwelt auf ein Minimum reduziert. So schaffen wir uns Zeit für die Verarbeitung des Gelernten und Erfahrenen.

Im Schlaf werden Erlebnisse des Tages aktiv in Träumen nachverarbeitet, interpretiert, assoziiert und miteinander verknüpft. Ähnlich wie unser Verdauungstrakt verdaut, verdaut auch unser Gehirn die geistige Nahrung. Für effektives Lernen ist deshalb ausreichend Schlaf und Erholung absolut notwendig.

Aber auch im Training selbst kann ein schlaffähnlicher Zustand dafür sorgen, dass ein ähnlich positiver Effekt wie beim Schlafen eintritt.

Es gibt den sogenannten Alpha-Zustand. Dieser entspricht einem Zustand leichter Entspannung, die Gehirnaktivität liegt dabei bei einer Frequenz von 8 bis 13 Hertz. Das Besondere an dieser Frequenz ist, dass wir uns angenehm entspannen und dass das Unterbewusste empfangen wird, ohne dass der Verstand ausgeschaltet ist. Es kommt dabei also zu einer wunderbaren Verbindung von Bewusstem und Unterbewusstem.

Lernen im Alpha-Zustand

In der Suggestopädie wird dieser tranceähnliche Zustand intensiv genutzt. Beim passiven Lernkonzert, einem klassischen methodischen Element, wird zu einer Musik, die diesen Zustand begünstigt, der Inhalt zwecks Wiederholung vom Trainer mit ruhiger Stimme vorgetragen. Die Teilnehmer können dabei die Augen schließen und sich entspannt zurücklehnen. Tony Stockwell, ein geschätzter Trainerkollege, geht sogar so weit, dass er Teilnehmer in Liegestühlen das passive Lernkonzert erleben lässt.

In jedem Falle tut es Teilnehmern gut, wenn sie sich zwischendurch auch einmal entspannen können. Ist Entspannung von Ihnen als Trainer nicht vorgesehen, sorgt der Organismus selbst dafür. Ein Teilnehmer, der in unseren Augen vielleicht döst und kurz vorm Wegdämmern ist, holt sich möglicherweise genau das, was sein Gehirn braucht, um tiefer verarbeiten zu können.

Lernen braucht Rhythmus.

Didaktisch sinnvoller ist es natürlich, wenn wir in unserer Trainings- oder Veranstaltungsdramaturgie bewusst solche Phasen einbauen und diese mit wichtigen Botschaften verankern. Die Rhythmisierung von An- und Entspannung ist somit ein wichtiger Erfolgsfaktor, wenn Sie Menschen wirklich berühren wollen, denn Sie entsprechen damit einem tiefen Bedürfnis beim Lernen. Hierzu finden Sie mehr im folgenden Kapitel unter dem Abschnitt „Lernatmosphäre" (siehe S. 75 ff.).

Was unser Gehirn am Lernen hindert

Typische Lernblockaden bei Teilnehmern

„Von der Stirne heiß", so nennt Hartmut Wagner[23] sein Kapitel zum Thema Lernblockaden. Eine passende Überschrift, die wir unbedingt erwähnen wollten. Lernblockaden kennen wir alle. Hinderliche Glaubenssätze, die wir über uns selbst haben, sind hierfür ein gutes Beispiel: „Ich bin mathematisch eine Niete" oder „Ich kann nicht singen, ... spielen, malen, tanzen" etc.

An Teilnehmern nehmen wir sie oft wahr, indem diese Unlust oder Desinteresse zeigen oder schlichtweg mit dem Satz reagieren: „Das kann ich nicht." Manche zeigen offen oder versteckt ihre Abwehr gegen uns oder das Thema: „Das geht bei uns nicht!" – „Sie haben doch keine Ahnung von der Praxis!"

Eine negative Einstellung oder Haltung zum Lernen generell oder zu bestimmten Formen oder Themen des Lehrens sind hemmende Lernbarrieren im Lernprozess. Sie können so stark sein, dass alle Mühe auf Trainerseite vergebens scheint. Solche negativen Selbstzuschreibungen, die wir alle aus unserer Lern- und Lebensgeschichte mitbringen, erschweren Lern- und Lehrprozesse bzw. stellen eine besondere Herausforderung dar. „Jeder Leser und jede Leserin mag an dieser Stelle eigene ‚Glaubenssätze' ergänzen und dabei feststellen, dass das oftmals keine wirklich ‚eigenen' Überzeugungen sind, sondern Fremdeinschätzungen, die wir von unseren Eltern und Lehrern übernommen haben. Häufig handelt es sich auch um Verallgemeinerungen, das Scheitern in einem Einzelfall (‚Diese Ableitung versteh ich nicht!') wird auf gesamte Entwicklungsbereiche (‚Mathe kann ich eh nicht.') übertragen."[24]

Die eigene Überzeugung – häufig ein Ergebnis von Fremdeinschätzungen

Lernerinnerungen mit Langzeitschaden

Fatal an diesen „sich selbst erfüllenden Prophezeiungen" ist die Tatsache oder Tendenz, dass sie wahr werden – und damit ein wesentliches Potenzial des Lernenden nicht nutzbar machen. Sie sind meist während der Schulzeit oder im Elternhaus in uns hineingepflanzt worden oder wir haben zugegriffen, als sie an uns vorbeiflogen. „Unterricht, der mit Angst und Druck arbeitet, bietet beste Bedingungen dafür, dass die SchülerInnen durch Stress bedingte Langzeitschäden davontragen."[25] Viele Ihrer Teilnehmer haben Lernblockaden, gespeist und entwachsen aus schmerzhaften Erfahrungen in der Schule, wo sie vom Lehrer vorgeführt wurden. Da reichte es schon, beim Versagen an der Tafel zur Erziehung eine Stunde lang – mit dem Rücken zur Klasse – in der Ecke zu stehen. Eine klassische Situation, in der sich Scham und Angst in uns hineinbrennen.

„Ach, dazu habe ich ja grad neulich wieder etwas Neues gelesen: Schüler schreiben ihren Erfolg und Misserfolg in der Schule vor allem ihren Lehrern zu. Das Erfolgsrezept für guten Unterricht: Zuwendung, Aufmerksamkeit und Respekt. Aber da sind Sie ja hier genau richtig."

Negative Lernhaltungen oder auch Selbstbewertungen in Form lernhemmender Einstellungen finden sich häufig bei Schülern und auch bei Trainingsteilnehmern:

- ▶ Ich bin dumm.
- ▶ Ich bin nicht intelligent.
- ▶ Ich bin lernunfähig.
- ▶ Ich bin faul.
- ▶ Ich bin für dieses Fach unbegabt.
- ▶ Ich kann mich nicht konzentrieren.
- ▶ Ich bin zu alt, um das noch zu lernen.

Negative Lerneinstellungen erzeugen eine negative Erwartungshaltung und werden so zu Lernbarrieren, die verhindern, dass der Inhalt des Trainings aufgenommen und verarbeitet werden kann. Und sie verhindern auch, dass die Teilnehmer sich wohlfühlen, dass sie sich als ganze Persönlichkeit einbringen. Auch hier lohnt es sich, Vester heranzuziehen: „Ausgerechnet den Unterricht, die Einführung in ein neues Gebiet, die Vermittlung von Wissen verknüpfen wir vielfach mit Angst, Stress, Frustration und Prestigekämpfen – alles typische Lernkiller, unter denen wir mit gewaltigem Einsatz und gegen Funktionen unseres Organismus dann logischerweise nur ein lächerliches Lernergebnis erzielen können."[26]

Lernblockaden sind Killer für Touch-Momente. Sind Menschen mit diesen Lernblockaden bei Ihnen im Seminar, huups, schon passiert es: Etwas in der Gegenwart erinnert sie an eine schmerzhafte oder unangenehme Lernerfahrung. Vielleicht haben wir etwas durch unser Verhalten, unsere Sprache oder auch unsere Methoden ange-triggert, was beim Teilnehmer für die Aktivierung von Blockaden sorgt. Manchmal reicht es schon, wenn ein Fremdwort auftaucht. Oder ein bestimmter Tonfall oder eine Geste des Trainers wecken alte Erinnerungen. Der Teilnehmer ist unbewusst damit beschäftigt, weitere Hinweise für seine Glaubenssätze wie „Das verstehe ich eh nie!" oder „Das kann ich mir alles nicht merken" zu suchen und sich damit in den inneren Dialog zurückzuziehen.

Vorsicht: Lernblockaden sind schnell aktiviert!

Für uns Trainer ist das nicht immer leicht zu erkennen und nachzu-vollziehen. Wir beziehen das sichtbare Desinteresse möglicherweise auf uns und unser Thema und erleben das Verhalten des Teilneh-mers als persönlichen Angriff. Hier braucht es Aufmerksamkeit, um solche Situationen zu erkennen sowie ressourcenvoll weiterzu-trainieren. Ansonsten setzt sich im Training der aus der Schulzeit bekannte Teufelskreis nahtlos fort:

▶ Die Unterrichtsgegenstände sind oder wirken weitgehend ab-strakt.
▶ Die eigene Lernfähigkeit wird vor allem in Bezug auf abstrakte Sachverhalte und Zusammenhänge für sehr gering gehalten.
▶ Schon geringe Schwierigkeiten lösen daher Stressreaktionen aus.
▶ Denkblockaden verhindern Lernfortschritte.
▶ Die Lernenden sehen ihre eigenen Erwartungen bestätigt – die jeweiligen Lerninhalte sind „zu hoch" für sie.
▶ Selbst wohlwollende LehrerInnen übernehmen angesichts schwacher Leistungen schließlich diese Einschätzung und trau-en dem Lernenden kaum noch Fortschritte zu.
▶ Die Erwartungen der LehrerInnen verstärken diese Entwicklung und erweisen sich irgendwann als „realistische" Selbsteinschät-zung.[27]

So funktioniert der Teufelskreis der Lernblockade.

Viele Erwachsene schätzen sich nach solchen Erfahrungen folgen-dermaßen ein: „Ich bin 40 Jahre alt. Ja, als Kind hätte ich leicht

Spanisch lernen können. Aber jetzt schaffe ich das nicht mehr.' Die Annahme, dass Kinder leichter Sprachen lernen als Erwachsene, ist weit verbreitet. Sie ist sogar ein klein wenig richtig, aber in weitaus stärkerem Maße ist sie falsch. Richtig ist, dass vor allem Kinder sehr unbefangen, neugierig und erwartungsvoll an eine neue Sprache herangehen, wogegen sich Erwachsene und Jugendliche häufig zögernd, skeptisch und voller Misserfolgserwartungen der Sache widmen. Gibt der Erwachsene jedoch seine Ängste vor Versagen, vor Lächerlichkeit, vor Unbekanntem auf und lässt sich wie ein Kind offen auf das Abenteuer des Lernens ein, wird er Kräfte in sich spüren, die lange verschüttet waren, ja, von denen er vielleicht gar keine Vorstellung hatte, dass sie in ihm schlummerten."[28]

Lernbarrieren nach Lozanov

Lernbarrieren werden vom Teilnehmer errichtet, sobald er das Gefühl hat, dass etwas mit der eigenen Lust am Lernen kollidiert. Eine genaue Trennung zwischen dem Begriff Blockade und dem Begriff Barriere erschließt sich uns, wenn wir die entsprechende Literatur in die Hand nehmen. Wir interpretieren diese folgendermaßen:

Lernblockade oder Lernbarriere?

▶ Bei einer **Blockade** sind wir tatsächlich richtig blockiert, machen zu, haben Stress, möchten dieses Thema am liebsten meiden. Angst, es nicht zu schaffen, steht uns im Gesicht.

▶ Eine **Barriere** ziehen wir hoch, wenn wir denken: „Hey, da stimmt was nicht!" Wir richten sie auf, weil wir einschränkende Glaubenssätze haben: zum Lernen, zum Thema, zur Umgebung, zum Trainer, zur Gruppe, zu mir. Eine Barriere kommt einer Habachthaltung gleich. Diese können wir als Trainer in der Regel erkennen, sobald sie vom Teilnehmer hochgezogen wird, und sollten sie auch ansprechen. Werden diese Barrieren nämlich nicht beseitigt, wachsen sie sich zu einer Lernblockade aus.

Ein Beispiel: Ich sitze ich einem Methodentraining eines anderen Trainers. Dieser führt etwas aus, was ich selbst so nicht machen würde. Ein kritischer Teil in mir wird aktiviert. Ich zweifle innerlich an der Kompetenz des Trainers und werde wachsam, um noch mehr Hinweise für meinen Eindruck zu sammeln, dass er nicht so kompetent ist, wie ich dachte oder er tut. Meine Glaubenssätze über ihn verstärken sich. Lernen kann ich dann nicht mehr viel in diesem

Training – außer ggf. Erkenntnisse, die sich später über mein Verhalten einstellen.

Nach Georgi Lozanov gibt es drei unterschiedliche Barrieretypen – er bezeichnet sie als anti-suggestive Barrieren –, die Teilnehmer errichten, um Lernen zu verhindern. Sie beruhen auf einengenden, negativen und einschränkenden Glaubenssätzen oder Suggestionen.

Diese Barrieren haben stark mit dem zu tun, was wir als Trainer anbieten. Bieten wir etwas an, was für den Teilnehmer bezüglich Logik, Ethik oder Freude und Emotionen nicht stimmig ist, beginnt er, eine Barriere zu errichten. Denn der Teilnehmer will leicht lernen, der Inhalt soll sich ihm erschließen und an seinen Alltag andocken, zu seinen persönlichen Werten passen und freudig und mit Spaß erlernbar sein – kurz: All das verbinden, was wir uns auch wünschen. Es lohnt sich daher, diese Barrieren zu kennen, um ihnen auf allen Ebenen mit positiven Suggestionen begegnen zu können.

„Lernen Sie die Barrieren Ihrer Teilnehmer kennen, ist Licht am Ende des Tunnels zu sehen."

▶ **Die logisch-kritische Barriere:** Diese innere Ebene im Teilnehmer lässt alles abprallen, was nicht logisch und sinnvoll motiviert erscheint. Die Teilnehmer brauchen „ZDF": Zahlen, Daten, Fakten. Sie möchten Sicherheit, und ihr Bedürfnis nach Vernunft befriedigt wissen. Tauchen im Training Gegebenheiten und Informationen auf, die diesem Bedürfnis nicht entsprechen, können sich hemmende Glaubenssätze im Training entwickeln. Die Teilnehmer brauchen fundierte Informationen, plausible Ergebnisse, überprüfbare Erkenntnisse und sinnvolle Erläuterungen, um das Wissen in ihren Alltag zu adaptieren.

Die drei Barrieretypen – und wie Sie ihnen begegnen

▶ **Die intuitiv-affektive (oder emotionale) Barriere:** Hier stehen die inneren Antennen des Teilnehmers auf Abwehr gegenüber allem, was nicht vertraueneinflößend wirkt und was keine Sicherheit verspricht. Hier muss die emotionale Chemie zum Trainer und zur Gruppe stimmen. Vermutlich hat der Teilnehmer bereits auf der emotionalen Ebene negative Erfahrungen gemacht, er hat Angst und wenig Zutrauen in seine Fähigkeiten. Teilnehmer, deren Antennen Signale aus dieser Richtung beziehen, brauchen so etwas wie eine emotionale Sicherheit, ihnen tun Freude und Spaß gut. Manches Mal brauchen sie auch Ermutigung oder Unterstützung.

▶ **Die ethisch-moralische Barriere:** An dieser inneren Barriere prallt alles ab, was den ethisch-moralischen Überzeugungen des jeweiligen Menschen entgegensteht. Die Teilnehmer werden hellhörig, wenn etwas im Training geschieht, was ihren Werten und persönlichen (auch moralischen) Überzeugungen widerspricht. Sie brauchen Raum für Diskussion und Auseinandersetzung und sie brauchen Sicherheit, dass das, was geschieht, seriös ist.

Beispiel

Die Sache mit dem Lügen

Hier haben wir länger nach einem Beispiel gesucht und dann eines gefunden: Bei der Methode „Lügenwappen" geht es darum, an einer kleinen Stelle zu lügen.*

Die Teilnehmer bekommen die Aufgabe, sich mittels eines Wappens vorzustellen. Dieses hat zwei Seiten: Auf der einen Seite sind z.B. die Noch-nicht-Stärken (Schwächen), auf der anderen Seite die Stärken des Teilnehmers notiert. Der Clou: Unter den genannten drei Stärken und drei Schwächen befindet sich jeweils eine, die erlogen ist! Dieses Wappen darf auch mit Zeichnungen oder Skizzen versehen werden. Haben alle ihr Wappen erstellt, heißt es, sich dieses gegenseitig vorzustellen.

Sie werden nicht glauben, wie schwer es manchen Teilnehmern fällt, zu lügen. Viele vermeiden es oder es gelingt ihnen gar nicht erst etc. Offen zu lügen, widerspricht ihrem Wert „Ehrlichkeit" – selbst wenn die Lüge in diesem Fall mit Ankündigung und Augenzwinkern erfolgen soll.

Wir lösen diese Barriere meist sehr positiv auf, indem wir selbst mit Freude und Humor ganz bewusst lügen und uns einen Spaß daraus machen. Es ist ein Genuss, zu erzählen, dass ich ganz besonders ordentlich bin oder ein Langschläfer oder perfekt ... Bei dieser Methode machen wir übrigens immer wieder mit und überraschen uns gegenseitig mit den Ergebnissen.

* Diese Methode haben wir bei Helga Pfetsch und Stephan Rude in der Trainerausbildung kennengelernt.

Ein andere Beispiel, das unsere Trainerkollegin Zamyat M. Klein häufig an dieser Stelle erwähnt: „In einem Seminar (...) machte ich morgens oft leichte Yogaübungen, bei denen die Teilnehmer beispielsweise beim Einatmen den Arm anheben und beim Ausatmen sinken lassen, eine einfache Dehnübung. Eine Teilnehmerin, die einer strengen christlichen Sekte angehörte, wollte dabei nicht mitmachen. Ihre Begründung war, das widerspreche ihrer Religion. Ich konnte es kaum fassen, dass jemand befürchtet, durch eine schlichte Atem- und Körperübung unbewusst Elemente einer anderen Religion eingeflößt zu bekommen."[29]

Im Training selbst bekommen wir nicht immer mit, welcher Teilnehmer möglicherweise gerade mit welcher Barriere zu kämpfen hat, aber wir können durch unser Wirken als Trainerpersönlichkeit viel dazu beitragen, dass Barrieren gar nicht erst errichtet werden, insgesamt eine positive Atmosphäre gestalten und vielem gerecht werden (siehe auch S. 189 ff., Gefühle, Bedürfnisse und Werte im Training).

Lernhemmende Glaubenssätze auflösen – mit Dilts' Logischen Ebenen

Das Modell der neuro-logischen Ebenen (auch „Ebenen der Erfahrung") von Robert Dilts, einem äußerst kreativen Weiterentwickler und Trainer des NLP, liefert wertvolle Hinweise für die Veränderung von Glaubenssätzen.

Das Modell hilft zu verstehen, auf welcher Ebene eine Lernblockade liegt und auch, wie sie abzuschwächen oder gar aufzulösen ist. Die tief sitzenden Lernblockaden liegen nach dem Modell der neurologischen Ebenen auf der Ebene von Glauben und Werte sowie auf den Ebenen darüber: Identität/Individualität und Zugehörigkeit. Auf diesen drei Ebenen hat Desuggestion ihre stärkste Kraft. Bei der Desuggestion geht es um die gezielte ressourcenorientierte Veränderung lernhinderlicher Vorstellungen und Reaktionen unter Zuhilfenahme von positiven, verbalen und nonverbalen Botschaften.

Die logischen Ebenen sind uns ein freundlicher und kontinuierlicher Begleiter in eben solchen Lebens- und Trainingssituationen. Obwohl in der Trainerszene gemeinhin bekannt, möchten wir das Modell an dieser Stelle aus zwei Gründen trotzdem noch einmal vorstellen. Zum einen, weil es einer persönlichen Stärkung und Reflexion dienen und die eigenen Glaubenssätze über sich als Trainer verändern kann. So kann etwa die eigene Identität und Zugehörigkeit noch mehr gestärkt werden, sodass bei Ihnen die Touch-Momente nur so vom Himmel fallen. Zum anderen, weil daran auch eigene Lernbarrieren als Trainer gebunden sind, deren mögliche negative Wirkung auf die Teilnehmer übertragen werden kann.

Robert Dilts entwickelte das einfache, elegante und vielfältig anwendbare „Modell der logischen Ebenen" zur Beschreibung von „persönlicher Veränderung, Lernen und Kommunikation ..."[30] Jede übergeordnete Ebene organisiert die Information der darunterliegenden Ebene. „Der Kerngedanke des Modells besteht darin, dass Menschen ihre Erfahrung in sieben unterschiedlichen und mit jeder Stufe komplexer werdenden neurologischen Strukturen repräsentieren."[31]

Die (neuro-)logischen Ebenen

1. **Ebene – Umwelt/Umgebung:** Diese Ebene umfasst alles, worauf wir reagieren: unsere Umgebung und andere Menschen, denen wir begegnen, Situationen, Orte, Zeit – wir erfassen dies alles mit unseren Sinnen.

2. **Ebene – Verhalten:** Das ist alles, was wir tatsächlich in unserer Umgebung tun bzw. was dort gewünscht wird: konkrete Handlungen, Aktionen und Reaktionen.

3. **Ebene – Fähigkeiten:** Diese Ebene umfasst alle Verhaltensweisen, allgemeinen Fertigkeiten und Strategien, die wir in unserem Leben benutzen.

4. **Ebene – Glauben und Werte:** Das sind alle Leitideen, die wir für wahr halten (glauben) und als Grundlage unseres alltäglichen Tuns nutzen: Glaubenssätze und Einstellungen, Berechtigungen (Erlaubnis) und Einschränkungen (Verbote). Wichtige Erfahrungen werden für die Zukunft verallgemeinert und spiegeln sich in unseren Überzeugungen und Glaubenssystemen wider.

5. **Ebene – Identität:** Diese Ebene repräsentiert unser grundlegendes Selbstbild, unsere tiefsten Werte und unsere Aufgabe

oder Mission in unserem Leben. Es ist die komplexe integrierte Abbildung oder Repräsentation in uns, welche die Erfahrungen unseres ganzen Lebens zusammenfasst: Soziale, psychologische und systemische Aspekte werden zu einem „Bewusstsein seiner selbst" verknüpft. Hier wird unterschieden, was zu uns gehört und was nicht.

6. **Ebene – Zugehörigkeit:** Dies ist alles, was unsere berufliche, familiäre, gesellschaftliche oder wie auch immer geartete Zugehörigkeit betrifft. Die Fähigkeit und die Erfahrung, Teil eines Ganzen zu sein und auch jenes Ganze innerlich zu repräsentieren. Bezogen auf Menschen bedeutet Zugehörigkeit, unseren Platz in einer Gemeinschaft zu haben, mit anderen im Austausch zu stehen und eine Form der Verbundenheit zu erleben, wahrzunehmen, zu spüren.

7. **Ebene – Spiritualität:** Diese ist die tiefste Ebene, auf der wir die wesentlichsten Fragen betrachten und umsetzen: Warum sind wir hier? Was ist der Sinn unseres Lebens? Spiritualität erschließt Wahrnehmungen und Erfahrungen subtilster Art aus allen Zeiten und Räumen und verknüpft sie zu inneren Welten, Gestalten und Symbolen des Zusammenspiels, oft zu Erfahrungen einer größeren Einheit, von vielen auch „Gott" genannt. Jede Veränderung auf dieser Ebene hat tief greifende Auswirkungen auf alle anderen Ebenen. In gewissem Sinn enthält sie alles, was wir tun, ist aber mehr als die Summe der Teile.[32]

„Viele Menschen schütteln ja beim Thema Spiritualität den Kopf, bis sie dann weiter reifen und spüren, wie die eigene Spiritualität in ihnen wächst. Wir brauchen sie ja auch, um uns später wieder vom Irdischen zu verabschieden. Wenn Sie wissen, was ich meine!"

Alle Erfahrungen unseres Lebens werden kontinuierlich vom Gehirn erfasst, verdichtet und verarbeitet. So entstehen aus unseren Verhaltensweisen und den Reaktionen der Umwelt (Feedback) unsere Fähigkeiten. Wir lernen, was gut ist und was schlecht, richtig oder falsch. Wir verallgemeinern Erfahrungen und bilden unsere Werte, unsere Überzeugungen und Glaubenssätze. „All dies fließt über die Zeit hinweg in unsere Vorstellung dessen ein, wer wir sind, wird zum Bestandteil unserer Identität. Das eigene Selbst braucht nun die anderen. Mit denen gemeinsam erlebt es eine Gemeinschaft, die Zugehörigkeit schafft. Zugehörigkeit bleibt aber nicht auf die physische Person beschränkt. Die innere Erfahrung all dessen, was miteinander verbunden ist, erleben wir als Spiritualität. Stark vereinfacht kann jede Ebene als ein Teilsystem der nächsthöheren aufgefasst werden. Darüber hinaus tragen viele weitere Elemente und Prozesse zur Herausbildung der jeweils höheren Ebene bei. Sie ist das Ergebnis eines über die Lebenszeit hinweg verlaufenden Integrationsprozesses."[33]

Jeder Blick oder jedes Erleben einer einzelnen Ebene hat ihre ganz eigene Qualität, Sprache, Symbolik, Form und Gestalt. All das ist in unserem Gehirn vereint. In den höheren Schichten des Großhirns werden alle Erfahrungen unseres Lebens (auch die Gefühle, Handlungen und Gedanken) zusammengefasst. (Weitere Informationen zu den Ebenen im Hinblick auf die Trainerpersönlichkeit finden Sie ab S. 159 ff.)

Lernhemmende Glaubenssätze reframen

Um Touch-Momente zu schaffen und Teilnehmer emotional zu berühren braucht es Zugang zu den eigenen Gefühlen. Lernblockaden und einschränkende Glaubenssätze behindern das. Geht es um die Veränderung von Glaubenssätzen und damit auch um die Überwindung von Lernblockaden bei den Teilnehmern, können wir das Reframing, das Umdeuten eines Satzes oder Kontextes nutzen.

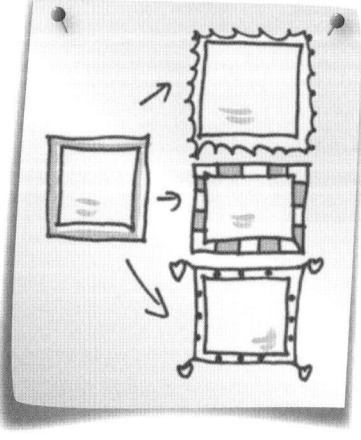

„Die Bedeutung eines Ereignisses hängt von dem Rahmen ab, in den Sie es stellen. Wenn Sie den Rahmen wechseln, wechseln Sie auch die Bedeutung. Wenn sich die Bedeutung verändert, verändern sich auch Ihre Reaktionen und Verhaltensweisen."[34] Der Rahmen symbolisiert unser Territorium, in dem wir uns gut auskennen und in dem wir uns zutrauen, Lösungsmöglichkeiten zu suchen. Wechseln oder erweitern wir diesen Bezugsrahmen, eröffnen sich plötzlich auch neue Perspektiven – und neue Handlungsoptionen.

Reframing – ein Ereignis in einem neuen Rahmen betrachten

Daher sind wir Reframing-Fans, weil wir es lieben, die Dinge zu drehen, ihnen eine andere förderliche Richtung zu geben. In der Vergangenheit hat Barbara Messer intensiv in Pflege von Menschen mit Demenz gearbeitet. Diese wunderbaren Menschen sind Meister im Reframen und Umdeuten. Sie setzen sich über Konventionen hinweg, betrachten alles aus einer spirituellen tiefen Altersweisheit heraus und deuten in ihren „verrückten" Welten so einiges um. Aber auch das Theater, der Clown und der Theatersport sind Quellen für leichtes Reframen.

Das Reframen von eigenen Glaubenssätzen und denen der Teilnehmer kann vielfach geschehen, etwa durch:

▶ Gute Absicht
▶ Positive Folgen, positiver Ausgang
▶ Positive Bedeutung
▶ Passender Kontext – anderer Kontext
▶ Zusammenhang
▶ Andere Ziele, Werte
▶ Umdefinieren
▶ Über ein Gegenbeispiel

Reframen – über viele
Wege möglich

In der Tabelle auf der folgenden Seite haben wir beispielhaft die logischen Ebenen aus der Sicht von Teilnehmern mit einschränkenden Glaubenssätzen abgebildet. Daneben haben wir Vorschläge für ein Reframing mit positiv wirkenden Sätzen.

Gute Lernsituationen ermöglichen den Teilnehmern einen Perspektivwechsel, sie ermöglichen lustvoll-ertragreiche Lernerlebnisse und implizieren positive Selbstwahrnehmungen wie: „Ich kann es ja doch!" Hier gilt jedoch die alte Weisheit: „Wie man in den Wald hineinruft, so schallt es heraus." Stehen wir als Trainer vor der Gruppe und kämpfen mit unseren eigenen Ängsten, werden Stress und Anspannung im Raum geradezu körperlich spürbar. Stehen wir dort sicher und freudig erfüllt, suggerieren wir unterbewusst sehr viel Warmes und Positives.

Das eigene
Verhalten – auch
eine Möglichkeit des
Reframings

Schließlich kommen auch wir Trainer manches Mal in Kontakt mit unseren hinderlichen Glaubenssätzen. Etwa dann, wenn Teilnehmer aus einem ressourcearmen Zustand heraus reagieren. Einschränkende Glaubenssätze,

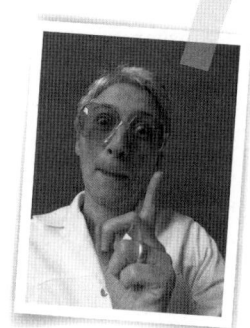

„Bereits Freud betonte, dass Menschen krank machende Gefühlsbeziehungen aus der Vergangenheit wiederholen, und diese auf Situationen und Personen in der Gegenwart übertragen. Hier ist Ihr Knowhow gefragt!"

Glaubenssatz	Ebene	Reframing/Erfolgsprogramm
▶ Ich gehöre zu den Losern, zu den Versagern/Unbegabten/Erfolglosen.	Zugehörigkeit	▶ Ich gehöre zu der Gruppe, die gerade XY lernt. ▶ Ich gehöre zu den warmherzigen, offenen Menschen. ▶ Ich gehöre zu den Menschen, die bei gegenseitigem Vertrauen besonders gut lernen können.
▶ Ich bin erfolglos/unbegabt. ▶ Ich bin es nicht wert.	Identität	▶ Ich bin ein wertvoller Mensch, mit vielen Facetten. Ich darf noch wachsen. Es gibt vieles, was mich auszeichnet.
▶ Es lohnt sich nicht, das hier zu lernen. ▶ Das ist zu mühsam. ▶ Das ist zu theoretisch. ▶ Das brauche ich nicht.	Werte/Glauben	▶ Das ist neu und attraktiv. Das, was ich hier erfahre, bringt mir neue Erkenntnisse. Es lohnt sich, hier dabei zu sein. Wer weiß, was ich dadurch erleben werde.
▶ Ich kann nicht singen, richtig formulieren, Kritikgespräche führen, rechnen, Vokabeln lernen. ▶ Ich kann mich nicht darauf konzentrieren.	Fähigkeiten	▶ Ich kann sehr gut zuhören und andere unterstützen. ▶ Ich kann sehr gut hinterfragen und kritisch sein. ▶ Ich habe Ausdauer, wenn mir etwas Freude macht.
▶ Ich mache oft so viele Fehler. ▶ Ich vermeide Konflikte und Herausforderungen.	Verhalten	▶ Ich arbeite gerne mit anderen zusammen. Ich kann gute Stimmung und Humor verbreiten. ▶ Ich stehe zu meinen Fehlern und lerne daraus.
▶ Im Training kann ich mich schlecht auf Neues einlassen. ▶ Bei dieser Unruhe kann ich mich nicht konzentrieren.	Umwelt	▶ Die anregende Atmosphäre inspiriert mich und gibt mir zu verstehen, dass hier viele liebenswerte Menschen um mich herum sind. ▶ Es tut mir gut, wenn ich im Training ruhige Arbeitsphasen für mich alleine habe.

Tabelle: Lernhemmende Glaubenssätze lassen sich auf jeder Ebene reframen.

vor allem auf den persönlichen Ebenen, entfalten ihre volle Wirkung erst in schwierigen Trainingssituationen. „Diese ‚versteckten' Beliefs sind oft zutiefst unbewusst. Und auch auf der unbewussten Ebene mobilisierst Du ständig Energien, um gegen die Auswirkungen dieser versteckten Persönlichkeits-Blockaden anzuarbeiten. Diese versteckten Beliefs zeigen sich gern in psychodynamischen Übertragungssituationen."[35]

Stressübertragungen können durch folgende Phänomene ausgelöst werden:

▶ Ein Teilnehmer macht „Wissens-Stress" und weiß über alles besser Bescheid.
▶ Ein Teilnehmer gibt sich spöttisch-abfällig.
▶ Ein Teilnehmer wird aggressiv/vorwurfsvoll oder
▶ traurig, hilflos und depressiv oder
▶ schweigt (ausdruckslos) und vermeidet Blickkontakt oder
▶ redet Dich und andere in Grund und Boden
▶ usw.[36]

Vorsicht vor Stressübertragungen: Lassen Sie sich von Teilnehmern nicht anstecken!

Entdecken wir bei einem Teilnehmer solch ein Verhalten – oder ein ähnliches – senden unsere innere Antennen ein Alarmsignal: Achtung! Jetzt ist es unsere ureigene Aufgabe als Trainer, diese Übertragungen aufzulösen, damit daraus keine negativen Suggestionen und Stimmungen werden.

Desuggestion – Abbau von Lernblockaden

Aus der Suggestopädie kennen wir die Desuggestionsarbeit, die genau an dieser Stelle ansetzt: Sie nimmt das Thema Lernblockaden in den Fokus und gibt ihm einen zentralen Platz. Desuggestionsarbeit widmet sich dem Abbau von hemmenden oder einengenden Suggestionen. Das geht nicht immer einfach, da diese gerade bei Erwachsenen ein Stück weit auch das eigene Lebenskonzept mit beeinflusst haben. Und dennoch: Durch andere, korrigierende Erfahrungen, die auf der emotionalen Ebene liegen, können sich hemmende Suggestionen schrittweise oder auch schlagartig verändern.

Wir Trainer sind wirklich, dadurch dass wir zum einen als „lebendes Modell" vor den Teilnehmern stehen und zum anderen maßgeblich für die Atmosphäre im Training verantwortlich sind, die „machtvollsten Vermittler er- oder entmutigender Suggestionen".[37] Es liegt auf der Hand, dass nur ein Trainer, der selbst eine positive Lebenseinstellung hat und Selbstvertrauen besitzt, der an sich und seine eigenen Fähigkeiten glaubt, eine positive Einstellung bei Teilnehmern hervorrufen kann. Unsere eigenen Ängste, Zweifel und

Unsicherheiten als Trainer, unsere eigenen Voreingenommenheiten, Interpretationen und einschränkenden Glaubenssätze haben natürlich einen bestimmenden Einfluss darauf, wie wir trainieren und wie wir selbst lernen. Sie wirken hemmend auf die Teilnehmer und untergraben sogar unsere gesetzten Trainingsziele. Damit sind wir als Trainer mitverantwortlich für Lernhemmungen und Lernblockaden bei Teilnehmern.

Als Trainer sind Sie immer suggestiv. Unsere gesamte Persönlichkeit mit unseren Überzeugungen und Haltungen, mit denen wir uns identifizieren, sind untrennbar mit dem verbunden, was wir unterrichten. Wir suggerieren auf vielfältigste Form, wer wir sind, was wir glauben und was wir über das Thema und/oder die Welt denken.

Unsere Kollegin Zamyat M. Klein sagt dazu: „Als Trainer und Lehrer beeinflussen Sie immer die Menschen, mit denen Sie arbeiten. Und zwar durch das, was sie bewusst einsetzen an Material und

Verhalten ebenso wie durch unbewusste Signale, die bekanntermaßen stärker wirken. Ihre Mimik, Körperhaltung und Gestik kann lernfördernd oder -hemmend wirken. Die ganze Umgebung spielt ebenfalls eine Rolle. Auch diese können Sie beeinflussen."[38]

Mit welcher Stimmung kommen Teilnehmer ins Training? Nicht wenige sind so unterwegs:

▶ Sie haben Angst, sich lächerlich zu machen.
▶ Sie fürchten, eine Unwissenheit zugeben zu müssen.
▶ Dann gibt es welche, die glauben, sie hätten es nicht nötig, noch etwas zu lernen.
▶ Einige halten sich für unbegabt oder gar dumm oder zu alt fürs Lernen.
▶ Vielen ist das – meist ungewohnte – Lernen zu anstrengend oder mühselig.
▶ Und dann gibt es welche, die wollen keine Verantwortung für das übernehmen, was es zu lernen und umzusetzen gibt.

Viele Teilnehmer verschenken sich mit diesen Einstellungen etwas, bewusst oder unbewusst. Mit einer entsprechenden desuggerierenden Haltung können wir eine ganz andere Atmosphäre des Lernens und Sich-Erlebens schaffen.

Jede bewusste und unbewusste Äußerung (dazu gehören neben der Körpersprache, den verbalen Hinweisen auch Äußerlichkeiten wie Schmuck, Kleidung, Parfüm und anderes, was unsere Persönlichkeit unterstreicht) spiegelt das Selbstbild des Trainers wider. Eine positive Grundeinstellung zum Menschen, der lernt, wirkt sich in jedem Kontakt aus, in jeder Begegnung, aber auch in etwas so Einfachem wie Lob und Anerkennung, einem freundlichen Blick, einer zugewandten Haltung, offener Mimik und Gestik.

Die Trainerpersönlichkeit ist authentisch, so wird es immer wieder gefordert. Und dahinter stehen wir auch. „Authentizität ist in diesem Zusammenhang ein weiterer wichtiger Schlüsselbegriff. Denn nur, was ich selbst er-lebt und durch-lebt habe, wovon ich ergriffen und leidenschaftlich begeistert bin, kann ich auch Lernenden gegenüber mit Leben füllen und er-lebbar machen."[39] Desuggestionsarbeit fängt daher bei uns Trainern an, wir verstärken unsere Wahrnehmung der in uns selbst ablaufenden oder von uns selbst ausgehenden Suggestionen. Hierbei wird uns deutlich, wie glaubwürdig wir selbst zum Thema oder zu den Teilnehmern stehen.

Desuggestionsarbeit fängt bei der Selbstbeobachtung des Trainers an.

Desuggestionsarbeit kann folgendermaßen ablaufen:

1. **Ich beobachte mich und meine Suggestionen.** Was denke ich über dieses Thema, über die Teilnehmer, über den Auftrag oder Auftraggeber, über das Ziel des Trainings etc.? Bei welchen Veranstaltungen beschleicht mich ein komisches Gefühl? Es gab vielleicht schon Irritationen bei der Auftragsklärung oder Ähnliches. Oder ich fühle mich an frühere Erfahrungen erinnert.

2. **Ich übernehme Verantwortung für die von mir ausgehenden Suggestionen.** Erst wenn ich meine eigenen Suggestionen kenne, akzeptiere und die Verantwortung dafür übernehme, kann ich sie ändern. Ein Beispiel: Als Trainer habe ich vielleicht den Glaubenssatz: „Bei mir muss alles perfekt sein, ich darf keine Fehler machen." Ist mir dieser nicht bewusst, kann ich damit eine wahre Katastrophe anrichten, denn unbewusst übertrage ich diese Haltung auf die Teilnehmer. Manch einer kommt dadurch wiederum in Kontakt zu seinem eigenen Glaubenssatz: „Ich mache doch so oft alles falsch." Schon habe ich durch meine unbewusste Suggestion seine Lernblockade aktiviert.

„Ich darf Sie wirklich aufrichtig bitten, sich auf diesen Schritt der sehr persönlichen Weiterentwicklung einzulassen."

3. **Ich beobachte und erkenne fördernde und blockierende Suggestionen bei den Teilnehmern.** Hier sammle ich Hinweise im Verhalten und in den Äußerungen der Teilnehmer, die auf eine Lernblockade oder einen einschränkenden Glaubenssatz schließen lassen.

4. **Ich sende positive Suggestionen und desuggeriere blockierende und einengende Glaubenssätze.** Hier wird der Begriff Suggestopädie in seiner tieferen Aussage deutlich. To suggest bedeutet: anregen, vorschlagen. Wir machen Vorschläge und Angebote, die förderliche Glaubenssätze aktivieren.

Desuggestionsarbeit hat viele Aspekte.

Suggestion und Desuggestion: Beides meint die mentale und psychische Vorbereitung und Öffnung des Lernenden, den bewussten Abbau von Lernblockaden oder -barrieren, die Förderung positiver Lernerlebnisse wie Selbstvertrauen, Ressourcenwahrnehmung, Motivation und Freude am Lernen. Dies geschieht u.a. durch: eine gute Lernatmosphäre, die Haltung des Trainers, die Methodenvielfalt, periphere Stimuli sowie die kreative Präsentation des Stoffs. Der Abbau von Lernblockaden und die Desuggestion erfolgen nicht primär am Thema des Trainings orientiert. Sie stellen vielmehr ein Gesamtkonzept dar, das alle Ebenen des Trainings durchzieht. So ist im Prinzip auch dieses Buch nichts anderes als eine einzige große Desuggestion.

Positive Suggestionen können ganz vielfältig sein:

▶ Sie können das Angebot zum Lernen betreffen, z.B. die Methoden, die Materialien, die Aktivitäten.
▶ Sie können Vorschläge sein, die Dinge (Themen, Ereignisse und Situationen, Suggestionen, Gedanken, Interpretationen, Verhaltensweisen, Gedanken etc.) anders zu betrachten. Damit meinen wir das Reframen.
▶ Eine freundliche, anregende, entspannte und heitere Lernumgebung.
▶ Sie können in verbalen und nonverbalen Äußerungen bestehen – einschließlich unserer Stimme, die aus uns heraus spricht.
▶ Sie umfassen die eigenen Glaubenssätze, Gefühle, Einstellungen und Botschaften an uns selbst.

Die Lernatmosphäre – das Drumherum für entspanntes Lernen

„Unbestritten ist, dass die Umgebung, in der wir lernen, einen fundamentalen Einfluss darauf ausübt, wie und was wir lernen. Seit Georgi Lozanov, dem Begründer der Suggestopädie, wissen wir, dass es vor allem die oft unterschwellig wirkenden ‚suggestiven' Ausstrahlungen der Umgebung sind, die unser Befinden und Lernen beeinflussen."[40]

Sitzen wir bei Elternabenden in den Klassenzimmern unserer Kinder, dann erleben wir meist die traditionellen Lernräume und spüren: „Das ist ungemütlich, hier ist es nicht schön." Doch nicht nur Klassenzimmer sind alles andere als inspirierend, es gibt auch grausame Tagungs- und Schulungsräume. Lernräume haben ihre speziellen Ausstattungen und sagen viel darüber aus, wie gelernt wird bzw. gelernt werden soll. Bei der Gestaltung von Wohnräumen befassen wir Menschen uns mittlerweile mit Feng Shui und Farbpsychologie. Da sollten wir erst recht beim Lernen eine Umgebung schaffen, in der die Menschen sich wohlfühlen und sich gerade nicht in ihr altes Klassenzimmer zurückversetzt fühlen. In diesem Fall müssen Trainer schnell auch mal zum Inneneinrichter mutieren. Wie schaffen Sie eine lernfreundliche Umgebung und Atmosphäre? Hier ein paar Anregungen:

Eine lernfreundliche Umgebung schaffen

Aktionen vor Trainingsbeginn

Um Neugier und sogar Vorfreude der Teilnehmer zu steigern, können Trainer schon im Vorfeld eines Trainings für Attraktivität sorgen. Hierzu einige Beispiele:

Vorfreude der Teilnehmer steigern

▶ Die Teilnehmer bekommen vorab Post vom Trainer – vielleicht in einem schönen Brief mit einem Inhalt, der für Überraschungen oder die mentale Einstimmung aufs Thema gut ist. Im Brief kann eine Geschichte zum Thema stehen, eine erste kleine Aufgabe, die es zu bewältigen gilt, oder auch ein Fragebogen oder Test, der das Befinden des Teilnehmers zum Thema abfragt und ihn so einstimmt.

▶ Via Social Media: Über die digitalen Netzwerke wie Facebook, Twitter & Co. bekommen die Teilnehmer erste Hinweise zum Training geliefert, vielleicht einen Film zum Thema, einen Song oder eine andere Aktion. Absicht ist auch hier, die Teilnehmer neugierig zu machen und mögliche Ängste bereits im Vorfeld abzubauen.

▶ Vor dem Trainingsraum etwas installieren: Durch kleine Arrangements, die auf das Thema einstimmen, bekommen die Teilnehmer kreative Impulse, um sich mit den Inhalten zu beschäftigen. Hier eine Auswahl an Möglichkeiten:

– Eine extra gedruckte „Zeitung", die beim Einchecken ins Tagungshotel ausgehändigt wird, oder ausgewähltes Material, das konkret zum Thema gehört.

– Eine kleine Uhrensammlung, wenn es um Zeitmanagement geht.
– Eine Schlumpfsammlung, die einen Gruppenprozess verdeutlichen soll.
– Überraschungseier, weil viele Überraschungen zu erwarten sind.
– Ein Seil, um die Erfahrungen des Trainings mit dem Alltag zu verknüpfen.
– etc.

Foto: Kleine Installationen geben kreative Impulse.

Teilnehmer werden selbst aktiv

Die Teilnehmer setzen sich alleine oder in Gruppen damit auseinander, wann sie schon einmal einen optimale Lernumgebung erlebt haben: Wie sah die aus? Wie haben sie sich dort gefühlt? Was gab es zu erleben und zu hören? Sie setzen sich damit auseinander, wie sie den aktuellen Raum nach ihren Vorstellungen so gestalten, dass sie optimal lernen können. Was behindert sie und wie lässt sich das umgestalten? Was können die Teilnehmer selbst zu einer positiven Lernumgebung beitragen? Hierzu kann der Trainer Material und Tipps beisteuern. Achtung: Denken Sie bitte nicht, dass dieser Schritt im Training viel Zeit braucht. Eine Umgestaltung, inklusive Besprechung der Teilnehmer miteinander, dauert max. 15 Minuten.

Die ansprechende Darbietung des Materials

Persönlich genießen wir es, wenn Dinge dem Auge schmeicheln. So verwenden wir auch viel Aufmerksamkeit und Sorgfalt darauf, Materialien, die wir im Training und Seminar einsetzen, ansprechend zu gestalten. Ein wesentliches Medium dabei sind z.B. die Flipcharts. Oft bestätigen uns Teilnehmer hinterher, dass sie „es mochten, wie liebevoll alles gestaltet war, eben auch die Flipcharts". Die ansprechende Darstellung bezieht natürlich wesentlich mehr mit ein, wie z.B. die inhaltliche Vermittlung, das Material, die Vortragsweise, die Methode, die Handouts etc.

Lebendige Vortragsweise

Diese umfasst für uns vor allem drei Aspekte:

1. **Die multisensorische Sprache:** Multisensorisch zu sprechen bedeutet, dass die Worte, die wir verwenden, viele unterschiedliche Sinne ansprechen. Alle Menschen benutzen ständig die fünf Repräsentationssysteme Sehen, Hören, Fühlen, Riechen und Schmecken. In der Regel bevorzugen wir eines der Repräsentationssysteme, insbesondere in Stresssituationen und auch, wenn wir uns Dinge intensiv vorstellen (siehe Kasten auf der folgenden Seite).

   „Die fünf Sinnessysteme sind Filter, Kanäle, oder eben Systeme, durch die wir die Eindrücke der Umwelt erleben und sortieren. Die innere Repräsentation der äußeren Welt, der eigenen Lebensgeschichte, der eigenen Werte und Normen ist bei jedem Menschen unterschiedlich und prägt die individuelle innere Wahrnehmung. Jedes Erlebnis kann innerlich in Bildern, Gefühlen, Geräuschen, Tönen, Formen, Farben etc. repräsentiert werden. Wie diese Repräsentationen gestaltet sind, welche Sinneswahrnehmungen innerlich besonders stark oder schwach vertreten sind – dies ist von Person zu Person unterschiedlich. Hinweise dazu erhalten wir über die Wörter, die ein Mensch bevorzugt verwendet. Erkennen wir daraus das System, ist es uns ein Leichtes, darauf mit den eigenen Worten und Themen zu reagieren."[41] Verwenden wir in unserer Sprache Worte für alle Sinne, haben wir mehr Zuhörer.

   Nutzen Sie die Sinnlichkeit der Sprache.

2. **Gestik und Mimik:** Tragen Sie lebendig vor, unterstreichen Sie Gesagtes durch deutliche Gesten, wenden Sie Ihr Gesicht den Teilnehmern zu. Nutzen Sie eine deutliche Körpersprache, zeigen Sie kleine Sketche oder Pantomime.

3. **Storytelling:** Nutzen Sie Aspekte des Storytellings, um die Menschen für Ihr Thema zu begeistern. „Wer eine Geschichte

Sinneswahrnehmung und verbaler Ausdruck

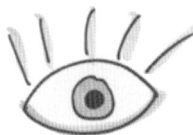

Menschen, die bevorzugt **visuell** wahrnehmen, gebrauchen Wörter wie: sehen, visualisieren, zielen, Einblick, verschwommen, hell, Einsicht, Perspektive, scheinen, reflektieren, Anschauung, Aspekt, abzielen, klar, blau, beobachten, Blick, starren, zeigen, vorstellen, bezeichnen, klarmachen, durchblicken, vorhersehen, Ausblick, Horizont, Bild, ausschauen, farbig, illustrieren, Aussicht, überwachen, offenbaren, verschwommen, dunkel.

Sie sprechen davon, dass etwas „gut aussieht", dass sie „Licht in die Angelegenheit bringen" wollen, dass etwas „sonnenklar" ist, dass sie auf etwas „zurückschauen".

Menschen, die bevorzugt **auditiv** sind, nutzen Wörter wie: abstimmen, ankündigen, hören, sprechen, lärmen, Akzent, Rhythmus, laut, Ton, Geräusch, monoton, erwähnen, nachfragen, stimmen, bemerken, Musik, verstärken, rufen, schreien, klatschen, behaupten, bekannt machen, erklären, fragen, Gerücht, hörbar, klingen, kommentieren, verkünden, murmeln, Rede, rufen, schweigen, leise, Stichwort.

Sie treffen Aussagen wie „Auf der gleichen Wellenlänge", „Das klingt gut" und „Wort für Wort".

Menschen, die bevorzugt **kinästhetisch** wahrnehmen, nutzen dagegen Wörter wie: warm, weich, zusammenkommen, vergleichen, glatt, rau, scharf, schneiden, schwer, schlüpfrig, abschneiden, aktiv, anstrengen, kontrollieren, dicht, fest, packend, handhaben, glauben, gehen, gefallen, umgehen mit, drücken, Angriff, schieben, Stress, greifbar, folgen, fühlbar, erfassen, empfinden.

Sie nutzen Ausdrücke wie „Das fühlt sich gut an" und „Das liegt auf der Hand".

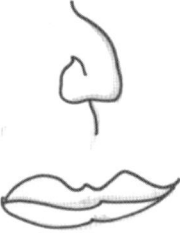

Eine Auswahl der Wörter von Menschen mit **olfaktorisch-gustatorischer** Präferenz: schmecken, sauer, riechen, Geschmack, würzig, bitter, salzig, süß, duftend, frisch, verraucht, parfümiert, erfrischend, saftig, Würze, stechend, Geruch, verräuchert, riechen, fad, stinkig, scharf, aromatisch, appetitlich, geschmackvoll, köstlich, vollmundig, süßlich, ätzend, wittern, wohlschmeckend.

Typische Formulierungen sind: „Das stinkt zum Himmel", „Den kann ich nicht riechen", „Da bin ich auf den Geschmack gekommen".[42]

zu erzählen hat, ist ebenso wenig einsam wie der, der einer Geschichte zuhört. Und solange es noch irgendjemanden gibt, der Geschichten hören will, hat es Sinn, so zu leben, dass man eine zu erzählen hat", schrieb Sten Nadolny und bringt damit den Zauber, der das Geschichtenerzählen umgibt, auf den Punkt. Mit Geschichten können Sie Menschen begeistern und fesseln, sie aufmerksam machen für die Dinge, die Sie ihnen zu sagen haben. Geschichten lassen sich wunderbar behalten, nacherzählen, weitertragen.

Menschen verstehen Dinge besonders gut, wenn man sie ihnen in einer Geschichte präsentiert. Neudeutsch heißt das „Storytelling" und bedeutet, dass man eine wichtige Information oder eine zentrale Botschaft in einer Geschichte verpackt. Wenn wir einen Menschen erleben, der eine Geschichte erzählt, sind wir mit allen Sinnen dabei. Wir schauen die Person an, haben vielleicht einen Duft in der Nase, fühlen die Gefühle mit, von denen erzählt wird. Wir nehmen ebenso wahr, wie der Sprecher erzählt, was er dabei an Emotionen, an Kongruenz oder auch Inkongruenz zum Erzählten preisgibt. In unserem Unterbewusstsein finden unendlich viele Assoziationen statt: Wir träumen, verbinden Erinnerungen mit dem Gehörtem und spüren unseren Sinnen nach. Eine Geschichte braucht mindestens drei Dinge:

Geschichten schaffen Verständnis, Emotion, Identifikation – und bleiben deshalb im Gedächtnis.

- Eine Ausgangslage
- Ein Ereignis
- Eine Konsequenz

„Ohne Story gibt es keinen Film. Und ohne Geschichte gibt es keine Führung im Sinn einer Inszenierung von Veränderung im Unternehmen."[43] Eine Story bewegt, begeistert, schenkt Identifikationsfiguren und Werte.

Multisensorische Aufbereitung des Stoffs und des Trainings

Ein wesentliches Prinzip der Suggestopädie ist die multisensorische Gestaltung des Trainings. Multisensorik bedeutet Lernen mit allen Sinnen und meint ein konsequentes Aufbereiten des Stoffs für alle Lerntypen und Lernstile, sodass die wesentlichen Bedürfnisse der Teilnehmer befriedigt werden und sie beteiligt sind.

Foto: Kleine Installationen unterstützen das visuelle und haptische Lernmoment im Training.

Jeder Mensch erlebt die reale Welt auf Basis seiner subjektiven Erfahrungen. Wie er sieht, riecht, hört, fühlt und schmeckt, nimmt er auf seine persönliche Art und Weise wahr. „Sehen, Hören, Fühlen – auch wenn wir ständig alle Repräsentationssysteme benutzen, ohne dass es uns bewusst ist, so haben die meisten Menschen nur ein oder zwei bevorzugte Sinneskanäle! So wie das Gehirn Muster und Gewohnheiten erzeugt, ist das auch bei der Wahrnehmung. Wir achten auf unterschiedliche Dinge in unserer Umgebung und verarbeiten diese dann innerlich in bestimmten bevorzugten Repräsentationssystemen. Im NLP sprechen wir in Bezug auf die Wahrnehmung von visuellen (Sehen), auditiven (Hören) oder kinästhetischen (Fühlen) Typen."[44] Wir können dem entsprechen, wenn wir Methoden auswählen, die jedem etwas bieten: Der Raum ist gestaltet, es gibt Klänge, Musik und anderes zu hören, die Aktivitäten orientieren sich am Bewegungsbedürfnis der Teilnehmer etc.

Musik

Musik baut Stress ab und Inspiration auf.

Musik hat viele lernfördernde Kräfte. Zum einen brauchen wir Musik für Lernkonzerte und Fantasiereisen. Zum anderen hilft Musik, um variable Lernatmosphären zu schaffen. Musik stimmt ein, sie lässt ausklingen, sie belebt Pausen, baut Stress ab, baut Energie auf und erfrischt müde Geister, sie setzt einen musikalischen Anker (thematisch, Gruppenprozess, persönliche Erlebnisse etc.), schafft und/oder verändert Stimmungen, bringt assoziatives Denken in Fluss, präsentiert Inhalte, gestaltet Übergänge elegant, wiederholt Inhalte und vertieft diese und gestaltet die auditive Lernumgebung bewusst. Läuft leichte und beschwingende Musik schon vor dem Beginn des Trainings, so hat sie gerade für Teilnehmer mit Lernblockaden eine desuggerierende Wirkung: „Hier ist es leicht", „Hier herrscht gute Stimmung, denn es darf sogar Musik gehört werden". Musik in den Pausen schafft Entspannung oder Schwung. Während Erarbeitungsphasen kann Musik im Hintergrund für eine anregende Grundstimmung sorgen. Na, und Lieder sind sowie der Hit. Wenn Sie als Trainer vor den Teilnehmern bereits einen Rap oder ein Lied zum Thema geschmettert haben, herrschen Freiheit und Spaß im Raum.

Bestuhlung

Der beliebte und meist bevorzugte Stuhlkreis im Seminarraum weckt bei manchen Teilnehmern negative Gefühle. Sie haben möglicherweise Angst, dass sie sich öffnen müssen und würden sich lieber an einem Tisch festhalten oder in der schützenden Masse einer Kinobestuhlung verschwinden. Wir arbeiten dennoch fast immer im Stuhlkreis – bei größeren Runden im Doppelstuhlkreis oder mit kleinen Stuhlgruppen, die um einen Karton herumgruppiert sind – und heitern diesen durch einen Gegenstand in der Mitte auf. Ein Stuhlkreis signalisiert für uns immer Kontakt auf Augenhöhe. Neben den Stühlen gibt es allerdings noch andere Sitzgelegenheiten: Sitzsäcke, Kartons, Eimer, Kissen und Decken, Fatboys, Hüftbälle – es lohnt sich in jedem Fall, mit ein paar Varianten zu experimentieren.

Periphere Stimuli

Dieser Begriff stammt ebenfalls von Georgi Lozanov. Lozanov nutzte die Erkenntnis, dass wir nicht nur das auf- oder wahrnehmen, worauf unsere Aufmerksamkeit unmittelbar gerichtet ist, sondern auch sehr viel von dem, was drum herum ist. Dieser Effekt funktioniert auch bei Werbeplakaten am Straßenrand, während wir eigentlich auf den Verkehr achten. Im Training können wir periphere Stimuli oder Reize schaffen, die das Lernen unterstützen. Das können z.B. Lernplakate mit Botschaften zum Trainingsinhalt oder einer positiven suggerierenden Wirkung sein. Diese können alle möglichen Inhalte enthalten: Vokabeln, Gesetzesauszüge, Kommunikationsregeln, Fragetechniken oder Führungsleitsätze. Neben dem Inhalt oder einer Botschaft, die auf den Postern zu sehen sind, schaffen sie – sofern sie attraktiv gestaltet sind – eine positive Lernatmosphäre und haben einen einladenden Charakter.

Das unterschätzte „Drumherum"

Hier einige Beispiele für positive Suggestionen auf Lernplakaten:

▶ Nach den Gesetzen der Aerodynamik kann die Hummel nicht fliegen, wenn man das Gewicht ihres Körpers zur Spannweite ihrer Flügel ins Verhältnis setzt. Die Hummel jedoch weiß das nicht und fliegt einfach.

Foto: Lernplakat mit positiver Suggestion

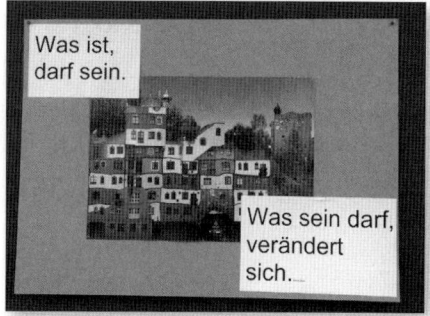

▶ Man muss ins Gelingen verliebt sein, nicht ins Scheitern.
(Ernst Bloch)

▶ Wünsche sind Vorboten von
Fähigkeiten.

▶ Gras wächst auch nicht schneller, wenn man daran zieht.

▶ Was alles möglich ist, erfahre
ich erst, wenn ich es wage.
(Goethe)

Ein entspanntes, gut gelauntes Gehirn ist ... aufnahmebereiter, kreativer und merkfähiger"

Kleine Aufmerksamkeiten

Die Teilnehmer lieben Geschenke oder Give-aways, das reicht vom
Schokoladenherz über den Kugelschreiber bis hin zum Klemmbrett.

Schöne Extras im Raum

Wir installieren gerne im Raum etwas Spannendes, das Neugier stiftet. Schöne Extras
sind Pflanzen, Bilder, Beleuchtung, Natur-
materialien und Kunst – sie entsprechen
unserem Bedürfnis nach Ästhetik und Harmonie. Dazu an anderer Stelle mehr (siehe
S. 225 ff.).

Fotos: Kleine
Installationen ma-
chen neugierig auf
das, was kommt.

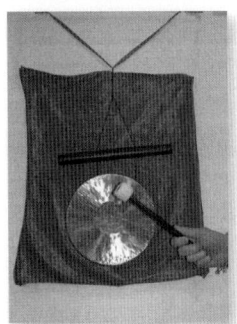

Als Trainer „in Touch"

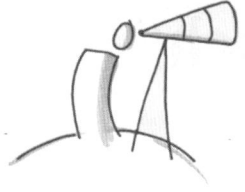

Im zweiten Kapitel finden Sie:

Trainertypen – erkennen Sie sich wieder?

Wir Trainer sind schon eine komische Spezies. Gerne von uns selbst überzeugt. Kleine Weltverbesserer, die zu noch größeren Weltverbesserern werden wollen. Kreative Köpfe, engagierte Persönlichkeiten, die für ein Thema (oder auch mehrere) brennen, leidenschaftlich sind und ewig weiterlernen, denn wir glauben an das lebenslange Lernen. Einige von uns haben es gleich schon gewusst, die Weiterbildung ist ihre Profession. Andere sind über Umwege endlich angekommen.

Als Trainer bringen wir immer unsere Persönlichkeit mit. Doch so unterschiedlich wir auch sind, eines scheint uns gemeinsam zu sein: Wir stehen gerne vor Menschen und möchten diese zu etwas bewegen, sie für etwas begeistern, ihnen etwas Neues beibringen. Genau damit möchten wir die Welt noch besser machen, die Teilnehmer sollen durch uns gewissermaßen über sich hinauswachsen.

„Ach, meine Damen und Herren, ist es nicht wunderschön, wenn wir endlich unsere Berufung gefunden haben und erfüllt darin aufgehen? Wenn wir dann glücklich unser Tun wirken lassen, sorgen wir doch alle dafür, dass die Welt ein bisschen besser wird, oder?"

Wir Trainer sind in den vergangenen Jahren deutlich selbstbewusster geworden. Wir zeigen unsere persönlichen Eigenarten, wir werden selbst mehr und mehr zur Marke, werden frecher und deutlicher in unserem Auftreten als noch vor wenigen Jahren.

Trainersein ist ein wundervoller Beruf. Mit den Jahren werden wir uns selbst dabei immer ähnlicher: Der Mensch, der wir sind, und der Trainer, der wir sein wollen, passen immer besser zusammen. Unsere Persönlichkeit kommt mehr und mehr zum Ausdruck. Genau dadurch wird manches mit den Jahren und der Trainingsroutine einfacher.

Professionelles
Auftreten? Reiner
Selbstschutz!

Der Weg dahin ist kein leichter. Besonders in den Anfangsjahren meinen wir noch, so oder anders sein zu müssen. Wir wollen absolut professionell wirken und halten manches von uns, was nicht so recht zu diesem Anspruch passen will, zurück. Selbst unter Kollegen halten wir uns diese Maske vor: Klar ist die Auftragslage gut. Und gerne prahlen wir, dass wir selbst mit besonders schwierigen Teilnehmern und Auftraggebern bestens zurechtgekommen sind. Gerne mimen wir den großen Trainerhelden, der längst alles drauf hat. Auch was wir Trainer kosten, bleibt unter Kollegen oft ein Geheimnis, man könnte sich ja unter Wert verkaufen – und das wäre absolut peinlich. Und dennoch wüssten wir zu gerne, wie es den anderen hinter ihrer Maske eigentlich geht.

Mit den Jahren wachsen wir dann stückchenweise in das Bild hinein, was wir uns von uns selbst gemacht haben. An der einen oder anderen Stelle wird nachgebessert, Hauptsache, das große Ganze passt. Auch unsere typischen Trainermarotten wachsen. So haben wir beispielsweise rund um das Thema Hotel eine ganze Liste an Wünschen, die dazu führen, dass wir die Hotelsuche lieber selbst übernehmen und zum Teil Stunden mit der Recherche verbringen.

Wenn wir Glück haben, fallen uns unsere Marotten irgendwann auf. Manchmal weist uns ein wohlmeinender, geschätzter Kollege darauf hin. Auch gut, dann haben wir die Chance, sie wahrzunehmen. Bekommen wir diese „Macken" nicht mit, dann wachsen sie still und heimlich vor sich hin und stehen irgendwann als Barriere zwischen uns und den Teilnehmern. Irgendwie merken wir: „Die Teilnehmer werden schwieriger!"

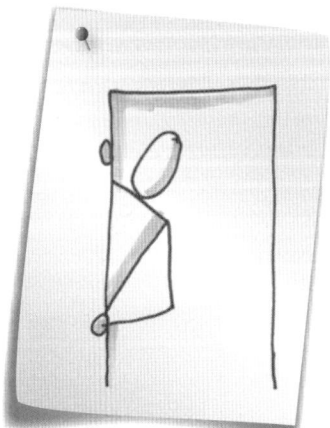

Kleines Potpourri der Trainertypen

Hier ein paar karikierte Trainertypen, ein Potpourri aus verschiedenen Trainern, die wir kennengelernt haben – uns natürlich eingeschlossen. Denn Asche auf unser Haupt: Mit einigen dieser Typen haben wir Gemeinsamkeiten.

Der Chaka-Trainer

Seine Botschaften sind so klar und einfach, dass jeder Teilnehmer sie für immer behält. „Ich mach Dich vom Huhn zum Adler!", „Gestern noch Toastbrot mit Butter – heute Kaviar zum Frühstück!"

Je einfacher, desto besser. Seine Power, seine Lautstärke und sein Aussehen sind magisch anziehend. Er ist der Mario Barth unter den Trainern und füllt ganze Fußballstadien. Ein Mensch, der Tausende begeistern kann – wofür? Egal, Hauptsache begeistern! – denn der Applaus gibt ihm recht. Ein echter Überflieger, der die Massen bewegt. Das einzige Problem: Er fliegt tatsächlich über alle hinweg. Sitzen die gerade in Adler verwandelten Hühner dann wieder vor ihrem Schreibtisch, fällt das Fliegen noch schwerer. Sie haben es einfach nicht geschafft. Doch für den Chaka-Trainer ist das nicht wichtig, er ist schon unterwegs zum nächsten Einsatz.

Der Mario Barth unter den Trainern

„Entschuldigt, dass ich auf der Welt bin"

Ein Trainertyp, der nicht nur durch seine deutliche Körpersprache signalisiert: Ich will am liebsten gar nicht hier sein. Schüchtern, unsicher und verhalten kommt er daher. Denkt oft genug, dass er ja nur das Thema vermitteln will. Die Fachinhalte – nur darum geht es – und diese hat er bestens vorbereitet. Mit einer Flut an Folien, Unterlagen und Materialien werden die Teilnehmer abgelenkt. Als Sicherheit gibt es noch den Trainerkoffer oder den Laptop als Barriere. Gut platziert auf dem Tisch kann er sich sogar dahinter verstecken, für den Fall der Fälle. Ganz wichtig: die Tischreihen für die Teilnehmer, die sorgen auch für Sicherheit. So schnell klettert da keiner drüber. PowerPoint ist klasse, da kann man das Licht den ganzen Tag auslassen und wird gar nicht erst gesehen, das mindert die Angst vor Begegnung. Man hat ihn geschickt.

Der Laptop als Schutzwall

Dr. Know

In weiblicher Form auch „Statussi" genannt, kennt sich aus. Hier ist Status Programm. Diverse spezielle Studien, Weiterbildungen an den renommiertesten Hochschulen der Welt, Expertisen in den Top-100-Unternehmen, haben ihn zu dem gemacht, was er nun ist: ein geistiges Wunderwerk und dabei methodisch absolut durchdacht. Fehler passieren nicht und wenn doch, vermag er es ganz elegant, diese als didaktischen Kniff zu deklarieren. Ein Mensch, der weiß, wie er sein Wissen mit beeindruckend vielen Fremdwörtern unter Beweis stellt. Kleidung, Verhalten und Equipment unterstreichen das Gesamtbild. Man fühlt sich in den besten Händen und dennoch ist da diese gewisse Scheu, dumme Fragen zu stellen.

Status als Programm

Der Kontrolletti

Hier ist Überwachung und Kontrolle Programm: Stimmt der Ablauf noch? Erreichen wir die geplante Zeit? Läuft alles nach Plan? Machen die Teilnehmer es so, wie ich es angeordnet habe? Alles dies wird überwacht und notiert. Und gibt es gerade mal nichts zu tun, wird der Tintenstand in den Stiften überprüft. Er hat tatsächlich alles im Griff, auch die eigenen Gesichtszüge, bei denen selbst das Lächeln einstudiert ist. Sollte er dennoch ins Schwimmen geraten, weil ein Prozess sich nicht mehr aufhalten lässt, ist das Verhalten klar: bloß nichts anmerken lassen und sich den Status mit fester Stimme und eintrainierten sprachlichen Allgemeinplätzen zurücker-obern. Zusammenarbeit ist mit ihm besonders schwierig, denn jegliche Planabweichung setzt ihn unter unnötigen Stress und führt zu Übersprungshandlungen, die nur schwer auszubaden sind. Auf gar keinen Fall darf man ihn auf mögliche Fehler hinweisen, das könnte zu einem mittleren Nervenzusammenbruch bis hin zu einer tiefen Sinnkrise führen.

Das eigene Lächeln und die Teilnehmer fest im Griff

Der Methodenjunkie

Tools, Tools, Tools ist seine Devise. Egal, was es zu tun gibt, er hat mindestens vier bis fünf verschiedene Methoden zur Auswahl. Er feuert sie alle ab – und als Teilnehmer hat man hinterher den Eindruck, einen Umzug gestemmt zu haben. Nichts wurde ausgelassen, Hauptsache, die Teilnehmer kommen nicht zur Ruhe und werden beschäftigt. Als Teilnehmer haben wir großes Glück, wenn wir hinter all den Materialien und Methoden den Trainer erkennen. Denn der ist bei all dem Budenzauber kaum noch zu sehen. Ein wahrer Wirbelwind an Kreativität, Wuschelbällen und Aktionen bringen ein kontinuierliches Level an Unruhe, sodass sich am Ende ein Gefühl von „Boah, da hab ich aber was geleistet!" bei ihm einstellt. Denn Teilnehmer langweilen geht gar nicht oder sie womöglich in Zustände zu bringen, in denen ihnen tief gehende Fragen einfallen. Nein, das muss auf jeden Fall vermieden werden. Lustig soll es gewesen sein und wenn alles nichts mehr hilft, hat er noch den tanzenden Teddybären in petto. In den Momenten des Alleinseins kommen jedoch selbst ihm die Zweifel? Gibt es da nicht noch mehr?

Hauptsache, die Teilnehmer sind beschäftigt

Vorname: Ernst! Nachname: Drill!

Lachen verboten, denn das lenkt vom Wesentlichen ab. Hier hört der Spaß auf, die Lage ist bitterernst. Spielen war gestern – das

Leben ist kein Kindergarten. Der eigene Weg war auch kein Zuckerschlecken, also müssen die Teilnehmer auch rangenommen werden, denn nur so lernen sie es wirklich. Die Zielvorgaben sind klar, Scheitern ist verboten. Die Pinn-Nadeln sind nach Farben sortiert, kein Hemdzipfel steht irgendwo ab und jeglicher Kommentar ist wohlüberlegt, denn als Trainer will man keinen Angriffspunkt bieten. Dieser Typus sorgt für Disziplin, Regelabweichungen werden sofort reglementiert. Wertschätzung ist selten, dafür werden immer wieder Hinweise gegeben, wo etwas noch nicht richtig ist. Er liebt es, Teilnehmer so richtig ranzunehmen. Sein Blick ist stets auf die Notwendigkeit und die Ernsthaftigkeit des Themas gerichtet.

Lernen ist kein Zuckerschlecken und Scheitern verboten.

Der Heiler

Ein Trainertyp, der zu 80 Prozent von Frauen abgedeckt wird. Hier sind wir richtig, wenn es uns auch nur annähernd nicht gutgeht. Er weiß, was mit uns los ist, hier können wir uns so richtig ausweinen. Er hat vielfältige Erklärungen und vor allem Ratschläge aus jeder halb-esoterischen oder annähernd therapeutischen Disziplin. Wir sind in guten Händen, wenn wir Lust auf Persönlichkeitsentwicklung haben. Was auch immer das Thema ist, er schafft es, stets den Weg der persönlichen Betroffenheit zu gehen. Eine Weigerung des Teilnehmers ist unmöglich, denn auch diese Widerstände werden selbstverständlich untersucht. Teilnehmer, die sich und das Leben vollkommen okay finden, sollten aufpassen, wenn der Trainer auf Opfersuche ist. Es gibt viele Rederunden, bei denen Emotionen und Konflikte nach außen gestülpt werden, denn da kann der Heile-heile-Trainer so richtig an die Arbeit gehen. Vielfach erkennt man ihn auch schon an der Kleidung, zumindest in der weiblichen Form. Ein wehender Schal und ökologisch einwandfreie, bequeme Schuhe sind ein deutliches Zeichen.

Diskussionsrunden und mitfühlende Ratschläge

„Also ganz ehrlich, das ist doch eine etwas übertriebene Darstellung unseres Berufsstandes. Es braucht doch uns Menschen, die den anderen Rat geben, wenn sie irrend auf dem Weltenball herumwandern."

Der Loser

Ihn finden wir eher selten, aber es gibt ihn noch. Drei verschiedene Studiengänge abgebrochen, eine längere Reise, kaum einen festen Wohnsitz, aber ein breites Portfolio an Coaching und Beratungskompetenzen. Ein wahrer Autodidakt, was das Trainerhandwerk

Mitleid und Fremdschämen

angeht. Das Training selbst ist schlecht vorbereitet und zwischendurch wirkt er immer wieder planlos. Als Teilnehmer hat man fast Mitleid und reist in Gedanken an andere Orte, um das Leiden nicht miterleben zu müssen. Mit ihm machen vor allem die Zeiten nach dem Training Spaß, denn man kann mit ihm wunderbar an der Bar versacken und über die Probleme der Welt jammern. Fehlende Trainingskompetenzen versucht er anderweitig auszugleichen. Seine Trainingsschwerpunkte wechseln häufiger mal, denn im Trend mitzuschwimmen kann ein Vorteil sein. Er ist froh, dass es Facebook und Twitter gibt, denn hier kann man mit nur wenigen Worten und schönen Bildern einen Eindruck hinterlassen und schnelle Kontakte herstellen. Er schwimmt auf vielen Wellen mit und ist dabei leider kaum zu greifen.

Der Kumpel

Turnschuhe und Teamspirit

Er lässt uns gar nicht richtig los oder aus den Augen. Nähe mag er und stellt das gleich von Beginn an klar. Seine Kleidung ist sportlich-leger. Turnschuhe und Karo-Hemd oder T-Shirt. Generell wird in seinen Seminaren das „Du" verwendet und vorzugsweise Outdoor trainiert – raus aus dem schnöden Arbeitsalltag, ganz nach dem Motto: „Das magst Du doch auch." Man weiß gleich: „Hier bin ich Mensch, hier kann ich sein!" Wollen wir als Teilnehmer unser Herz ausschütten, sind wir bei ihm genau richtig. Auch wenn wir Teamspirit erleben und Spaß haben wollen, hat er das Richtige dabei. Frontal ist out, Gruppenerleben ist in. Hier fühlen wir uns wohl, es wird nicht allzu unbequem. Wir können uns noch lange an schöne Stunden erinnern. Ihm zuliebe macht man als Teilnehmer so einiges mit und springt über manchen Schatten – der Freundschaft wegen.

Der Prophet

Moral und Metaphern

Hier ist die Verkündung Programm. Er trainiert auf Basis von Werten, die wir mit jeder Faser erleben. Es hat fast etwas Göttliches, Heiliges an sich, und manchmal ist er päpstlicher als der Papst, sodass sich Teilnehmer dabei ertappen, Freude daran zu bekommen, etwas Verbotenes zu tun. Manchmal bringt der Trainer als Vorbildung eine theologische Ausbildung mit, er war mal Deutschlehrer oder wäre eigentlich gerne Pfarrer geworden. Er besitzt eine Fülle an moralisch tief wirksamen Beispielen und Lehrgeschichten, die

Teilnehmern die Augen öffnen sollen. Seine Stimme ist so wunderbar getragen und versetzt uns schnell in eine Trance.

Der Perfektionist

Lebt in enger Verwandtschaft zu Ernst Drill und dem Kontrolletti. Mag minutiös geplante Ablaufplanungen. Möchte die Namen, die Erwartungen und Vorkenntnisse der Teilnehmer am liebsten schon vorher wissen, um sich bestmöglich darauf einzustellen. Der Perfektionist erklärt lieber dreimal zu viel als einmal zu wenig. Selten vertraut er auf das Vorwissen der Teilnehmer, besser ist es, wenn er „es noch mal eben deutlich macht!". Kleidung, Make-up, Tagungstechnik? Alles tipptopp in Ordnung!

Wirklich alles tipptopp

Der Rätselonkel

Es lebe das Fragezeichen! Der Inhalt wird nicht attraktiv vorgestellt, sondern durch Fragen in den Raum gestellt. So dürfen sich die Teilnehmer, wenn sie wollen, im Lehrgespräch daran beteiligen. Eine typische Frage ist: „Wer hat schon einmal etwas von XY gehört?" Die Kommentare und die Ideen der Teilnehmer werden eingesammelt, doch ganz treffen sie nie ins Schwarze: „Gut, noch nicht ganz … ja, es geht in die richtige Richtung … Sicher kommen Sie gleich darauf … sehr gut!" Schlussendlich hat er die richtige Antwort und sichert sich somit die Aufmerksamkeit der Teilnehmer. Das meint er zumindest.

„In jedem Rätselonkel schlummert ein kleiner Philosoph. Er ist weit mehr in seine Frage verliebt als in die Antworten der Teilnehmer."

Der Kasper

Spielen, spielen, spielen. So sieht sein Trainingsalltag aus. Wenn wir Glück haben, bekommen wir als Teilnehmer zwischendrin einen Hinweis, warum wir nun dieses Spiel machen oder dieser Geschichte lauschen. Ein ewig gut gelaunter Mensch, der zu jedem Thema einen passenden Witz oder einen Film von YouTube parat hat. Ein ernstes Thema sprechen wir bei ihm lieber nicht an, dazu gibt es andere Trainer.

Das Training als gespielter Witz

91

Der Selbstbeweihräuchernde

Aura in Aktion

Umgeben von einem mysteriösen Kult, dürfen Teilnehmer dankbar sein, heute in seiner Nähe zu sein. Die meiste Zeit erzählt er von sich, seinen Erlebnissen, Eingebungen und was er schon Tolles bewirkt hat. Angesichts von so viel Charisma erblassen wir Teilnehmer vor Neid und sind froh, in der Mittagspause neben ihm zu sitzen, um ein wenig von der ihn umgebenden Aura aufzunehmen. Der Preis für diesen Tag ist hoch, aber er ist ja auch einmalig. Wer einmal einen Trainer-Guru erlebt hat, zehrt ein Leben lang davon und ist manches Mal froh, ihm nie wieder begegnen zu müssen.

Der Schamane

Geerdet zwischen Mutter Erde und Vater Himmel

Eine ganz besondere Spezies Trainer, die sich auf schamanische Rituale versteht, je nachdem, wie tief sie in die Materie eingedrungen ist. Umgeben von okkulten Gegenständen und vielfältigem Räucherwerk ist der Schamane immer zwischen Mutter Erde und Vater Himmel geerdet. Fachliche Kompetenz ist eher Nebensache. Was zählt, ist die Ausrichtung der unsichtbaren Kräfte, die Energiefelder und die Kraft der vier Winde. Bei allem Zauber wohnt ihm eine überzeugende Kraft inne, wenn man sich auf ihn einlässt.

Und wie ist es mit Ihnen, haben Sie sich in dem ein oder anderen wiedererkannt? Natürlich gibt es noch mehr Typen und jeder von uns trägt eine ganz besondere Mischung an Charakterzügen in sich, die ihn als Trainer ausmacht. Sich dieser Mischung bewusst zu sein und darüber schmunzeln zu können, ist für uns der erste Weg in Richtung „Touch it".

Mein inneres Team – Trainer, lass die Leute raus!

Trainern braucht man zu diesem Thema wenig zu erzählen, im Prinzip wissen wir alle, was mit einem inneren Team gemeint ist. Aber dennoch, so ein kleiner Theorieauftakt tut doch gut, oder?

Zuvor die Antwort auf eine Frage, die nun möglicherweise auftaucht: „Warum kommt das Thema jetzt hier zur Sprache?" Weil es den Teilnehmern und uns Trainern gut tut, wenn Teile des inneren Teams im Training nach draußen gelangen und dort agieren dürfen. Nach Lust und Laune. Vielleicht sogar Teile, die länger im Verborgenen waren, die unter Verschluss gehalten worden sind oder gar nicht rausdurften, weil der Alltag es nicht hergibt.

Menschen sind lebendige Systeme und jeder Einzelne ist ein soziales System, besitzt ein inneres Team, innere Anteile, die – je nach Erleben und Situation – unterschiedlich aktiv sind. Der Ausdruck „inneres Team" stammt von Friedemann Schulz von Thun. Der Kommunikationsexperte ist der Ansicht, dass die wichtigste Voraussetzung klarer Kommunikation die Selbstklärung ist. „Das innere Teammitglied soll dabei den eindimensionalen Antrieb eines Menschen darstellen. Jedes Teammitglied will aber immer nur das Beste für den Teamchef. (...) Teammitglieder unterscheiden sich auf vielfältige Weise – sie sind laut oder leise, melden sich schnell oder langsam, sind dominant im Außenkontakt oder zeigen sich nur nach innen, wo sie als Gedanke, Gefühl, Impuls, Stimmung oder Körpersignal auftreten. Zwischen Teammitgliedern herrscht eine ähnliche Gruppendynamik wie im wirklichen Leben auch. In ihrer Gesamtheit spiegeln sie die Lebenserfahrungen eines Men-

Gruppendynamik?
Geht auch alleine ...

schen wider, darunter die Meinung von Eltern, Freunden und Le-
benspartnern oder die Werte von Gemeinschaften, denen man sich
zugehörig fühlt."[45]

Wie bei allen Teams üblich, kommen auch die Teile unseres inneren
Teams unterschiedlich gut miteinander aus. Verstehen sie sich gut,
erleben wir uns als ausgeglichen. Gibt es dagegen Ärger, herrscht
also ein Ungleichgewicht, fühlen wir uns unwohl, erleben sogar
persönliche Krisen und Konflikte.

Dem Ringen der Persönlichkeitsanteile widmen sich viele Modelle.

Die Idee der unterschiedlichen Teammitglieder ist so neu nicht.
Bereits die Einteilung in Körper, Geist und Seele definiert verschiedene Anteile in unserer Person. Auch die Psyche setzt sich nach
gängiger Meinung aus verschiedenen Teilen zusammen. Unterschiedliche therapeutische Schulen und Philosophien haben verschiedene Teile-Strukturen identifiziert und beschrieben:

- ▶ Psychoanalyse: Ich, Über-Ich, Es, später dann die Archetypen
  von C. G. Jung.
- ▶ Transaktionsanalyse: kritisches oder nährendes Eltern-Ich, Erwach-
  senen-Ich sowie freies, abhängiges bzw. rebellisches Kind-Ich.
- ▶ Familientherapie nach Virgina Satir: Ankläger, Beschwichtiger,
  Verwirrer und Rationalisierer.
- ▶ Im NLP gibt es im sogenannten Walt-Disney-Modell den Träu-
  mer, den Kritiker (Denker) und den Handelnden (Macher).

„Teile-Modelle bilden die Pluralität unseres mensch-lichen Innenlebens ab. Sie unterstützen die Selbstklärung in zwiespältigen Situationen."

Im NLP geht man davon aus, dass
jeder Persönlichkeitsanteil ein inneres Wesen besitzt. „Er verfügt
über bestimmte Intentionen oder
Absichten, über seinen eigenen
Stil, besondere Fähigkeiten, hat
aber auch Defizite, Bedürfnisse und
natürlich eigene Werte und Über-
zeugungen. Es scheint, als sorge jeder Teil für die Erfüllung eines
wichtigen Wertes wie Erfolg, Freude, Durchsetzung, Bewegung,
Klarheit, Genuss, Lernen, Gerechtigkeit, Freiheit ... Wir könnten
unseren Teilen auch solche Namen geben."[46]

Die Namensgebung für innere Teile hat Vorteile: So sind sie präsent und wir können mit ihnen reden. Wir können auch unseren
Mitmenschen davon erzählen. Wenn nämlich einer unserer inneren

Teile unsere besondere Aufmerksamkeit sucht, lauter wird und uns im Wahrnehmen, Denken und Handeln beeinflussen möchte, können wir anderen davon erzählen:

▶ „Da spricht jetzt mein Kritiker."
▶ „Da meldet sich wieder mein Zyniker."
▶ „Mein Antreiber setzt mich gerade unter Druck."
▶ „Das war gerade die Stimme meine Mutter in mir."
▶ „Ja, mein auswählender Entwickler ist grad angespornt!"

Wie vielfältig die innere Welt sein kann, wollen wir am echten Beispiel zeigen: Nachfolgend eine kleine Auswahl der inneren Teile von Barbara Messer:

▶ „**Die Angeberin:** Sie erzählt gern und ausführlich von den Qualitäten meiner Persönlichkeit.  *Beispiel*

▶ **Die Hauspsychologin:** Sie kommt immer dann zu Wort, wenn es etwas Wichtiges aus dem zwischenmenschlichen Bereich zu klären oder auch zu erklären gibt.

▶ **Die Predigerin:** Sie kommt besonders am Wochenende, oft wirklich am Sonntag, zum Einsatz, wenn es darum geht, besonders wichtige Erkenntnisse, gerade auch zur eigenen Tochter und deren Lebensweg, zu verkünden.

▶ **Das kleine Mädchen:** Sie meldet sich, wenn sie Spaß und Unbeschwertheit genießen und spielen möchte. Aber auch dann, wenn ich mich klein fühle und Trost brauche.

▶ **Junker Tom:** Er ist der Belastbare in schwierigen Situationen. Zwar ein kleiner Angeber, aber auch ein Typ mit Kraft, der schwere Aufgaben stemmen kann. Er übernimmt zum Beispiel beim Wandern die Routenplanung und die Orientierung, er erledigt auch unangenehme Aufgaben wie Wasserkisten schleppen, Müll entsorgen, Auto ein- und ausräumen. Junker Tom entfernt Spinnen in allen Größen! Junker Tom dient gern!

▶ **Die Pflegekraft:** Sie weiß fast immer pflegerischen Rat, kann eine Zecke entfernen, die Reiseapotheke zusammenstellen, aber auch trösten und zu Hause die Verantwortung übernehmen.

▶ **Die Besserwisserin:** Sie weiß tatsächlich alles besser (meint sie), hat gern das letzte Wort und gibt gern ihr Wissen weiter.

▶ **Die Kämpferin:** Sie sorgt für Kampf, für Diskussion über Gerechtigkeit, aber auch mal für ein moralisches Pamphlet, zum Beispiel zum richtigen Umgang mit benachteiligten Menschen. Soziale Projekte sind für sie eine Herzenssache.

- **Die Köchin:** Sie ist unermüdlich im Einsatz, um stets und überall für Mahlzeiten zu sorgen. Die Versorgung der Familie mit gutem Essen liegt diesem Teil sehr am Herzen.
- **Die Zicke:** Selbstredend. Sie kommt bei Stimmungsschwankungen zum Einsatz, wenn etwas in mir noch nicht ausgegoren ist und unklare Stimmungen noch keinen Namen haben.
- **Die Spirituelle:** Dieser Teil kommt mit dem Alter mehr und mehr zum Tragen. Starke spirituelle Erkenntnisse werden wahrgenommen, ungewöhnlich umgedeutet und nutzbar gemacht. Hierzu gehört die Kraft der vielen Sterbebegleitungen und der daraus gewonnenen Erkenntnisse."[47]

Ein Teil ist immer mehr als eine Eigenschaft.

Für unser Zusammenleben mit anderen Menschen, aber auch für uns selbst, ist es hilfreich, die Aspekte unserer Persönlichkeit als Teile zu betrachten. Dadurch werden sie anschaulicher, greifbarer und einfacher im Umgang, als wenn wir über sie als Gefühle oder Charaktereigenschaften sprechen. Ein Teil ist immer mehr als ein Gefühl oder eine Eigenschaft. „Es ist ein komplexer Zustand, bestehend aus Gefühlen, Sichtweisen, Gedanken, Erinnerungen, Körperempfindungen und Impulsen. Und jeder Teil kann als bestimmend für die eigene Person erlebt werden, mit seinen jeweiligen individuellen Empfindungen und Reaktionen."[48] Dies gilt für uns als Trainer sowie für die Welt und das Erleben der Teilnehmer.

Nutzen wir dies im Training, können wir Teilnehmern weit besser gerecht werden als vorher. Die inneren Teile im Training zu erleben, macht Freude und bringt uns in Kontakt mit ihnen, also mit uns. Vor allem, da an unserer inneren Tafelrunde Teile mit unterschiedlichen Qualitäten und Konsequenzen sitzen. Für die Teilnehmer kann es zum Genuss werden, ihre vielfältigen Teile durch das Training anzuregen und mit Erlebnissen zu füttern. Das bringt der Alltag sonst nicht.

Zustände, die wir erleben, und innere Stimmen oder Impulse, die wir wahrnehmen, werden durch Teile unserer Persönlichkeit ausgelöst. Wir können davon ausgehen, dass erfahrene, kooperative Teile, denen mehr Ressourcen zur Verfügung stehen, ihre besondere Funktion und Aufgabe erfüllen können. Andere Teile sind vielleicht sehr unbeholfen, müssen noch viel lernen oder sind verletzt. Vielleicht fehlt ihnen Anerkennung, Lebenserfahrung oder Zuwendung. Wieder andere Teile sind unreif und/oder destruktiv. Manche Teile sind in der Jugend aktiver, andere erst später in der Zeit des Erwachsenseins. Und manche Teile haben ihre Entwicklung in Anlehnung an Rollenmodelle (also Vorbilder und prägende Menschen aus unserer Ursprungsfamilie) vollzogen.

Das innere Team als Rollenspiel

Hierzu ein köstliches Beispiel aus jüngster Vergangenheit: An ein kleines Team von Führungskräften erging die Aufgabe, die neuen Führungsgrundsätze als Szene darzustellen. Und dies sollten sie so machen, dass es aus der Perspektive der Mitarbeiter geschieht. Bis auf eine Ausnahme, die die Rolle der Führungskraft übernahm, hatte das Team also vor, in die Rolle von Mitarbeitern zu schlüpfen.

Beispiel

Ganz nebenbei hatten wir eine kleine Auswahl an Hüten und anderen Kopfbedeckungen auf einen langen Tisch gelegt. Ganz ohne Kommentar, den brauchte es nicht. Denn die Teilnehmer griffen ohne jede Aufforderung mit diebischer Freude nach den Hüten und wählten sich die aus, von denen wir sofort der Meinung waren: Hier ist der richtige Deckel auf dem Topf. Mit dem Moment, als sie sich die Hüte aufgesetzt hatten, wurde ein spezieller Teil von ihnen deutlicher sichtbar, nahm Gestalt an und prägte dadurch die innere Haltung und den Charakter der Rolle bzw. des Mitarbeitertypen, den sie dann anschließend spielten.

- ▶ Führungskraft: Indianerkopfschmuck
- ▶ 1. Mitarbeiter: grüne Kappe
- ▶ 2. Mitarbeiterin: lila Wollmütze
- ▶ 3. Mitarbeiter – einen „napoleon-typischen" Hut
  (Es handelte sich um den Mann mit der längsten Zeit als Führungskraft im Hause.)

Auch und gerade für Teilnehmer, denen dieses Modell des inneren Teams gar nicht so bewusst ist, bringt es Touch-Momente, wenn sie ihre Teile und diese tiefe innere Freude und Intensität daran erleben. Wenn sie sich spüren und wahrnehmen, was alles in ihnen steckt. Die Hüte gaben ihnen die Möglichkeit, einem inneren Teil eine äußere Gestalt zu geben – ohne lange darüber nachzudenken.

Bei einigen der in Kap. 4 vorgestellten Interventionen arbeiten wir gezielt mit diesen inneren Teilen (siehe S. 276 ff.). Der „Forscher", „Entdecker" oder „Künstler" kommt z.B. im Format „Weltenerschaffer" zum Ausdruck. Unsere kindlichen Anteile erleben die Vorstellungsrunden „Mein meistgehasstes Kleidungsstück" oder „Mein ganz persönlicher Held aus der Kindheit" als anregend: Formate, mit denen Spielfreude und Kreativität wieder wachgeküsst werden.

Die inneren Anteile im Training bewusst und erlebbar machen

In den Trainingssituationen ist unser Blick häufig auf die eher schlummernden Teile gerichtet. Wir ermöglichen den Teilnehmern, diese anzuzapfen, um die besonderen Kompetenzen der jeweiligen Teile erleben zu können. Es hängt natürlich – ist doch klar – von den Teilnehmern ab, welchen Teil sie ausleben wollen. Und ebenso von uns Trainern und den Interventionen, die wir auswählen. Wir können locken oder verschrecken. Wenn es um tiefere Prozesse der Persönlichkeitsentwicklung geht, wie etwa bei Intensiv-Führungskräftetrainings, schauen wir uns auch ungeliebte oder verletzte Teile an, denn diese sollte eine Führungskraft integrieren können, um Mitarbeiter besser zu verstehen und gut führen zu können.[49]

Unbeachtete Teile melden sich im Alltag – auch im Training – oft genug. Ein verletzter Teil bittet um Aufmerksamkeit, wenn wir uns gekränkt fühlen, verärgert, im Stich gelassen, nicht geachtet, ausgenutzt, bedroht, bevormundet, eingeengt, nicht respektiert, vernachlässigt, unter Druck gesetzt, niedergemacht, zurückgewiesen, angegriffen, ausgebeutet oder gequält. Aber auch andere Teile kommen zum Ausdruck und wollen gesehen werden und sich ausdrücken: das Spielkalb, das Kind, die Verführerin, die Abenteurerin …

Im NLP-Kontext kennt man ebenfalls das Konzept der verschiedenen Anteile unserer Persönlichkeit und arbeitet damit. „Unsere Persönlichkeit hat einen physischen, einen emotionalen, einen intellektuellen und möglicherweise einen spirituellen Anteil. Berühren Sie im Training einen Anteil, dann werden alle anderen Aspekte mit berührt. Je mehr ein Training die gesamte Person mit einbezieht, desto langfristiger und generativer ist das Gelernte. Menschen lernen am besten, wenn sie als gesamte Person an dem Prozess beteiligt sind."[50]

Viele Modelle – ein Phänomen

Sie sehen, dass dieser „Teile-Gedanke" überhaupt nicht neu ist. Wie in so vielen Disziplinen ist es auch hier so: Es gibt viele Modelle, um ein Phänomen zu erklären.

Wir Kellerkinder ...

Es gibt ein weiteres Teile-Modell, welches in der Trainerszene wenig bekannt ist. Wir haben es bereits vor einigen Jahren kennengelernt und finden es auch für das Training Augen öffnend. Es arbeitet mit starken Bildern und kommt mit viel Humor und Erkenntnis daher. Uns sind die sieben Kellerkinder® das erste Mal auf der „Womenpower" im Begleitprogramm der Hannover-Messe aufgefallen. Eine Trainerin stellte das Modell im Kontext von Unternehmensberatung und Coaching vor. Wir waren begeistert! Das zweite Mal erlebten wir es in einem Theater in Erfurt.

Die sieben Kellerkinder® entstammen einem dynamischen Typen-Modell von Johannes Galli. Der „philosophierende Clown", Regisseur, Schauspieler und Coach entwickelte es 1989 für die Arbeit mit Menschen aus unterschiedlichen Lebenszusammenhängen, Herkunfts- und Berufsbereichen. Es wird seitdem vielfach angewendet, z.B. in der Persönlichkeitsentwicklung, in der Therapie, im Management und auch im Theater. In einigen Städten gibt es Aufführungen zu den Kellerkindern.

„Ja, ja, die Kellerkinder. Ich habe selber erlebt, wie ungünstig es ist, wenn uns Menschen die eigenen Kellerkinder nicht bewusst sind. Sie überraschen einen dann doch in den unpassendsten Momenten. Nun kenne ich sie und bin in wohlmeinendem Dialog mit ihnen."

Die sieben Kellerkinder® sind aber alles andere als Fiktion – es gibt sie wirklich, in jedem von uns. Sowohl auf Trainerseite als auch aufseiten der Teilnehmer sitzen sie Sportlern gleich auf der Wartebank für den Einsatz im großen Spiel.
Sie sind bravouröse Gestalten, die kreative Energien oder eben die inneren Teile von uns abbilden, die wir gerne versteckt halten. Und trotzdem tauchen sie meist unangekündigt aus dem Dunkeln auf – das ist das Schwierige und zugleich Besondere an ihnen.

Eine Klassifizierung ist immer heikel, denn man kann mit heftigem Widerstand rechnen, wenn man Menschen klassifizieren möchte.

Individualität und persönliche Freiheit sind ein hohes Gut für uns, gerade für uns „psychologisch" ausgebildete Trainer. „Und doch ist der Mensch sehr neugierig, wenn er in Illustrierten von verschiedenen Männertypen oder Frauentypen hört. Auch liest er sehr gerne sein Horoskop in allerlei Zeitschriften, wo er scheinbar interessante Neuigkeiten über seinen Charakter erfährt."[51]

Galli machte sich auf die Suche nach einem Muster, in welchem Ähnlichkeiten der individuellen Vielfalt zusammenfallen und welches den Prägungen der Menschen zugrunde liegt. In seinen Kellerkinderfiguren zeigen sich trotz aller Individualität von uns Menschen ähnliche, immer wiederkehrende Grundstrukturen und Energien.

Der Begriff Kellerkind erklärt sich ganz einfach: Es sind sieben Formen von Energien, die wir in uns haben und die sieben Kindern gleichen, die verschieden sind und unterschiedliche Aufgaben haben. Als erwachsene und „vernünftige" Menschen können wir nicht so gut mit diesen Kindern umgehen, deshalb sperren wir sie kraft unseres Verstandes (gesellschafts- und erziehungsbedingt) in den Keller. Wir wollen sie halt nicht ans Licht kommen lassen. Es ist besser, wenn keiner sie sieht. Lieber geben wir den souveränen und selbstständigen Menschen ab, statt wild und temperamentvoll unsere sieben Energien an den Tag zu legen.

Die Kellerkinder: Fachleute für die sieben Todsünden ...

Doch es gibt sie nun einmal, ätsch! Nur weil sie im Keller leben (und dort ein wenig verwahrlosen), sind sie nicht still. Sie agieren subtil, von unten heraus. Das merken wir meist nicht. Und deshalb sind wir auch überrascht, wenn sie ihr Unwesen treiben und uns allerlei peinliche oder haarsträubende Situationen im Alltag und ganz besonders im Zwischenmenschlichen verschaffen. Erst hinterher fragt man sich, was einen da geritten hat. Galli nennt die Kellerkinder nicht zuletzt deshalb auch Fachmänner für die sieben Todsünden: Trägheit, Zorn, Gier, Hochmut, Wollust, Geiz und Neid. Jedes Kellerkind ist einer dieser Todsünden zugeneigt.

... und Quelle unseres kreativen Potenzials

Die sieben Kellerkinder sind aber auch die Hüter aller kreativen menschlichen Kräfte und sie sind so spielfreudig wie Kinder. „Was der Mensch nicht bedachte: Diese Kellerkinder verfügen über seine gesamte Lebensfreude und Kreativität, die er nun also auch in den Keller gesperrt hat. Es führt kein Weg daran vorbei, er muss seine Kellerkinder wieder herausholen, sich mit ihnen konfrontieren, ihnen Raum zum Wachsen geben, damit er lebensfroh und kreativ bleibt."[52]

Was lässt sich mit dem Modell der sieben Kellerkinder® anfangen? Wir können damit spielerisch alltägliche Sucht- und Verhaltensmuster bewusst machen. Nach Galli verwalten die Kellerkinder Antworten auf entscheidende Lebensfragen, Ideen und Schlüssel zum Erfolg. Wir alle haben sie mehr oder minder stark in uns ausgeprägt.

Antworten auf entscheidende Lebensfragen

Mit unseren eigenen Kellerkindern haben wir einen guten Austausch. Wir lassen sie alle regelmäßig raus. Denn jedes Kellerkind zeigt seine besondere Gabe, wenn wir es aus dem dunklen Keller entlassen! Wenn wir sie gewissermaßen erlösen, können sie ihre besondere Kraft in positivem Sinne entfalten. Haben wir eines vergessen, welches in unserer Person einen wichtigen Platz einnimmt, meldet es sich sowieso wieder. Da ist es gut, dass wir zu zweit sind, denn die andere sieht es sofort.

Nun möchten wir sie endlich vorstellen, die glorreichen Sieben:

Die Kellerkinder sind:
– die Tranfunzel
– der Fetzer
– das Lästermaul
– der Großkotz
– das Flittchen
– der Geizhals
– der Binnix

Die Tranfunzel

Ein langsames Gemüt. Die Tranfunzel liebt, wie der Name schon sagt, die Gemütlichkeit. Sie ist schwerfällig und oft dick. Sie wechselt so gut wie nie die Kleidung und mag den Duft, den sie dadurch verströmt. Wenn die Tranfunzel mal duscht, dann nur mit viel warmem Wasser, es soll ja nicht ungemütlich sein. Sie geht gerne einem angenehmen Zeitvertreib nach wie fernsehen oder Zeitung lesen. Auf dem Klo liest sie Comics. Bei diesen Beschäftigungen lebt sie zumindest ein bisschen auf, vor allem, wenn ein Liebesfilm läuft oder eine Allerwelts-Talkshow und der Showmaster direkt bei ihr vor dem Sofa zu stehen scheint. Sie ist faul, behäbig, träge und gemütlich. Sie braucht sich gar nicht groß umzuziehen, wenn sie morgens aufsteht. Ein einfacher Morgenmantel reicht ihr schon. Nach dem Frühstück nimmt sie noch ein zweites Frühstück ein, welches dann ins Mittagessen übergeht und beim Mittagschläfchen endet. Am liebsten liest sie in der Zeitung die Todesanzeigen. Sie versteht sehr wenig, hat aber ein großes Verständnis für vieles. Bei ihr ist Empathie Programm, denn sie kann sich in alles und jeden einfühlen. Auch das braucht Zeit und ist zudem anstrengend. Wenn es

um Entscheidungen geht, drückt sie sich lieber, das kann sie nicht gut. Hauptsache wenig tun.

Ihre besondere Kraft ist ihr Bauchgefühl und das ist für sie handlungsleitend. „Tranfunzel hat ein feines Gespür für Stimmungsschwankungen und ein tiefes Mitgefühl für alles Lebende."[53]

„Lass die Teilnehmer mal machen ..."

▶ **Die Tranfunzel im Trainer:** Sie ist müde, hat schon genug erlebt, ist ein wenig trainingserschöpft und lässt die Teilnehmer im Prinzip alles, was möglich ist, selbst erarbeiten. Das verpackt sie geschickt, sodass es nach einem gelungenen pädagogischen Konzept klingt. Sie hat aufgehört, Fachliteratur zu lesen und liest eher nichts bzw. regelmäßig die Postings ihrer Facebook-Freunde. So bekommt sie wenigstens von der großen weiten Welt etwas mit. Die Tranfunzel als Trainer verteilt keine Handouts und gestaltet kaum noch ein Flipchart. Wenn sie etwas präsentiert, dann eine ihrer alten PowerPoint-Folien. Es kann immer passieren, dass die Tranfunzel verschläft, morgens oder auch nach dem Mittag. Oder dass ihre Kleidung nicht sauber ist oder passt.

Der Fetzer

Immer in Verteidigungshaltung, denn er fühlt sich ständig angegriffen und bedroht. Irgendjemand könnte etwas gegen ihn haben. Ein herber Typ, eckig, grob, schnell und zackig. Schnell tritt er einem auf den Fuß und kommt bedrohlich nahe. Ein lauter, bedrohlicher Typ, der schnell zornig und aufbrausend ist. Der Fetzer

kommt wenig zur Ruhe und ist sehr anstrengend. Seine Stimme ist rau und hört sich an, als müsste er gegen eine innere Stimme, die ihn bremsen will, anschreien. Er will Zeit sparen, deshalb rasiert er sich schon morgens auf der Toilette, während er auf das kochende Wasser für seinen Kaffee wartet. Er kann nicht warten und zuckt ständig nervös. Sein Tag ist ge- und verplant. Der Fetzer lacht laut über seine Witze und haut sich dabei auf die Schenkel. Er trinkt gern, vor allem harte Sachen. Falls er über ein gewisses geistig gebildetes Niveau verfügt, macht er gerne ironische und sarkastische Witze über andere.

Sein Charakter ist vom Zorn beherrscht, hinter dem, wenn er freigelassen wird, eine starke Tatkraft steht. Er ist sehr schlagfertig, steckt aber selbst überhaupt nicht ein. Schuld wälzt er auf andere ab.

▶ **Der Fetzer im Trainer:** Er ist argumentationsstark, hat alles im Griff und antwortet auf mögliche Fragen von Teilnehmern, bevor diese überhaupt gestellt werden. Er hat außer seinem iPhone, iPad und Laptop kaum Equipment dabei. Seine Medien sind Sprache, Technik und seine ganz spezielle Körperdynamik. Eilig prescht er vor, wenn er seinen Status und seine Wichtigkeit deutlich machen möchte. Er redet sich zu einem Thema schnell in Rage, wird dabei laut und denkt, dass er Recht hat. Widersprüche und Einwände von Teilnehmern sind absolut unerwünscht. Sein Wissensstand zur Materie ist absolut hochwertig und immer aktuell.

„Teilnehmerfragen? Die stell ich ..."

Das Lästermaul

Wer kennt das nicht. Das Lästermaul teilt gerne mit, was es da schon wieder entdeckt und beobachtet hat. Das kann es nämlich gut. Das Lästermaul hat eine untrügliche Nase, wenn es um die Schwächen anderer geht. Die hat es schnell entdeckt und teilt diese auch gerne der Umgebung mit. Das Lästermaul ist feige. „Lästermaul nährt sich vom nackten Entsetzen im Gesicht dessen, den sie mit einer üblen Nachricht ‚beglückt'. Je entsetzlicher die Botschaft, desto freudiger übermittelt Lästermaul das von ihr kreativ veränderte Gerücht hinter vorgehaltener Hand."[54]

Das Lästermaul ist nicht schön und sagt deshalb auch nichts Gutes über andere Menschen. Es mag zweideutige Witze. Seine Lieblingsthemen sind die allgemeine Verrohung von Sitte, Anstand und Moral. Das Lästermaul altert schnell.

Dabei kann es auch sehr einfühlsam beschreiben, weiß es doch, dass Schwächen menschlich sind. Letztendlich hat es etwas Gieriges an sich, doch hinter seiner Neugier und Einmischung verbirgt sich auch eine tiefe Menschenkenntnis und Empathie.

▶ **Das Lästermaul im Trainer:** Das Lästermaul zeichnet sich dadurch aus, dass es gerne über die anderen Trainerkollegen spricht, die es kennt oder die z.B. in dieser Trainingsmaßnahme bei diesem Kunden auch schon tätig waren. Es ist sehr mit dem Verhalten und Aussehen der Teilnehmer beschäftigt, taxiert diese ständig und macht sich so seine Gedanken dazu. Das Lästermaul bekommt schnell mit, wenn ein Teilnehmer z.B. unaufmerksam ist oder etwas

„Man macht sich halt so seine Gedanken ..."

nicht weiß. Diese Beobachtung nimmt es dann mit ins Seminargeschehen hinein, sodass alle mitbekommen, was es herausgefunden hat. Wenn es einem Teilnehmer nicht gut geht, dann darf der auch mal frühzeitiger nach Hause.

Der Großkotz

Der will immer der Wichtigste sein und denkt auch, dass er es ist. Seine gesamte Umgebung bestätigt in seinem Weltbild seine Macht. Dabei ist es wurscht, ob er gerade wirklich Macht hat. Der Großkotz blickt verständlicherweise immer auf andere hinab. Wie hätte er sonst so viel Macht und Habitus? Hochmut ist Programm und prägend. Großkotz stellt seine Kompetenzen gerne zur Schau, er kotzt gern große Worte. Fragt man ihn etwas, bekommt man eine langatmige Predigt, denn er holt gerne weit aus. Der Großkotz ist oft dick und schämt sich nicht dafür. Gerne erzählt er über sich, dann ist er der Held.

Er steht auf Erfolg und auf unsere Leistungsgesellschaft, darin findet er stets Bestätigung. Hinter der schieren Kraft des Großkotzes steckt aber auch die Weisheit und Erkenntnis.

▶ **Der Großkotz im Trainer:** Ist recht weit verbreitet. Er steht gerne auf hohen Bühnen oder Rednerpulten. Legt Wert auf sehr hochwertige, schicke Kleidung und ein vornehmes, hochpreisiges Ambiente. Unbedingt verweist er auf seine diversen Auszeichnungen, die er sich alle verdient hat. Aus seinen zahlreichen Büchern („Alles Bestseller ...") wird ständig zitiert. Täglich verfolgt er die Anzahl seiner Freunde bei Facebook und seiner Follower bei Twitter. Workshops und Trainings mit viel Gruppenarbeit sind nicht sein Thema – er ist stattdessen bei Vorträgen zu Hause. In den Geschichten, die der Großkotz als Trainer erzählt, ist er immer der Held.

„Hierzu gibt es ein sehr schönes Zitat aus meinem Buch ..."

Das Flittchen

Das Flittchen ist verliebt, ständig und in viele. Seine Aufgabe ist es, stets und ständig zu flirten. Es ist mit Erotik und der Andeutung von Sex beschäftigt, dabei ist es egal ob Mann oder Frau. Sieht es nackte Haut, und sei es nur ein Mund, regt das schon wieder seine Fantasie an. „Berühren und berührt werden' ist Flittchens Lebensmotto."[55] Das Flittchen ist immer auf der Suche nach der großen Liebe und gibt kontinuierlich Hinweise ab, dass es sucht und attraktiv ist und auch kein Angebot ausschlagen würde.

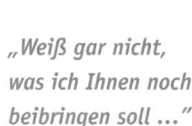

Es hofft stets, den oder die Richtige zu finden und lebt wollüstig durch Tag und Nacht. Hat es eine Affäre, kann es sich schwer trennen, auch von den Erinnerungen daran. Als kleines Mädchen liebte sie es sehr, wenn der Vater oder der ältere Bruder sie fangen wollte, dann quietschte sie vor Vergnügen. Wenn es sich unbeobachtet fühlt, fährt es sich lüstern mit der Zunge über die Lippen und drapiert seine Figur zurecht, sodass seine ganzen Reize im richtigen Licht glänzen. Wenn jemand etwas sagt, wittert es dahinter gleich etwas Zweideutiges. „Häufig empfindet Flittchen seine Liebesvorstellungen so heftig, dass es sich selbst streichelt und es sehr genießt, bis es sich plötzlich sehr einsam und schuldig fühlt."[56] Seine wahre Kraft ist die Liebeslust und Liebe.

▶ **Das Flittchen im Trainer:** Ist natürlich mit seinem Körper und Aussehen auch im Training beschäftigt. Alle Teilnehmer – egal welchen Geschlechts – sind potenzielle Sexualpartner. Die Stimmung ist flirty, das Thema des Trainings gerät dadurch regelmäßig ins Wanken. Die potenziell interessierten Teilnehmer gehen in einen unbewussten Kampf der Rivalen, der die Gruppendynamik anfeuert. Das Flittchen als Trainer gibt sehr viele Hinweise auf seinen persönlichen Zustand und seine Bedürfnisse. Gerne geht es mit wiegendem Schritt im Kreis an den Teilnehmern vorbei, stellt längeren Blickkontakt her als üblich und wirft statt Fachinfos eher schmachtende Blicke in die Runde. In reduziertem Ausmaß sichtet es tatsächlich die Teilnehmer auf mögliche Flirtpartner hin.

„Weiß gar nicht, was ich Ihnen noch beibringen soll ..."

Der Geizhals

Der Geizhals ist auch ein harter Typ, gepanzert und in Habachtstellung. Er weiß stets und ständig, was ihm schon alles angetan worden ist, schmerzhafte Erinnerungen sind präsent und er ist auf der Hut, die nächsten zu machen. Deshalb gibt er so gut wie nichts. Man weiß ja nie. Er ist berechnend, auch was sein Leben angeht.

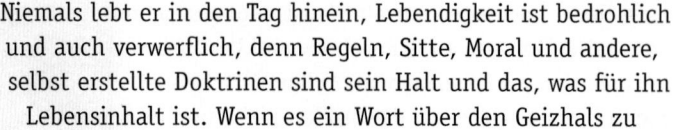

Niemals lebt er in den Tag hinein, Lebendigkeit ist bedrohlich und auch verwerflich, denn Regeln, Sitte, Moral und andere, selbst erstellte Doktrinen sind sein Halt und das, was für ihn Lebensinhalt ist. Wenn es ein Wort über den Geizhals zu verlieren gibt, dann ist es der Geiz, auch der emotionale Geiz. Denn er hält auch an schmerzhaften und schlechten Erfahrungen fest, damit er nie vergisst, was ihm mal jemand angetan hat. Er berechnet das Leben lieber, als es zu leben.

„Er liebt Regeln, Sitten, Moral und Doktrinen über alles, denn das gibt ihm Sicherheit. Er weiß immer, was sich gehört, und ist in jungen Jahren sehr gehorsam. In späteren Jahren verlangt er bedingungslosen Gehorsam und ist streng."[57] Der Geizhals hält sich gerne ein Hintertürchen auf, damit er nicht ausgeliefert ist. Die tiefere Kraft ist die Liebe zur Ordnung und Struktur.

„Damit können wir diesen Punkt abschließen ..."

▶ **Der Geizhals im Trainer:** Macht insgesamt wenig Trainings, da es ihn Zeit kostet, die er lieber zu Hause beim Sparen verbringt. Er verliert wenige Worte und wenn, dann sind es Belehrungen. Sein Zeitplan ist straff, er hat nichts zu verschenken. Teilnehmerunterlagen gibt es gegen Gebühr und selbst dann sind es wenige Seiten. Seine Thesen und Inhalte stellt er predigtartig vor, wer anderer Meinung ist, wird nonverbal verschmäht. Diskussionen und Meinungsaustausch gibt es nicht. Er kommt knapp und geht zeitig. In der Pause möchte er keinen Kontakt zu den Teilnehmern, er geht dann auch nicht auf Fragen ein. Wird im Tagungshotel ein Essen angeboten, greift er sparsam zu.

Der Binnix

Ein armer Geselle, der denkt, er sei nichts wert, sei ein Nichts. Ein ständig unsicherer Typ, der das durch chronisches Lächeln auszugleichen versucht. So etwas wie Selbstwertgefühl kennt er von Geburt an nicht oder ist ihm schon in frühen Tagen durch Erziehung und deren vielfältige Prinzipien oder auch durch Prügel und stete Missachtung abgewöhnt worden. In seiner Welt haben es alle anderen besser als er, er ist das Opfer, das immer am falschen Platz ist und das keiner haben will. Binnix hat sehr dünne Haare, dünne Lippen, kleine Ohren, eine durchscheinende Haut und sehr traurige, leicht wässrige Augen. Seine Kleider passen nicht, er hat sich beim Kauf verschätzt. „Ist ja auch nicht wichtig", denkt er. Der Binnix steht gern verlegen herum, damit signalisiert er Hilflosigkeit, ohne um etwas bitten zu müssen. Neidisch blickt er auf andere. Binnix mag Drogen, dann ist die Realität erträglich. Ein wahrhaft armer Tropf, dessen Grundkraft jedoch die Lebensfreude ist.

▶ **Der Binnix als Trainer:** Der findet sich selten oder nie.

„Oder doch?" ;-)

Übrigens, alle Kellerkinder gibt es bei Männern wie Frauen. Wir lieben sie alle sieben und sind tatsächlich froh, wenn wir in unserem Verhalten eines entdecken. Das stimmt uns versöhnlich mit den von uns abgelehnten Eigenschaften und Verhaltensweisen. Vieles wird leichter, wenn man z.B. sagen kann: „Ja, meine Tranfunzel braucht Aufmerksamkeit, genug gearbeitet, jetzt ist lustvolles Dösen angesagt. Lass doch die Welt sich weiterdrehen, es geht auch ohne mich." Gewissermaßen geben uns die Kellerkinder die Erlaubnis, nicht perfekt zu sein. Wir können mit ihnen sprechen, uns ihre Gestalt ausmalen und sie um Rat fragen. Und die Form der Kellerkinder macht es uns leicht, diesen – unseren – Anteilen diese Namen zu geben und mit ihnen zu kommunizieren.

Und wie ist es bei Ihnen, fühlen Sie sich schon angesprochen? Kommt Ihnen das ein oder andere Kellerkind bekannt vor? Gut, dann wird es jetzt Zeit für den ultimativen ... **Kellerkindertest!**

„Ich bitte Sie zutiefst – machen Sie den Test. Die Wahrheit wird Sie nicht umhauen, sondern Ihnen die Augen öffnen."

Kellerkind	Ausprägung auf einer Skala von 1 bis 10: 1 = kaum Relevanz, 10 = starke Relevanz								
Tranfunzel	-1-	-2-	-3-	-4-	-5-	-6-	-7-	-8-	-9-	-10-
Fetzer	-1-	-2-	-3-	-4-	-5-	-6-	-7-	-8-	-9-	-10-
Lästermaul	-1-	-2-	-3-	-4-	-5-	-6-	-7-	-8-	-9-	-10-
Großkotz	-1-	-2-	-3-	-4-	-5-	-6-	-7-	-8-	-9-	-10-
Flittchen	-1-	-2-	-3-	-4-	-5-	-6-	-7-	-8-	-9-	-10-
Geizhals	-1-	-2-	-3-	-4-	-5-	-6-	-7-	-8-	-9-	-10-
Binnix	-1-	-2-	-3-	-4-	-5-	-6-	-7-	-8-	-9-	-10-

Ihr Ergebnis:
Welches Kellerkind steht auf der 1., 2., 3. Stufe?

In Trainings sollten Sie die Kellerkinder zwischendrin raus-
lassen: Durch ausgewählte Interventionen dürfen sie agieren
und dabei auch ihre wahren Kräfte (ach, die gute alte positive
Absicht) zeigen und spüren.

Schwierige
Teilnehmer? Ein
Kellerkind schreit
nach Aufmerksamkeit!

Es macht richtig Freude, Teilnehmer mit diesem Konzept wahrzunehmen. Gerade die, die uns als Trainer aufregen, nerven oder
einfach stören, fallen ja schnell einmal in die Kategorie „schwierige
Teilnehmer". Trainerkollege Jürgen Schulze-Seeger nennt sie in
seinem Buch sogar „Toxic people"[58]. Seitdem wir das Konzept der
Kellerkinder kennen, stimmt es uns auch gegenüber vermeintlich
schwierigen Teilnehmern sehr viel versöhnlicher, wenn wir uns ihr
gerade nach Aufmerksamkeit schreiendes Kellerkind bewusst vor
Augen führen. Wir können, statt in Abwehr zu gehen, liebevoll
darauf blicken, innerlich wertschätzend darüber schmunzeln und
mit unserem Handeln dafür sorgen, dass es sich ein wenig austoben
darf.

Was tun die Kellerkinder gern im Training?

Beziehen wir das Konzept der Kellerkinder also einmal auf die
Teilnehmer. Sie sind herzlich eingeladen, Ihre eigenen Erfahrungen
darin wiederzuentdecken. Möglicherweise werden Sie auch in Zukunft keinem Teilnehmer begegnen, der sein Kellerkind bzw. seine
Kellerkinder so offensichtlich nach au-
ßen trägt, sondern vermutlich eher in
Nuancen.

„Mein ganz persönlicher
Rat: Schärfen Sie die
Wahrnehmung für
die Kellerkinder Ihrer
Teilnehmer, um ihnen
besser gerecht zu werden."

Wir möchten Ihnen hiermit den Blick
öffnen, der ein oder anderen Verhal-
tensweise oder Marotte liebevoll zu
begegnen bzw. mit einem zwinkernden
Auge herausforderndes Teilnehmerver-
halten anzunehmen. Wir hatten beim
Schreiben viele erkenntnisreiche und humorvolle Blicke auf unsere
Teilnehmer, aber auch auf Trainerkollegen, die wir als Teilnehmer
erlebt haben. Und natürlich auf uns. Welch Genuss!

Wobei diese Zeilen nicht nur Ihrem Genuss dienen sollen. Sie sollen Ihnen auch die Erkenntnis bringen, dass die Teilnehmer in Touch mit sich und mit anderen kommen, wenn sie ihr jeweiliges Kellerkind mit ins Training bringen dürfen – auf dass dessen Bedürfnisse befriedigt werden.

Die Tranfunzel

Sie braucht ausreichend Pausen und gemütliche Seminarräume. Am besten nimmt sie Hausschuhe mit (wenn sie diese nicht sowieso schon dabei hat) oder zieht zwischendrin die Schuhe aus, weil es einfach bequemer ist.

Die Tranfunzel möchte in Gruppen arbeiten, ohne sich allzu sehr dabei anzustrengen. Sie genießt das Zusammensein und sorgt erst mal für einen Kaffee, bevor gearbeitet wird. Sie mag keine Ergebnisse präsentieren, das können die anderen machen. Die Tranfunzel möchte gerne später anfangen, also nicht schon um 9:00 Uhr oder so. Sie macht dafür am Abend – wenn es nicht anders geht – länger. Sie mag keine Energizer, wobei die ihr manchmal doch ganz gut tun. Stattdessen liest sie lieber ein wenig in dem Roman oder der Zeitschrift, die sie sich für zwischendurch mitgebracht hat, oder spielt gemütlich mit ihrem Handy.

Die Tranfunzel möchte keine Diskussionen, sondern – wenn überhaupt – einfach nur da sein. Wenn möglich, bevorzugt sie E-Learning und leichte Computerlernkurse, damit sie das meiste vom heimischen Sofa aus tun kann. In der Pause mag sie gerne Süßes und Kaffee. Ach ja, zur Toilette geht sie nach der Pause – denn Pause ist Pause. Spektakuläre Trainingsformate müssen speziell angekündigt werden, sonst reagiert sie verschreckt oder überfordert.

Außergewöhnliche Trainingsformate – lieber nicht!

Sie mag einfache Erklärungen und Texte, die sich leicht merken lassen. Ein Comic ist z.B. klasse, oder wenn wichtige Inhalte im Sinne einer Talk- oder Verkaufsshow vermittelt werden, ist das super – solange sie zu den Zuschauern zählt. Zu viele Wechsel an Arbeitsformen, Platz- oder gar Raumwechsel liegen ihr gar nicht, denn sie richtet sich gerne ein. Ihr Sitzplatz im Seminarraum ist auf einen Blick zu erkennen. Manchmal funktioniert sie sogar Möbelstücke um, denn irgendwo muss ja der Kaffee stehen. Gerne nutzt sie einen weiteren Stuhl für die Beine, um annähernd das Sofagefühl herzustellen.

Sie ist umgänglich, solange man sie in Ruhe da sein lässt und ihr Bedürfnis nach ausreichend Erholung berücksichtigt. Sie bringt Entspannung ins Seminar und holt uns als Trainer runter, wenn wir zu flott unterwegs sind.

Der Fetzer

Der Fetzer braucht einen guten Platz – am besten direkt gegenüber vom Trainer. So kann er alles beobachten und wird zugleich auch von allen wahrgenommen. Es ist klar, er will die Auseinandersetzung. Dabei gleicht er einem Habicht, der mit scharfem Auge sieht und genauem Ohr hört.

Der Fetzer liebt Action, Action und nochmals Action. Ein langweiliges Training, bei dem er nur zuhören darf, ist ihm ein Graus. Um durchzuhalten hat er einige Strategien: Er braucht Diskussion, wird auch schnell mal laut und aggressiv. Er neigt zu Nebenkommentaren, wenn der Trainer vorne etwas vorträgt. Und er fragt nach, um den Trainer auf seine Kenntnisse hin zu überprüfen oder auch, um sich einfach ein bisschen aneinander zu reiben. Meistens ist irgendein Körperteil in Bewegung, etwa ein wippender Fuß, zudem wechselt er ständig die Position oder steht gar auf und läuft durch den Raum, wenn er es einfach nicht mehr aushält.

Kommentare aus dem Off, der Fuß wippt unruhig …

Er muss etwas zu tun haben, sonst wird er verrückt. Selbst wenn er schweigt, ist er zu hören. Sein Atem, ein Grummeln oder andere Geräusche aus dem Mund oder sonstige Geräusche sind einfach da, wenn man als Trainer die Augen schließt. Sein Smartphone ist seine letzte Rettung, wenn er Ablenkung braucht. Er hat im Seminar immer 'nen Spruch parat, ist schlagfertig und mag es, über sich zu lachen. Das Lachen will er auch vom Trainer haben. Lässt dieser ihn abblitzen, wird's anstrengend für alle Beteiligten. Gerne steht der Fetzer auch mal vorne und präsentiert sein Wissen. Energizer sind für ihn genau das Richtige, allerdings ist er dabei nicht allzu feinfühlig und reißt gerne was um oder verletzt versehentlich jemanden. Ein Wurf- bzw. Fangspiel ist mit ihm ein gefährliches Unterfangen. Experimente oder Teamspiele, bei denen es um das Miteinander geht, oder gar die Reflexion im Anschluss darüber lehnt er ab.

Vorgeführt werden mag er gar nicht, daher ist er immer auf der Lauer, ob ihm jemand ans Bein ... Charme ist nicht seine Stärke und ein Feedback von ihm kann knallhart ins Mark treffen.

In den Pausen hat er immer noch was zu tun, schnell ein Projekt klarzumachen. Dabei telefoniert er gerne so laut, dass alle mitkriegen, was er so auf die Beine stellt. Privates oder Persönliches gibt er nicht gern preis, er will keine Angriffsfläche bieten. An den anderen Teilnehmern zeigt er kaum Interesse. Auf Geselligkeit lässt er sich gar nicht erst ein.

Das Lästermaul

Das Lästermaul sitzt nah bei den anderen Teilnehmern, jedenfalls bei denjenigen, die ihm halbwegs sympathisch erscheinen. Rasch sucht es Verbündete, die ein ähnliches Urteil über die anderen Teilnehmer, den Trainer, das Tagungshaus und all diese Sachen haben. Es gibt gerne überall den ganz persönlichen Senf dazu und findet ganz bestimmt ein Haar in der Suppe respektive einen Einwand, um etwas nicht gelingen zu lassen. Die meiste Zeit verbringt es damit, alle anderen zu beobachten und seine ganz eigenen Schlüsse daraus zu ziehen, die es dann gern mit anderen Verbündeten austauscht.

Es macht sich viele Gedanken über den Trainer: Lebt er allein, geht er wohl fremd, was haben die roten Strümpfe zu bedeuten oder die Klunkerkette am Hals? Wie ist er im Bett und hat er schon mal Geld unterschlagen? Es liebt Austauschrunden, denn da kann das Lästermaul seine Eindrücke vor Publikum mitteilen und Erlebnisse, die es mit anderen Trainern, Jobs und Kollegen gemacht hat, ausbreiten.

Austauschrunden – eine prima Bühne für spitze Bemerkungen

Es nutzt ein Training auch gerne, um sich über den eigenen Chef, eine andere Abteilung oder was auch immer zu beschweren. Sein Motto: Früher war alles besser – da hatten die Menschen noch Anstand. Das Lästermaul vermeidet jedoch Aktivitäten, in denen es sich oder ein Arbeitsergebnis präsentieren muss. Stattdessen hält es sich lieber damit auf, Gründe zu finden, warum etwas gar nicht geht, die Zeit zu knapp ist, was man für eine Präsentation bräuchte, aber nicht im Seminarraum hat. In den Pausen sucht es den Kontakt, quatscht drauflos und stellt in fast übergriffiger Weise Fragen, die man nicht unbedingt beantworten möchte. Es kann stundenlang über den zu kalten Kaffee reden, stellt fest, dass das

Mittagessen zu salzig ist und man der Servicekraft beim Laufen die Schuhe besohlen kann. Dabei gibt es selbst sehr gern Feedback, wenn andere etwas zeigen. Nebenbei kann es anderen, wenn diese eine Schwäche zeigen, guten – aber ungefragten – Rat geben.

Der Großkotz

Er ist im Training der stärkste Konkurrent des Trainers – denn er will eigentlich seinen Platz und Chef im Ring sein. Um diese Rolle zu bekommen, tut er so einiges und kann bisweilen eine ganze Gruppe auf seine Seite ziehen, um ein Training komplett zu torpedieren. Eines ist klar: Im Kräftemessen kann der Trainer nur verlieren, es sei denn, er ist selbst ein Großkotz. Dann allerdings erleben die Teilnehmer einen wahren Kampf der Giganten und das Trainingsthema rückt ins Hintertreffen.

Auf jeden Fall nutzt der Großkotz jede Gelegenheit, um sein Wissen zur Schau zu stellen. Seine Beiträge haben oft nichts mit dem jeweiligen Trainingsaspekt zu tun, denn darum geht es auch gar nicht. Für ihn ist eine Runde von Menschen eine Bühne, um sich zu präsentieren. Er liebt es, seine Kompetenz zu demonstrieren und dem Trainer knifflige Fragen zu stellen bzw. ihn ins Schwimmen zu bringen. Er hat schon alles gesehen und alles erlebt – ihm kann man nichts vormachen und der Trainer muss erst einmal beweisen, dass er es wert ist, ihn zu trainieren.

„Ach, beim Großkotz werde selbst ich schwach!"

Gruppenarbeiten nutzt er, um sein Revier zu markieren und genüsslich zu zeigen, dass er der Größte in der Gruppe ist. Andere kommen mit ihren Ideen kaum zu Wort. Bei der Präsentation steht er gern im Mittelpunkt und hält sich nicht an Zeitvorgaben. Die Pausen nutzt er, um seinen Status zu heben. Er holt das neueste iPad hervor, spielt mit dem Schlüssel seines Wagens oder stellt seine Uhr so, dass alle sehen: Das ist ein verdammt teures Modell. Gerne erzählt er, was er schon alles für Posten hatte und wie er den Laden aufgemischt hat. Er weiß immer, wie hoch seine Budget- und Personalverantwortung ist, und bringt die Zahlen gerne ins Spiel.

Das Flittchen

Es ist im Training immer auf der Suche nach Flirtmomenten. Ist der Trainer vom anderen Geschlecht, hat es sein Opfer schon ausgemacht und sein Spiel beginnt. Wobei, auch gleichgeschlechtlich lässt sich prima flirten, nur eben anders, aber das beherrscht das Flittchen. Selbstverständlich bietet es sich auch anderen Teilnehmern an und hat in kürzester Zeit die Kontakte ausgetauscht. Wer weiß, man begegnet sich immer zweimal. Seinem Charme kann man kaum entgehen und ohne es wäre das Training nur halb so schön. Nur wirklich zuhören kann man ihm nicht, denn irgendwie schafft es das Flittchen immer wieder, alle Aufmerksamkeit auf seine sekundären oder gar primären Geschlechtsorgane zu lenken. Das führt dazu, dass seine Kompetenz schwer auszumachen ist, da man einfach immer wieder abgelenkt wird.

Bereits bei der ersten Kontaktaufnahme stellt es gern Berührung her, Touch-Momente sind für das Flittchen immer auch körperlich ein Genuss. Es liebt es, zu spielen, mit Worten, mit Gesten und mit dem Schminkspiegel. Manchmal frisiert es sich in der Pause schnell mal die Haare oder checkt sein Aussehen beim Gang zum Mittagessen in der Fensterscheibe. Das Flittchen genießt das Training, denn so viele Flirtmomente hat es im Arbeitsalltag selten. Es ist für jeden Scherz zu haben und liebt Interaktionen, bei denen man sich näher kommt bzw. gemeinsam etwas entwickelt. Wird es im Training langweilig, beginnt es sich mit sich selbst zu beschäftigen, es zieht den Lippenstift nach, rückt den Schritt zurecht, reibt sich genüsslich den Dreitagebart, streicht über die Glatze oder sucht Begegnungsmomente mit anderen Teilnehmern.

Das Flittchen sorgt für gute Stimmung, denn angeflirtet zu werden, macht einfach Spaß. Es lacht gerne, ist sehr einfühlsam und entgegenkommend. Ärger gibt es mit ihm eigentlich nicht. Es sorgt zwar für ablenkende Stimuli jeglicher Art, ist dabei aber immer guter Dinge. Für Trainer ist es der Teilnehmer, den man immer wieder gerne anschaut und von dem man, sofern man sich auf das feine Spiel einlässt, sehr viele Ressourcen bekommen kann. Die Herausforderung auf Trainerseite liegt am ehesten darin, nicht den Faden und das Ziel der Veranstaltung aus den Augen zu verlieren. Denn bekommt das Flittchen Raum, nutzt es diesen auch schamlos aus.

Sorgt für ein prima Arbeitsklima – sofern der Trainer die Kontrolle behält.

Das Flittchen sorgt für Verbindungen und emotionale Netzwerke – denn in allem, was es tut, verfolgt es ein hehres Ziel: Es will Liebe in die Welt bringen.

Der Geizhals

Der Geizhals ist ein versteinerter Teilnehmer, viele nennen ihn auch trainings- oder beratungsresistent. Im Training hat er immer eine sichere Mauer um sich gezogen und vermeidet Kontakt jeglicher Art. Rederunden entzieht er sich, am besten gefällt es ihm, wenn es sachlich zugeht, Inhalte klar strukturiert und mit dem Verstand zu lernen sind. Er hasst Soft-Skill-Trainings. Wenn er sie irgendwie vermeiden kann, tut er das: Er wird kurz vorher krank, schiebt eine wichtige Aufgabe vor oder kommt zu spät und muss früher gehen. Für ihn ist es absolut wichtig, dass seine Sicherheit gewahrt bleibt und der Trainer keine Regelverletzungen akzeptiert, denn diese Regeln geben ihm Halt.

Soft Skills sind ihm zuwider und Gruppenarbeiten ein Graus.

Ein Trainer, der allzu menschlich daherkommt und eine gute Beziehung unter den Teilnehmern aufbauen will, macht ihn nervös. Denn zwischenmenschliche Beziehungen sind für ihn nicht gerade positiv besetzt. Vermutlich hat er schon in frühen Jahren Verletzungen erfahren. In seinem Gesicht zeigt sich kaum Regung und er sieht einfach verhärmt und unglücklich aus. Die Körperhaltung ist häufig abgewandt, verschränkte Arme oder auch der Blick in die Zeitung während des Trainings zeigen: Ich will nicht hier sein. Wenn er Kommentare abgibt, sind sie vorwiegend negativ und jeder Versuch, ihn mit Gewalt in eine positive Richtung zu bringen, macht ihn nur noch härter. Er will seine schwarze Sicht auf die Welt behalten. Die Gelegenheit, diese zu verkünden, nutzt er gerne. In Gruppenarbeiten verhindert er die Inspiration oder blockiert nicht selten das Vorwärtskommen.

Kontrolle statt Kreativität

Kreativität und Freiheit machen ihm Angst, er vermeidet um jeden Preis, Ergebnisse zu präsentieren. Er ist absolut kein Teamplayer und arbeitet lieber für sich. Lernkontrollen oder schriftliche Aufgaben sind okay, die kann er für sich alleine machen und muss sein erworbenes Wissen nicht mit anderen teilen. Denn darauf ist er bedacht, dass er das, was ihm gehört, auch wirklich für sich behält. Hat er sich eine Leckerei mitgebracht, isst er sie für sich allein, auch gern vor den anderen. In den Pausen sorgt er dafür, dass er auf jeden Fall genug abkriegt, auch auf Kosten der anderen.

Was ihn besonders macht, ist die Liebe zur Ordnung und Struktur. Wollen wir ihn als Trainer ins Boot holen, sollten wir ihm hiervon genügend geben, sei es, durch unsere Art des Trainings oder auch damit, dass er im Training bestimmte Rollen übernimmt, die genau dieser Aufgabe der Überwachung dienen. Er ist beispielsweise ein klasse Zeitwächter oder hat auch im Blick, was wir in unserem Seminarfahrplan angekündigt, aber im Eifer des Gefechts dann doch vergessen haben.

Der Binnix

Ihn erkennt man im Training bereits an der Körperhaltung, die etwas gedrungen und nach innen gedreht ist. Die Schulter ist eher hängend, die Brust eingefallen und der Blickkontakt immer ein wenig verschreckt bzw. unterwürfig. Einer Konfrontation würde er allein schon wegen seiner körperlichen Statur nicht standhalten. Ihn sollte man nicht hart anfassen, sonst könnte er in Tränen ausbrechen. Der Binnix bleibt bei Gruppeneinteilungen, bei denen sich die Teilnehmer nach Lust und Laune zusammentun, oft übrig, es sei denn, jemand mit einer sehr mütterlichen Ader nimmt sich seiner an. Übrig bleibt er aber auch, weil von ihm keinerlei Initiative ausgeht, er wartet einfach ab und blickt neidisch auf die, die mutig draufloslegen.

Der Binnix braucht auf jeden Fall Ihre positive Aufmerksamkeit, Unterstützung und Anleitung. Beim Binnix ist Ihre Mentorenrolle als Trainer und fürsorglicher Vater/Mutter sehr gefragt, denn durch sein Auftreten fordert er immer wieder Verständnis und Bemutterung ein. Ihm fällt es schwer, wertschätzend über sich zu reden, meist stellt er sein Licht unter den Scheffel. Selbst wenn er etwas besser kann als andere, würde er es nicht merken und schon gar nicht zur Schau stellen. Sein Potenzial, seine Begabung ist blockiert und durch negative Glaubenssätze über sich fest einbetoniert. Er legt auch nicht sonderlich viel Wert auf sein Äußeres, einfach weil er es sich selbst nicht wert ist.

Hier ist der Trainer als fürsorglicher Mentor gefordert.

In den Pausen steht er meistens allein da bzw. steht unsicher daneben, wenn andere sich angeregt unterhalten. Hat er eine Aufgabenstellung nicht verstanden oder funktioniert sein Stift nicht, nimmt er es hin. Er würde nicht fragen oder um eine erneute Erklärung bitten, auch nicht wegen eines Blatt Papiers. Insgeheim hofft er, dass der Trainer dies schon wahrnehmen wird und ihm dann sanft unter die Arme greift. Und dennoch: Einer Aufgabenstellung an sich würde er sich nie verweigern, denn das steht im gar nicht zu. Umso mehr sollte der Trainer hier achtsam sein, damit der Binnix sich bei Überforderung nicht blamiert und bloßgestellt wird. Der

Binnix flüchtet sich gerne in Drogen, die ihm Sicherheit geben. An einer Zigarette lässt es sich gut festhalten, jede Menge Kaffee gibt etwas Energie und am Abend nach dem Training tun es zwei Flaschen Wein, zwei Liter Bier oder noch Stärkeres.

Hinter dem geringen Selbstwertgefühl versteckt: Lebensfreude!

Der Binnix ist im Grunde voller Lebensfreude, die aber durch sein geringes Selbstbewusstsein schlichtweg schwer wahrzunehmen ist. Die meisten gehen ihm aus dem Weg, weil seine Schwere Kraft abzieht. Haben wir als Trainer die Gabe, die Lebensfreude dahinter wahrzunehmen und können wir ihm genügend Sicherheit und Anerkennung geben, können sich für den Binnix Momente einstellen, die fast einer Befreiung gleichkommen. Sein wahres Ich wird sichtbar und auch er selbst genießt dieses Aufblühen. Da er selbst jedoch nicht wirklich daran glaubt, stürzt er schnell wieder ab.

Benchmarking: sich an anderen (Trainern!) messen

Benchmarking kennen Sie vermutlich? Wir haben gerade eines hinter uns. Im Zuge des Relaunchs unseres gesamten Firmenauftritts und der wahren Arbeit „hinter dem Vorhang" haben wir mit einer Marketingagentur ein Benchmarking durchgeführt. Zum einen hat uns die Idee überrascht, zum anderen hat uns das Ergebnis nachdenklich gestimmt. Die Ergebnisse über die Präsentationen von zwei Mitbewerbern waren aufschlussreich und für uns wertvoll. Ganz zu schweigen von den Ergebnissen der Analyse unserer Internetseite und unseres eigenen Auftritts. Nun gut, wir haben ja etwas verändert ...

Benchmarking geht aber auch ganz privat! Vor Kurzem haben wir es wieder erlebt: Wir besuchten zwei Freunde, ein Trainerpaar, und saßen zusammen am Tisch bei leckerem Essen und gutem spanischen Wein. Kurz davor hatten wir vier uns auf einer größeren Train-the-Trainer-Veranstaltung getroffen. Und nach wenigen Minuten am Tisch knüpften wir an diesen Tag an: „Also, der Workshop von XY war doch grottenschlecht! Über den habe ich so viel Gutes gehört. Und nun – so etwas Langweiliges. Das hätte auch ich besser machen können." – „Und die Präsentation von YX, die war schon ganz gut, neue Ideen habe ich auch mitgenommen, aber sie wirkte so angespannt, unsicher, hat auch so viel geschwitzt."

Trainer vergleichen sich eigentlich ständig.

Austausch unter Trainerkollegen? Ist das Lästern? Oder einfach ein Austausch, um sich selbst wahrzunehmen, zu vergleichen, sich zu messen? Ja, auch wir wollen unsere Wahrnehmung überprüfen und abgleichen.

„Über Dritte sprechen ist ein menschliches Bedürfnis, denn es entlastet die Seele und hilft, Emotionen loszuwerden. Wir können uns

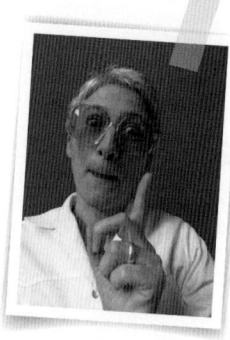

„Schon gewusst? In mehr als ein Drittel der Zeit, die wir miteinander sprechen, drehen sich die Themen um nicht anwesende Personen. Dies fand der Psychologe Robin Dunbar von der University of Liverpool bereits 1997 heraus. Er hatte mit seinem Forscherteam in Zügen, Bars und Einkaufszentren fremde Gespräche zu wissenschaftlichen Zwecken belauscht."

in kühnen Verallgemeinerungen ergehen, schimpfen oder uns lustig machen, ohne dass wir zur Rechenschaft gezogen werden. Das verschafft uns eine kurze Pause vom Ernst des Lebens, wir tanken auf. Wir sprechen aber nicht nur über Dritte, um uns abzureagieren, sondern auch, um zu überprüfen, ob wir mit dem, was wir erleben, denken und fühlen, alleine dastehen oder nicht."[45]

Warum sprechen wir noch über jemanden anderen? Wir wissen nicht, wie es Ihnen geht, aber wir lieben es, andere Trainer in Aktion zu erleben. Wir wollen erfahren, was sie von uns selbst unterscheidet, wo wir Ähnlichkeiten sehen, was wir uns abgucken können und auch, wo wir Selbstbestätigung erfahren nach dem Motto: „Das können wir besser!"

Trainerkollegen halten uns den Spiegel vor.

Wir wollen uns den Trainer vorstellen, uns ein Bild von dem Menschen dahinter machen, wissen, ob dieses mit unserer Vorstellung übereinstimmt. Vielleicht möchten wir das eine oder andere Mal gerne Nähe zu ihm herstellen. Wir möchten uns auch damit beschäftigen, wie der andere Trainer wirkt, womit er gefällt und nicht gefällt. So können wir uns darin spiegeln. Die meisten von uns Trainern wollen gemocht werden, auch wenn sie es nicht gleich zugeben.

Manches Mal ärgern wir uns auch richtig über andere Trainer. Dabei lernen wir eigentlich am allermeisten. Der Ärger hat z.B. damit zu tun, dass uns wichtige Werte verletzt werden, die wir erst im Moment des Ärgers intensiv wahrnehmen. Manchmal ist es aber auch Neid, was ein guter Ansporn sein kann, um da hinzukommen, was wir den anderen Trainer neiden.

Die schönsten Momente sind natürlich die, in denen wir einen Trainer in seinem Tun erleben und einfach begeistert davon sind. Dann sind wir uns selbst ganz nah, sehen, was wir ersehnen, und finden Gemeinsamkeiten. Wenn wir einen solchen Trainer kennenlernen, sind wir einfach glücklich und suchen die Nähe, den Kontakt. Und manchmal spüren wir auch: Ja, so möchte ich mal werden oder das möchte ich mir abgucken, diesen Teil möchte ich modellieren und noch mehr zu dem werden, was ich sein will.

Das möchte ich auch können!

Also: Benchmarking ist absolut gut, um mit sich selbst in Touch zu kommen. Und ganz nebenbei macht es Spaß!

Der Trainer als Modell

Trainer sind doch irgendwie ein wichtiger Punkt in Trainings. Sie stehen oft im Fokus, werden kritisch bis wohlwollend beäugt und sind vielfach Impulsgeber. In jedem Fall sind wir Trainer ein Modell für andere Menschen, in diesem Falle für unsere Teilnehmer.

Es lohnt sich gar nicht, all die Fakten und Zahlen aufzuführen, die belegen, wie stark Körpersprache und Sprache wirken. Das wissen Sie alles. Diese Zahlen sind jedoch der Grund, warum wir u.a. als Modell dienen. Alles was wir vor den Teilnehmern tun, hat eine Wirkung. Und natürlich wollen wir, dass es eine positive Wirkung ist. Unbewusst oder bewusst modellieren die Teilnehmer Sie. Sie stellen Vergleiche an, sie sind damit beschäftigt, ob das stimmt, was Sie sagen etc.

„Der Psychologe Albert Bandura entwickelte die lernpsychologische Theorie ‚Lernen am Modell'. Nach seiner Theorie lernt der Mensch an Vorbildern und ahmt diese nach."

Eine von uns Autorinnen hat – gerade in den autodidaktischen Anfangsjahren ihres Trainerlebens – ein starkes Vorbild aus dem Bereich Training. Für sie war es zum damaligen Zeitpunkt das beste Vorbild, was es geben konnte. Sie suchte immer wieder den Kontakt zu diesem Menschen, modellierte ihn im NLP-Sinne und hat im Laufe der Zeit eine ganze Menge davon verinnerlicht. Der Trainer diente, ohne es zu wissen, als Erfolgsmodell.

Die Teilnehmer gucken sich von Ihnen etwas ab oder stellen fest, dass „sie auf keinen Fall so werden wollen". Daher möchten wir an dieser Stelle Ihre Aufmerksamkeit darauf richten, wie Sie „zwischen den Zeilen" das Wesentliche sagen können – und zwar vor allem im Hinblick auf Ihre Glaubenssätze, Ihre Werte und Ihr Verhalten. Wir wollen ja Touch-Momente im Training schaffen, deshalb braucht es Menschen, die offen, lebendig, lebenslustig, humorvoll, kreativ, emphatisch (und all die anderen wunderbaren Attribute) sind. Gehen Sie also mit eigenem guten Beispiel voran.

Mit einer gesunden Portion Selbstachtung und Selbstvertrauen schaffen Sie ein Klima im Training, dem keiner widerstehen kann. Wir verstehen darunter so etwas wie ein positives Selbstempfinden, das wesentlicher Bestandteil des Selbstvertrauens ist. Ohne dieses Selbstvertrauen wird es nur wenige Touch-Momente geben. Hinter dem Selbstvertrauen steht der Anspruch, dass wir uns selbst trauen und dass wir an uns selbst glauben! Wir/Sie sollten sich als wertvollen Menschen empfinden. Um keinen Geringeren als Cicero zu zitieren: „Selbstvertrauen ist jenes Gefühl, durch das der Geist sich aufmacht zum wahrhaft Großen und Ehrenhaften mit sicherer Hoffnung und Vertrauen zu sich selbst."

Ein Trainer ohne Selbstvertrauen kann keine Touch-Momente schaffen.

Selbstachtung und Selbstvertrauen haben ja viel mit einem selbst zu tun. „Wer aus seinem umgeprägten Selbst lebt, gilt als ‚natürlich', ‚echt', ‚lebendig', ‚spontan' und ‚in Kontakt'. Wer sich auch noch für das Unbekannte interessiert, gilt als ‚neugierig', ‚abenteuerlustig' und ‚mutig'. Wer sich direkt äußert ohne Rückhalt oder Hintergedanken und die Gefühle direkt zeigt, gilt als ‚ehrlich' und ‚aufrichtig'. Wer andere Menschen direkt anspricht, sich in sie hineinversetzen kann, sie wertschätzt, wird als ‚einfühlsam', ‚offen' und ‚gefühlvoll' bezeichnet. Und sollte diese Person noch dazu energievoll und freundlich, voller Hoffnung und Vertrauen sein, selbst wenn sie traurig ist, dann ist sie ‚glücklich'."[60]

Damit haben wir das Superbild eines Trainers beschrieben. Natürlich hängt damit die Anspruchslatte hoch, aber die Richtung ist ja auch schon viel wert. Als Trainer möchten wir uns in diesem Selbstsein weiterentwickeln. Und wir möchten dieses Potenzial auch in Teilnehmern weiterentwickeln, es anstupsen, es ermöglichen. Sie können durch Ihre Form des „Sich-Zeigens", des „Sich-Verhaltens" ein Modell sein, an dem die Teilnehmer sich orientieren – ein Mensch, in dessen Nähe sich andere gerne aufhalten:

Gehen Sie voran und zeigen Sie, dass es geht!

▶ Sind Sie mutig, dann sind es die Teilnehmer eher auch.
▶ Spielen Sie mit Fehlern, wagen das die Teilnehmer auch.
▶ Lernen Sie von anderen, dann tun es die Teilnehmer auch eher.
▶ Zeigen Sie Ihre humorvolle Seite, ist es eine Einladung an die Teilnehmer, dies auch zu tun.
▶ Und vieles mehr …

Takeln Sie ab! Statur statt Status

Eigentlich war unsere erste Idee, diesen Abschnitt „Rüsten Sie ab!" zu nennen. Dann haben wir uns jedoch selbst von diesem Begriff abschrecken lassen. Die Überschrift steht jedoch für das Motto: „Weniger ist mehr!" Wir wollen Sie ermuntern, viele Attitüden und Accessoires wegzulassen. Purer zu sein. Den Status Status sein zu lassen und eine Unbefangenheit an den Tag zu legen, die einladend ist. Die Kunst des Weglassens zeigt sich auf vielen Ebenen:

Welche Attitüden und Accessoires sind überflüssig?

- ▶ in unserem Verhalten,
- ▶ in unserer Sprache,
- ▶ in unserem Aussehen,
- ▶ in unseren Methoden,
- ▶ in den Statussymbolen, die wir mitbringen,
- ▶ in unserem Sicherheitsdenken und Planen u.v.m.

Was bleibt übrig, wenn wir alles Überflüssige weglassen? Wir selbst, es ist nur besser zu sehen. Betrachten wir daher einmal vier Bereiche, in denen wir schnell abtakeln können:

1. Einfach zu viel!

Schrilles Make-up, Dekolletés bis zum Bauchnabel, kurze Ärmel bis zum Tattoo, pfundweise Schmuck oder Accessoires? Lieber nicht. Ein Blick in den Spiegel reicht. Was als Erstes auffällt, kann weg, denn es sticht zu sehr ins Auge. Möchten Sie, dass man Sie sieht oder den Schmuck?

Das Herumtragen von Technik. Sind Sie zu erkennen oder ihre technischen Geräte wie z.B. Smartphone und iPad? Auch das lenkt ab! Manchmal erlebt man Trainer, die im Seminarraum hinter all der Technik nicht mehr zu sehen sind. Nur ab und an hüpft ihr Kopf in den Sichtkreis der Teilnehmer.

Ebenso fällt in diese Kategorien: hysterisches Gelächter, lautes Gekreische oder Gebrülle. Vielleicht noch mit einem „Weg-da-jetzt-komme-ich-Gedrängel". Das braucht es auch nicht.

Ein Zuviel an Angst. Angst haben wir Trainer auch, mal mehr, mal weniger. Zum Beispiel die Angst, in der Rolle als Trainer zu versagen. Oder wir haben einen einschränkenden Glaubenssatz, der uns daran hindert, uns vor den Teilnehmern völlig wohlzufühlen und wir selbst zu sein. Oder die Angst, sich auf Touch-Momente einzulassen bzw. diese bewusst zu provozieren.

„Da die meisten Ängste erlernt sind, kann man sie auch wieder verlernen. Falls Sie aufgrund irgendeiner Angst unbewusst beschlossen haben sollten, sich damit abzufinden, dass Sie weniger als ein absolut großartiger, perfekter und brillanter Präsentator oder Trainer sind, können Sie den Bann Ihrer Ängste brechen, indem Sie zunächst einmal anerkennen, dass diese Ängste tatsächlich da sind und dass sie Ihnen eine Zeit lang gute Dienste geleistet haben. Wenn Sie sich anschließend gründlich mit den Situationen, in denen Sie Ihre Ängste erlernt haben, auseinandersetzen (...), können Sie Ihre Angst loslassen. In Zukunft werden Sie es dann genießen können, vor einem Publikum zu stehen, und sie werden als Präsentator oder Trainer bessere Leistungen erzielen, weil Sie ausgeglichen, ruhig und mehr Sie selbst sind. Erscheint es Ihnen in Anbetracht dieser Aussicht als der Mühe wert, sich von einschränkenden Überzeugungen, die Sie sich zu eigen gemacht, und Entscheidungen, die Sie getroffen haben, zu lösen?"[61]

„Und wenn wir es auch noch nicht gleich glauben, es lohnt sich, durch die Angst hindurchzugehen. Sie werden freier und leichter! Glauben Sie mir, ich habe es selber erlebt und viele Menschen dabei begleitet."

2. Angebertum

„Wer angibt, hat's nötig", sagt der Volksmund und trifft damit ins Schwarze. Wer sich allzu interessant machen will, gibt damit nur zu, dass er absolut uninteressant ist. Gerade wir „mehrfach ausgebildeten Trainer" lieben es, von Zeit zu Zeit mit unseren Diplomen und Zertifizierungen inklusive deren Abkürzungen, die manchen Teilnehmern gewiss chinesisch vorkommen (NLP-Master, MBTI-, HDI-lizenziert, wingwave-Coach, Insights, TMS und Co. ...), um uns zu werfen, um Eindruck zu schinden. Oder auch mit unserem Können, der Technik, dem Trainerkoffer, dem Wagen vor der Tür, dem iPad und wie sie alle heißen. Aber letztlich sind wir doch alle Menschen mit ähnlichen Problemen, Sorgen und Nöten.

3. Besserwisserei und Selbstgerechtigkeit

Das macht alt, spießig und unsympathisch. Wer will dann noch in unserer Nähe sein? Keiner. Auch wenn Sie wirklich einmal Recht haben, was uns Trainern ja durchaus zusteht, dann nehmen Sie Einwände und andere Anliegen der Teilnehmer ernst. Gehen Sie auf Augenhöhe und geben Sie ruhig einmal nach. Oft kann man am besten von den Teilnehmern lernen, vor allem, wenn das Training praxisnah sein soll.

Mit ein paar wesentlichen Fragen kommen Sie beim Aussortieren von Überflüssigem weiter. Wir haben diese Fragen und Gedanken bei Bernd Isert kennengelernt und möchten sie weiterverbreiten, weil wir sie als sehr hilfreich für die eigene Weiterentwicklung empfinden[62]. Damit Sie sich direkter angesprochen fühlen, sprechen Sie sich bitte bei dieser Selbsterfahrungsübung mit Du an – wir tun es auch!

Kleiner Selbsttest

Auf welche Attitüden und Accessoires kann ich als Trainer verzichten?

1. Wer bist Du im Training? Wie verstehst Du sich selber? Als ...
- Präsentator
- Berater
- Guru
- Lehrer
- Coach
- Begleiter
- Lernender
- Therapeut
- ...

2. Wie siehst Du Deine Teilnehmer? Als ...
- Publikum
- Gleichgesinnte
- Gefolgsleute
- Schüler
- Suchende
- Coachees
- ...

3. Welche Beziehung zu Deinen Teilnehmern resultiert daraus? Eine ...
- partnerschaftliche
- hierarchische
- verachtende
- väterliche/mütterliche
- ...

4. Welches Ziel verfolgst Du vornehmlich?

- Das selbstständige Umgehen der Teilnehmer mit den vermittelten Inhalten
- Bewundert werden/berühmt werden
- Meine Ideen in die Welt bringen
- Spezifische Fähigkeiten vermitteln
- Die Inhalte vermitteln
- Geld verdienen
- Eine Mission erfüllen
- ...

5. Welche Fähigkeiten, glaubst Du, gehören zu Deiner Art des Trainings, was erwartest Du von Dir?

- Perfekt sein zu müssen in ... bzw. alles wissen über ...
- Immer freundlich sein, die Erwartungen der Teilnehmer erfüllen
- Thrilly & spannend agieren
- Charismatisch sein
- Kreativ und außergewöhnlich sein
- Provokativ sein
- ...

6. Was sind die typischen Verhaltensmuster und Settings Deines Trainingsstils? Zum Beispiel:

- Häufige Verwendung der „Wir"-/„Ich"-Form, von „müssen", „sollen" oder „wollen"
- Setting:
  - Kreis, Halbkreis, Podium
  - Teure Hotels, alternative Bauernhöfe ...
  - Kleine oder große Gruppengröße
- Medien:
  - Overhead-Projektor, Beamer, Flipchart, Mikrofon
- Fehler vertuschen oder zugeben
- Monologe oder Diskussionen
- Die Bühne für sich selbst nutzen
- Die Teilnehmer mit Gruppenarbeiten beschäftigen – vielleicht mehr, als sie wollen?
- ...

Sie können sich diese Fragen direkt vor einem Training oder in anderen regelmäßigen Abständen einmal vornehmen, oder nutzen Sie sie für eine persönliche Supervision.

4. Schluss mit der Komfortzone!

Haben wir Komfortzonen in unseren Trainings? Ja, die haben wir. Unsere Abläufe, unsere Rituale, unser Cockpit, in dem alle unsere Sachen stehen: Diese vertrauten Zonen bedeuten Komfort für uns.

Routine baut Distanz auf. Aber brauchen wir das immer? Ist der eigene Komfort nicht auch zugleich eine unsichtbare Wand, die Distanz schafft und die uns immer wieder ähnliche Routinen erleben lässt? Wir wollen doch Touch-Momente, wir sehnen uns nach wirklichen Erlebnissen im Training.

Und ist der Komfort nicht auch unwichtig? Komfort geht zu Lasten der Lebendigkeit einer Erfahrung. Dies betrifft auch die Teilnehmer, die möglicherweise „gemütlich" in ihren Sesseln oder auf ihren Stühlen sitzen, den Komfort der Teilnehmerrolle nutzen und den Tag an sich vorbeiziehen lassen.

Ersetzen Sie als Trainer übermäßige Perfektion durch Leidenschaft. Ein Ende der Komfortzone versprechen natürlich Outdoortrainings, das ist jedoch nicht unser Metier. Unser Ansatz ist eher der, aus wenig viel zu machen. Das nutzen, was da ist. Die Teilnehmer und natürlich uns selbst in Bewegung zu bringen. Öfter mal zu sagen „Steht doch mal auf" und dann etwas Aktives zu tun, etwas Ungewöhnliches: Unser Gehirn wird neugierig, wir kommen in Wallung und begegnen den Menschen um uns herum wieder anders, persönlicher und unmittelbarer. Beste Voraussetzungen für Touch-Momente. Es muss nicht perfekt sein, was wir machen, es darf persönlich und normal sein – nur sollten wir voller Leidenschaft dahinterstehen.

Merke: In der Reduktion kommt das Eigentliche zum Vorschein. Die sichtbar gewordene Auseinandersetzung des Trainers mit der Thematik. Ohne den ganzen Tand drumherum. „Pure Style" sozusagen.

Zu guter Letzt: Desidarata

Gehe gelassen inmitten von Lärm und Hast und denke daran, wie ruhig es sein kann in der Stille. So weit wie möglich – ohne Dich aufzugeben – sei auf gutem Fuß mit jedermann. Das, was Du zu sagen hast, sprich ruhig klar aus und höre andere an, auch wenn sie langweilig und töricht sind, denn auch sie haben an ihrem Schicksal zu tragen. Meide die Lauten und Streitsüchtigen, sie verwirren den Geist.

Vergleichst Du Dich mit anderen, kannst Du hochmütig oder verbittert werden, denn immer wird es Menschen geben, die bedeutsamer und besser sind als Du. Erfreue Dich am Erreichten und an Deinen Plänen. Bemühe Dich um Deinen eigenen Beruf, wie bescheiden er auch sein mag; er ist ein fester Besitz im Wechsel der Zeit.

Sei vorsichtig bei Deinen Geschäften, denn die Welt ist voller Betrüger. Aber lass deswegen das Gute nicht aus den Augen, denn Tugend ist auch vorhanden. Viele streben nach Idealen, und überall im Leben gibt es Helden.

Sei Du selbst. Täusche vor allem keine falschen Gefühle vor. Sei auch nicht zynisch, wenn es um Liebe geht, denn trotz aller Öde und Enttäuschung verdorrt sie nicht, sondern wächst weiter wie Gras.

Höre freundlich auf den Ratschlag des Alters und verzichte mit Anmut auf Dinge der Jugend. Stärke die Kräfte deines Geistes, um Dich bei plötzlichem Unglück davor zu schützen.

Quäle Dich nicht mit Wahnbildern. Viele Ängste werden durch Müdigkeit und Einsamkeit geweckt. Bei aller angemessenen Disziplin – sei freundlich zu Dir selbst. Genau wie Bäume und Sterne, so bist Du ein Kind der Schöpfung. Du hast ein Recht auf Deine Existenz.

Und auch wenn Du das nicht verstehst, entfaltet sich die Welt gewiss nach Gottes Plan. Bleibe also im Frieden mit Gott, was auch immer er für Dich bedeutet und was immer Deine Sehnsüchte und Mühen in der lärmenden Verworrenheit des Lebens seien – bewahre den Frieden in Deiner Seele. Bei allen Enttäuschungen, Plackereien und zerronnenen Träumen ist es dennoch eine schöne Welt. Sei vorsichtig. Strebe danach, glücklich zu sein.

(Nach dem englischen Original von 1692, gefunden in der St. Pauls Kirche von Baltimore)

Menschlicher und sympathischer werden

Wir Trainer stehen oft in der Aufmerksamkeit und im Fokus eines Trainings. Manche von uns Trainern gewinnen schnell die Aufmerksamkeit, schließen auch schnell Kontakt im Training bzw. auch sonst Freundschaften. Sie werden bewundert und sind einladend. Andere wiederum kommen kaum mit dem Leben zurecht. Woran liegt das? Es liegt an der Sympathie, der angenehmen Persönlichkeit. Manche Menschen hat man eben gerne um sich und fühlt sich bei ihnen wohl. Bei anderen ist das nicht der Fall.

Menschen mit einer angenehmen Persönlichkeit strahlen etwas aus, wodurch wir Vertrauen zu ihnen fassen, wir fühlen uns von ihnen angezogen. „Der amerikanische Psychologe William James definierte Persönlichkeit als eine Reihe individuell entwickelter typischer Verhaltensmuster, die die täglichen Abläufe auf der bewussten und der unbewussten Ebene bestimmen. Man sagt, sie bestünde aus einem Gleichgewicht zwischen angeborenen Trieben und einer Kombination bewusster eigener und äußerer Kontrolle."[63]

Wir können den Teil unserer Persönlichkeit, der nicht angeboren ist, trainieren. Wir können das Beste aus uns machen. Dazu braucht es den Wunsch und den Glauben daran. Wenn wir davon ausgehen, dass unsere Persönlichkeit die Summe aller unserer Charakterzüge umfasst, dann ist das viel. Dazu gehören verständlicherweise neben charakterlichen Eigenschaften auch unsere seelische und körperliche Konstitution sowie Aspekte wie unsere Partner, Kinder und Freunde, unsere Kleidung, unsere Wohnung, unser Besitz, unser Bankkonto und Lebensprinzip. Wenn Weiterentwicklung und Wachstum erfahrbar sind, fühlen wir uns wohl. Reduziert sich das jedoch, besteht die Gefahr, sich niedergeschlagen und frustriert zu fühlen.

Über unsere Persönlichkeit stellen wir uns der Welt „da draußen" vor. Neben unseren sozialen Bedürfnissen nach Zugehörigkeit zu einer Gruppe möchten wir dennoch in der Menge auffallen. Und das zu unserem Vorteil. Es gibt Menschen, die haben eine Ausstrahlung, die nicht nur durch Schönheit oder Wissen erreicht wird, sie schillern irgendwie von innen heraus und ziehen uns an. In dem Moment, wo wir in ihre Nähe kommen, fühlen wir uns wohl. Das ist ein Aspekt, den wir zum erfolgreichen Lernen brauchen. In diesem Wohlgefühl können wir selbst wachsen.

„Die wichtigsten Eigenschaften, die einen sympathischen Menschen auszeichnen, sind Geduld, Liebenswürdigkeit, Großzügigkeit, Bescheidenheit, Höflichkeit, Selbstlosigkeit, ein freundliches Naturell und Aufrichtigkeit. Diese Züge sind nicht angeboren, sie können entwickelt werden."[64]

„Um es mit Oscar Wilde zu sagen: Alle anziehenden Leute sind immer im Kern verdorben. Darin liegt das Geheimnis ihrer sympathischen Kraft."

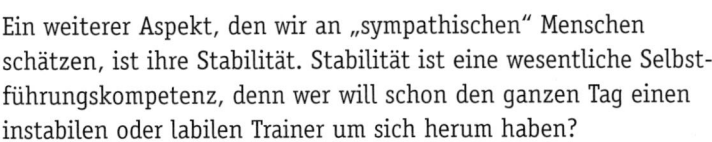

Lassen Sie uns ein paar Aspekte herausfischen, die Sie vielleicht verstärken möchten, um eine Wolke des Wohlgefühls um sich herum zu verbreiten.

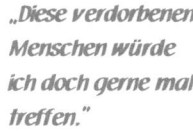

„Diese verdorbenen Menschen würde ich doch gerne mal treffen."

Menschen mit einer hohen Persönlichkeitskompetenz verfügen über eine innere Unabhängigkeit und zeichnen sich dadurch aus, dass sich ihre Arbeits- und Lebenszufriedenheit nicht in erster Linie aus der Anerkennung durch andere, aus Statussymbolen und materiellen Anreizen speist. Vielmehr schöpfen sie Kraft und Ansporn aus den Aufgaben, die sie sich stellen, aus dem Erfolg der eigenen Anstrengungen, aber auch aus ihrem Privatleben, das einen Ausgleich zur beruflichen Anspannung bildet. Innerlich unabhängige Menschen trauen sich, neue Wege zu gehen. Sie können auch mit Veränderungen umgehen, engagieren sich und sind integer.

Ein weiterer Aspekt, den wir an „sympathischen" Menschen schätzen, ist ihre Stabilität. Stabilität ist eine wesentliche Selbstführungskompetenz, denn wer will schon den ganzen Tag einen instabilen oder labilen Trainer um sich herum haben?

Sympathische Menschen haben eine stabile Persönlichkeit.

Mit Stabilität ist hier Folgendes gemeint: eine charakterliche Stärke, die Sicherheit im Handeln, eine emotionale Festigkeit und weiche Stärke verleiht, Klarheit in Beziehungen und zu sich selbst schafft sowie Berechenbarkeit von Reaktionen mit sich bringt. Ein Chef, der regelmäßig ausrastet und sich dann entschuldigt, wird irgendwann nicht mehr ernst genommen.

Die vier Haupttugenden

Falls Sie jetzt denken, dass die Forderung der Stabilität eine neue Eigenschaft ist, so liegen Sie falsch. Reineck, Sambeth & Winklhofer zitieren sogar Platon und Aristoteles mit den vier Haupttugenden, deren Beachtung eine tiefere Stabilität erzielen soll:

▶ Klugheit (Weisheit)
▶ Gerechtigkeit
▶ Tapferkeit
▶ Mäßigung[65]

Außerdem möchten wir noch weitere Kardinaltugenden ergänzen, um die Wichtigkeit der inneren Stabilität zu betonen. Wie eine Art Mantra können wir diese Tugenden benutzen, wenn wir auf persönlicher Stabilität fußende Führungssituationen beherrschen wollen:

„Da möchte ich doch gerne Teresa von Avila zitieren, sie spricht mir aus dem Herzen: ‚Die Tugend ladet immer in besonderer Weise zur Liebe ein.'"

▶ Menschlichkeit
▶ Gerechtigkeit und gerechtes Handeln
▶ Sitte
▶ Wissen
▶ Wahrhaftigkeit

Die Beachtung dieser Tugenden schafft Stabilität, indem wir sie leben, sie wachsen lassen und weil es Werte sind, die Menschen gern befolgen. Wer Ungerechtigkeit unter Menschen (Teilnehmern) sät, verliert bald die Gruppe und sein Ansehen. Wer ohne Wissen als Trainer agiert, vergeudet Kraft, Zeit und Energie und verliert zudem sein Gesicht. Die Beachtung der Tugenden – und natürlich auch anderer persönlicher Werte – schafft für die Teilnehmer Stabilität. Sie wirken als Trainer authentisch und glaubwürdig.

Bei aller Stabilität brauchen Sie natürlich die Flexibilität, um standhalten und beweglich bleiben zu können. Hier steht wieder die persönliche Arbeit an Ihrer eigenen Weiterentwicklung im Vordergrund.

Integrität

Eine weitere Kompetenz im professionellen Selbstmanagement eines
Trainers ist dessen Integrität. Erik Erikson hat in seinem Modell der
Entwicklungsstufen die Integrität als Eigenschaft von alternden
Menschen bezeichnet, die vor dem Sterben „bei sich angekommen
sind", ihre Lebensfragen gelöst und ihr Herz erleichtert haben. Was
Integrität ist, ist schwer zu fassen. Laut Wikipedia wird persönliche
Integrität folgendermaßen beschrieben: „Persönliche Integrität ist
die fortwährend aufrechterhaltene Übereinstimmung des persönlichen, an einer humanistischen Ethik ausgerichteten Wertesystems
mit dem eigenen Handeln. Ein integrer Mensch lebt in dem Bewusstsein, dass sich seine persönlichen Überzeugungen, Maßstäbe
und Wertvorstellungen in seinem Verhalten ausdrücken. Persönliche
Integrität ist als Treue zu sich selbst umschrieben worden."[66]

Integrität – Treue zu sich selbst

Es ist zweifellos anspruchsvoll, diese Integrität im Berufsalltag zu
leben. Nach unserer Auffassung ist die persönliche Integrität eine
Sache von Jahren, von Erfahrungen, des Loslassens und des Neuori-
entierens. Wenn wir älter werden, wollen wir nicht mehr unbedingt
eine Hochglanzpersönlichkeit sein. Viel eher geht es darum, eigene
Schrullen liebevoll anzunehmen und bei sich zu sein. Das Leben
mit all seinen Facetten und Erfahrungen lässt für uns die inneren
Werte bedeutsamer werden.

Wachheit und Lebendigkeit

Wer wach ist, aufnahmefähig und präsent, der ermöglicht es Menschen und Systemen in Bewegung zu kommen. Lebendig ist, was
sich weiterentwickelt und wächst und sich verändert. „Wach ist der,
der die Augen offen hat für dieses Wachsen – und dem dieses Wachsen die Augen öffnet für die Vitalität, die gute Führung braucht."[67]

Nur wer lebendig ist, kann Dinge in Bewegung bringen.

Sie müssen nicht gleich zum Sportler werden, um ein vitaler Trainer zu sein. Aber es ist durchaus wichtig, dass Sie sich gut um
sich selbst kümmern. Sorgen Sie dafür, dass Sie Ihren Biorhythmus
kennen und achten Sie auf Ihre persönlichen Hoch- und Tiefzeiten.
Wenden Sie sich Ihrem Körper zu. Spüren Sie Ihre Präsenz. Halten
Sie sich mit Kreativitätstechniken wach im Kopf und im Denken.
Seien Sie im Moment und tun Sie achtsam, was immer Sie machen.

Takt und Kultiviertheit

Wer respektvoll ist, wird mit Sympathie belohnt.

Takt und kultiviertes Benehmen: Auch das macht die Sympathie einer Persönlichkeit aus. Es gilt, genau zu wissen, was zu tun ist, und im richtigen Moment auch wirklich das Richtige zu tun. Dazu brauchen wir ein gutes und gerechtes Urteilsvermögen, einen gesunden Menschenverstand und ein Herz voll Empathie. Auch ein guter Geschmack gehört zur Basis einer sympathischen Persönlichkeit, speziell wenn es um den Respekt gegenüber anderen Geschmäckern geht. Hier jemanden zu verletzen, gibt Abzugspunkte.

Viel mehr Wert als jedes Geld, das wir absichernd auf die Seite legen, ist die Investition in Liebenswürdigkeit, Herzlichkeit und Großzügigkeit. Diese menschlichen Grundhaltungen kann ich in mir herausbilden, indem ich mich mit ihnen auseinandersetze. Ich kann mir ein Modell oder Vorbild suchen oder auch entsprechende Affirmationen und Glaubenssätze.

Das Gute suchen

Der Glaube an das Gute lässt Menschen wachsen.

Eine entscheidende Grundhaltung ist es, das Gute zu suchen. Wir haben es komplett selbst in der Hand, ob unser persönlicher, selektiver Wahrnehmungsfilter auf „es reicht noch nicht", „schändlich", „grauenhaft", „düster und grau", „niederschmetternd und negativ" gerichtet ist oder auf „hell und sonnig", „es wird schon", „freundlich und positiv". Beides kostet dieselbe Energie. Nur hat Letzteres eine gewisse Anziehungskraft auf andere. Wer missmutig in den Tag geht, wird kaum lächelnde Gesichter zaubern. Halten Sie nach dem Guten Ausschau – in Ihrem Leben und in anderen Menschen. Der Glaube an das Gute an sich lässt Menschen – speziell in Lernsituationen – wachsen. Um die große Familientherapeutin Virginia Satir zu zitieren: „Ich glaube daran, dass das größte Geschenk, dass ich von jemandem empfangen kann, ist, gesehen, gehört, verstanden und berührt zu werden. Das größte Geschenk, das ich geben kann, ist, den anderen zu sehen, zu hören, zu verstehen und zu berühren. Wenn dies geschieht, entsteht Kontakt."

Einfühlungsvermögen

Seien Sie mitfühlend. Einfühlungsvermögen oder Empathie ist eine der zentralen Kompetenzen eines Trainers. Dazu gehört, sich in andere Menschen hineinzuversetzen und demjenigen, mit dem man es gerade zu tun hat, nicht nur zuzuhören, sondern mitzufühlen, was er gerade fühlt. Und dazu gehört, Dinge zu verstehen, bevor man reagiert. Gutes Einfühlungsvermögen ermöglicht eine positive Fehlerkultur. Menschen trauen sich, Schwächen zu zeigen und genau dadurch stark zu werden. Ein gutes Basement dazu sind Selbstachtung und Optimismus.

Optimismus

Optimisten entwickeln automatisch Strategien im Sinne eines Krisenmanagements[68]. Sie achten sehr wohl auf mögliche Schwierigkeiten, filtern in ihrer Wahrnehmung aber die positiven Anteile heraus und richten den Blick auf das, was funktioniert. Dieser Wahrnehmungsfilter wirkt wie eine sich selbst erfüllende Prophezeiung. Diese Menschen sehen in neuen Situationen eine Chance, in Ideen sehen sie zukünftige Möglichkeiten und genau das setzt Energie frei.

Den Blick auf das richten, was funktioniert

Auch Optimisten erleben Rückschläge und Enttäuschungen. Sie suchen aber nach dem Guten im Schlechten und sind auch dann noch handlungsfähig, wenn andere schon nicht mehr durchblicken. Optimisten und andere sonnige Gemüter vertreiben Trübsinn, Sorgen und Ängste bei allen Menschen, mit denen sie in Kontakt kommen.

Zum Optimismus gehört das positive Selbstbild. Im Kern ihrer Persönlichkeit haben Optimisten ein starkes Selbstwertgefühl. Sie beziehen Schicksalsschläge oder Misserfolge nicht automatisch auf sich (z.B. auf eigenes Versagen oder persönliche Unzulänglichkeiten). Auch in Zeiten von Leid, Frustration und Enttäuschung ertrinken sie nicht im Elend. Menschen mit einem optimistischen Selbstbild glauben, dass sie ihre Probleme lösen und ihr Leben meistern können.

„Ich kann immer nur wieder zu tiefem, tiefem Optimismus raten. Er macht uns doch das Leben leichter. ‚Die Welt, obgleich sie wunderlich, ist gut genug für dich und mich.' Wilhelm Busch, Recht hat er!"

Optimistische Menschen ignorieren mögliche Schwierigkeiten nicht. Sie blicken aber tiefer und sind überzeugt davon, dass jede Schwierigkeit auch einen Gewinn bringt. Ein tiefes „Wer weiß wozu es gut ist" hilft ihnen, das Gute an Situationen zu sehen, die andere als ausweglos bezeichnen würden. Lernen Sie von den Optimisten!

Optimismus lernen

▶ **Steuern Sie Ihre Gedanken.** Werden Sie sich Ihrer Denkmuster und Denkgewohnheiten bewusst! Denn was Sie denken, beeinflusst Ihr Fühlen. Wenn Sie immer wieder denken, dass Sie erfolglos sein werden, strahlen Sie das auch aus.

▶ **Reduzieren Sie Bedeutungen.** Lassen Sie eine Maus eine Maus sein. Wenn Sie denken, dass Sie der Anlass für Sorgen, Zweifel oder Probleme sind, oder etwas, das Sie getan oder bewirkt haben, dann unterbrechen Sie diesen Gedanken. Zum einen ist es in Ordnung, Fehler zu machen; zum anderen sind nicht immer Sie verantwortlich. Bewerten Sie sich nicht immer gleich. Statt „Ich bin so dusselig" können Sie zu sich sagen: „Das ist mir noch nicht klar." So reduzieren Sie die Bedeutung eines Verhaltens oder eines Ereignisses.

▶ **Zeigen Sie Ihre Kompetenz.** Kommen Sie aus der „Ich-bin-ja-nur"- oder „Ich-kann-ja-nur"-Rolle heraus.[69] Seien Sie stolz auf sich, genießen Sie sich und das, was Sie können und bewirken können.

▶ **Sprechen (und denken) Sie positiv.** Ihre Sprache trägt Ihre Gedanken (auch die unbewussten oder unkontrollierten) in die Öffentlichkeit. Ist Ihre Sprache angefüllt mit Negativem („Das schaffe ich nie!" – „Der schon wieder.") verstärkt sich Ihr negatives Erleben und Denken und sogar Ihr Körper reagiert negativ. Für Ihr Unterbewusstsein ist es leichter, Ihren Optimismus zu unterstützen, wenn Sie ihm positive Botschaften schicken („Ich versuche es einfach." – „Das ist ja meine Herausforderung!")

▶ **Achten Sie auf Ihre geistige Ernährung.** Genauso wie uns eine gute Ernährung gesund erhalten kann, gilt das auch für die geistige Nahrung. Fiebern Sie negativen Schlagzeilen in den Medien hinterher oder ist Ihr Blick auf positive Nachrichten gerichtet? Erst wenn Sie sich bewusst machen, wie viel Positives es gibt, finden Sie den Schwung und die Möglichkeiten, etwas gegen mögliche Missstände und Ungerechtigkeiten zu unternehmen.

> Achte auf Deine Gedanken,
> denn sie werden zu Worten.
>
> Achte auf Deine Worte,
> denn Sie werden zu Handlungen.
>
> Achte auf Deine Handlungen,
> denn sie werden zu Gewohnheiten.
>
> Achte auf Deine Gewohnheiten,
> denn Sie werden Dein Charakter.
>
> Achte auf Deinen Charakter,
> denn er wird Dein Schicksal.
>
> – aus dem Talmud –

Geistige Nahrung (Literatur, Nachrichten, Storys etc.) macht gesund im Kopf. Dazu zählen auch die guten Gespräche, die wir mit wahren Freunden führen.

Ein gutes Selbstbild

Ein gutes Selbstbild[70] erlaubt uns, zufrieden mit uns zu sein, z.B. Komplimente anzunehmen oder zu geben. Ein gutes Selbstbild und eine gesunde Eigenliebe lassen uns unsere eigenen Wünsche und Bedürfnisse sowie die der anderen respektieren. Wir sind stolz auf unsere Leistungen, müssen sie aber nicht herausposaunen. Mit Unzulänglichkeiten können wir leben, wir beschäftigen uns frei damit, sie zu ändern und uns zu bessern.

Wir brauchen uns nicht zu rechtfertigen, wenn wir uns selbst lieben und anerkennen, weil es okay ist, wie wir etwas tun. Und falls etwas ein Fehler war, können wir dazu stehen, ohne dass uns ein Zacken aus der Krone fällt.

Betrachten wir die Menschen um uns herum, so lässt sich unser Selbstbild gut einschätzen. Wir treten in Beziehung zu Menschen, die uns so behandeln, wie wir glauben, es verdient zu haben. Menschen mit einem positiven Selbstbild verlangen Respekt von denen, die um sie herum sind. Sie behandeln sich selbst gut und zeigen damit anderen, wie sie behandelt werden wollen.

Ein schlechtes Selbstbild fällt auf uns selbst zurück.

Menschen mit negativem Selbstbild verhalten sich dagegen oft so:

▶ Sie sind eifersüchtig oder neigen dazu.
▶ Sie sprechen eher schlecht über sich.
▶ Sie haben Schuldgefühle.
▶ Sie machen keine Komplimente.
▶ Sie beachten ihre eigenen Bedürfnisse nicht.
▶ Sie fragen nicht danach, was andere möchten, wünschen, brauchen, ersehnen.
▶ Sie geben keine oder wenig Zuneigung.
▶ Sie genießen keine Zuneigung bzw. nehmen diese nicht gern an.
▶ Sie haben eine kritische Haltung anderen gegenüber.
▶ Sie vergleichen sich selbst mit anderen.
▶ Sie sind oft bei schlechter Gesundheit.

Verbessern Sie Ihr Selbstbild

▶ Nehmen Sie Komplimente an, sagen Sie „Danke". Reden Sie sich nicht mehr raus!

▶ Sprechen Sie gut von sich – immer!

▶ Loben Sie sich selbst. Klopfen Sie sich von Zeit zu Zeit auf die Schulter, wenn Sie etwas gut oder richtig machen.

▶ Unterscheiden Sie zwischen Ihrem Verhalten und sich selbst. Ihr Selbstwert hängt nicht von Ihrem Verhalten ab. Nur weil Sie etwas auf eine bestimmte Art und Weise tun, sind Sie kein schlechter Mensch. Ein Fehler ist eben nur ein Fehler! Mehr nicht. Und wer weiß, wozu er gut ist.

▶ Behandeln Sie sich und Ihren Körper gut.

▶ Begeben Sie sich in gute Gesellschaft. Tun Sie sich mit Menschen zusammen, die über eine gute Energie verfügen.

▶ Genießen Sie Freude, arbeiten Sie daran, dass Sie keine Schuldgefühle bekommen.

▶ Nutzen Sie Affirmationen! Affirmationen sind positive Aussagen, die wir in unseren Gedanken treffen. Affirmationen ermöglichen es uns, hochwertige Gedanken auszuwählen und unserem Unterbewusstsein einzupflanzen, sodass wir uns besser fühlen und bessere Leistungen erzielen.

▶ Lesen Sie Bücher, die Sie auf gute Gedanken bringen und inspirieren!

▶ Steigern Sie Ihr Selbstwertgefühl, indem Sie ...
   - genau definierte Ziele haben, eine klare Richtung gehen,
   - sinnvolle Beziehungen knüpfen,
   - ein gutes Selbstvertrauen aufbauen,
   - Ihre eigene Produktivität steigern,
   - Verantwortung für alle Bereiche Ihres Lebens übernehmen, für die Sie zuständig sind,
   - viel Energie spüren,
   - eine gute (bis sehr gute Disziplin) entwickeln/haben,
   - sich schöpferisch verhalten, schöpferisch leben,
   - freundlich, versöhnlich, großzügig, unterstützend und risikofreudig sind.

Werden Sie noch liebenswürdiger, als Sie es schon sind

Wir können nicht verbergen, was wir sind und was wir empfinden. Die Menschen um uns herum nehmen es bewusst und unbewusst sowieso wahr. Stärken wir das Liebevolle und Liebenswürdige in uns, scheint es auch nach außen. Unsere vorherrschenden Charakterzüge und Eigenschaften beeinflussen, welches Licht wir nach draußen scheinen lassen. Ist es eher kalt oder warm, anziehend oder abstoßend?

Machen Sie Komplimente

Komplimente sind ein Zaubermittel. Es braucht keine Bibi Blocksberg, um jemandem ein Lächeln ins Gesicht zu zaubern, seine Kräfte zu verdoppeln und sich selbst als liebenswerten Menschen auszuzeichnen.

Ein Kompliment ist ein Geschenk. Um jemandem ein Geschenk zu machen, denken wir nach und überlegen: „Worüber freut sich XY denn wohl?" Nimmt jemand dieses Geschenk nicht an, hat das eine enttäuschende Wirkung. So ist es auch mit Komplimenten. Sagen wir „Danke!" für ein Geschenk, in diesem Falle ein Kompliment, beschenken wir zurück! Komplimente kosten kein Geld, keine Zeit – nur eine kleine kostbare Überwindung.

Komplimente kosten keine Zeit, allenfalls Überwindung.

Und noch etwas

Wir leben in einer neuen Welt. Wir haben die Möglichkeit, diese – also auch unseren Alltag – immer wieder neu zu erfinden. Auf vielfältigste Form können wir Wertschöpfung betreiben, wichtige, passende Werte schaffen und wirklichen Kontakt herstellen. Tun wir doch nicht so, als hätten wir einen Gartenzaun um uns herum oder machten etwas ganz Spannendes, das möglichst geheim bleiben soll. Teilen Sie sich mit – werden Sie persönlich, nicht nur auf Ihrer Facebook-Seite, sondern auch sonst. Wir wollen etwas voneinander wissen. Die Internetwelt zeigt, dass Barrieren und Hürden eingerissen werden und wir so teilhaben an vielen internationalen Ideen und Projekten. Sorgen Sie für freie Kommunikationswege in Ihrer Umgebung. Reden Sie miteinander!

Und dann noch etwas!

▶ **Vergeben Sie!** Seien Sie versöhnlich, tragen Sie nichts nach. Nicht zu vergeben bindet Ihre Energie, Aufmerksamkeit und schränkt Ihre Resonanz und den Rapport in Beziehungen ein. Wer beschließt, sich selbst oder jemand anderem zu vergeben,

Was Sie menschlicher und sympathischer macht

„Vergebung ist keine einmalige Sache, Vergebung ist ein Lebensstil. Das sagte bereits Martin Luther King."

entscheidet sich damit für ein Leben im gegenwärtigen Augenblick. Wenn wir uns weigern, jemandem zu verzeihen, sagen wir in Wirklichkeit: „Ich unternehme nichts dafür, dass die Dinge besser werden, ich bleibe lieber in der Vergangenheit haften und gebe jemandem oder mir selbst die Schuld dafür." Wenn wir uns selbst nicht verzeihen, beschließen wir, an unseren Schuldgefühlen festzuhalten, damit wir uns eine Extraportion Qual verabreichen können. Wenn wir nicht verzeihen, leiden wir selbst!

▶ **Verzeihen Sie sich selbst.** Das zählt mit zu den schwersten Dingen im Leben, lohnt sich aber. Viele Menschen bestrafen sich ihr ganzes Leben lang seelisch und körperlich für ihre eingebildeten Mängel. Manche essen zu viel, andere zu wenig, manche suchen Vergessen durch Trinken, andere zerstören systematisch jede Beziehung, manche leben in Armut oder Krankheit. Durch ein Vergeben entgiften Sie sich von schlechten Gedanken oder Energien. Es lohnt sich, Sie erhöhen Ihre Lebensqualität enorm.

▶ **Übernehmen Sie die Verantwortung.** Schieben Sie keine Schuld auf irgendjemanden. Schuld geben oder nehmen lohnt sich nicht. Veränderungen beginnen immer in uns selbst. „Gehe nicht herum und sage, die Welt sei Dir etwas schuldig; die Welt schuldet Dir nichts – sie war schon vorher da." (Mark Twain)

▶ **Bestimmen Sie selbst.** Nur Sie können die Umstände um sich herum bestimmen. Es ist Ihre Sicht auf die Welt und Ihr Leben. „Die Dinge entwickeln sich für diejenigen am besten, die das Beste aus den Dingen machen." (John Wooden)

▶ **Akzeptieren Sie, bevor Sie werten.** Befassen Sie sich mit dem Gedanken, dass sich sämtliche Erlebnisse, die bis heute Ihr Leben ausgemacht haben, sowohl gute als auch schlechte, als sinnvoll und notwendig erweisen und Ihnen in Zukunft Nutzen bringen werden. Nehmen Sie das Geschehen an, bereuen Sie nicht, klagen Sie nicht. Es war für etwas gut. Lernen Sie aus Ihren Erfahrungen und gehen Sie voran.

Vertrauenswürdig werden

Gegenseitiges Vertrauen ist die Grundlage jeglichen Zusammenlebens, das gilt nicht nur in der Familie, im Freundeskreis und am Arbeitsplatz, es gilt auch im Training. Doch gerade der Trainergilde wird nicht überall unbedingtes Vertrauen entgegengebracht. Guru, scheinheiliger Motivationstrainer, Besserwisser, Angeber und vor allem Vielverdiener sind nur einige der Bezeichnungen, die hinter vorgehaltener Hand über uns Trainer ausgetauscht werden. Gar nicht gut! Aber, atmen Sie mit uns aus, es gibt ja genügend Ausnahmen. Menschen vertrauen denjenigen,

Das Ansehen der Trainer könnte besser sein.

▶ die kalkulierbar sind,
▶ die zuverlässig sind,
▶ deren Ziele erkennbar sind und deren Umsetzung zu erkennen ist,
▶ die ähnliche oder gleiche Werte auf eine ähnliche Weise leben,
▶ die authentisch und emotional verlässlich sind.

Wenn ein Trainer es geschafft hat, das Vertrauen seiner Umgebung zu gewinnen und zu halten, hat er etwas sehr Wichtiges erreicht, obwohl er vermutlich tagtäglich Fehler macht, ohne es zu wollen. Trainer sind eben genauso fehlbar wie alle anderen Menschen auch. Aber eine auf Vertrauen basierende Trainingssituation ist robust genug, um auch Fehler aushalten und verkraften zu können. Wenn Vertrauen da ist.

Vertrauen verzeiht Fehler.

Doch in Zeiten des steten Wandels, in Zeiten von Restrukturierungen, Reorganisationen, Fusionen und dergleichen mehr ist häufig auch das Vertrauen der Mitarbeiter in Bildungsmaßnahmen und Trainings erschüttert. Gründe für dieses Misstrauen gibt es viele – und nicht immer hat es etwas mit uns Trainern zu tun:

► Die Mitarbeiter, die zu einem Training geschickt werden, wurden vielleicht im Ungewissen über das tatsächliche Ziel der Maßnahme gelassen.

► Der Auftraggeber erhofft sich vom Trainer insgeheim Informationen über das Verhalten einiger Mitarbeiter im Training.

► Die bisherigen Trainings waren schlicht unnütz usw.

Insofern ist das Vertrauen ein sensibler, höchst verletzlicher Baustein, dessen Fehlen ein ganzes Haus – sprich: Training – zum Einsturz bringen kann. Gerade bei all den Veränderungen, die Mitarbeiter in Unternehmen erleben, ist das Vertrauen in eine Trainingsmaßnahme ein zentraler Faktor. Für jeden Trainer gilt daher die Maxime: Handle so, dass Deine Teilnehmer Dir jederzeit vertrauen können!

Trauen Sie sich selbst?

Um Vertrauen aufzubauen, bedarf es vor allem der Glaubwürdigkeit, der persönlichen Integrität. Die Grundvoraussetzung dafür ist im eigentlichen Sinne, ob Sie sich selbst trauen. „Kann ich mir selbst trauen, dass ich die Versprechen, die ich mir selbst gebe, auch wirklich halte? Nur die wenigsten würden auf diese Frage mit einem klaren ‚Ja' antworten. Denn die meisten neigen dazu, ihre Ziele nicht hartnäckig genug zu verfolgen und mit sich selbst Kompromisse einzugehen."[71]

Vertrauenstest: Wie glaubwürdig sind Sie?

Fällt es Menschen leicht, Ihnen zu vertrauen? Strahlen Sie Glaubwürdigkeit aus oder erzeugen Sie bei anderen eher ein Gefühl des Misstrauens? Der folgende Test* gibt Antwort. Lesen Sie die einzelnen Aussagenpaare aufmerksam durch und ziehen Sie einen Kreis um die Zahl, die am ehesten auf Sie zutrifft.

„Ach wissen Sie, die Aussagekraft von psychologischen Tests ist ja leider, leider mit äußerster Vorsicht zu genießen. Aber sie machen Spaß!"

„1" bedeutet, dass Sie sich mit der Aussage ganz links identifizieren, „5" heißt, dass die rechte Aussage Sie am besten beschreibt.

* „Schnelligkeit durch Vertrauen"
von Stephen M. R. Covey/Rebecca Merrill,
© 2009 GABAL Verlag GmbH, Offenbach
ISBN 978-3-89749-908-9

	1	2	3	4	5	
Ich greife manchmal zu Notlügen oder verdrehe die Wahrheit in meinem Sinne.	1	2	3	4	5	Ich bin gegenüber anderen immer ehrlich.
Das, was ich denke, stimmt nicht immer mit dem überein, was ich sage. Auch mein Handeln deckt sich nicht immer mit meinen Werten.	1	2	3	4	5	Ich sage und tue, was ich wirklich denke und fühle. Mein Handeln stimmt mit meinen Worten und Werten überein.
Ich bin mir über meine Werte nicht ganz im Klaren. Es fällt mir schwer, mich für etwas einzusetzen, wenn die anderen meine Meinung nicht teilen.	1	2	3	4	5	Ich bin mir über meine Werte im Klaren und trete auch mutig dafür ein.
Ich habe Probleme damit, zuzugeben, dass ein anderer Recht haben könnte.	1	2	3	4	5	Ich bin offen für die Meinungen und Ideen anderer und auch bereit, etwas noch einmal zu überdenken.
Es ist schwer für mich, mir Ziele zu setzen und sie auch zu verwirklichen.	1	2	3	4	5	Ich kann die Versprechen, die ich mir oder anderen gebe, auch einhalten.
Andere Menschen sind mir nicht besonders wichtig – abgesehen von denen, die mir sehr nahe stehen. Ich denke nicht viel über Dinge nach, die nicht direkt mit mir und meinem Leben zu tun haben.	1	2	3	4	5	Andere Menschen und ihr Wohlergehen liegen mir sehr am Herzen.
Ich überlege nicht groß, warum ich etwas mache. Ich habe bisher nicht versucht, meine Absichten und Motive zu hinterfragen oder zu verbessern.	1	2	3	4	5	Ich bin mir meiner Motive bewusst und arbeite daran, immer das Richtige aus den richtigen Gründen zu tun.
Beim Umgang mit anderen konzentriere ich mich darauf, das zu bekommen, was ich will.	1	2	3	4	5	Ich suche nach Lösungen, die ein Gewinn für alle Beteiligten sind.
Mein Verhalten deutet nicht unbedingt darauf hin, dass ich um das Wohlergehen der anderen bemüht bin.	1	2	3	4	5	Mein Verhalten zeigt deutlich, dass ich mich wirklich um das Wohl der anderen bemühe.
Tief in meinem Inneren glaube ich: Wenn ein anderer etwas bekommt, bedeutet das zugleich, dass ich es nicht bekommen kann.	1	2	3	4	5	Ich bin ehrlich davon überzeugt, dass es immer mehr als genug für alle gibt.

	1	2	3	4	5	
Ich habe das Gefühl, dass ich meine Talente in meinem derzeitigen Job nicht voll ausspielen kann.	1	2	3	4	5	Bei meiner Arbeit kann ich meine Talente sehr gut einbringen und so schöne Erfolge erzielen.
Bisweilen fehlen mir das nötige Wissen und die erforderlichen Fähigkeiten, um meine Arbeit wirklich effektiv zu erledigen.	1	2	3	4	5	Ich habe mir das Wissen und die Fähigkeit angeeignet, die ich brauche, um einen wirklich guten Job zu machen.
Ich nehme mir nur selten Zeit, mein Wissen und meine Fähigkeiten in den verschiedenen Bereichen meines Lebens weiter zu verbessern.	1	2	3	4	5	Ich baue mein Wissen und meine Fähigkeiten in allen wichtigen Lebensbereichen konsequent aus.
Ich bin mir nicht sicher, wo meine Stärken liegen. Deshalb konzentriere ich mich mehr darauf, meine Schwächen zu kompensieren.	1	2	3	4	5	Ich kenne meine Stärken sehr genau und konzentriere mich voll und ganz darauf, sie effektiv einzusetzen.
Ich weiß nicht sehr viel darüber, wie man Vertrauen aufbaut.	1	2	3	4	5	Ich weiß einiges darüber, wie man Vertrauen aufbaut, ausweitet oder wiederherstellt. Und ich tue mein Möglichstes, dieses Wissen in allen Lebensbereichen umzusetzen.
Ich kann bisher keine besonders guten Ergebnisse und Erfolge vorweisen. Mein Lebenslauf ist nicht gerade beeindruckend.	1	2	3	4	5	Ich kann bereits Erfolge vorweisen und anderen glaubhaft vermitteln, dass ich Erwartungen erfüllen werde.
Ich bemühe mich, genau das zu tun, was man mir gesagt hat.	1	2	3	4	5	Ich konzentriere meine Anstrengungen darauf, Ergebnisse zu liefern und mich nicht mit unwichtigen Aktivitäten zu verzetteln.
Ich tue mich schwer damit, meine bisherigen Leistungen ins rechte Licht zu rücken. Entweder sage ich gar nichts oder viel zu viel, sodass ich die anderen damit vor den Kopf stoße.	1	2	3	4	5	Ich spreche offen und angemessen mit anderen über meine bisherigen Leistungen und wecke so Vertrauen in meine Fähigkeiten.
Oft bringe ich das, was ich angefangen habe, nicht zu Ende.	1	2	3	4	5	Bis auf wenige Ausnahmen bringe ich alles zu Ende, was ich angefangen habe.
Wie ich meine Ergebnisse erziele, ist mir nicht so wichtig – mir kommt es nur darauf an, dass ich etwas erreiche.	1	2	3	4	5	Ich erreiche meine Ergebnisse immer auf eine Art und Weise, die Vertrauen schafft.

Sandra Masemann, Barbara Messer: Touch it

▶ **90 – 100 Punkte:** Ihre persönliche Glaubwürdigkeit ist wirklich groß. Sie zeigen sowohl Charakter als auch Kompetenz. Bestimmt wissen Sie auch, was Ihnen im Leben wichtig ist und richten Ihr Handeln danach aus. Das Wohlergehen anderer liegt Ihnen am Herzen. Zudem sind Sie sich Ihrer Talente und Fähigkeiten bewusst. Sie arbeiten kontinuierlich daran, Ihre Stärken auszubauen und nutzen sie effektiv, um gute Ergebnisse zu erzielen. Daher strahlen Sie viel Zuversicht aus, was andere dazu bewegt, Ihnen zu vertrauen.

▶ **70 – 90 Punkte:** Bei Ihnen könnten kleinere Glaubwürdigkeitsmängel bestehen. Diese zeigen sich daran, dass es Ihnen etwas an Selbstvertrauen mangelt oder dass andere Ihnen nicht auf Anhieb ihr Vertrauen schenken.

▶ **Weniger als 70 Punkte:** Sie haben wahrscheinlich ein größeres Glaubwürdigkeitsproblem.

Die 13 Regeln des Vertrauens

Im Folgenden stellen wir Ihnen die 13 Regeln des Vertrauens von Covey & Merrill vor. Einige kennen Sie bestimmt aus Ihrer eigenen Erfahrung, auf einige gehen wir auch noch an anderer Stelle im Buch ein. Aber vielleicht erfährt die eine oder andere Regel in der kompakten Zusammenstellung für Sie noch einmal einen neuen Bedeutungsschub oder eine gänzlich neue Facette, vielleicht ist sie aber auch schlichtweg neu für Sie.

Vertrauen ist immer eine Folge von Handlungen. Dabei können Handlungen, die Vertrauen aufbauen, als Einzahlungen in ein Vertrauenskonto betrachtet werden. Wer so handelt, dass Vertrauen zerstört wird, nimmt Abhebungen vor. Die Einhaltung dieser Regeln sorgt für eine positive Bilanz:

1. **Ehrlich sein:** Sagen Sie die Wahrheit, drücken Sie sich klar aus und nennen Sie die Dinge beim Namen. Verzerren Sie keine Fakten, vermeiden Sie Halbwahrheiten.

2. **Respekt zeigen:** Behandeln Sie alle mit Respekt, auch diejenigen, die nichts für Sie tun können. Denken Sie daran, dass gerade Kleinigkeiten einen großen Vertrauensbonus schaffen.

3. **Transparenz schaffen:** Handeln Sie nach der Devise: „Sie bekommen das, was Sie sehen!" Verzichten Sie auf versteckte Agenden und verheimlichen Sie keine wichtigen Informationen.

4. **Fehler wiedergutmachen:** Entschuldigen Sie sich umgehend, wenn Sie im Unrecht sind. Machen Sie Ihre Fehler wieder gut, wann immer es möglich ist.

5. **Loyal sein:** Reden Sie immer so über andere, als wären diese anwesend. Treten Sie für diejenigen ein, die abwesend sind und die sich nicht verteidigen können. Geben Sie nichts weiter, was Ihnen anvertraut wurde.

6. **Ergebnisse liefern:** Sorgen Sie dafür, dass Sie möglichst gute Ergebnisse vorweisen können. Halten Sie sich an den Zeitplan und das Budget. Und suchen Sie keine Ausreden, um angekündigte Ergebnisse doch nicht liefern zu müssen.

7. **Sich verbessern:** Verbessern Sie sich kontinuierlich. Lernen Sie unermüdlich und entwickeln Sie Feedbacksysteme. Richten Sie Ihr Handeln nach dem Feedback, das Sie bekommen.

8. **Sich der Realität stellen:** Befassen Sie sich direkt mit schwierigen Dingen. Sprechen Sie alles an, was bisher nicht gesagt wurde und übernehmen Sie bei den Gesprächen mutig die Führung.

9. **Erwartungen klären:** Sprechen Sie immer offen über Erwartungen. Gehen Sie nicht einfach davon aus, dass allen die Erwartungen klar sind.

10. **Verantwortung übernehmen:** Tragen Sie selbst Verantwortung und nehmen Sie auch andere in die Pflicht. Schieben Sie niemals die Schuld anderen in die Schuhe, wenn unter Ihrer Verantwortung etwas schiefgeht.

11. **Erst zuhören:** Hören Sie immer erst zu, bevor Sie sprechen. Finden Sie heraus, was dem anderen besonders wichtig ist. Fragen Sie, was er sich wünscht und worüber er sich Sorgen macht.

12. **Versprechen halten:** Sagen Sie, was Sie tun wollen und machen Sie es dann auch. Achten Sie darauf, dass Ihre Versprechen realistisch und sinnvoll sind.

13. **Anderen Vertrauen schenken:** Denken Sie daran, wie wichtig es ist, anderen zu vertrauen. Schenken Sie Ihr Vertrauen denjenigen, die es verdienen."*

Gerade die 13. Regel ist ein Kern von Touch-Momenten. Auch wenn die ein oder andere Regel vielleicht ein wenig pauschal wirkt: Es dient der eigenen Vertrauenswürdigkeit sowie der Wertschätzung sich und den anderen gegenüber, wenn wir Trainer uns in jedem Training diese Regeln bewusst machen und uns auch an ihnen messen.

„Ja, hört sich alles leicht an, erfordert dann doch mal eine kleine, beherzte Portion Mut. Ich darf Ihnen versprechen, dass Ihre Mitmenschen Ihnen danken werden."

* „Schnelligkeit durch Vertrauen" von Stephen M. R. Covey/Rebecca Merrill,
  © 2009 GABAL Verlag GmbH, Offenbach, ISBN 978-3-89749-908-9

Die eigene Kreativität weiterentwickeln

Kreativität gehört zu den Schlüsselkompetenzen in Alltag und Leben, wir beziehen da das Training ausdrücklich mit ein. Vorbilder wie Daniel Düsentrieb und sein Helferlein, Catweazle und Pippi Langstrumpf, aber auch ernsthafte Köpfe wie Edison und Co. verdeutlichen mehr als eindrucksvoll, wie wertvoll Kreativität für uns alle ist. Kreativität ist en vogue und füllt als Thema die Bücherregale. Mensch und Gesellschaft leben von guten Ideen. Jetzt denken Sie vielleicht, Kreativitätstrainings an sich sind eine schöne Sache, aber für Kreativität im Training ist weder Zeit vorhanden noch goutieren die mit spitzem Bleistift rechnenden Auftraggeber solchen Firlefanz. Wollen Sie diese Haltung beibehalten oder sie lieber ändern?

„Kann ich kreativ, humorvoll *und* seriös sein? Entwarnung für alle ehrgeizigen Menschen: Man kann gleichzeitig hart und seriös arbeiten und dennoch Spaß haben. Kreative Menschen unterscheiden sich von weniger innovativen Menschen vor allem dadurch, dass sie Verbindungen zwischen Ideen herstellen, die andere nur sehen können, wenn sie darauf gestoßen werden."[72]

Kreative Menschen versprechen Originalität und Flexibilität und damit das genaue Gegenteil von Reproduktion. Kreativität ist in Unternehmen und der Wirtschaft besonders dann gewünscht, wenn es – mit wenigen Mitteln und bei hohem Zeitdruck – darum geht, Lösungen für bisherige Probleme oder eingefahrene Situationen zu bringen.

Wir Trainer stehen nun tagelang vor Gruppen und möchten deren Kreativität weiterentwickeln oder die Teilnehmer inspirieren, neue Wege zu gehen. Keine Frage: Irgendwie hat Training mit Kreativität zu tun – und zwar ganz grundsätzlich. Und da der Apfel bekanntlich nicht weit vom Stamm fällt, sind wir der Meinung, dass auch Trainer kontinuierlich an ihrer eigenen Kreativität „basteln" sollten. Also, bauen Sie Ihre Kreativitätskompetenzen aus.

Trainer brauchen
Kreativitäts-
kompetenzen.

Kreativ-Kompetenz Neugier

„Man entdeckt keine neuen Erdteile, ohne den Mut zu haben, alte Küsten aus den Augen zu verlieren." Dieser viel zitierte Satz des französischen Schriftstellers André Gide macht deutlich, dass Neugier und Mut zwei unzertrennlich miteinander verbundene Fähigkeiten sind. Wer Neues probiert, weiß noch nicht, wie es sich auswirkt und ob es sich bewährt.

„Die Kreativ-Kompetenz Neugier baut auf Wissbegierde und Wissensdurst. Neugier ist ein bereits angelegtes Interesse an der gesamten Umwelt, gepaart mit Experimentierfreude. Neugier hilft spielerisch dazuzulernen. Neugier bedeutet alltägliche Situationen mit Lust und Vergnügen immer wieder neu zu entdecken. Neugier bedeutet also auch Aufgeschlossenheit und Offenheit Neuem gegenüber. Ebenso äußert sie sich im Sinne von kreativer Unzufriedenheit, durch kluges Hinterfragen von Bestehendem."[73]

Schärfen Sie Ihre Neugier

Ohne Neugier entsteht
nichts Neues.

▶ Verstärken Sie Ihr Bewusstsein für Ihre Fähigkeit: Neugier! Wann sind Sie automatisch neugierig, wann eher nicht?
▶ Testen Sie Ihren Alltag auf Selbstverständlichkeiten (Ist immer die gleiche Mitarbeiterin für die Organisation der Feier, Tagung o.Ä. zuständig? Benutze ich immer denselben Parkplatz, Sitzplatz etc.?): Was setzen Sie voraus, ohne es zu überprüfen oder infrage zu stellen? Worüber denken Sie schon gar nicht mehr nach, weil es selbstverständlich ist?
▶ Wo bestehen Zwänge und Automatismen?
▶ Kultivieren Sie Ihre Neugier, indem Sie Dinge wirklich anders angehen. Testen Sie Varianten und Spielarten!
▶ Nehmen Sie eine „unklare Unzufriedenheit" als Quelle Ihrer Neugier wahr. Teilen Sie diese auch Ihren Gesprächspartnern mit, sonst denken diese, dass Sie mit deren Arbeit unzufrieden sind.

Kreativ-Kompetenz Perspektivwechselfähigkeit

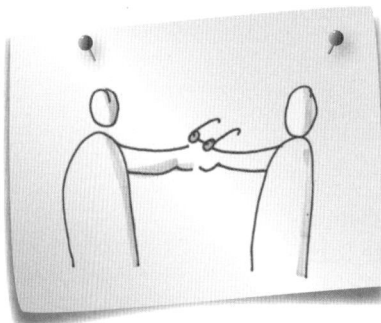

„Perspektivwechselfähigkeit bedeutet, bewusst unterschiedliche Standpunkte und Sichtweisen einnehmen zu können, das heißt, von Nähe zu Distanzbetrachtung und von Teil- zu Gesamtbetrachtung wechseln zu können.

Dieser perspektivische Wechsel führt zu einer Relativierung und damit zu einer Minimierung des zu lösenden Problems. Wer ganz nah an einer Sache ist, wer also zum Beispiel direkt in ein Problem involviert ist, kennt zwar jedes Detail seines direkten Umfelds, verliert jedoch häufig den Überblick über die Gesamtproblematik.

Erst mit dem Blick aus der Distanz wird aus Bäumen ein Wald.

Die Redewendung ‚den Wald vor lauter Bäumen nicht sehen können' drückt dies bildlich aus. Mit einer distanzierten Betrachtung ist zwar nicht mehr jedes Detail zu erkennen, dafür aber gewinnt der Blick an Weite. Somit lassen sich vernetzte Zusammenhänge und die Einbettung ins Gesamte klarer erkennen und manches Problem ist nicht mehr so ausweglos."[74]

Auch der Perspektivwechsel in einen anderen Menschen, in seine Sicht, bringt uns neue Erkenntnisse. Wir möchten hier eine unserer Lieblingsgeschichten anführen, die genau dieses deutlich macht:

Der Plätzchendieb

Eines Nachts wartete eine Frau am Flughafen. Ihre Maschine ging erst in ein paar Stunden. So besorgte sie sich ein Buch und eine Tüte Plätzchen und zog sich in einen ruhigen Winkel zurück.

Sie war in die Lektüre vertieft und sah doch, wie sich der Mann neben ihr mit beispielloser Frechheit ein paar Kekse aus der Tüte fischte, die zwischen ihnen stand. Sie ignorierte es, um eine Szene zu vermeiden.

Sie las und knabberte und behielt die Uhr im Blick, während sich der dreiste „Plätzchendieb" weiter an ihrem Vorrat vergriff. Von Minute zu Minute wuchs ihr Zorn, und sie dachte: „Wäre ich nicht so nett, würde ich ihm eins aufs Auge geben."

Jedes Mal, wenn sie in die Tüte gegriffen hatte, griff auch er hinein. Als nur noch ein einziges Plätzchen übrig war, fragte sie sich, was er jetzt wohl tun würde. Er lächelte nervös, angelte den letzten Keks aus der Tüte und brach ihn in der Mitte durch. Den einen Teil reichte er ihr, den anderen schob er sich selbst in den Mund. Unwirsch nahm sie ihre Hälfte entgegen und dachte: „Oh Mann! Der Typ hat vielleicht Nerven. Und unverschämt ist er auch noch. Ja, nicht einmal dankbar ist er mir!"

Noch nie war sie so verärgert gewesen, und als ihr Flug endlich aufgerufen wurde, seufzte sie erleichtert auf. Sie suchte ihre Siebensachen zusammen und machte sich auf den Weg zum Gate, ohne den „undankbaren Dieb" auch nur eines Blickes zu würdigen.

Sie stieg ins Flugzeug ein und ließ sich in ihren Sitz fallen. Dann zog sie das Buch heraus, das sie fast ausgelesen hatte. Doch als sie in ihre Tasche griff, blieb ihr vor Schreck fast die Luft weg, denn da lag ihre Plätzchentüte unversehrt drin!

„Wenn meine hier sind", stöhnte sie verzweifelt, „dann waren die anderen seine, und er hat sie mit mir geteilt." Doch es war zu spät, um sich zu entschuldigen, da half alles nichts. Jetzt stand sie selbst als dreiste, undankbare Diebin da!

– *Valerie Cox*[75] –

Tipps für den Perspektivwechsel

▶ Machen Sie Gedankensprünge: „Was denkt der Papierkorb, der Portier oder der Nachbar über Ihr Problem? Seien Sie neugierig, was es dort an Sichtweisen und Perspektiven zu erfahren gibt.
▶ Fragen Sie Mitarbeiter Ihres Unternehmens, Ihres Umfelds, Ihrer Familie oder anderer sozialer Systeme, die ganz andere Zuständigkeitsbereiche haben. Nutzen Sie den gesunden Menschenverstand eines Hausmeisters, denn der sieht den Wald, während Sie die ganzen Bäume sehen. Blicken Sie aus dessen Perspektive auf

Ihr Verhalten. Könnten Sie noch etwas anders oder gar besser machen?

▶ Ändern Sie: Verändern Sie die Sichtweise bewusst. Ähnlich wie bei einer Kamera können Sie auch Ihre Sicht verändern: Malen Sie mal schwarz-weiß statt Farbe; nutzen Sie den Fokus: Machen Sie das Problem oder die Sicht also groß oder klein. Verwandeln Sie andere Menschen in Ihrem inneren Bild zu Zwergen oder Riesen.

Kreativ-Kompetenz Einfallsreichtum

„Einfallsreichtum bedeutet, über eine blühende Fantasie im Sinne von sprühender Energie, lebendiger Vorstellungskraft und begeisternder Visionsfähigkeit zu verfügen. Oft verbindet sich damit Improvisationstalent, das heißt die Fähigkeit, das Vorhandene geschickt zu nutzen."[76]

„Es macht Spaß, das Unmögliche zu tun!"
– Walt Disney –

Unseren Einfallsreichtum nutzen wir sehr oft. Unser Leben besteht aus abertausend Situationen, die wir bewusst und unbewusst gestalten. Einige Alltagssituationen meinen wir, „in der Hand zu haben", in anderen wiederum scheinen wir kaum noch etwas selbst bestimmen zu können. Und ohne besonders darauf zu achten, greifen wir viele tausend Male am Tage auf die Methode „Improvisation" zurück, zum Beispiel:

▶ Heute greife ich beim Einkaufen zu den Nektarinen.
▶ Ich habe mich für die Fortbildung XY entschieden.
▶ Eben habe ich mir das Buch XY gekauft – es fiel mir quasi in die Hände!
▶ Und heute wähle ich auf dem Weg zur Arbeit einen ganz anderen Weg, ich biege gleich links ab.
▶ Und: Nun habe ich doch tatsächlich meine PIN-Nummer beim Bezahlen des Sprits an der Tankstelle vergessen. Der Tankwart runzelt schon die Stirn. Was nun?

Wir schöpfen aus einer Fülle an Möglichkeiten, die Quelle dafür ist u.a. unser Einfallsreichtum. Die Wege und Einflussfaktoren zur Entscheidung für eine Möglichkeit sind uns häufig nicht bewusst, da sie in einer unglaublichen Geschwindigkeit ablaufen.[77]

In je größerem Umfang uns diese Fähigkeit zur Verfügung steht, desto mehr Möglichkeiten haben wir. Erweitern Sie Ihren Einfallsreichtum: Nutzen Sie einige der folgenden Tipps!

Stärken Sie Ihren Einfallsreichtum

▶ Schärfen Sie Ihre Sinne! Lenken Sie mehrfach am Tag Ihre Aufmerksamkeit auf jeweils einen ihrer Sinne. Dies gelingt besonders gut, wenn Sie die anderen Sinne reduzieren: wenn Sie beispielsweise die Augen schließen, während Sie den Flur Ihrer Abteilung entlanggehen, oder wenn Sie die Ohren durch Ohrstöpsel ausschalten, während Sie in einem Meeting sitzen.

„Schließen Sie die Augen, spüren Sie die Erde oder den Boden unter Ihren Füßen ... Nehmen Sie wahr, wie Ihr Atem aus Ihnen herausströmt und wieder hineinströmt, richten Sie Ihre Aufmerksamkeit auf die Mitte Ihres Körpers ..."

▶ Schärfen Sie Ihre Wortgewandtheit, spielen Sie mit Worten und Begriffen.

▶ Behalten Sie den Überblick, indem Sie z.B. ein Mindmap nutzen, so können Sie Ihre Ideen an mehreren Punkten gleichzeitig bearbeiten.

▶ Nutzen Sie Ihre Fantasie als Quelle, lassen Sie sich durch Bilder, Geschichten, Spiele und Zitate anregen. Assoziieren Sie, um die Fülle Ihrer Ideen anzufeuern.

▶ Nutzen Sie die Kraft der Metaphern. Mit Metaphern sind bildhafte Geschichten gemeint, auch Vergleiche und Analogien. Metaphern bieten sich an, wenn etwas in seiner Aussage noch verdeutlicht werden soll. Regen Sie Ihren Einfallsreichtum an, indem Sie beispielsweise für Ihr Unternehmen eine passende Metapher auswählen. Damit können Sie variantenreicher über Ihre Firma sprechen. (Beispiele: Ihr Unternehmen als Rockband, Fußballmannschaft, Kaufhaus, Schiff, Fahrradweltreise, Auto, Kneipe, Konzerthaus, Ameisenhaufen, Schule, Reisegruppe, Schützenverein etc.)

▶ Bauen Sie ein Bühnenbild. Bilden Sie Ihre aktuelle Situation – beispielsweise ein Konflikt mit einem Mitarbeiter – auf einer kleinen Stellfläche ab. Nutzen Sie dazu viele unterschiedliche Materialien (etwa Postkarten, Tücher, Haushaltsgegenstände, alltäglicher Krimskrams aus dem eigenen Haushalt etc.) und auch Gegenstände, die eine metaphorische Bedeutung haben (z.B. Blumensamen, Lupen, Brillen etc.). Geben Sie der kleinen Bühne, die auch auf eine Stuhlfläche passen kann, einen Titel. Die Wirkung ist verblüffend, neue Sichtweisen und Lösungen tun sich auf.

▶ Sammeln Sie Redensarten für Ihre Situation oder für die Aufgabe, die vor Ihnen liegt: „Jemanden auf den Arm nehmen", „Jemandem Steine in den Weg legen", „Jemanden übers Ohr hauen", „Jemanden auf Händen tragen", „Jemanden gegen den Strich bürsten", „Jemandem die Zähne zeigen", „Sich ins Fäustchen lachen" – oder weitere Sprichwörter, die gut passen.

▶ Besuchen Sie ein Seminar zum Thema Improvisationstheater.

Kreativ-Kompetenz Mut

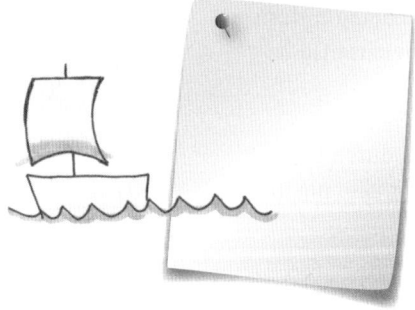

„Es geht um die Fähigkeit, sich selbst und andere ermutigen zu können. Dazu bedarf es einer genauen Kenntnis der eigenen Stärken und Schwächen, also einer realistischen Selbstwahrnehmung (...) Wer sich selbst nichts zutraut, wird niemals den Mut aufbringen können, seine Ideen auch vor anderen und in der Öffentlichkeit überzeugend zu präsentieren. Und damit fehlt auch der Mut zu möglichen Fehlern und zum konstruktiven Umgang mit ihnen. Sich selbst

Mut erwächst aus der Erkenntnis der eigenen Stärken und Schwächen.

Ziele zu setzen, Risiken zu erkennen und rasche Entscheidungen zu treffen, ist Ihnen aus dem beruflichen Alltag bestens vertraut. Dennoch, schon manche Entscheidung wurde verzögert oder gar nicht getroffen, eben weil der Mut zum Handeln fehlte."[78]

Mut gibt uns Zuversicht und Tatendrang, Mut kann uns neugierig machen, auf uns selbst und auf andere. Mut ist immer wieder erforderlich, um die Welt zu verbessern.

Stärken Sie Ihre Kreativ-Kompetenz Mut

▶ Seien Sie wachsam und checken Sie mögliche Risiken ab. Es ist natürlich gut, auf Risiken und deren Folgen eingerichtet zu sein. Behalten Sie deshalb verschiedene Risiken im Auge.

▶ Setzen Sie sich neuen und unbekannten Situationen aus: Erlernen Sie ein neues Hobby, reisen Sie in ein unbekanntes Land mit Zelt und Rad, helfen Sie unbekannten Menschen, melden Sie sich zu einem Singwochenende an, fangen Sie eine neue Sportart an etc.

▶ Suchen Sie bewusst neue und unbekannte Situationen und sprechen Sie dabei ebenso bewusst unbekannte Menschen an.

▶ Wagen Sie kleine Risiken, testen Sie, ob tatsächlich etwas Schlimmes passiert. Lassen Sie Teilnehmern etwa deutlich mehr Raum und Gestaltungsmöglichkeiten. Lassen Sie sich überraschen, was dabei entsteht. Verzichten Sie auf Ihre Lieblingsmethode, lassen Sie bewusst etwas Wichtiges „zu Hause", sodass Sie Ihren Mut dann wirklich im Training weiterentwickeln können.

Kreativ-Kompetenz Humor

„Humor drückt sich in überschäumender Lebensfreude, Glücklichsein, Spaßhaben, positiver Lebenseinstellung aus (...) Humor ermöglicht spielerisches Herangehen an Aufgabenstellungen und zeigt sich in der genialen Fähigkeit, vereinfachen und das Wesentliche erkennen zu können (...) Gerade im Beruf ist eine gesunde Portion Humor hilfreich, vor allem wenn es darum geht, schwierige Situationen zu bewältigen."[79]

„Lachen ist Befreiung."
– Henri Bergson –

„Spaß löst den gordischen Knoten der inneren Verkrampfungen, kennt keine Grenzen der Fantasie und ist überall zu haben."[80]

Dieter Bartels, der Leiter der bekanntesten Clowns-Schule in Deutschland, sagte uns in einem Gespräch zum Thema „Lachen": „Der Clown lernt den Verstand flachzulegen!" Ist erst der Verstand flachgelegt, schweigt auch die „Polizei im Kopf", unser allgegenwärtiges Kontrollinstrument. Dann ist Platz für echte Emotionen und Direktheit. Denn wenn wir die Grenzen unseres Verstandes sprengen und darüberspringen, dann haben wir ein weites Feld vor uns. Lachen entspannt, bringt Menschen zusammen und schafft Gemeinsamkeiten wie Erinnerungen.

Und noch mehr zum Thema finden wir bei Helmut Weyh und Peter Krause: „Spaß beiseite ... Kommunikation ist angesagt, Hierarchien werden abgebaut, ein fröhliches, relaxtes Arbeitsklima ist nicht nur stimmungs-, sondern auch umsatzfördernd. Wenn Sie nur ein

„Humor ist der Knopf, der verhindert, dass uns der Kragen platzt."
– Joachim Ringelnatz –

Quäntchen Humor in Ihre Arbeitswelt einbringen, werden Sie überraschende Resultate bekommen – sogar außerhalb der Karnevalszeit. Freude motiviert."[81]

Lachen verlängert das Leben und macht gesund. Das zeigt der steigende Einsatz von Klinikclowns in Krankenhäusern und Altenheimen. „Ein fröhlich Herz lebt am längsten", sagt kein geringerer als William Shakespeare.

Lachen – ganz nüchtern betrachtet

Die Fakten:

▶ **Das physiologische Potenzial:**
Lachen ist gesund! Die noch relativ neue ‚Gelotologie' (Lachforschung) weist nach, dass Humorreaktionen das Immunsystem beeinflussen, dass Lachen u.a. Schmerz reduzieren kann und Stressabbau, Durchblutung und Verdauung fördert sowie helfen kann, den Blutdruck zu senken. Die Ansätze und Ergebnisse in diesen Bereichen sind vielversprechend, eine Bestätigung der Befunde auf breiter Basis steht noch aus.

▶ **Das psychologische Potenzial:**
– **Emotional:** Humor löst Hemmungen, reaktiviert verdrängte Affekte, ermöglicht einen unmittelbaren und spontaneren Austausch menschlicher Gefühle und führt im therapeutischen Setting zu freizügiger Gleichwertigkeit – was ebenso für das Setting „Arbeitsplatz" gilt.

– **Kognitiv:** Humor regt kreative Potenziale an, aktiviert Entscheidungsprozesse und Perspektivenwechsel, sensibilisiert für neuartige Zusammenhänge, fördert eine explorierende Haltung gegenüber scheinbar unumstößlichen Gegebenheiten und hilft, rigide Verhaltensmuster durch flexiblere zu ersetzen.

„Lachen ist wie Aspirin, es wirkt nur doppelt so schnell!"
– Groucho Marx –

– **Kommunikativ:** Humor wirkt erfrischend, entspannend und anregend, trägt zu einer freundlich-konstruktiven Beziehung bei und festigt das Arbeitsbündnis. Humor reduziert „Erhabenheitsansprüche" der Vorgesetzten, fördert ein Klima der Offenheit und Gleichwertigkeit und reduziert Widerstände.[82]

Tipps für ein „Lachen im Alltag"

▶ Steigern Sie Ihre eigene Fähigkeit zu lachen. Es reicht oftmals schon, die Mundwinkel weit auseinander zu ziehen und an etwas Lustiges zu denken.

▶ Erzählen Sie Menschen, die Sie auf dem Weg zur Arbeit oder zu Ihrem Training treffen, einen Witz oder eine lustige Begebenheit. Um den eigenen Fundus für Witze & Co. gefüllt zu halten, stöbern Sie nach Witzen, Geschichten und Filmen, die Ihnen gefallen.

▶ Schauen Sie nicht streng, wenn nicht gleich alles so ist, wie Sie es sich wünschen. Ein Lächeln zaubert – auch bei Kritikäußerungen – Warmherzigkeit beim Gegenüber hervor. Oder kennen Sie jemanden, der beim Lachen einen Herzinfarkt bekommen hat? Lächeln macht uns glücklich. – Achtung! Das gilt auch fremden Menschen gegenüber.

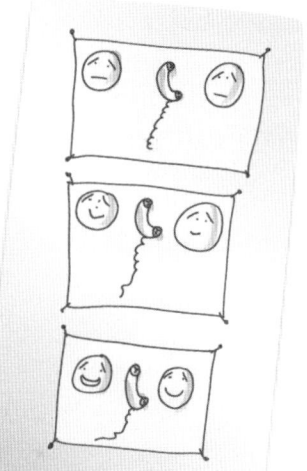

▶ Überraschen Sie Ihre Kollegen und/oder Teilnehmer mit einer witzigen Idee: Ein Paket Gummibärchen zum Namenstag, einen wöchentlich wechselnden Comic im Fahrstuhl, ein lustiges, ungewöhnliches Kleidungsstück.

▶ Schauen Sie sich mit Teilnehmern oder Kollegen Filme oder Theaterstücke an, die zum Lachen anstecken.

▶ Prämieren Sie den Witz der Woche, des Tages, des Trainings.

▶ Nutzen Sie Cartoons und Karikaturen, um sie den Seminarunterlagen beizulegen, versehen Sie Aushänge, Lernplakate, Flipcharts etc. mit witzigen Zeichnungen.

▶ Hören Sie zu, gucken Sie hin, lachen Sie mit, wenn andere etwas Lustiges, Witziges machen. Dies gilt speziell für Diskussionen im Training und für die Pausen!

▶ Lächeln Sie am Telefon, es kommt am anderen Ende der Leitung an.

▶ Bringen Sie Ihre Kinder mit zur Arbeit, sprich: zum Training. Es ist interessant zu beobachten, was dann passiert. Manche Menschen wirken plötzlich irgendwie menschlicher und nicht mehr so steif wie sonst. Wahrscheinlich, weil es schwierig ist, ernst und seriös zu wirken, wenn man von einem kleinen Menschen in bunter Kleidung keck angestrahlt wird und mitspielen soll.[83]

▶ Besuchen Sie alleine oder mit Ihren Kollegen oder Teilnehmern einen Workshop in Sachen Clowns- oder Improvisations-Theater. Sie werden sehen, so viel haben Sie noch nie miteinander gelacht.

Tipps zur Kreativitätssteigerung

▶ **Holen Sie sich Informationen über Kreativität:** Lesen Sie Bücher zum Thema Kreativität oder besuchen Sie Seminare. Damit holen Sie sich Anregungen und können diese dann einfach umsetzen. Zudem bekommen Sie einen ordentlichen Schwung an Motivation, der Ihnen bei der Umsetzung hilft.

▶ **Treiben Sie Unsinn:** Trauen Sie sich, alleine, mit Co-Trainern oder auch mit den Teilnehmern gemeinsam Unsinn zu treiben. Warum nicht aus einem wichtigen Schriftstück ein Papierboot bauen und im Waschbecken auf der Toilette einen Wassertest machen? Zeigen Sie sich von Ihrer unvernünftigen, spielerischen Seite.

▶ **Bewegen Sie sich zwischendurch**, denn: „Forscher fanden heraus, dass der Hamster im Rad klüger ist als der Hamster, dem man das Rad wegnimmt. Das Gleiche gilt für den Menschen. Durch Bewegung bilden sich mehr Datenautobahnen im Gehirn."[84] Nutzen Sie den Weg zur Arbeit, um sich zu bewegen, lassen Sie das Auto nicht nur wegen der hohen Spritpreise stehen. Joggen Sie in der Mittagspause, tanken Sie Kraft und Entspannung durch kurze Gymnastik, Brain-Gym oder Yogaübungen zwischen Ihren Arbeitseinheiten. Treiben Sie in Ihrer Freizeit Sport mit dem Partner, mit Freunden, mit den Kindern. Gerade dann, wenn Sie sich an einer Aufgabe gedanklich festgebissen haben, tun Abstand und Bewegung gut. Sauerstoff strömt ins Gehirn, verteilt sich im Körper und sorgt dafür, dass Sie sich gleich besser fühlen. Nach Dr. Ulrich Strunz flutet bei Bewegung das Kreativitätshormon ACTH durch den Körper.

„Ja, genau, legen Sie einfach das Buch an die Seite und machen Sie eine kleine Bewegungsübung, recken und strecken Sie sich und werfen Sie einfach mal den ganzen mentalen Ballast hinter sich. - Besser jetzt?"

Sandra Masemann, Barbara Messer: Touch it

▶ **Nutzen Sie Kreativitätstechniken:** Neben den weit verbreiteten Techniken wie Mind-Mapping, Kopfstandmethode oder Walt-Disney-Strategie gibt es eine Fülle an weniger bekannten, aber mindestens ebenso wirksamen Methoden, um alleine oder in der Gruppe Kreativität zu wecken und zu nutzen. Es genügt ein Blick in die einschlägige Literatur – trauen Sie sich!

▶ **Denken Sie quer:** Ungewöhnliche gedankliche Verbindungen herzustellen eröffnet neue Räume und Lösungen. Lassen Sie sich überraschen, wenn es heißt, den Unterschied und die Gemeinsamkeiten einer Haftpflichtversicherungsänderung und einer Schale Erdbeeren zu entdecken. Speziell bei diesen Querdenkerstrategien werden gedankliche Bremsen schnell entsorgt. Nutzen Sie diese Methoden ganz besonders, um Ihre Trainings vorzubereiten, denn dabei kommen oft ganz hervorragende Methoden und Interventionen zustande.

▶ **Nutzen Sie Ihre Fantasie und Ihre inneren Bilder:** Träumen Sie zwischendurch ganz bewusst vor sich hin. Lassen Sie Ihren Gedanken freien Lauf, schalten Sie das Denken, so gut es geht, ab und nehmen Sie Platz in Ihrem inneren Kopfkino. So geben Sie Ihrem Unterbewusstsein Raum und Ihrer Intuition die Möglichkeit aufzutauchen. Auch wenn neue Informationen auf Sie zukommen, machen Sie sich ein Bild davon, verknüpfen Sie diese mit allem Möglichen, was vor Ihrem inneren Auge auftaucht.

Sie toppen den Effekt noch, wenn Sie Ihre Assoziationen aufschreiben oder skizzieren. Also: Welche Bilder kommen Ihnen in den Sinn bei Begriffen wie: Unfallverhütungsvorschrift, Leben mit Demenz, Sprachstörungen, Keynote, Engpass, Einführung in das EDV-System … Auch im Training dürfen Sie träumen. Fantasiereisen und andere Trance-Elemente sind wie geschaffen für die Fantasieschulung.

▶ **Fragen Sie berühmte Persönlichkeiten:** Meist stecken wir ja in unseren eigenen Erkenntnissen und Wahrheiten fest, selten, dass wir uns bei der Meinungsbildung an anderen Menschen orientieren. Dabei wächst unser Horizont enorm, wenn wir die Konsequenzen der Euro-Umstellung aus der Sicht von Florence Nightingale, Lucky Luke oder Harry Potter betrachten. Es ist eine sehr effektvolle Methode, sich eine Liste mit berühmten Persönlichkeiten anzulegen. Fragen Sie sich bei der einen oder

anderen Herausforderung, was diese Person wohl dazu sagen oder wie sie sich entscheiden würde.

Wir nutzen diese Methode auch gerne im Training, indem die Teilnehmer ein Feedback, eine Frage oder eine These aus Sicht einer berühmten Persönlichkeit formulieren. Als Anregung haben wir hierfür immer eine Liste mit den Namen berühmter Persönlichkeiten dabei. Außerdem nutzen wir dieses Vorgehen auch explizit im Rahmen der Methode Expertenrunde (siehe S. 303 ff).

Die Logischen Ebenen – was bestimmt Ihr Handeln im Training?

Die Logischen Ebenen haben wir bereits im Kapitel zu den einschränkenden Glaubenssätzen und Lernblockaden vorgestellt (siehe S. 65 ff.). Im Folgenden möchten wir sie nun noch einmal aufgreifen und explizit auf Ihre eigene Rolle als Trainer beziehen. Welche Auswirkungen haben die einzelnen Ebenen auf Ihre Art und Weise, im Training zu agieren?

Tabelle: Die Ebenen und ihre Bedeutung

Umgebung (Wo? Wann?)	Die Umgebung bringt Unterschiede mit sich: In einem Supermarkt legen Sie ein anderes Verhalten an den Tag als im Training oder Coaching. Die Umgebung beeinflusst Ihr Verhalten, Ihre Fähigkeiten, Ihren Glauben ...	▶ Wo stehen Sie gerade? ▶ Wo leben Sie, wo arbeiten Sie? ▶ Was passiert (sinnlich wahrnehmbar)? ▶ Wann und wo geschieht etwas?
Verhalten (Was?)	Sie wählen, passend zum Kontext, ein entsprechendes Verhalten aus. Im Wartezimmer eines Arztes verhalten Sie sich anders als auf einer Geburtstagsparty nachts um eins. Als Trainer verhalten Sie sich anders, als wenn Sie selbst Teilnehmer sind. In einem offenen Seminar agieren Sie vermutlich anders als in einer firmeninternen Veranstaltung.	▶ Was genau tun Sie dort? ▶ Was sind Ihre Handlungen und Aktionen? ▶ Wie agieren Sie?

Fähigkeiten (Wie?)	Je nachdem, wo Sie sich befinden und was von Ihnen gewünscht wird, können Sie Ihre Fähigkeiten zum Einsatz bringen. Sie brauchen nicht ständig alle Kompetenzen.	▶ Wie tun Sie etwas? ▶ Welche Fähigkeiten haben Sie? ▶ Welche Ressourcen stützen Sie? ▶ Was sind Ihre ganz speziellen Kompetenzen? ▶ Was müssen Sie dazu wissen und können? ▶ Welche Strategien haben Sie?
Glauben und Werte (Warum?)	Ihr Glauben an sich, an Ihre Fähigkeiten und an Ihre Welt beeinflusst Sie zutiefst. Ihr Glauben an oder über bestimmte Teilnehmer beeinflusst Ihr Verhalten als Trainer diesen gegenüber.	▶ Was ist Ihnen wichtig? ▶ Warum genau ist das wichtig? Warum tun Sie etwas Ihrer Meinung nach? ▶ Warum sollte man das tun? ▶ Was motiviert Sie? ▶ Was denken und glauben Sie darüber?
Identität (Wer?)	Was denken Sie über sich? Wie erleben Sie sich in Ihren Rollen? Am Arbeitsplatz füllen Sie ein ganz anderes Selbst aus als im Privatleben. Wie viel Sie von sich zeigen oder offenbaren, hängt auch von der Umgebung ab.	▶ Wer sind Sie in der Situation? ▶ Wer sind Sie im Inneren, wenn Sie so handeln? ▶ Wie sehen Sie andere? ▶ Wo stehen Sie dann in diesem System oder der Welt?
Zugehörigkeit (Wer noch?)	Diese Frage ist auch für frische Trainer interessant, da sie einen Zugehörigkeitswechsel erleben. Es gilt zu klären, wo Sie zugehörig sein können, zu welchem Team oder welchen Verbänden, zu welchen Gruppen, zu welchen Menschen, Kollegen oder auch Netzwerken.	▶ Wo fühlen Sie sich zugehörig? ▶ Wer sind Sie im Inneren, wenn Sie so handeln? ▶ Wie sehen Sie andere? ▶ Wo stehen Sie dann in diesem System oder in der Welt?
Spiritualität (Wofür?)	Wofür stehen Sie ein? Was ist der Sinn für Sie – speziell auf Ihre Arbeit bezogen? Im beruflichen Kontext geht es hier auch um die Auseinandersetzung mit Ihrem tieferen Verständnis des Trainierens von Menschen, um die Auseinandersetzung mit einem humanistischen Menschenbild, das auch den Aspekt der Seele und des Geistes einbezieht. Und natürlich um den Umgang mit dem Leben und dem Tod.	▶ Was ist Ihre Mission? ▶ Was ist der Sinn für Sie? ▶ Worin liegt für Sie der verborgene übergeordnete Sinn Ihres Tuns oder Ihrer Art zu sein? ▶ Was sind Ihre Wurzeln im Glauben?

Sandra Masemann, Barbara Messer: Touch it

Ein Experiment

1. Erstellen Sie Karten, mindestens im DIN-A5-Format, je eine Karte pro Ebene. Legen Sie diese mit ein wenig Abstand voneinander vor sich auf den Boden.
2. Halten Sie Stift und Papier zum Schreiben bereit.
3. Nun stellen Sie sich auf oder neben die erste Karte. Beantworten Sie die Fragen, die Sie oben in der Tabelle finden. Entscheidend ist, aus welcher Sicht oder Rolle Sie die einzelnen Positionen beschreiben.

Hier eine kleine Auswahl an verschiedenen Rollen:
▶ Ich als Trainer jetzt
▶ Ich als Trainer in 5,10 und 20 Jahren
▶ Ich als Mutter/Vater
▶ Ich als Partner/Partnerin
▶ Ich als Kollege/Kollegin ...

Sollte es Sie reizen, aus unterschiedlichen Positionen zu arbeiten, so lassen Sie bitte etwas zeitlichen Abstand zwischen den einzelnen Durchgängen. Ihre Antworten schreiben Sie auf die Karten, sodass Sie sich diese zu einem späteren Zeitpunkt wieder hervorholen und in Erinnerung rufen können. Interessant ist nunmehr, wie sich die Dinge – und eben auch die Rollen und Menschen – im Laufe der Jahre verändern. Haben Sie diese Ebenen der Veränderung durchgearbeitet, als sie z.B. noch recht neu als Trainer tätig waren, und gehen sie jetzt, viele Jahre später, Ihre Antworten noch einmal durch, so werden Sie mit Sicherheit tief greifende Veränderungen feststellen. Ein Beispiel aus unserer Trainerrolle heraus:

Umgebung (Wo? Wann?)	Ich schaffe eine Umgebung, in der ich und die Teilnehmer sich wohl, sicher und angeregt fühlen. Die Umgebung unterstützt mein Training und meine Werte.
Verhalten (Was?)	Ich verhalte mich so, dass ich mich kongruent mit mir fühle. Ich bin liebenswürdig, kreativ und empathisch. Ich verhalte mich so, dass die Teilnehmer schon daran von mir lernen können, wie ich mit dem Thema des Trainings umgehe. Ich stehe zu meinen Fehlern, Stärken und Eigenarten. Ich bin neugierig auf die Teilnehmer und bin auf Augenhöhe mit ihnen. Ich schaffe vielfältige Möglichkeiten, damit sich Teilnehmer intensiv mit den Trainingsthemen auseinandersetzen können. Ich verhalte mich partnerschaftlich.

Fähigkeiten (Wie?)	Ich lerne stets weiter, weil ich weiß, dass ich noch sehr viel Potenzial habe, was ich weiterentwickeln kann. Ich bringe meine Fähigkeiten ein und stehe humorvoll dazu, wenn mir etwas noch nicht so gelingt, wie ich es gerne hätte. Ich lerne weitere Fähigkeiten von Teilnehmern und auch von anderen Trainern.
Glauben und Werte (Warum?) 	Ich glaube, dass meine Arbeit die Welt ein Stück weit verbessert und dass es sinnvoll ist, was ist tue. Ich glaube, dass jeder Mensch ein großes Potenzial an Glück in sich hat, was ihn erfüllt durchs Leben tragen kann. Ich glaube, dass Lernen zum Leben dazugehört wie die Luft zum Atmen. Ich glaube daran, dass Menschen es genießen, wenn sie sich weiterentwickeln und ihr Wissen und ihre Erfahrung einbringen können. Ich glaube, dass mein Training wertvoll ist, dass es Spaß macht und dass es die Lernfähigkeit erhöht, wenn beim Lernen Spiel möglich ist und die Menschen tiefe Freude empfinden. Ich glaube, dass es wertvoll ist, vielfältige Perspektiven einzunehmen, um Situationen wahrzunehmen und einzuschätzen. Ich glaube, dass Touch-Momente unsere Welt kostbarer machen.
Identität (Wer?)	Ich bin liebenswert und kreativ. Ich lebe intensiv und erfreue mich an jedem Tag. Mein Leben ist meines und gerne teile ich den Tag mit anderen Menschen und auch meinen Teilnehmern, um etwas zu erleben. Ich bin in meiner Trainerrolle immer auch als Mensch sichtbar und zeige mich mit persönlichen Anteilen.
Zugehörigkeit (Wer noch?)	Ich gehöre zu den Menschen, die daran glauben, durch ihre Arbeit und ihr Handeln diese Welt – zumindest ein kleines Stückchen weit – zu verbessern. Ich gehöre zu den Menschen, die mit Freude und Wissen kreativ und vielfältig trainieren, um anderen Menschen vielfältige und nachhaltige Lernerlebnisse zu bereiten. Ich gehöre zu den Menschen, die einen gleichgeschlechtlichen Partner lieben und trete für Toleranz auf dieser Welt ein.
Spiritualität (Wofür?)	Ich fühle mich als Teil der Welt, ich fühle Verbindung zu Mutter Erde und Vater Himmel. Ich fühle mich verbunden mit meinen verstorbenen Familienmitgliedern, die mich geboren und aufgezogen haben und bin ein Teil des Ganzen.

Wenn sich auf einer Ebene eine Veränderung ergibt, hat das Auswirkungen auf die anderen. Stellen Sie sich vor, Sie leben ganz normal als Trainer – bewusst oder auch unbewusst – mit diesen Ebenen. Dann lernen Sie in einem Urlaub segeln und starten danach eine längere Tour. Sie haben eine neue Fähigkeit: Sie können ein kleines

Sandra Masemann, Barbara Messer: Touch it

Boot steuern, damit Ziele erreichen, den Wind als Kraft nutzen. Diese Erfahrung wird Veränderungen auf den anderen Ebenen nach sich ziehen. Vielleicht ist Ihre Sehnsucht geweckt, fremde Länder kennenzulernen. Vielleicht möchten Sie mit anderen Menschen gemeinsam segeln? Vielleicht haben Sie Teamgeist noch einmal ganz neu erlebt und planen entsprechende Interventionen in Ihr Training ein. Oder Sie haben Ihren Vorstellungsraum von dem, was alles möglich ist, erweitert und suggerieren das auch im Training. Möglicherweise entwickeln Sie ein neues Trainingskonzept, in dem das Segeln ein wichtiger Baustein wird. Oder Sie nutzen das Segeln als Metapher in Ihren Trainings, um wesentliche Inhalte erfahrbar zu machen.

So gibt es viele Beispiele für Veränderungen auf Ihren ganz persönlichen Ebenen:

▶ Jemand aus Ihrer Familie stirbt. Dies hat intensive Auswirkungen auf die Ebene der Zugehörigkeit, der Identität und der Spiritualität.
▶ Sie sind in einem anderen Unternehmen tätig oder haben Auftraggeber in einer für Sie neuen Branche. Die neue Umgebung verändert Ihr Verhalten, möglicherweise auch Ihre Zugehörigkeit etc. Die Arbeit für einen bestimmten Träger, z.B. dem Deutschen Roten Kreuz, oder die Arbeit für einen Energiekonzern, der umweltfreundliche Technologien forciert, könnte die Ebenen des Glaubens und der Werte beeinflussen und verändern.
▶ Ein Umzug der Liebe wegen: Sie verlassen wegen einer neuen Liebe ihr bisheriges Lebens- und Arbeitsumfeld. Alles ändert sich.

Postulate für Touch-Momente im Training

Es brauchte schon ein wenig Mut, ein Buch mit einem so schwer greifbaren Thema anzugehen. Viel lieber beschäftigen wir Trainer uns doch mit unserer Methodenkompetenz als mit diesen ganzen emotionalen Irrungen und Wirrungen. Aber gerade deswegen sind sie uns wichtig! Und deshalb wagen wir es, in dem Wissen, dass unsere Gedanken, Ideen, Vorschläge, Interventionen und Werte im Prozess sind. Sie sind noch lange nicht abgeschlossen und dennoch reif genug, um sie Ihnen anzuvertrauen.

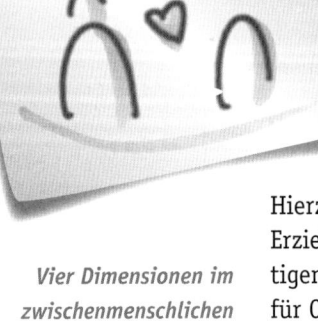

Vielleicht auch, weil wir Frauen sind? Vielleicht, weil wir auch Theaterblut in uns haben? Vielleicht, weil wir als Kinder noch viel draußen gespielt haben, auf der Straße und auf Feldern und dort in der „Horde" Verstecke gebaut haben? Vielleicht, weil wir beide leidenschaftlich gerne spielen, neugierig sind und uns gerne erleben. Egal, auf jeden Fall möchten wir intensive Momente in unseren Trainings schaffen!

Vier Dimensionen im zwischenmenschlichen Verhalten fördern die Persönlichkeitsentwicklung.

Hierzu noch ein Blick über den Tellerrand – einmal mehr aus der Erziehungspsychologie. Anne-Marie und Reinhard Tausch beschäftigen sich intensiv mit der Begegnung von Personen und was dies für Qualität und Weiterentwicklung bedeutet. Sie entdeckten vier wesentliche Dimensionen des zwischenmenschlichen Verhaltens, die, „wenn sie von Personen weitgehend gleichzeitig intensiv gelebt und von anderen wahrgenommen werden, die konstruktive Persönlichkeitsentwicklung bei anderen deutlich fördern, egal ob es sich dabei um Schulklassen, Familien oder Psychotherapie handelt:

1. Achtung – Wärme – Rücksichtnahme (vs. Missachtung – Kälte – Härte)
2. Vollständiges einfühlendes Verstehen (vs. kein einfühlendes Verstehen)

3. Echtheit – Übereinstimmung – Aufrichtigkeit (vs. Fassadenhaftigkeit – Nichtübereinstimmung – Künstlichkeit)
4. Viele fördernde nicht dirigierende Tätigkeiten (vs. keine fördernden nicht dirigierenden Tätigkeiten".[85]

Unsere Haltung zu trainieren und auch die Art, wie wir Interventionen auswählen und in das Training bringen, können sich auf diese vier Ebenen und auf vieles mehr beziehen.

Unsere Haltung als Trainer bestimmt unsere Wirkung.

Was braucht es, um Touch-Momente zu schaffen? Hierzu könnten wir uns ewig auslassen, doch halt, wir werden uns mäßigen und uns auf die wirklich wesentlichen Punkte konzentrieren:

Postulate für Touch-Momente

▶ Sei, was Du bist! Steh zu Dir!
▶ Sei sensibel für das, was ist!
▶ Sei selbst berührt und gehe in Kontakt! Zeige Deine Betroffenheit und Menschlichkeit! Sei empathisch und wende Dich den Menschen wirklich zu!
▶ Nutze das Yes-Set!
▶ Gehe auf Augenhöhe mit den Teilnehmern! Nimm Dich nicht so wichtig!
▶ Springe in das Training!
▶ Schaffe Kooperation!
▶ Nutze Deine Spielfreude!
▶ Beschäftige Dich mit Kreativität!
▶ Schaffe wertungsfreie Räume!
▶ Traue Deinen Teilnehmern viel zu!
▶ Entwickle eine Kultur, in der Fehler sympathisch sind!
▶ Nutze die Notfallpille „Wer weiß, wozu es gut ist"!
▶ Vertraue auf den Prozess – und lass Dich überraschen!
▶ Glaube an Deine Methoden!
▶ Sei mutig und mute zu!

Wir Trainer senden immer etwas aus, ob wir wollen oder nicht. Ob es uns bewusst ist oder nicht. Unsere Sprache und Körpersprache, unsere gesamte Ausstrahlung, unsere Kleidung, unsere Utensilien, selbst der Wagen vor dem Tagungshotel senden eine Botschaft. Damit sind wir selbst das wesentlichste Tool, um Touch-Momente zu schaffen und Teilnehmer emotional zu berühren.

Sei was Du bist! Steh zu Dir!

Leichter gesagt als getan. Sind wir es doch gewohnt, einen guten Eindruck zu machen. Und haben wir doch auch vor und nach dem Training viel zu organisieren und im Auge zu behalten. Da braucht es manchmal mehr Kopf und Gewissenhaftigkeit als Achtsamkeit auf den eigenen Zustand und die eigene Befindlichkeit.

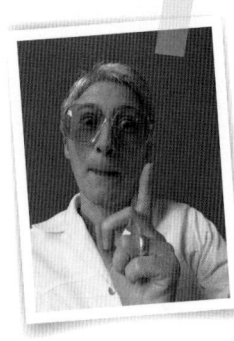

„Rein logisch betrachtet, können Sie gar niemand anderer sein, als Sie selbst. Sie haben sich ja immer dabei."

Und es gibt auch welche die denken: „Es ist nicht okay, ich selbst zu sein." Viele Trainer neigen dazu, sich zuzumachen, eine Maske aufzusetzen, die signalisiert: „Ich bin gut drauf, bin kompetent und nett." Sie lassen aber wenig durchblicken, was mit ihnen los ist. Wir sehen das aufgrund unserer Erlebnisse anders: Es lohnt sich, sich selbst darüber klar zu sein, was gerade mit einem los ist, und im Sinne einer persönlichen Kongruenz dazu zu stehen. Bitte verstehen Sie das richtig. Ist eine von uns schlecht gelaunt, nimmt sie ihre schlechte Stimmung nicht gleich als Grundhaltung den Teilnehmern gegenüber ein und mutet ihnen diese zu. Es sei denn, als Spiel oder aus einer Rolle heraus, die wiederum bewusst eingenommen wird. Natürlich soll das Ganze gemäßigt vor sich gehen. Es gilt im Sinne eines „Im-Moment-" bzw. „Im-Jetzt-Seins". Unsere Grundhaltung und Emotion im Training sollte schon eine positive, neugierige und wertschätzende sein.

Wer vorgibt, etwas zu sein, bringt sich um die Chance, es wirklich zu werden.

Je mehr Trainings wir in den vergangenen Jahren gemacht haben, umso stärker haben wir erfahren: Es ist das Beste, wenn man wirklich man selbst ist. Viele nutzen hierfür auch den Begriff Authentizität. Authentizität ist das Weglassen alles Unechten. Ein „So-tun-als-ob" kann kurzfristig funktionieren, langfristig hält das indes keiner durch. Natürlich zeigen wir uns – wahrscheinlich ohne Ausnahme – gerne von unserer „Schokoladenseite" und versuchen, bestimmte, als problematisch vermutete Verhaltensweisen zu vertuschen. Oder wir reden uns selbst gut zu, um einen Tag oder eine Situation positiv anzugehen. Spielen wir jedoch etwas vor und sind beispielsweise selbst nicht kongruent zum Thema unseres Trainings, kann das nicht nur unserem Verhältnis zu den Teilnehmern schaden, sondern uns auch im persönlichen Weiterkommen behindern. Jedes Mal, wenn wir nur vorgeben, etwas zu sein, etwas schon zu wissen oder zu können, bringen wir uns ja um die Chance, es wirklich zu erfahren und zu lernen.

„Je mehr von sich selbst Sie Ihrem Publikum zeigen, um so besser können Ihre Zuhörer eine Verbindung zu Ihnen herstellen und sich in Ihrer Gegenwart wohlfühlen. Wenn Sie wirklich etwas von sich zeigen, lernen Ihre Zuhörer Sie als Person kennen, statt Sie nur als eine körperlose Informationsquelle anzusehen. Das bedeutet keineswegs, dass Sie Ihr ganzes Privatleben offenbaren müssen. Es geht vielmehr darum, Barrieren zu beseitigen und Ihr wahres Selbst zum Vorschein zu bringen: jenen lebendigen, spontanen, spielerischen und energievollen Menschen, der Sie in Wahrheit sind."[86]

Zu sich selbst stehen heißt auch, zu seinen Marotten und Schwächen zu stehen – und diese sogar noch im Sinne von Charme und positiver Fehlerkultur zu nutzen. Damit es Übereinstimmungen gibt zwischen dem, was die Teilnehmer sehen, hören und wahrnehmen. Ein bekanntes Mittel ist der Rapport sich selbst gegenüber. Den können wir mit uns haben und uns zugleich mit den Teilnehmern wohlfühlen. Alle Teile unserer Kommunikation, die Wahl unserer Worte, unsere Stimme, unsere Bewegungen, Gestik und Mimik vermitteln übereinstimmende Botschaften. Seien Sie ganz Sie selbst und zeigen Sie zugleich, wie wichtig Ihnen die Teilnehmer sind. Das schafft Vertrauen und Echtheit.

Wir nehmen uns da selbst beim Wort: Die Inhalte, die wir vortragen, haben wir am eigenen Leibe erfahren und drücken sie in unserer ganzen Präsenz, mit unserer jeweils eigenen – wie auch der gemeinsamen – Lebenserfahrung und mithilfe unserer deutlichen inneren Haltung dazu aus. Das kommt bei den Menschen an.

Sei sensibel für das, was ist!

Hört sich auch wieder ganz normal an, ist es ja auch. Da wir meist zu zweit trainieren, nehmen wir folglich unterschiedlich viel und natürlich auch Unterschiedliches während eines Trainings wahr. So können wir uns darüber austauschen, ob und inwiefern wir damit richtig liegen oder ob sich da ein persönlich sensibler Teil von uns in den Vordergrund gedrängt hat. Aber auch wenn ich alleine trainiere, kann ich meine persönliche, sinnliche Wahrnehmung steigern. Hilfreich sind dabei folgende Aspekte und Fragestellungen:

Wie Sie Ihre Wahrnehmung schärfen

▶ Was halten wir aus bzw. was lassen wir die Teilnehmer aushalten? Dabei geht es um Aspekte wie Irritation, Unruhe, Skepsis,

Tempo oder andere Stimmungen (oder Reaktionen), die entstehen können.

▶ Was nehmen wir als normale Reaktion, die zum Prozess gehört, hin? Wo sind eher unsere eigenen Befindlichkeiten berührt, wo könnten es welche der Teilnehmer sein? Die Überwindung welcher Widerstände ist hilfreich?

▶ Wo intervenieren wir? Und was lassen wir geschehen? Welche Intervention oder welches Eingreifen von uns ist nötig? Bei Trainerteams: Wer von uns macht das, weil er/sie bestimmte Anteile dazu in sich trägt bzw. am meisten damit in Resonanz geht?

▶ Welche Reaktionen und Emotionen gehören zum Prozess? Wo sind wir gerade selbst zu sehr beteiligt und verlassen unsere Meta-Position?

„Das sind doch auch genau die zauberhaften Momente des Miteinanders: wenn wir uns gerade mal verstehen und von ein und derselben Sache sprechen."

Ein Stück weit orientiert sich dieses Vorgehen an der NLP-Grundannahme: „Jeder Mensch hat sein eigenes Modell der Welt." Jeder repräsentiert seine eigene Wirklichkeit. Wir filtern uns unbewusst das aus unserer Wahrnehmung heraus, was unseren Glaubenssätzen und unserer Interpretation entspricht. Und jeder unserer Teilnehmer hat seine eigene Wahrnehmung und Sicht auf die Welt. Falls Sie denken, dass die Weltmodelle Ihrer Teilnehmern Ihrem eigenen sehr ähnlich sind, nun gut: Dann liegen Sie falsch. Es kann sogar sein, dass sich die Weltmodelle Ihrer Teilnehmer ganz erheblich von dem Ihrem unterscheiden.

Um erfolgreich mit anderen Menschen zu kommunizieren und mit ihnen in eine – möglichst – tiefere Verbindung zu treten, müssen wir die verschiedenen Weltmodelle respektieren, auch wenn sie sich stark von unserem unterscheiden. Und dabei geht es nicht um die Frage, welches Modell der Welt richtig ist oder nicht. Darauf gibt es sowieso keine Antwort. Wenn wir davon ausgehen, dass jeder aus seiner Sicht heraus Recht hat, handelt es sich um nichts weiter als unterschiedliche Modelle der Welt, ohne dass damit eine Wertung verbunden ist. Wenn wir sensibel sind für die verschiedenen Situationen und Weltmodelle der Teilnehmer und davon ausgehen, dass das Weltmodell jedes Teilnehmers für den Betreffenden das genau richtige ist, werden wir auch jederzeit mit allen Teilnehmern „in Touch" kommen und ihnen begegnen können.

Sei selbst berührt und gehe in Kontakt! Zeige Deine Empathie und Menschlichkeit!

Sicher ist das – speziell in Kontexten von Soft-Skills-Trainings – selbstverständlich. Die Frage, die uns immer wieder treibt, ist: Wie sehr empfinden, signalisieren und leben wir selbst Kontaktbereitschaft und Einfühlungsvermögen?

Sind wir beispielsweise eher kontaktscheu, haben wir quasi einen Trainer-Jägerzaun um uns herum? Dürfen uns die Teilnehmer nur so nahe kommen, wie es unsere Facebook-Seite zulässt? Oder dürfen wir ihnen öfter und länger in die Augen sehen als gewöhnlich? So lange, bis es brizzelt!? Ja, wir dürfen! Denn dann werden wir Mensch bzw. werden als solcher gesehen. Und damit laden wir die Teilnehmer ein, sich auch als solche zu fühlen. Rapport und Verbindung entstehen.

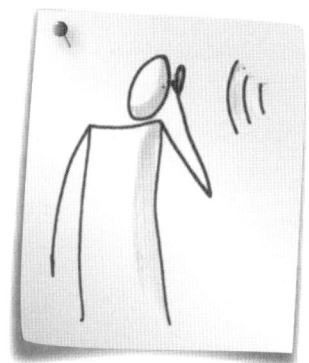

Reagieren wir doch lieber mit Empathie als mit Kompetenz auf Fachebene. Einfühlungsvermögen ist eine zentrale Kompetenz eines Trainers. „Die Grundlage der Empathie ist Selbstwahrnehmung; je offener wir für unsere eigenen Emotionen sind, desto besser können wir die Gefühle anderer deuten."[87] Dazu gehört, sich in andere Menschen hineinzuversetzen und Dinge zu verstehen, bevor man reagiert. Gutes Einfühlungsvermögen ermöglicht eine positive Lernatmosphäre im Training. Fehler werden leicht, Verhalten wird wertgeschätzt bzw. ist erst einmal neutral. Menschen trauen sich, Schwächen zu zeigen, um genau dadurch zu wachsen.

Empathie hilft den Teilnehmern, sich mehr zuzutrauen.

Ein Beispiel: Wir stellen im Training ein Thema vor, die Teilnehmer arbeiten daran und damit. Im Laufe des Tages kommt von einem Teilnehmer (oder von mehreren) ein Einwand. Den können wir natürlich im Rahmen einer guten „Einwandbehandlung" (was für ein Wort!) bearbeiten. Wir können diesen aber auch mit unserer menschlichen Seite angehen. Der Teilnehmer hat vielleicht ein wirkliches Problem damit, er hat Sorgen, quält sich vielleicht schon länger. Also schenken wir dem Glauben, geben unsere Rücksichtnahme gegenüber seinen Sorgen, Ängsten, Emotionen in unseren Worten, in unserer Körpersprache und unserer Haltung wieder. Wir nehmen ernst und schenken Glauben.

Damit verlassen wir sprunghaft den Halbgottstatus Trainer und werden Mensch auf Augenhöhe. Eine gute Voraussetzung, um berührende Momente im Training zu schaffen. Denn wir teilen

Jammern entlastet.

Emotionen! Schließlich wissen wir alle: Zum Menschsein gehört das „Klagen, Jammern, Herzausschütten" dazu. Über die Unbilden und Scheußlichkeiten des Alltags zu weinen und zu lachen kann uns das Gefühl geben, ein ganzer Mensch zu sein. „Daher ist eine der Hauptaktivitäten, der die meisten von uns unbewusst frönen, nach Gelegenheiten zu suchen, jemanden dazu zu bekommen, zuzuhören, während man die Geschichte seines Kummers und Leidens erzählt. Vielleicht haben Sie schon bemerkt, wie beliebt diese Beschäftigung tatsächlich ist. Sobald die Schwelle der Schüchternheit erst einmal überschritten ist, stellen beispielsweise die Konversationen auf Dinner-Partys hauptsächlich Versuche dar, uns beim Erzählen von Fragmenten aus unseren privaten Dramen gegenseitig auszustechen. Jeder versucht, die günstige Gelegenheit, endlich einen Zuhörer gefunden zu haben, am Schopfe zu packen, und lässt all die unaufgelösten Traumata seines Lebens noch einmal aufleben.

Auch unangenehme Emotionen brauchen ihren Platz.

Wenn unsere Aufmerksamkeit von Schmerz verzehrt wird, bleibt möglicherweise nicht viel Aufmerksamkeit für andere Dinge übrig. Jeder Augenblick wartet mit neuen Lernmöglichkeiten auf. Je effektiver man uns zuhört, wenn wir uns entlasten, desto mehr Aufmerksamkeit haben wir für die erfreulichen Dinge."[88]

Deutlich, oder? Es braucht emotionale Zuwendung und Beteiligung, um Lernen zu können. Einwände, die ausschließlich kognitiv „behandelt" werden, können in diesem Sinne viel kaputt machen. Sind hingegen die unangenehmen Emotionen ausgelebt, haben die angenehmen und für das Lernen förderlichen umso mehr Platz!

Hierzu noch ein Beispiel? Vor Kurzem führten wir ein sehr intensives Training für Fachkräfte zum besseren Umgang mit Menschen mit Demenz durch. Das ist generell ein Thema, was unter die Haut geht, da es sehr viel mit uns persönlich zu tun hat.

Eine der Teilnehmerinnen trug dann auch recht schnell ihre persönliche Situation mit ins Training. Sie berichtete davon, wie es ihr mit ihrer demenzkranken Mutter geht und wo sie an ihre Grenzen gelangt. Das brauchte wiederholt Minuten, in denen die anderen ihr auf schweigsame Art Aufmerksamkeit schenkten. Ihre Tränen weinte sie in einer sensibel gehaltenen Atmosphäre. Die Tränen waren erlaubt und manch ein anderer Teilnehmer nutzte diese Momente für die eigene kleine meditative Einkehr. Wir als Trainerinnen waren dem Gefühl auch nah, da wir das Gefühl von Trauer und Überforderung kennen. Und dennoch blieben wir professionell, da wir immer wieder den roten Faden des Trainings aufgegriffen haben.

Nutze das Yes-Set!

Das Yes-Set kennen sicher schon viele Leser, bewusst oder auch unbewusst. Mit dem Yes-Set ist die Einholung von Zustimmung gemeint. Dieses Yes ist besonders wichtig, wenn ich „viel von den Teilnehmern erwarte".

Es stammt ursprünglich aus der Arbeit mit Trancen, Fantasiereisen und passiven Lernkonzerten oder geführten Imaginationen, lässt sich jedoch ebenso auf die Eröffnung von Trainings oder auch auf spezielle Interventionen übertragen. Die Teilnehmer sind, während sie Sie beobachten und ihre ersten Eindrücke sammeln, damit beschäftigt, Vergleiche anzustellen. Stimmt das, was Sie als Trainer sagen, mit dem überein, was Sie zeigen? Und passt das zur Welt der Teilnehmer? „Während er also den Worten des Erzählers lauscht, überprüft der Zuhörer alle Informationen auf Ähnlichkeiten in den eigenen Erfahrungen und gibt ihnen einen individuellen Sinn."[89]

„Während das Neinsagen viel Energie kostet, ergibt ,Ja' Kraft und hoch positive Lebensenergie!"

Dieses „Passen" erreichen wir durch das aus dem NLP bekannte Phänomen des „Pacens": „Pace heißt im Englischen: Pfad, Schritt, Mitgehen. Pacing bedeutet: auf dem Pfad des anderen mitgehen, in seinem Schritt gehen."[90] Als Trainer stellen wir also bewusst Gemeinsamkeiten zu den Teilnehmern her, sei es durch Mimik, Gestik, Körpersprache, über die Sprache, die innere Haltung, die Umgebung, die Werte und Glaubenssätze.

Gemeinsamkeiten zu den Teilnehmern herstellen

Das „Yes" der Teilnehmer bekomme ich, wenn ich vorab generelle Aussagen treffe, die offensichtlich Allgemeingut sind oder die zum „Jetzt-Erleben" der Teilnehmer gehören. Das können Aussagen zum Veranstaltungsort, zum Wetter, zum Thema oder auch zu aktuellen Anlässen gesellschaftlicher Art sein, zu denen die Teilnehmer einfach – innerlich – zunicken.

„Guten Morgen, wir freuen uns sehr, dass wir diesen gemeinsamen Tag hier in Hannover zusammen erleben werden. Die Sonne draußen lädt uns ein, auf die besonders spannenden Aspekte des Führungsalltags zu gucken. Auf dem Weg hierher sind Sie vielleicht noch einmal die eine oder andere Situation aus Ihren beruflichen Anforderungen in Gedanken durchgegangen. Hier in diesem Raum, der diesen Blick auf den Park hat, werden wir in dieser Runde neugieriger Menschen ..."

Gehe auf Augenhöhe mit den Teilnehmern!
Nimm Dich selbst nicht so wichtig!

Ein Lieblingspostulat! Nimm Dich selbst nicht so wichtig! Wir Trainer neigen gerne zu unserer eigenen Wichtigkeit, denn ohne uns wäre ja der ganze Tag ein Nichts! Der fiese Hintergedanke: Die

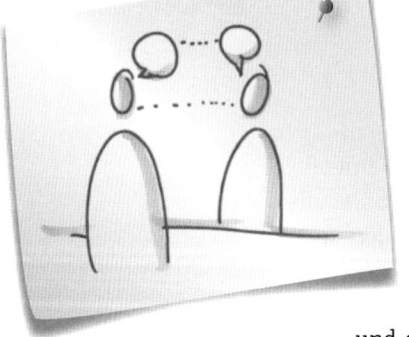

Teilnehmer würden, provokant gesagt, ohne uns in ein tiefes Wissensloch fallen. Das ist natürlich Quatsch und komplett übertrieben. Schaffen wir es, uns auf Augenhöhe zu begeben, bekommen wir weit mehr geschenkt, als wir geben.

Dabei funktioniert die Kommunikation im Training in gewisser Weise wie in einem Kreislauf, in dem jeder einen Part erfüllt, der mal passiver, mal aktiver ausfällt. Mal agieren wir, mal reagieren wir. „Training ist ein zirkuläres, kooperatives Unternehmen, und der Trainer ist hauptsächlich dafür verantwortlich, eine Trainingsumgebung zu schaffen, in der es Leuten leichter fällt, zu lernen. Jeder ist für sein eigenes Lernen verantwortlich."[91]

Auch Trainer sind Lernende.

Das erreichen wir Trainer u.a. durch eine ganz einfache Grundhaltung. Indem auch wir lernen, werden wir flugs zum positiven Modell. Diese Einstellung verschafft uns die Möglichkeit, auf wirkliche Augenhöhe zu gehen. Wir lernen z.B. neue Aspekte des Stoffes kennen, die uns vorher noch nicht aufgefallen sind. Oder wir lernen, wie wir anders präsentieren können. Immer können wir lernen, wie es gerade um unsere vielfältigen Stärken und Schwächen steht, wo uns gerade etwas einlädt, es ernster zu nehmen. Wenn wir lernen, lernen die Teilnehmer auch.

In der Suggestopädie kennen wir dieses Phänomen unter dem Begriff „assertives Verhalten". „Menschen, die sich assertiv verhalten, wissen um ihr Recht, für ihre Bedürfnisse sorgen zu dürfen, solange die Bedürfnisse und Rechte anderer dadurch nicht verletzt werden. Wenn Konflikte auftreten, werden sie versuchen, diese zum Wohl aller Beteiligten zu lösen. Assertive Menschen wissen, was sie wollen, und teilen sich offen und ehrlich mit. Da sie die Hilfe anderer brauchen und wünschen, sind sie auch bereit, anderen zu helfen, ihre Bedürfnisse zu stillen. Wer sich assertiv verhält, hat weniger Angst, ist selbstsicher und zufrieden; andere reagieren positiv, Beziehungen werden stärker."[92] Assertives Verhalten aufseiten des Trainers ist das Gegenteil von Macht. Roberta Ferenchich, eine internationale Ausbildungstrainerin für Suggestopädie, bezieht sich dabei auf die Aussage von Alberti und Emmons. „Ein assertives Verhalten fördert die Gleichberechtigung in den menschlichen Beziehungen, es fördert das positive Agieren, ohne Angst, ohne verteidigen zu müssen. Es setzt uns in die Lage, spontan unsere Gefühle zu äußern, ohne jene der anderen zu leugnen."[93] Eine gute Basis für die innere Haltung, auf Augenhöhe mit den Teilnehmern zu sein.

Das Phänomen des assertiven Verhaltens

In unseren Veranstaltungen nutzen wir hierfür gerne folgende Metapher: Wir legen den Teilnehmern einen roten Teppich aus. Der ist für sie und ihre Anliegen. Für ihr Erleben und ihr Training. Wir sehen uns eher als Wegbegleiter und Unterstützer. Augenhöhe heißt für uns: Hier sind alle gleich wichtig. Ich bin jeweils einer von vielen. Das schafft einen gesunden Rapport und lädt die Teilnehmer ein, uns als normale Menschen zu betrachten.

Noch etwas zum Thema Augenhöhe? Ein asiatisches Sprichwort sagt: „Die Augen sind das Fenster zur Seele."

Springe in das Training!

Auch diese Voraussetzung stammt aus dem Theater, aus dem Clownsspiel, und lässt sich hervorragend auf das Training übertragen. Das Training ist ein komplett anderer Kontext als der Alltag der Teilnehmer. Das geht uns Trainern übrigens genauso. Ein Trainingstag ist anders. Irgendwo auf dem Weg zum Training schalten wir alle in einen anderen Modus. Die Teilnehmer stellen sich ganz individuell auf diesen Tag ein. Der Wechsel gelingt besonders gut, wenn wir ihn bewusst machen. Wie einen Schritt – und hier vielmehr wie einen Sprung – in eine andere Welt.

„Der Clown" steht beispielhaft für eine Stimmung bzw. einen Zustand, den man nicht schrittweise erreichen kann. Da muss man schon hineinspringen. Ein beherzter Sprung – und Sie sind mitten in der Touch-Trainingswelt. Selbstverständlich müssen Sie das nicht als Clown tun, sondern Sie wählen sich Ihren ganz individuellen ressourcevollen Wunschzustand, in den Sie und Ihre Teilnehmer hineinspringen.

Und noch etwas: „Entscheidend für die Entwicklung von Humor und eine spielerische Haltung zum Leben ist die Fähigkeit zu ,springen'. Zu springen bedeutet für mich, aus der ,Null'[94] zu handeln. Das kann heißen: sich zu zeigen, sich zu äußern, etwas zu wagen. Manchmal vollzieht sich ein Sprung zunächst innerlich. Wenn es wirklich ein Sprung ist, dann hat er Wirkung. Springen heißt auch: absichtlich wirken. Ein Narrensprung ist ein Sprung, bei dem wir nicht genau wissen, wo der Sprung uns hinführt. Ein Narrensprung vertraut auf das, was wir ,die Stimme des Herzens' nennen – er ist ein beherzter Sprung. Ein Narrensprung ist ein Sprung ins Feuer – und das Feuer wärmt und begeistert. Er ist ein Sprung in die Luft – und die Luft inspiriert uns, haucht uns zu. Wenn er oder sie so springt, landet ein Narr oder eine Närrin mit beiden Beinen auf dem Boden, auf der Erde."[95]

Reißen Sie die Teilnehmer bewusst aus ihrem Alltag.

Springen wir also in das Training hinein und hinterher wieder hinaus. Und kommen damit wieder in der „normalen" Welt an, in der Welt außerhalb unseres Trainings. Ein Training soll schließlich auch eine Unterbrechung der Routine und des Alltags für die Teilnehmer sein. An diesem Tag (an diesen Tagen) unterbrechen wir die täglichen Routinen und Gewohnheiten, wir unterbrechen das „So-wie-immer-Reagieren", nämlich unsere geprägten Reaktionen. Wir unterbrechen den Trott in der Welt unserer Gedanken und unserer Erfahrung. Diese Unterbrechung wird durch den Sprung wunderbar verdeutlich und erfahrbar.

Schaffe Kooperation!

Kooperative Umgebungen sind produktiver.

Mittlerweile ist bekannt, dass Kooperation und Teamarbeit Dinge weit mehr voranbringen als die Kraft der Konkurrenz, speziell in Trainings. „Alle bisher durchgeführten Studien zeigen, dass kooperative Umgebungen effektiver sind als Konkurrenz fördernde. Diese vielleicht überraschende Erkenntnis haben David und Roger Johnson gewonnen. Die Johnson-Brüder führten eine Reihe von

Experimenten in realen Unterrichtssituationen durch. Sie durch-
forsteten anschließend die wissenschaftliche Literatur zu dem
Thema und fanden ihre Beobachtungen bestätigt. Kooperation war
in Lernsituationen nahezu immer deutlich effektiver
als Konkurrenz, obwohl in einigen wenigen Fällen die
Ergebnisse ungefähr gleich ausfielen. Aber nicht eine
einzige Studie konnte ein Beispiel anführen, bei dem
Konkurrenz zu besseren akademischen Resultaten
geführt hätte als Kooperation."[96]

Die Bedeutung des Gruppenerlebens und der Kooperation im Zusammenhang mit erfolgreichem Lernen
wurde in diesem Buch schon mehrfach betont. Sie
findet sich bei Marshall Rosenberg[97], dem Begründer
des Konzepts der gewaltfreien Kommunikation, in
dem Bedürfnis nach Interdependenz, dem Kontakt mit anderen. Sie
findet sich ebenso in der Ebene der Zugehörigkeit in Robert Dilts'
Modell der Logischen Ebenen. Die Suggestopädie hebt den „Gruppenprozess" als zentralen Wirkfaktor des Lernens hervor. Dieser
wird als umso intensiver und positiver erlebt, je vielfältiger Gruppengrößen, -arbeiten und -aufgaben variieren. Touch-Momente sind
dadurch auch sehr wohl in großen Gruppen möglich.

Ein gutes Gruppenerleben findet auf vielfältige Weise statt: durch
faszinierende Aufgabenstellungen, Anregung und Förderung von
Austausch, Kommunikation und Feedback, variantenreiche gemeinsame Aktivitäten. Als Folge dessen erleben wir häufig so etwas wie
Kohäsion der Teilnehmer. Dieser augenfällige Gruppenzusammenhalt entsteht durch das gemeinsame Lernerlebnis und erfüllt damit
auf ganz praktische Weise das Bedürfnis nach Zugehörigkeit und
Bindung.

*Gruppenlernen schafft
Gruppenzusammenhalt.*

„Unter Kohäsion einer Gruppe verstehen wir das Ausmaß an Zusammenhalt und Wir-Gefühl. Gruppenkohäsion kann nicht befohlen
oder vorgeschrieben werden, deshalb erscheint sie Gruppenleitern
oft als launische Variable. Sie kann aber durch zwei praktisch hand-
habbare Größen entscheidend gefördert werden: 1. Gemeinsames
Erleben, 2. Austausch."[98] Gespräche und Austausch über persönliche
Erfahrungen finden immer dann statt, wenn Vertrauen zwischen
den Teilnehmern gegeben ist. Für diese magische Kohäsion ist es
unverzichtbar, dass die Gruppe sich über das Erlebte austauscht,
über die Erfahrungen, die Fragen, die Erkenntnisse, Zweifel und An-

Die magische Kohäsion

regungen, die entstanden sind. Die Teilnehmer erleben ein Training immer ganz unterschiedlich und individuell. Über das Wahrnehmen und Respektieren dieser individuellen Unterschiedlichkeiten findet eine Gruppe ihre Identität – selbst an einem Tag oder in wenigen Stunden – und die Kohäsion entwickelt Fähigkeiten, die jedem Teilnehmer zugute kommen.

Schaffen wir also viele Momente, in denen Kooperation erfahrbar ist. Und das geschieht durch viele aktive und erlebnisorientierte Elemente eines Trainings.

Nutze Deine Spielfreude!

Spielen ist mit das Schönste, was es gibt. Wir können zwar nicht beurteilen, wie es ist, ein Spiel auf dem PC oder Smartphone zu spielen. Wir spielen dennoch – oder gerade deshalb – mehrmals am Tag. Spiele, die unserem Spieltrieb entspringen, seien es Wort-, Beziehungs- oder Gedankenspiele. Und wir, also die beiden Autorinnen, spielen auch gerne in unseren jeweiligen Theaterrollen,

die wir für uns kreiert haben. Spiele machen Spaß und sind zugleich ein hervorragendes didaktisches Werkzeug mit tiefer Wirkung. Unser Trainerkollege Erich Ziegler bringt es auf den Punkt: „Spiele lassen das Typische, Modellhafte im menschlichen Verhalten heraustreten und ermöglichen ein ganzheitliches Lernen." Kinder lernen, indem sie spielen. Im Spielzustand sind sie im Alphazustand, im schwebenden Zustand zwischen Wachen und Schlafen, in dem der Geist entspannt und zugleich voll konzentriert und aufnahmefähig ist. Halten wir als Fakten fest:

Für Spiele sprechen vernünftige Argumente.

▶ Spiele machen uns lern- und aufnahmebereit.
▶ Sie öffnen uns positiv für die Gruppe, das Thema, uns selbst.
▶ Sie nehmen uns den Arbeits- und Lernstress.
▶ Spielen ist uns vertraut und aktiviert dadurch persönliche Ressourcen. Denn wir waren alle einmal spielende Kinder.
▶ Durch Spiel entsteht Freude, und diese wiederum steuert die Aufmerksamkeit und Aufnahmefähigkeit.

Spiele im Training stoßen bei manchen Teilnehmern allerdings auch auf Widerstand. „Das ist doch was für Kindergeburtstage!", lautet vielleicht ein typischer Kommentar. Dabei ist Spielen eine lustvolle, fröhliche, genussintensive Tätigkeit, die uns Menschen von innen heraus motiviert. Die Freude am Spiel ist etwas Natürliches. Ist sie bei Teilnehmern nicht vorhanden oder wahrnehmbar, ist auf einer tieferen Ebene etwas eingeschränkt oder blockiert. Wenn Sie selbst gerne spielen, strahlen Sie das auch aus. Und wenn Sie darauf achten, dass die spielerischen Trainingselemente in der Praxis funktionieren, ein fest umrissenes Lernziel verfolgen und nicht nur des Spiels wegen gespielt werden, bekommen Sie auch die anfangs skeptischen Teilnehmer in der Regel schnell auf Ihre Seite.

Beschäftige Dich mit Deiner Kreativität!

„Kreativität ist das Zulassen von Zufällen, die Bereitschaft, jede Veränderung als Chance zu sehen. Dazu gehört, Gewohnheiten und Denkschablonen aufzugeben und Sätze wie ‚Das habe ich schon immer so gemacht', ‚Das haben wir noch nie so gemacht', ‚Das gehört sich aber nicht' oder ‚Das ist doch albern' erst einmal zu vergessen."[99]

Ein wahrer Satz, den wir in Trainings und Seminaren vermutlich gerne den Teilnehmern „predigen", gerne aber auch einmal übersehen, wenn es um unsere eigene Arbeit als Trainer geht. Natürlich: Viele von uns Trainern lieben Kreativität und wir lieben es auch, wenn sie bei den Teilnehmern aus den Augen blitzt. Oft genug zögern aber auch wir im Alltag, etwas Neues auszuprobieren, wohl wissend, dass genau das uns gut tun würde. Manches machen wir sogar aus Gewohnheit weiter so, auch wenn wir den Verdacht haben, dass es nicht (mehr) der beste Weg oder die beste Methode ist. Interessanter und befriedigender wäre es in diesem Fall, das Risiko einzugehen und das Experiment des Neuen zu wagen. Und das kann natürlich schiefgehen und kostet selbstverständlich zunächst einmal mehr Zeit. Aber wir lernen dazu – genau in diesen Momenten.

„Kunst wäscht den Staub des Alltags von der Seele."
– Pablo Picasso –

Kreativität kann man nicht unbedingt erzwingen – wobei das mit entsprechenden Kreativitätstechniken durchaus auch einmal klappen kann. Viel eher können wir sie allerdings zulassen, denn der Mensch ist von Natur aus kreativ und innovativ. Mancher braucht einen leeren Kopf, um kreativ zu sein, und vielen tut es gut, wenn das typische Alltagsgetümmel ein wenig reduziert ist. Stille, Ruhe und Reduzierung ermöglichen oft den Raum für kreative Prozesse.

Persönlich nutzen wir übrigens folgenden Weg, um unsere Trainerkreativität auf dem Laufenden zu halten:

1. Wir erleben etwas bei einem anderen Trainer. Das kann eine Methode sein, aber auch etwas von dem vermittelten Inhalt oder in seinem Verhalten.
2. Wir setzen uns damit punktuell auseinander – und reiben uns daran.
3. Wir lassen den aufgenommenen Impuls durch uns „durchlaufen" und kreieren im Kontext zu eigenen Themen etwas Neues.

Das klingt ein wenig nach einer Maschine, bei der auf der einen Seite etwas hinein- und auf der anderen Seite etwas anderes herauskommt. Dem ist natürlich nicht so. Wir suchen uns ganz bewusst immer wieder Impulsgeber, lernen von anderen, gehen in einen Diskurs auf vielen Ebenen. Manches Mal erscheint der erlebte Transfer oder die integrierte neue Erfahrungen nicht sofort, manchmal liegen vier Tage, Wochen oder Monate dazwischen.

Auch von einem scheinbaren „Negativ-Beispiel" lässt sich vieles lernen, wenn es uns als Anregung dazu dient, darüber nachzudenken, was uns stört, was wir an anderen Werten leben, wo wir anders vorgehen würden und was uns besonders wichtig erscheint. Dann sind wir wieder einen Schritt weiter, weil wir uns mit unseren Schattenseiten beschäftigen, die uns bewusst werden können, wenn wir uns fragen: Warum ärgern wir uns eigentlich über ein Verhalten des anderen? Welcher Teil in uns sucht Aufmerksamkeit, Beachtung und Klärung?

Schaffe wertungsfreie Räume!

Wir entscheiden, wie wir die Welt bewerten und wie wir Dinge einschätzen. Wir bewerten viel, auch andere Menschen in ihrem Verhalten. Das können wir kaum verhindern, denn es schützt uns ja auch vor Gefahren und lehrt uns, wie vielfältig die Welt ist. Aber oft bewerten wir vorschnell nach unseren gewohnten Schablonen, wir packen Menschen in Schubladen, aus denen wir sie ungern wieder herausnehmen. Unsere Bewertungen sind wie Filter, durch die wir unsere Wahrnehmungen und Interpretationen laufen lassen.

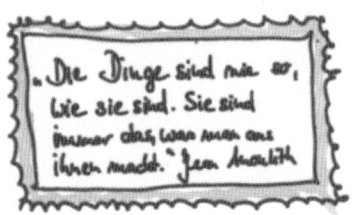

„Die Dinge sind nur so, wie sie sind. Sie sind immer das, was man aus ihnen macht." Jean Anouilh

Alle Erfahrungen unseres Lebens werden kontinuierlich vom Gehirn erfasst, verdichtet und verarbeitet. So entstehen aus vielen Verhaltensweisen und Reaktionen der Umwelt (Feedback) unsere Fähigkeiten. Wir lernen, was gut ist und was schlecht, richtig oder falsch. Wir verallgemeinern Erfahrungen und bilden unsere Werte, unsere Überzeugungen und Glaubenssätze. Und das gilt auch bezüglich der Teilnehmer oder Ereignisse im Training.

Dabei wissen wir als Trainer: Der erste Eindruck bleibt. Da kann sich ein Teilnehmer noch so viel bemühen, wir haben unser Urteil über ihn bereits getroffen. Und doch wissen wir Trainer, dass das nicht gut ist. Und deshalb sollten wir gerade hier unser besonderes Augenmerk darauf richten, in unseren Trainings einen Raum zu schaffen, in dem sich die Menschen direkt begegnen, sich offen anlächeln, wenn sie sich begegnen, sicher, vertrauensvoll und leicht sind. Es kann eine Welt des freien, unbeschwerten, spielerischen Raumes und Miteinanders sein, in der Dinge ohne Wertung geschehen.

„Jenseits unserer Vorstellung von richtig und falsch gibt es ein Feld. Dort will ich Dich treffen."
– Rumi –

Traue Deinen Teilnehmern viel zu!

Ebenfalls ein zentrales Postulat unseres Wirkens als Trainer! Wir wissen aus eigener Erfahrung, dass die Teilnehmer das können, was wir ihnen zutrauen. Denn unser Vertrauen in die Fähigkeiten der Teilnehmer lässt sie – häufig auch unbewusst – Selbstvertrauen gewinnen und ermuntert sie, ihre Potenziale auch wirklich auszuschöpfen. Die jüngsten Ergebnisse zur Bildungssituation in deutschen Schulen sind hierfür ein eindrücklicher Beleg – wenn auch leider in negativer Hinsicht. Ein bekanntes Beispiel über diesen Wirkzusammenhang liefert das Rosenthal-Experiment. Der amerikanische Psychologe Robert Rosenthal analysierte, welchen Einfluss der Versuchsleiter in psychologischen Experimenten auf das Verhalten von „Versuchspersonen" oder auch Versuchstieren hat.

Zutrauen schafft Selbstvertrauen.

„Für ein Lernexperiment mit Ratten instruierte Rosenthal zwölf Psychologiestudenten als Versuchsleiter. Die Versuchstiere (60 Albino-Ratten) sollten lernen, in einem einfachen Labyrinth den richtigen Weg zur Futterstelle zu wählen. Robert Rosenthal erläuterte seinen studentischen Versuchsleitern, dass die eine Hälfte der Versuchstiere aufgrund von Zuchtwahl besonders lernfähig, die andere Hälfte besonders ‚dumm' sei. Die Ratten wurden den Versuchsleitern nach Zufall zugeteilt, sechs Versuchsleiter waren jedoch in dem Glauben, dass ihre Tiere zu den ‚klugen' Ratten gehörten, die anderen sechs, dass sie mit ‚dummen' Ratten experimentieren würden.

Das Rosenthal-Experiment

Jeder Versuchsleiter hatte die Aufgabe, mit einer Gruppe von fünf Ratten an fünf Tagen je zehn ‚Trainingsläufe' im Labyrinth durchzuführen und zu notieren, ob die Tiere den richtigen Ausgang wählten. Die ‚klugen' Ratten waren entsprechend den Erwartungen ihrer Versuchsleiter an jedem Versuchstag den ‚dummen' Ratten überlegen. Des Rätsels Lösung ist aus einer Befragung der Studenten nach dem Experiment zu erschließen: Die Versuchsleiter mit vermeintlich ‚klugen' Ratten beurteilten ihre Versuchstiere wesentlich positiver und behandelten sie dementsprechend liebevoller, als Versuchsleiter mit vermeintlich ‚dummen' Ratten dies taten.

Unsere Erwartung beeinflusst das Ergebnis.

Der ‚Rosenthal-Effekt' – d.h. die Beeinflussung des Ergebnisses durch die Erwartungen des Experimentators – ist bei menschlichen ‚Versuchsobjekten' noch wesentlich wirksamer als im Tierexperiment. Rosenthal testete z.B. zu Beginn eines Schuljahres alle Kinder der 18 Klassen einer Schule. Dann gab er den Lehrern die Namen einzelner Schüler, die dem Testergebnis zufolge eine ‚ungewöhnlich gute schulische Entwicklung' nehmen sollten (insgesamt 20 Prozent der Schüler). Die Namen der ‚Hochbegabten' waren wiederum streng nach dem Zufallsprinzip ausgewählt. In den höheren Schulklassen hatte die Lehrererwartung nur einen geringen Einfluss auf die Leistung der Schüler, in den unteren Klassen war der Effekt jedoch dramatisch:

Am Ende des Schuljahres hatten die vermeintlich ‚Hochbegabten' nach dem Ergebnis eines Schulleistungstests einen großen Vorsprung gegenüber den anderen Schülern. Die Tendenz psychologischer Testergebnisse, die Umwelt des Getesteten so zu beeinflussen, dass die ‚Test-Prophezeiung' auch wirklich eintritt (‚sich selbst erfüllende Prophezeiung' = ‚self-fulfilling prophecy'), ist nur ein Sonderfall des ‚Rosenthal-Effekts'."[100]

Wir Trainer sind Mentoren und Vorbilder, wir können Teilnehmern Flügel verleihen und sie zu lange verschütteten Ressourcen führen. Der Glaube an sie gibt ihnen selbst die Zuversicht, dass sie können, was wir ihnen als Lernerlebnis vorschlagen. Der Suggestopäde Lynn Dhority ist derselben Meinung, er ist davon überzeugt, dass „der Glaube der Lehrenden in die Fähigkeiten der Lernenden wichtiger ist, als alle Techniken und Strategien. Suggestopädie kann so zu einer Pädagogik der Befreiung werden. Befreiung von einem negativen Selbstkonzept bzw. des fehlenden Glaubens an sich selbst."[101]

Um uns selbst auf die Schulter zu klopfen, lassen wir hier einen Teilnehmer zu Wort kommen, an den wir sehr geglaubt haben:

> „Liebe Frau Masemann, liebe Frau Messer, liebe Barbara, liebe Sandra, wem es gelingt, einen Mann in meinem Alter innerhalb eines Tages unter lauter Frauen dazu zu bringen, sich bei einem Rollenspiel in die Rolle eines durchgeknallten Therapeuten zu begeben, der muss einfach eine sehr hohe Kompetenz haben, Menschen für das zu begeistern, für was sie stehen.
>
> Meine anfänglichen Zweifel, einen Samstag für eine Fortbildung zum Thema Unterrichtsmethoden zu opfern, hatten sich innerhalb weniger Minuten zerschlagen und ich würde jederzeit auch am Wochenende wiederkommen. Hätte ich etwas zu sagen, würde ich dafür plädieren, Fortbildung bei Euch zur Pflichtveranstaltung für Pädagogen zu machen."

Entwickle eine Kultur, in der Fehler sympathisch sind!

„Fehler sin*t* nützlich" – es ist okay, Fehler zu machen. Ein wenig heikel ist diese Sicht schon, besonders weil sie unserer deutschen Tugend zur Perfektion widerspricht. Die meisten von uns sind von klein auf darauf gedrillt, dass sie tunlichst Fehler vermeiden sollen.

Wer das Jonglieren übt, lässt nicht absichtlich den Ball fallen.

„In unserer Gesellschaft ist es meist nicht angezeigt und üblich, Fehler zu machen. Unter dem Motto: ‚Fehler machen nur Versager' traut sich keiner, einen Fehler zu machen. Auf der anderen Seite zeigen Fehler lediglich an, dass etwas fehlt. Fehler sind das – kleine – Risiko, das wir eingehen, um uns neue Möglichkeiten zu erschließen. Fehler sind klasse, weil sie anzeigen, dass wir uns bewegen."[102]

Und: „Jeder Mensch macht Fehler (...) Aber er macht nicht absichtlich Fehler (zumindest in der Regel), sondern hält das, was er macht, für richtig. Hielte er es für falsch und würde es demnach als Fehler erkennen, würde er es richtig machen. (...) Aber kein Kind rechnet absichtlich falsch oder schreibt absichtlich ein Wort falsch, niemand schlägt beim Tennis absichtlich daneben oder lässt beim Jonglieren absichtlich den Ball fallen. So gesehen macht niemand einen Fehler."[103]

Wir haben eine Zeit in einem Chor gesungen. Unsere Chorleiterin bat uns beim Erlernen von neuen Liedern, dass wir bitte lieber falsch statt gar nicht singen. Ihre Begründung: Erst wenn wir uns selbst (falsch) singen hören, können wir erkennen, wie es stattdessen hätte richtig sein können. Wenn Kinder im Spiel einen „Fehler" machen, dann regt sie genau dieser an, es weiter zu probieren, zu experimentieren, andere Wege zu suchen. Statt Frust entsteht Neugier und Tatendrang. Bis dann die Eltern kommen ...

„Was ist denn eigentlich ein Fehler? Wir haben mal nach anderen Begriffen dafür gesucht: Problem, Störung, Zwischenruf, Stau, Benzinpreis, Freundin, Freund, Idiot, Kollege, Chef, Staat, Wetter, Depp, Nachbarn, falscher Job, Autowerkstatt, Ehemann, Bahn, Ehefrau, Affäre ... Irgendwer ist immer schuld. Man merkt schnell, dass es ziemlich viele Fehler in unserem Umfeld gibt."[104]

„Je älter wir werden, desto mehr werden wir ja auch wir selbst und stehen zu uns. Da sind doch Fältchen und Bäuchlein Nebensache, unser innerer Kern wächst und lässt uns gelassener werden."

Je älter wir werden[105], desto weniger trauen wir uns, Fehler zu machen, und berauben uns damit vieler Lernmöglichkeiten. Ein wohlmeinender Umgang mit Fehlern ist in unserem Alltag leider nicht gewöhnlich, wir lernen bereits früh, dass Fehler schlecht sind. Die Mutter schimpft, wenn wir etwas kaputt machen, der Vater ist ärgerlich, wenn wir etwas nicht gleich richtig gemacht haben. Die Folge: Wir entwickeln Schuldgefühle. Und hören Sätze, wie: „Das schaffst Du doch nicht!", „So wird nie was aus Dir." Diese Sätze klingen in uns auch als Erwachsene nach, bewusst oder unbewusst.

Dass wir mit diesen Botschaften auch noch als Erwachsene durch die weite Welt gehen, ist nur klar. Wir sind ernsthafte Erwachsene, die dürfen keine Fehler machen. Und natürlich fallen wir schnell in die Schuldhaltung, wenn wir einen Fehler gemacht haben, oder wir weisen andere auf ihre Fehler hin.

Das alles sind Übeltäter, die Touch-Momente verhindern. Auch hier dürfen wir wieder das Theater als Beispiel hinzuziehen, wie es auch anders gehen könnte. Dort kommt ein Fehler fast einem Genuss gleich. Der Clown liebt Fehler, er weidet sich mit all seinen Emotionen darin, spielt sie aus und lässt uns Zuschauer genüsslich daran teilhaben.

Im Improvisationstheater wird es an dieser Stelle erst lustig, ein vermeintlicher Fehler ist ein toller Fundus für neue Spielideen. Also: Genießen Sie die Fehler, sie bieten wunderbare Momente, die eigene Menschlichkeit und charmante Schwächen zu zeigen. Und manchmal sind sie die besten Eselsbrücken. Neben all diesen kleinen Vorteilen gibt es jedoch noch einen großen, der erst recht nicht von der Hand zu weisen ist.

Fehler sind ein Fundus für neue Ideen.

Die Teilnehmer fühlen sich eingeladen, wenn Fehler erlaubt sind. Sie entspannen sich schnell, stellen ihre Lernblockaden vor der Haustür ab und üben sich in Spontaneität und Kreativität. Sie wagen es, Dinge beim Namen zu nennen, ohne Kontrolle und Beurteilung befürchten zu müssen. Sie erfahren Toleranz und Herzlichkeit. Und wenn dann noch über Fehler gelacht wird, ist das sogar gesund! Die Fähigkeit, Fehler zuzugeben sowie uns und anderen Fehler zu verzeihen, zeigt, dass wir Humor haben.

Helga Pfetsch, eine geschätzte Trainerkollegin, hat konkrete Vorschläge, wie wir Trainer mit Fehlern umgehen können. Sie nennt es nur anders: Haltungen, die Lernen unterstützen.

Ihre Haltung als Trainer zu Fehlern?

▶ „Unser gemeinsames Ziel ist es, dass Ihr die englische Sprache (Wort for Windows, das Verfassen einer Erörterung/das Funktionieren des Verdauungsapparates/den Umgang mit Gruppen/das freie Sprechen …) möglichst gut lernt.
▶ Der Weg dorthin ist lohnend und interessant.
▶ Um unser Ziel zu erreichen, können uns unsere Fehler helfen, wenn wir sie als Trittsteine statt als Stolpersteine nutzen.
▶ Wenn wir Fehler als eine Möglichkeit akzeptieren weiterzukommen, müssen wir Wege finden, sie zu erkennen.
▶ Jeder Fehler kann uns etwas Interessantes über uns selbst, über unser Denken, Verhalten, vielleicht unsere Kultur mitteilen. Jeder Einzelne kann seine Fehler so erkunden, und wir können es gemeinsam tun.
▶ Wir können gemeinsam definieren, was ein ‚Fehler' für uns in unserem Lernzusammenhang bedeutet.
▶ Wir können Absprachen darüber treffen, wie wir uns gegenseitig auf Fehler aufmerksam machen wollen."[106]

Vertraue auf den Prozess – und lass Dich überraschen!

Spieltrieb, Überraschungsmomente und eine gute Portion Grundvertrauen sind wohl die Gründe, warum wir es lieben, „im Prozess" zu arbeiten. Natürlich legen wir einen roten Faden für ein Training fest. Es gibt klare Abläufe, Erfolgskriterien, Lernziele und all diese klassischen Didaktikelemente. Und dennoch treibt uns unser Bedürfnis nach Spontaneität immer wieder dazu, abzuwarten, was passiert.

Hört sich komisch an? Wir machen es noch mal deutlicher. Wenn wir Teilnehmer eine bestimmte Intervention durchführen lassen, haben wir natürlich einen Schatz an Erfahrungen, wie wohl die Teilnehmer darauf reagieren und vor allem: was sie damit machen und wie es hinterher sein wird. Und dennoch ist jeder Mensch und jede Gruppe anders. Es ist ein Unterschied, ob wir vor Berufspädagogen sitzen, die junge Menschen im Berufsalltag unterrichten, oder vor IT'lern, die die Aufgabe haben, für einen der größten internationalen Luftfahrtkonzerne die Software zu entwickeln. Schon aus diesem Grund gibt es oft genug diese kostbaren „Wagnis-Momente", in denen wir uns vom Unerwarteten überraschen lassen.

Schritt für Schritt vorwärtszugehen heißt nicht: genau nach Plan

Dem Vorgehen zugrunde liegt ein Konzept von Einzelschritten, vielleicht kann man es aber auch besser als buddhistisches Prinzip bezeichnen: Erst eine Sache tun, von Anfang bis Ende. Dann einen Moment Pause machen und „abwarten", dann erst den nächsten Schritt gehen. So halten wir es.

Wir starten mit einer Intervention, erleben sie und warten ab, was sie bewirkt. Und dann erst kommt die nächste. Das tun viele andere Trainer auch und das ist bis hierhin noch nichts Besonderes. Besonders wird es erst, wenn wir tatsächlich offen lassen, was als Nächstes oder Übernächstes geschieht. Wenn wir uns selbst von dem Ergebnis einer Intervention überraschen lassen. Denn vielleicht kommt dadurch unser ursprünglicher Plan ins Wanken und wir wählen eine ganz andere Methode aus. Wir vertrauen darauf, dass es gut wird, dass es etwas bewirkt und dass uns schon etwas einfallen wird, wenn das Ergebnis anders ist, als erwartet. Und zugleich nehmen wir achtsamen Kontakt zu unserer Intuition auf, um diese zu nähren und fordern.

In gewissem Sinne ist das eine Form der Improvisation: darauf zu vertrauen, dass der nächste Schritt kommen wird, und dass das, was bereits da ist, schon sehr viel ist. Im Umkehrschluss gilt: Wenn bei Interventionen unsere Neugier nicht befriedigt wird, fehlt etwas.

Diese Grundhaltung hat uns schon viele neue Methoden und Interventionen beschert. Intuition und Experimentierfreude sind quasi der Brennstoff, aus dem dieses Vertrauen in den Prozess erwächst.

Das Prozessvertrauen (bzw. unsere Intuition) ist uns schließlich nicht unbekannt: Wir alle kennen die Momente in unserem Leben, in denen wir „genau das Richtige taten", „wussten, was richtig ist" und uns darüber nicht wunderten. Sie basieren ebenfalls auf dem Prinzip der Improvisation. Darüber hinaus kennen wir die Improvisation auch daher, dass sie uns den Alltag mit mancherlei wichtigen „Nebenbei-Erfindungen" versüßt – wie etwa die Alufolie, die bei der Entwicklung von Raumfahrtsanzügen entstanden ist.

Wenn wir improvisieren – besonders deutlich wird das einmal mehr bei der Theaterarbeit –, dann wissen wir unterbewusst und intuitiv, dass es immer weitergeht, dass ja sowieso der nächste Moment kommt. Wir erfahren, dass wir immer etwas aus uns herauskitzeln können (eine Idee, einen Gedanken, einen Impuls) oder aus unserer unmittelbaren Umwelt (andere Menschen, Situationen) einen neuen Anstoß erhalten. Wir erfahren, dass manches länger dauert als geplant und manches sehr viel schneller geht. Lassen Sie sich überraschen, was aus Ihren Interventionen alles erwächst.

Auch in der Improvisation geht es voran.

Ein weiterer Vorteil dieses Vertrauens in den Prozess ist die kontinuierliche Evaluation. Dadurch, dass wir sehr aufmerksam im Moment sind und zudem noch gegenseitig unsere Wahrnehmungen mitteilen und abgleichen können, nehmen wir viele Hinweise auf. Diese können wir nutzen, um unsere Methoden und Aufgabenstellungen zu verfeinern, aber auch, um Verhalten zu reflektieren und letztendlich, um das Befinden und Erleben der Teilnehmer in den Kontext der Aufgabenstellung zu bringen.

Prozesse sensibilisieren für (Teil-)Ergebnisse.

Nutze die Notfallpille „Wer weiß, wozu es gut ist"!

Erst vor wenigen Monaten erlebten wir eines der treffendsten Beispiele für den Satz: „Wer weiß, wofür es gut ist?" Es war morgens, gegen 8:15 Uhr in Mainz, bei einem Kunden. Wir richteten den

Raum für eine zweitägige Veranstaltung ein. Während eine von uns beiden noch mit dem Auftraggeber im Gespräch war, entdeckte die andere, dass wir ein ganz wesentliches Element unserer Unterrichtsmaterialien vergessen hatten. Was nun?

▶ Aufregen und schimpfen bringt schlechte Energie.
▶ Vorwürfe nach dem Motto „Mir wäre das nicht passiert. Warum hast Du nicht daran gedacht ...!" schaffen Konfliktpotenzial – und sind auch ein schlechter Einstieg in den Tag.
▶ Die schlechte Laune schwappt auf die Teilnehmer über.

Etwas anderes war gefragt. Ich erinnerte mich an den Satz „Wer weiß, wozu es gut ist" einer Trainerkollegin[107], die ihn mir mitteilte, als ich mit einer echten Panne mitten in Berlin saß. Und er wirkt. Denn er eröffnet die Perspektive, dass ...

1. nichts Schlimmes passiert ist,
2. es noch eine Zukunft gibt,
3. und es sogar einen Vorteil geben kann, den es noch zu entdecken gilt.

Diese Sicht auf einen möglichen Vorteil schafft natürlich umgehend eine positive Atmosphäre, macht es leicht, sich zu verzeihen, und setzt neue Energie sowie neue Kreativität frei.

In unserer erwähnten Situation fehlten die äußerst anschaulichen Lernplakate, die gerade für dieses Thema neu erstellt worden waren. Sie standen zu Hause im Materiallager. Also entwickelten wir in der konkreten Trainingssituation die kreativsten Flipchart-Bögen, die es in unseren Trainings bisher gab. Die Teilnehmer hatten ausreichend Zeit, den Inhalten und unseren Gedanken zu folgen und wir schulten umso intensiver unsere Fähigkeit, diese auf den Punkt zu bringen.

Lassen Sie Raum für Nicht-zu-Ende-Gedachtes.

Diese kleine Geschichte aus dem „wirklichen Leben" macht deutlich, dass Improvisation unseren Traineralltag durchaus bereichern kann. Wir gehen inzwischen sogar noch einen Schritt weiter, indem wir bewusst Improvisationsphasen einplanen. Im Klartext heißt das: Wir sorgen im Vorfeld des Trainings bewusst für Nicht-zu-Ende-Gedachtes und Nicht-zu-Ende-Vorbereitetes, damit wir improvisieren müssen.

Der Satz „Wer weiß, wozu es gut ist" wirkt mittlerweile wie eine Magen- oder Kopfschmerztablette. Denn er nimmt in einem Moment von fehlender Zuversicht die Negation oder den Druck. Er räumt ein, dass es sehr wohl einen Sinn hat, dass es diese vermeintlich unangenehme Situation gibt. Sie ist zu etwas gut. Dieses „Wer weiß, wozu es gut ist" ist auch ein wirksames Arzneimittel gegen den Drang, seine Linie unbedingt durchziehen zu wollen, sei es bei den Teilnehmern oder im Training. Lassen Sie sich also ruhig anstecken von diesem Improvisations- und Vertrauensvirus.

Druck von den Schultern nehmen

Glaube an Deine Methoden!

Wenn wir Trainer Methoden „machen", hinter denen wir nicht stehen, spüren das die Teilnehmer. Schnell ist Inkongruenz im Raum und Lernbarrieren werden aktiviert, weil z.B. Unsicherheit entsteht.

Alle Methoden, die wir anbieten und durchführen, sollten wir also mehrfach durchlebt, intensiv geplant, eruiert, zusammengestellt oder so konzipiert haben, sodass sie gelingen werden. Sie erscheinen anderen Trainern, manchem Auftraggeber und auch einigen Teilnehmern vielleicht fremd. Umso mehr müssen wir von ihnen und ihrem Gelingen überzeugt sein. Sobald wir uns selbst mit einer Methode oder Intervention unwohl fühlen, müssen wir das mit uns klären und/oder die Methode so ändern, dass sie zu uns und unseren Werten passt. Dann überzeugt die Methode durch die persönliche Glaubwürdigkeit des Trainers auch die Teilnehmer.

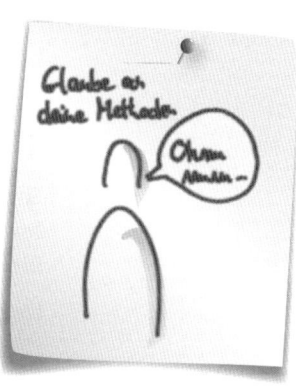

Sei mutig und mute zu!

Mutige Menschen nehmen Dinge in die Hand und wagen Außergewöhnliches. Sie steigen auf den Mount Everest oder segeln allein über den Atlantik. Mut zeigt sich aber auch in den kleinen Dingen des Alltags. Es erfordert schließlich auch Mut, die Routine zu brechen, andere Dinge zu wagen und dabei offen für berechtigte Einwände zu sein.

Mut lässt sich lernen, wenn Sie auf Ihr eigenes Leben achten, wenn Sie tun, was Ihnen rechtmäßig erscheint und sich nicht gleich der Meinung anderer unterordnen. Zeigen Sie Ihren Teilnehmern gegenüber Mut! Er kann anderen als Quelle zur Inspiration dienen und auch eine Anregung dafür sein, sich selbst immer treuer zu werden.

Mut lernt man im Alltag.

Trainieren kann zur Lebenseinstellung werden und Mut macht das Leben lebenswert und gehört dazu!

Mut hat nichts mit Draufgängertum zu tun. Mut ist die Fähigkeit, sich selbst und andere ermutigen zu können, wenn Verzagtheit, störende Routine oder gar ein Überlebenskampf angesagt ist. Wer mutig sein will, muss seine Stärken und Schwächen kennen, sich selbst realistisch wahrnehmen. Wer sich nichts zutraut, wird niemals den Mut aufbringen können, eigene Ideen auch vor anderen bzw. in der Öffentlichkeit überzeugend zu zeigen und zu präsentieren. Gehen Sie offen und mutig auf Teilnehmer zu. Zeigen Sie sich als Mensch und verstecken Sie sich nicht hinter Ihrer Trainerrolle.

Und ermutigen Sie andere. Laotse sagt: „Nur der ist ein guter Bergführer, von dem die Menschen am Gipfel sagen: ‚Wozu haben wir ihn eigentlich gebraucht?'" Das wirft die Frage auf, was der Bergführer wohl tat, damit die Menschen so sicher den Berg erklimmen konnten, dass sie seine Bergführerkompetenzen gar nicht bemerkten. Die Antwort: Er hat ihnen Mut gemacht, den Weg weiterzugehen.

Eine gute Fehlerkultur, der Genuss am Scheitern, der Glaube an die Teilnehmer und noch vieles andere mehr ermutigt Ihre Teilnehmer, Dinge zu wagen oder auszuprobieren, die sie bisher noch nicht ausprobiert und erfahren haben.

Gefühle im Training – wie werden wir ihnen gerecht?

Ein Tabu, darüber zu schreiben? Nein, im Gegenteil, denn Trainings-situationen sind voller emotionaler Zustände – gewünschter wie unerwünschter. Und dennoch, oder genau deswegen, müssen wir uns ihnen als Trainer stellen. „Wo Gefühle unwillkommen sind, kann das Lernen nicht gut gedeihen, denn Lernen und Gefühl sind so innig miteinander verbunden wie ein Ehepaar. Menschen lernen auf vielen verschiedenen Ebe-nen, und einige dieser Ebenen sind emotionaler Natur ... Bei positiven Emotionen läuft die gesamte Intelligenz wie geschmiert und ist bereit, zu neuen Erfahrungen aufzubrechen. Negative Emotionen unterbrechen diesen Prozess, bremsen das Denken aus und verursachen eine Dauerzeitlupe der von Schmerz befallenen Gedanken."[108]

Ob gewünscht oder nicht: Emotionen sind auch beim Training immer im Spiel.

Positive und negative Emotionen treiben natürlich nicht nur die Teilnehmer um, sondern ebenso uns als Trainer:

- ▶ Wir haben vielleicht gar keine Lust auf das Thema, hassen es womöglich oder wollen uns eh gerade davon verabschieden.
- ▶ Wir lieben das Thema und sind komplett begeistert.
- ▶ Wir sind als Trainer vielleicht noch unerfahren und haben Lam-penfieber.
- ▶ Wir machen uns Sorgen über Gott und die Welt. Ein Teilnehmer guckt komisch, wir haben Sorgen um den Raum, um unseren Stallgeruch, bezüglich der Wirkung der neuen Methode, die wir heute endlich mal ausprobieren wollen.
- ▶ Wir sind sehr traurig, weil etwas im Privatleben passiert ist, was wir vor der Tür zum Trainingsraum nicht ablegen können.
- ▶ Wir fühlen uns beklemmt, weil sich eine Situation anbahnt, mit der wir schon einmal schlechte Erfahrungen gemacht haben.

▶ Wir sind neugierig und freuen uns auf die Begegnung mit den Teilnehmern. (Vielleicht sind wir Single und auf der Suche. Vielleicht reagieren wir genau deshalb so intensiv auf die männlichen oder weiblichen Signale der Teilnehmer.)

▶ Wir empfinden Stolz auf uns, weil wir uns als Experten wahrnehmen.

▶ Wir sind verliebt.

▶ Und viele andere mehr ...

Und was könnte die Teilnehmer emotional bewegen?

▶ Sie fühlen Unlust und Langeweile, weil es schon so viele Fortbildungen (in diesem Jahr, in diesem Monat, zu diesem Thema, mit diesem Trainer...) gegeben hat.

▶ Sie haben Scheu oder auch Scham und wollen nicht mit dem Thema konfrontiert werden. Es könnten Schwächen oder eigene Unzulänglichkeiten auftauchen. Die Kollegen könnten das sehen.

▶ Sie haben gerade viel Ärger an ihrem Arbeitsplatz, drängende Projekttermine im Rücken und sind wütend, dass das Training „zur absoluten Unzeit" kommt.

▶ Sie sind sauer, weil sie dem da vorne nicht glauben, dass er oder sie das selbst kann und umsetzt.

▶ Sie sind verliebt.

Gefühle sind nicht eindeutig, sondern oft auch verworren. Sie sind nicht einfach, sondern komplex. Sie sind nicht nur hell und erhellend, sondern haben ihre Schatten und ihre Schwärze. Meist sind sie wie Eisberge, bei denen man nur einen kleinen Teil sieht, der größere ist unter Wasser verborgen. Gefühle begleiten uns schon, bevor wir auf der Welt sind, immer und überall.

Der Gefühlsausdruck findet intensiv über den Körper statt. Er reagiert schneller als unser Verstand. Wir werden beispielsweise rot, bevor wir wissen, dass wir verlegen sind. Im Laufe des Erwachsenwerdens verlernen wir – möglicherweise – den unmittelbaren Gefühlsausdruck. Bestimmte Gefühle werden aufgrund von allgemeingültigen Regeln unterdrückt. Es ist nicht immer leicht, die eigenen Gefühle zu verstehen, sie angemessen zu äußern, sie zu kontrollieren, wenn es notwendig ist. Der Umgang mit den eigenen Gefühlen trägt dazu bei, sich besser verstehen zu lernen. Unverstandene Gefühle können krank machen. Unangenehme, schmerzliche Gefühle sind leichter zu ertragen, wenn sie ausgedrückt werden können.

„Ich glaube, wir gestalten in jedem Moment unsere Gefühle selbst – durch unsere Gedanken. Wenn Sie sich gerade an Ihren letzten wunderschönen Urlaub erinnern, fühlen Sie sich wahrscheinlich wohl und fröhlich – wenn Sie an den letzten Konflikt mit einem Kollegen denken, ist die Gefühlslage wohl eher bedrückend. Wie wir uns fühlen, hängt also sehr von der Art zu denken ab, davon, welche Bedeutung wir den Geschehnissen geben."[109]

„Ach, eines meiner Lieblingskapitel in diesem Buch. Die Wunderwelt der Gefühle. Verwirrend? Trennen wir doch einfach die Gefühle vom Verstand. Das eine ist eben der Kopf und das andere der Bauch. Basta."

Ob wir uns unseren Gefühlen ausgeliefert fühlen oder wir unser Gefühlsleben im Großen und Ganzen selbstbestimmt gestalten, liegt also durchaus in unserer Hand, meint auch der Kreativitätsexperte Mihaly Csikszentmihalyi: „Wie wir uns fühlen, die Freude, die wir dem Leben abgewinnen, hängt letztendlich davon ab, wie der Verstand die tagtäglichen Erfahrungen filtert und deutet. Ob wir glücklich sind, hängt von innerer Harmonie ab, nicht von der Kontrolle, die wir über die großen Kräfte des Universums ausüben können."[110]

Negative Emotionen – in Soft-Skill-Trainings ein ständiger Begleiter

Die Voraussetzung dafür ist wiederum, sich seiner Gefühle bewusst zu werden sowie diese zu akzeptieren – vor allem die vermeintlich negativen. Genau davor haben viele Menschen Angst, sie fürchten den Kontrollverlust. Was nicht heißt, dass solche starken Gefühle im Seminar oder Training dann nicht doch herausbrechen können – im Gegenteil. Und das ist nicht selten bei Soft-Skill-Themen der Fall, bei denen es letztlich ans „Eingemachte" geht.

Die Angst vor Kontrollverlust

In der Vergangenheit haben wir Trainings zu Themen wie Beziehungsgestaltung zu Sterbenden oder zum wertschätzenden Umgang mit alten Menschen mit Demenz durchgeführt. Bei beiden Themen kann ich mich als Trainerin oder Teilnehmer nur sehr schwer persönlich ausklammern. Im Gegenteil, wir werden sehr konkret mit uns selbst konfrontiert: mit unserer eigenen Angst, der eigenen Liebe für die Mitmenschen, mit der Sehnsucht nach Zugehörigkeit und auch nach einem spirituellen Bewusstsein. Gedanken an das eigene Leben, die Gestaltung des bisherigen Lebenswegs sowie die eigene Endlichkeit sind Wegbegleiter in diesen Trainings. Sie brauchen Raum und Nähe zum Erleben. Und zugleich kommen Teilnehmer immer wieder an die eigenen Grenzen, haben Angst, Sorge, Scham, eben diese Gefühle zu zeigen, Schwächen zuzulassen oder möglicherweise einen (oder gar mehrere) Fehler zu machen. Und dennoch: Die Menschen wagen, ihre Gefühle loszulassen.

Ein konkretes Beispiel, das uns unter die Haut ging, war ein dreitägiges Training mit sogenannten Rückkehrern zum Thema „Präsentation". Rückkehrer sind Menschen, die eine Zeit ihres Lebens in Entwicklungsländern gelebt und gearbeitet haben. Nebenbei: Dies sind immer sehr beeindruckende Seminare, weil die Teilnehmer viel zu erzählen haben und weil sie intensive Erlebnisse und Begegnungen mit im Gepäck haben.

Die Teilnehmer hatten die Aufgabe, eine kurze Geschichte vorzulesen, die für sie eine persönliche Bedeutung hat. Eine Frau las eine Geschichte vor, die uns zum einen schon sehr berührte und nachdenklich stimmte. Im Fazit handelt die Geschichte davon, dass Bäume tiefe Wurzeln brauchen, um bei Sturm aufrecht und standhaft zu bleiben. Um diese tiefen Wurzeln wachsen zu lassen, dürfen sie bereits kurz nach dem Einpflanzen und auch später nicht viel gegossen werden. Nun, die Metapher auf das eigene Leben mit all seinen leichten und schweren Zeiten war sofort in unseren Köpfen. Und einen Moment später erzählte sie dann: „Diese Geschichte hat mir und meinem Sohn ganz viel Kraft, Halt und Austausch gegeben, als er so lange mit seiner Krebserkrankung gekämpft hat. Sie gab uns damals viel Kraft und Hoffnung."

Hiernach war tiefes Schweigen im Raum. Der kurze Ausflug in die Welt außerhalb unseres Trainings hat uns alle betroffen gemacht. Und in dieser Betroffenheit waren wir als gesamte Gruppe einen Moment lang verschmolzen. Die Tränen in den Augen haben uns miteinander verbunden.

Wir alle wissen, dass man uns diese Gefühle und Stimmungen genau ansehen kann. Wie wir Gefühle erkennen und ausdrücken, prägt auch unseren Umgang mit allen anderen. Und hier kommen wir als Trainer ins Spiel: Teilnehmer spüren, wenn wir als Trainer kongruent mit uns sind, auch wenn sie das nicht unbedingt in Worte fassen können. Sind wir stimmig mit unseren Emotionen im Ausdruck nach außen, kommen wir gut an. Damit laden wir die Teilnehmer ein, sich ähnlich zu verhalten. Und damit haben wir zugleich den wichtigsten Hebel in der Hand, um auch schwierige Emotionen zu steuern und positiv umzudeuten. Wir können bei den Teilnehmern emotionale Zustände hervorrufen bzw. diese ein Stück weit beeinflussen durch das, was wir tun und wie wir es tun.

Nur wer Emotionen zulässt, kann sie steuern.

Für tiefe Gefühle braucht es schließlich nicht ausnahmslos traurige Momente, auch die Situationen gemeinsamer Kreativität, gelebter, kindlicher Spielfreude oder künstlerischer Schaffensfreude und Inspiration sorgen für die gemeinsamen, berührenden Momente. An diese werden sich die Teilnehmer immer wieder erinnern.

Inszenieren wir Trainingssituationen, in denen wir bewusst Raum und Möglichkeit zu tieferer gemeinsamer Auseinandersetzung schaffen, sind wir selbst ganz erfüllt, wenn wir erleben, wie die Teilnehmer in diese Prozesse hineingehen und wie berührt sie sind, was sie entdecken, was sie möglich machen. Aus Einzelpersonen, die zusammengewürfelt werden, entsteht schnell ein echtes Team mit einer tieferen Verbundenheit. Je nach Aufgabenstellung wirken sie oft wie Kinder, die „mit Hingabe und absoluter Ernsthaftigkeit" in ihr Spiel vertieft sind. Gibt es bessere Momente?

Emotionen für Touch-Momente

Also, lassen Sie uns munter emotionsgeladene Trainings haben! Welche Gefühle, Emotionen und Empfindungen ebnen Touch-Momenten den Weg bzw. machen diese zu solchen? Hier sind einige aufgeführt:

▶ **Die Freude:** Die Freude gleicht einem Aufwind, lässt uns auf „Wolke sieben" schweben. Die Freude ist ein Glücksgefühl, in dem uns das Leben nicht nur befriedigend, sondern „wundervoll" vorkommt. Die Freude ist diffus und universell. Manchmal ist sie auf besondere Verzückungen konzentriert, wie z.B. eine neue Liebe, ein großer Erfolg oder auch „nur" ein einzigartiger Sommertag. Der Satz „wunschlos glücklich" beschreibt den Zustand der Freude passend.

Mit diesen Emotionen lässt sich gut arbeiten.

▶ **Die Freundschaft:** Der Begriff Freundschaft bezeichnet zwar in erster Linie eine zwischenmenschliche Beziehung, es gibt aber auch allgemein freundschaftliche Gefühle, die man anderen gegenüber hegt. Nah an den freundschaftlichen Gefühlen sind Zuneigung und Vertrauen.

▶ **Die Hoffnung:** Hoffnung und Glaube liegen nah beieinander. In den Religionen taucht Hoffnung im Zusammenhang mit Verheißungen auf. Doch es gibt auch kleinere Hoffnungen, kleine ungewisse Erwartungen, aus denen sich immer wieder Kraft schöpfen lässt: auf gesunde Kinder, Frieden, günstige Umstände, Begegnungen, aber auch auf ein tolles, zufriedenstellendes Erlebnis (zum Beispiel in einem Training). Das Gefühl Hoffnung reicht vom Banalen bis hin zum Universellen.

▶ **Die Liebe:** Darüber lassen sich ganze Bücher schreiben. Liebe liegt nah bei der Freude, aber auch bei der Ekstase. Liebe im Sinne von Nähe, anregendem Miteinander, restlosem Vertrauen und höchster Achtung voreinander ist das Ideal vieler Menschen. Doch wie schwierig ist es, offen und verwundbar zu sein, der Versuchung zu widerstehen, sich ein wenig überlegen zu fühlen und seine erfolgreichen und altbewährten Abwehrstrategien aufzugeben. Echte Liebe ist etwas Kostbares, vielleicht auch Seltenes. Sie verlangt nichts Geringeres als vertrauensvolle Nähe, Achtung und Bewunderung bei gegenseitiger Unabhängigkeit und Autonomie, ohne Habgier, aber voller Begierde und Wohlwollen.

„Wenn Sie noch mehr Gefühle kennenlernen wollen, dann kommen Sie doch in eines meiner Wochenendseminare. Dort erwecken wir weitere Gefühle in uns, also ich in Ihnen."

▶ **Der Stolz:** Stolz gilt zwar als Todsünde, ist jedoch in der ausgewogenen Dosis eine Quelle der Selbstachtung. Stolz ist ein subjektives Gefühl, es verkörpert für uns individuell Würde und Selbstachtung. Der Pferdefuß steckt im falschen Stolz und der nahe verwandten Eitelkeit.

Die Frage ist nun: Wie führen wir Trainer die Teilnehmergruppe zu solchen Touch-Momenten?

Als Teilnehmer bestimmen sich unsere Reaktionen auf das, was uns im Training widerfährt, aus unseren Wahrnehmungen, Interpretationen und Bewertungen. Die damit verbundenen Gefühle münden schließlich in ein bestimmtes Verhalten. Als Trainer wird unser Verhalten durch unsere Gefühle beeinflusst, Gefühle und Verhalten liegen in manchen Kontexten und Situationen haarfein nebeneinander. Wir fördern Touch-Momente, wenn wir als Trainer Gefühle zeigen, diese in unserer Haltung zum Ausdruck bringen und Methoden und Interventionen wählen, die die Gefühle der Teilnehmer berühren oder gar intensiv nutzen.

Gefühle machen Haltungen glaubwürdig.

Die Trainerhaltung prägt die emotionale Grundstimmung der Teilnehmer

Um Touch-Momente und tiefere Begegnungen zwischen Menschen zu gestalten, braucht es die Aufmerksamkeit darauf, wie Gefühle und Verhalten miteinander verwoben sind. Klar, das ist eine Wissenschaft für sich, aber die belegt inzwischen: Dank der Spiegelneuronen ist es möglich, bei anderen Menschen Gefühle wachzurufen oder auszulösen – weil wir die Gabe haben, intuitiv zu spüren, was andere fühlen.

„Dank der Entdeckung der Spiegelneuronen sind wir diesem faszinierenden Phänomen wieder ein Stückchen näher gekommen. Anfang der 1990er-Jahre war in Parma/Italien eine kleine Gruppe Neurophysiologen auf der fieberhaften Suche nach einer erkennbaren Bewegungsplanung im Gehirn von Säugetieren. Giacomo Rizzolatti, Vittorio Gallese und Leonardo Fogassi untersuchten dabei die Aktivität einzelner Nervenzellen im Gehirn von Affen und machten folgende Entdeckung: ‚Es gibt Nervenzellen, die nicht nur aktiv waren, wenn das Tier selbst nach einem Objekt seiner Begierde griff, sondern auch, wenn es mit ansah, wie dies jemand anderes tat. Das Neuron mit Doppelfunktion schien das Beobachtete zu ‚spiegeln'. Der Name wurde dann schnell zum Programm. Auch bei uns Menschen lässt sich das Spiegelungsphänomenen nachweisen. Und das betrifft nicht nur unsere Beobachtung. Jegliche Wahrnehmung eines Vorgangs bei einer anderen Person kann in unserem Gehirn die Spiegelneuronen zum ‚Feuern' bringen. Fachlich ausgedrückt stehen wir in neurobiologischer Sensation miteinander. Die Spiegelneuronen sind demnach der Schlüssel dafür, dass ‚wir die Absicht fremder Aktionen verstehen'. Sie helfen deshalb einem

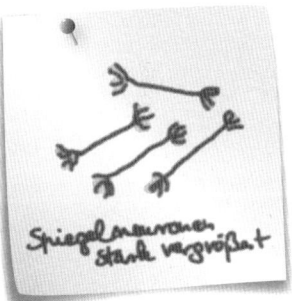

Spiegelneuronen lassen uns Anteil nehmen.

Menschen, sich in jemand anderen hineinzuversetzen und an seinen Gefühlen Anteil zu nehmen."[111]

Selbstmanagement der eigenen Emotionen

Nehmen wir die Wirkung und Möglichkeiten der Spiegelneuronen ernst, dann können wir damit Emotionen bei anderen wecken und fördern. Und wir können eine emotionale Grundstimmung im Seminar schaffen, die für Touch-Momente sorgt. Ein aufmerksames, positives Selbstmanagement der eigenen Emotionen ist ein Garant für wertvolle, positive Emotionen bei unseren Teilnehmern.

Das Verhaltensbarometer: negative Emotionen positiv umpolen

Und noch ein weiteres Instrument haben wir gefunden und nutzen es. Bernd Isert hat ein Erklärungsmodell entwickelt, das uns in der NLP-Ausbildung beeindruckt hat und seitdem ein treuer Begleiter in unseren Trainings ist – insbesondere in anschließenden Reflexionsphasen. Er stellt in diesem Modell Emotionen und Verhalten sowie Reaktionen pol-artig gegenüber. Zu jeder Emotion, die als unangenehm empfunden wird, gibt es auf der gegenüberliegenden Seite eine entsprechend positive Emotion dazu.

„Das Verhaltensbarometer dient als einfache Skalierung, die durch zwei Pole bestimmt ist. Die positive Emotion bildet den Pluspol, die negative Emotion den Minuspol. Ganz einfach!"

Die Übersicht seines Verhaltensbarometers liefert uns eine Schlüsselerkenntnis: Wenn ein Teilnehmer eine eher unangenehme Emotion empfindet und z.B. erbost ist statt empfänglich (siehe Tabelle unten), dann fehlt es an etwas. Bestimmte Bedürfnisse wie Sicherheit und Ordnung oder Sinnhaftigkeit des Stoffs sind noch nicht ausreichend befriedigt. Um Teilnehmern mehr Wohlgefühl und positive Emotionen zu bereiten, braucht es also das Wissen um die Emotion auf der anderen Seite der Gefühlsskala – den Gegenpol sozusagen.

Negative Emotionen signalisieren: Es fehlt am passenden Ausgleich.

Unsere Trainingsinterventionen, unsere Haltung und unsere Settings sollten Teilnehmern so oft wie möglich die Emotionen ermöglichen, die in der linken Spalte des Verhaltensbarometers stehen. Sind sie in der rechten Spalte angesiedelt, ist es gut zu wissen, was die Teilnehmer zum Ausgleich brauchen bzw. was auf der anderen

Seite des jeweiligen Gefühls steht. Dazu hilft es, Ressourcen aus eben diesem Bereich zu aktivieren und Angebote zu machen, die die entsprechend positive Emotion wecken und tragen. Auch für unser eigenes Selbstmanagement ist diese Übersicht hilfreich. Sind wir möglicherweise erbost über etwas, dann können wir einen persönlichen Zustand erinnern, aktivieren und verankern, in dem wir empfänglich waren. Denn statt des Erbostseins suchen wir unterbewusst – vermutlich – die Empfänglichkeit. Sie war vielleicht durch etwas anderes verschüttet.

Das Verhaltensbarometer[112]

Wahl bewusst	
Annahme	**Widerstand**
eine Wahl treffen – zugänglich	angegriffen – geplagt
optimistisch – annehmbar	infrage gestellt – belastet
anpassungsfähig – würdig	genervt – ungehalten
verdienstvoll – offen	widersetzlich – fehl am Platz
Bereitwilligkeit	**Zorn**
empfänglich – fähig	erbost – wütend
bereit – verantwortlich	überreizt – gärend
ermunternd – erfrischt	siedend – wutentbrannt
belebt – gewahr	geladen – hysterisch
Interesse	**Groll**
fasziniert – eingestimmt auf	verletzt – verlegen
erforderlich – willkommen	verwundet – benutzt/missbraucht/verwirrt
verständnisvoll – geschätzt	nicht gewürdigt – abgelehnt
wesentlich – fürsorglich	verstummt – gekränkt

Unterbewusst	
Begeisterung	**Feindseligkeit**
amüsiert – jubelnd	in der Falle hängen – herumgehackt
bewundernswert – anziehend	ausgenutzt – frustriert
entzückt – angeregt	beraubt – sarkastisch
lebendig – vertrauensvoll	rachsüchtig – vorenthaltend
Sicherheit	**Verlustangst**
motiviert – kühn	ernüchtert – nicht gehört
geschützt – beherzt	bitter – enttäuscht
mutig – bedacht	bedroht – übersehen
liebevoll – stolz	verängstigt – unerwünscht
Ebenbürtigkeit	**Kummer und Schuld**
beglückt – kooperativ	verraten – unterworfen
beteiligt – entschlossen	entmutigt – unannehmbar
zuverlässig – engagiert	selbstbestrafend – verzweifelt
aufrichtig – produktiv	besiegt – ruiniert
Körper	
Eingestimmt sein	**Gleichgültigkeit**
im Einklang mit – in Übereinstimmung mit	pessimistisch – unbeweglich
im Gleichgewicht mit – schöpferisch	starr – betäubt
wahrnehmend – anerkennend	stagnierend – empfindungslos
zart – sanft	destruktiv – abgekoppelt
Eins sein	**Trennung**
still – geborgen	vernachlässigt – ungeliebt
ruhig – in Frieden	unannehmbar – ohne Liebe/nicht liebenswert
vereint – vervollständigt	unwichtig – schwermütig
erfüllt – in Einheit	morbid – verlassen
Wahl / keine Wahl	

Werte im Training –
wie werden wir ihnen gerecht?

„Ethisch zu handeln, sich in einer Gemeinschaft zurechtzufinden, gehört zu den höchsten Leistungen, zu denen ein Mensch fähig ist."[113] Werte sind ein kollektives Gut, denn ein Wert ist erst dann ein Wert, wenn er von mehreren Menschen geteilt und angestrebt wird. Mut wird zum Beispiel erst zum Wert, wenn dieses Verhalten in der Gesellschaft oder in einer Gruppe von der Mehrheit positiv bewertet wird.

Ein Wert ist eine Idee, eine Sichtweise, ein Grundsatz, mit dem das Denken und Handeln einer Gruppe geprägt und beeinflusst wird. Werte bilden wir durch unser menschliches Sein, durch Kontakte und Begegnungen. Unsere Erfahrung schafft Werte und ein Wertebewusstsein. Werte treiben uns in gewisser Weise an. Denn Ergebnisse sind etwas, was wir wollen, und Werte sind das, weshalb wir wollen, was wir wollen. Werte bestimmen unser Denken und geben dem Leben eine Richtung.

Werte: Treiber für unser Handeln

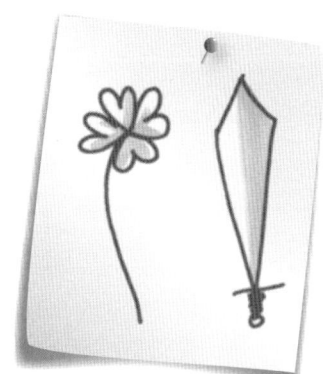

Unsere persönlichen Werte funktionieren als Wegweiser und Richtungsgeber – für uns und unser Umfeld:

▶ Werte geben uns Orientierung in der Welt.
▶ Sie geben uns einen ganz individuellen Lebenssinn.
▶ Sie steuern bewusst und unbewusst unser Bewerten, Denken und Handeln.
▶ Sie motivieren uns und bestimmen, was wir tun oder nicht.

Vielen Menschen fällt es schwer, ihre Werte genau zu nennen. Meist werden abstrakte oder allgemeingültige Begriffe wie Liebe, Glück, Gesundheit, Freiheit oder Spaß genannt, wenn es um Werte geht.

Auch wenn diese Begriffe oberflächlich oder allgemeingültig erscheinen, sind die Emotionen dahinter doch stark und individuell. Je nach Situation sind für uns verschiedene Werte von Bedeutung. Zum Beispiel unterscheidet sich das, was uns bei der Arbeit wichtig ist, von dem, was uns im Urlaub oder in der Freizeit wichtig ist. Unsere persönlichen Werte haben immer auch damit zu tun, was in einem konkreten Kontext für uns wichtig ist. Sie üben einen Einfluss aus auf das, was wir entscheiden.

Wie zufrieden Sie mit Ihrer Arbeitssituation sind und wie authentisch Sie selbst in Ihrer Rolle Ihre Werte leben können, ist abhängig davon, ob Sie Ihre eigenen Werte kennen und inwieweit Sie diese mit den Werten Ihrer Auftraggeber in Einklang bringen können. Die Werte anderer nachvollziehen zu können, ist wiederum ein Schlüsselfaktor für Motivation, Empathie und Führungsqualität.

Den eigenen Werten als Trainer auf die Spur kommen

Mit diesen Fragen kommen Sie Ihren eigenen Werten bei der Arbeit als Trainer auf die Spur:

▶ Welche drei Dinge helfen Ihnen, Ihren Job gut zu machen?
▶ Weshalb sind sie für Sie wichtig?
▶ Welche drei Dinge schätzen Sie an Ihrem Job?
▶ Weshalb sind Sie für Sie wichtig?
▶ Was sagt das über Sie als Menschen aus?
▶ Wenn Sie sich zur Ruhe setzen: Was möchten Sie dann gerne erreicht haben?
▶ Wie wird das, was Sie an Ihrer Arbeit schätzen, Ihnen helfen, dieses angestrebte Ziel zu erreichen?[114]

Ihre Teilnehmer werden spüren, welche Werte für Sie bedeutsam sind. Es lohnt sich also für Sie, hier innezuhalten und ehrlich zu sein. Sie können sich auch andersherum dem Thema nähern: „Wertekonflikte sind ... Selbstsabotage. Fragen Sie sich:

▶ Worum geht es mir wirklich im Leben? Dann:
▶ Welche unangenehmen Emotionen möchte ich um jeden Preis vermeiden?

Erfolgspersönlichkeiten kennen ihre Werte und Abneigungen genau und handeln danach. Deshalb wirken sie so zielstrebig, selbstbewusst und charakterlich wie aus einem Guss."[115] Nehmen Sie sich

einen Leuchtstift und markieren Sie auf der folgenden Tabelle Ihre
persönlichen Werte, die Sie bei Ihrer Arbeit verfolgen.

Werteliste

Abenteuer	Achtsamkeit	Achtung	Alleinsein
Anerkennung	Arbeit	Ausgeglichenheit	Autorität
Begeisterung	Behaglichkeit	Beziehung	Bildung
Charisma	Dankbarkeit	Demokratie	Distanz
Disziplin	Ebenbürtigkeit	Effektivität	Ehre
Ehrlichkeit	Einfluss	Entschlossenheit	Entwicklung
Exzellenz	Familienleben	Fleiß	Flexibilität
Freiheit	Freude	Freundlichkeit	Freundschaft
Frieden	Führung	Geborgenheit	Gelassenheit
Gemeinschaft	Genuss	Gerechtigkeit	Geselligkeit
Gesundheit	Glauben	Gleichheit	Glück
Harmonie	Heimat	Herausforderung	Herkunft
Hilfsbereitschaft	Hingabe	Höflichkeit	Individualität
Integrität	Intuition	Karriere	Kompetenz
Kontakt	Kontrolle	Kooperation	Kreativität
Kultiviertheit	Kunst	Lebensfreude	Lebenskraft
Leistung	Liebe	Loyalität	Macht
Mitgefühl	Mut	Natur	Objektivität
Optimismus	Ordnung	Persönlichkeit	Pünktlichkeit
Reichtum	Reinheit	Religion	Respekt
Ruf	Ruhm	Sachkenntnis	Schönheit
Selbstachtung	Selbstbewusstsein	Sexualität	Sicherheit
Sparsamkeit	Spaß	Spiritualität	Standort
Stärke	Status	Toleranz	Umwelt
Veränderung	Verantwortung	Verständnis	Vertrauen
Wachstum	Wahrhaftigkeit	Wahrheit	Wechsel
Weisheit	Wettbewerb	Willenskraft	Wissen
Zärtlichkeit	Zeitlosigkeit	Zielbewusstsein	Zufriedenheit
Zuverlässigkeit			

Nehmen Sie dieses Blatt einmal in ein Training oder zu einem Auftraggeber oder Kunden mit und achten Sie auf die Werte, die dort geäußert bzw. offensichtlich gelebt werden. Vielleicht stoßen Sie auf Konflikte, vielleicht entdecken Sie auch, dass Sie dieselben Ziele verfolgen wie Ihr Kunde.

Sinnstiftend handeln – ganz grundsätzlich

Die Frage nach dem Sinn taucht in diesem Buch an verschiedenen Stellen immer wieder auf. Er liegt uns am Herzen. Im sinnvollen Tun und Handeln fühlen wir uns gebraucht, wichtig für eine Sache, erleben wir unsere Bedeutung.

Sie selbst und Ihre Teilnehmer brauchen Sinn. Sie sind motiviert, wenn Sie etwas Sinnvolles tun. Menschen sind sogar bereit, für sinnvolle Aufgaben und Ziele auf andere Bedürfnisse zu verzichten oder sie aufzuschieben. Wenn wir Sinn erfahren, stellt uns das weitaus mehr zufrieden als spontanes, kurzfristiges Erfüllen und Befriedigen von Bedürfnissen. Sinn können wir als menschliches Grundbedürfnis betrachten.

Wer nicht überzeugt ist, kann nicht überzeugen. Sind Sie als Trainer nicht davon überzeugt, dass Ihre Arbeit sinnvoll ist, spüren das Ihre Teilnehmer. Das zeigt sich in dem, wie Sie zu einem Thema oder Kontext stehen und wie Sie im Training mit Methoden, Aufgaben und Interventionen umgehen. Somit wird es Ihnen auch nahezu unmöglich, den Teilnehmern den Sinn für das, was sie im Training machen und später in der Praxis umsetzen sollen, zu vermitteln.

Lassen Sie sich von den folgenden Aussagen prominenter Zeitgenossen inspirieren, die auf die Frage „Was glauben Sie, ist der Sinn des menschlichen Lebens?" so antworteten:

► Reinhold Messner: „Sinn fällt nicht vom Himmel, von welchem auch immer. Wir schaffen Sinn. Indem wir einer bestimmten Person, einem bestimmten Tun, einer bestimmten Sache mehr Gewicht geben als anderen. Sinn stiften heißt auch, kreativ sein."
► Lou Paget: „Die Lektionen des Lebens zu lernen, während man der Absicht der Seele folgt."

▶ J. Reuben Silverbird: „Ich glaube, wie die meisten anderen auch, dass wir auf die Erde geschickt wurden, um Gutes zu tun und einander zu helfen. Jedoch glaube ich auch, dass die Mächtigen dieser Welt einem ganz anderen Credo bezüglich der Menschlichkeit folgen. Die mächtigen Führer der Welt umgeben sich mit so viel wunderbarer Verstandeskraft, um ihre Ziele zu erreichen, aber ihr Denken wird unablässig von Gier und Geld bestimmt. Wenn sie nur zuhörten, würden sie bemerken, wie die Menschheit nach Frieden auf der Welt ruft."

▶ Captain Paul Watson: „Ich weiß nicht, was der Sinn des menschlichen Lebens ist. Genauso wenig, wie ich weiß, worin der Sinn des Lebens an sich besteht. Ich denke, die Antwort darauf ist, dass es keine Antwort gibt, und das ist die einzige Antwort."

▶ Dr. Serge Kahili King: „Das menschliche Leben – wie jede Art von Leben – existiert einfach. Wir selbst sind es, die ihm eine Bedeutung geben … oder auch nicht."

▶ Renate Schmidt: „Die Welt ein Stückchen besser zu hinterlassen, als man sie vorgefunden hat. Wenn das alle täten, lebten wir nahezu im Paradies."

▶ Rainer Holbe: „Der Sinn des Lebens ist die eigene Biografie."

▶ Detlef Jöker: „Lieben lernen."

▶ Marshall Rosenberg: „Mitfühlendes Geben."

▶ Patch Adams: „Der Sinn des Lebens ergibt sich aus dem Mitgefühl und der Fürsorge, die wir anderen bedingungslos entgegenbringen."

▶ Dr. Jane Goodall: „1. Sein Bestes zu geben, um die Welt zu einem besseren Ort zu machen für andere Menschen, Tiere und unsere Umwelt. 2. An seiner moralischen und spirituellen Entwicklung zu arbeiten oder auch an beidem. 3. Inneren Frieden zu erlangen und nach Weisheit zu streben."[116]

Sinnstiftend handeln und wirken im Training

Geht es um die Frage, wie ein anstehendes Training sinnstiftend gestaltet werden kann, helfen uns eine ganze Reihe von Modellen und Instrumentarien. Es liegt auf der Hand, auch hier das Modell der (neuro-)logischen Ebenen bei der Trainingskonzeption hinzuzuziehen (siehe S.159 ff.): Wohin wollen wir und wofür?

Training gibt Teilnehmern den Rahmen, um sinnstiftend zu handeln.

Die Teilnehmer erwarten zu Recht, dass das, was im Training geschieht, nicht nur per se sinnvoll ist, sondern ihnen auch einen Rahmen bietet, um selbst sinnstiftend zu handeln. Bei der konkreten inhaltlichen Ausgestaltung gilt es daher, folgende drei Ebenen miteinander in Resonanz zu bringen:

Sinn auf drei Ebenen herstellen und verknüpfen

1. **Die Sachebene:** Notwendige, „objektive" Informationen und Argumente, auch Beurteilungen für die Messbarkeit von Kompetenz. Der Teilnehmer will Wissen und Fakten; diese müssen sich ihm – vor allem im Hinblick auf seinen beruflichen Alltag – erschließen.
2. **Die Erlebnisebene:** Erfahrungen, Gefühle, Assoziationen. Der Teilnehmer möchte die Sachebene mit seiner Lebensgeschichte und seinem individuellen Wachstumsprozess in Beziehung setzen können. Auch seine momentane Befindlichkeit spielt hier hinein: So geht es ihm jetzt.
3. **Die Beziehungsebene:** Das Miteinander, Beziehungen, Nähe, Distanz, mächtiger oder schwächer sein, Positionen zueinander. Hier geht es um die Gestaltung der Zusammenarbeit der Teilnehmer untereinander und die Möglichkeit der Selbsterfahrung sowie der Experimente, die der Einzelne in und mit der Gruppe hier und jetzt machen kann.[117]

Konzeptionshilfe für sinnstiftendes Lernen

Aus der Qualifizierung zum Ausbildungstrainer für Suggestopädie haben wir folgende Konzeptionshilfe kennen- und schätzen gelernt, um den Teilnehmern möglichst viel Sinnvolles mit auf den Weg zu geben:

1. Die Teilnehmer wollen überzeugt sein, dass die Kursinhalte für ihre Leistungen am Arbeitsplatz notwendig sind.
   - Ermöglichen Sie deshalb den Teilnehmern, die Verbindung zwischen ihrer Tätigkeit und den neuen Lerninhalten.
   - Ermöglichen Sie den Teilnehmern, ihren eigenen Lernbedarf zu beurteilen.
   - Passen Sie die Prozesse im Training an die Bedürfnisse der Teilnehmer an.

2. Die Teilnehmer wollen sich am Lernprozess aktiv beteiligen und wissen, an welcher Stelle des Lernprozesses sie gerade stehen.
   - Fordern und fördern Sie eigenverantwortliches Lernen und ermöglichen Sie den Lernenden stets eine gute Übersicht über den Lernprozess.
   - Geben Sie den Teilnehmern die Chance, neue Lerninhalte zu entdecken, statt sie ihnen zu servieren.
   - Ermöglichen Sie den Teilnehmern das „Lernen durch Tun".

- Beteiligen Sie alle Sinne am Lernprozess, also Hören, Sehen, Sprechen, Handeln.
- Geben Sie Ziele und Teilziele des Unterrichts bekannt, damit die Lernenden ihren Lernfortschritt selbst messen und steuern können.

3. Die Teilnehmer wollen ihre Vorerfahrungen mit den Lerninhalten in Beziehung setzen können.
    - Nutzen Sie die Erfahrung der Teilnehmer als wertvolle Quelle für das Lernen.
    - Ermöglichen Sie einen Erfahrungsaustausch unter den Teilnehmern.
    - Verbinden Sie das Neue mit den Vorerfahrungen der Lernenden.

„Lernen ist ein äußerst komplexes Phänomen. Es beruht auf sinnlichen Eindrücken, früheren Erfahrungen, aktuellem Erleben, zu bewältigenden Herausforderungen und Anwendungsmöglichkeiten."

4. Die Teilnehmer wollen wissen, wie die Lerninhalte ihnen bei ihrer Problemlösung helfen können.
    - Orientieren Sie sich bei der Stoff- und Inhaltsvermittlung an den Praxisproblemen der Teilnehmer.
    - Konzentrieren Sie sich auf konkrete Praxisfälle und nicht auf abstrakte Konstrukte.
    - Konzentrieren Sie sich auf das Wesentliche („need to know") und heben Sie dies auch gegenüber dem Unwesentlichen („nice to know") hervor.

5. Die Teilnehmer wollen die neuen Inhalte und Fertigkeiten unmittelbar anwenden können.
    - Ermöglichen Sie den Teilnehmern, das Gelernte während des Trainings anzuwenden.
    - Geben Sie den Lernenden Gelegenheit, selbstständig zu arbeiten, eigene Erfahrungen zu machen und selbst gestellte Aufgaben zu lösen.
    - Begrenzen Sie die Dauer der Vermittlung zugunsten der praktischen Anwendung. „Ihr könnt predigen, über was ihr wollt, aber predigt niemals über vierzig Minuten." (Martin Luther)

Bedürfnisse im Training – wie werden wir ihnen gerecht?

„Mir geht es gut", „Ich bin neugierig und möchte mehr wissen" oder „Ja, so fühle ich mich wohl und lasse mich auf Neues ein". Das sind Sätze, wie wir sie gerne bei Teilnehmern hören.

Die Veranstalterin einer Trainingsmaßnahme, die nicht selbst daran teilnahm, aber das Treiben der Teilnehmer vor dem Seminarraum mitbekam, gab uns vor Kurzem folgendes Feedback: „Wenn die Teilnehmer zum Ende der Pause wieder im Raum sind, und kein Trainer nach draußen in die Raucherecke gehen muss, um mit dem Finger auf die Uhr zu klopfen und zu sagen ‚Leute, es geht weiter', dann muss es wohl eine sehr gute Veranstaltung dort sein". Auch das freut uns, weil es zeigt, dass die Teilnehmer ihre Bedürfnisse im Training als erfüllt erfahren.

„Man kann es nicht oft genug sagen: Die Achtsamkeit auf die eigenen Bedürfnisse lässt uns aufmerksamer für die Bedürfnisse anderer werden."

Ein wichtiger Grundsatz zur Gestaltung und Entwicklung eines Trainings ist es, einen Kontext zu schaffen, in dem die Teilnehmer in ihren besten Lernzustand kommen. Dazu braucht es Wissen um deren Bedürfnisse im Training. Hierbei geben uns zum einen die Erkenntnisse aus der Gehirnforschung wichtige Impulse und Vorgaben, zum anderen natürlich auch die individuellen Erfahrungen der Teilnehmer selbst, die stets ihre früheren Lernerlebnisse mit ins Training bringen. Und nicht zuletzt bedarf es der Wahrnehmung und Kenntnis der eigenen Bedürfnisse als Trainer – schließlich wollen und müssen auch wir für ein erfolgreiches Training in einem äußerst guten Zustand zu sein.

Sandra Masemann, Barbara Messer: Touch it

Bedürfnisse sind in unserem Leben absolut zentral, sie sind der Motor unseres Handelns, an ihnen richten wir unser Tun aus. Vom Körper und von unserem Bewusstsein erhalten wir Signale, die auf unsere Bedürfnisse hinweisen und die dafür sorgen, dass wir unsere Bedürfnisse wahrnehmen, um sie zu befriedigen. Wie wichtig uns das eine oder andere Bedürfnis ist, hängt von unserer momentanen, individuellen Situation ab. Um den aktuellen Bedürfnissen auf den Grund zu gehen, können Sie sich fragen: Was brauche ich im Hier und Jetzt?

Die Frage nach: Was brauche ich im Hier und Jetzt?

Bedürfnisse sind zunächst unabhängig von bestimmten Personen, Zeiten und Orten. Haben wir aber schließlich eine ganz bestimmte Vorstellung, mit wem und wann wir wo ein Bedürfnis ausleben wollen, ist aus dem Bedürfnis schon ein Wunsch oder eine Strategie geworden. Die eigentlichen Bedürfnisse liegen aber tiefer in uns. Unbewusst und bewusst folgen wir ihnen.

Werden unsere Bedürfnisse befriedigt, empfinden wir Freude, Zufriedenheit und Lust. Es geht uns gut. Wird ein Bedürfnis nicht befriedigt, empfinden wir Ärger, Trauer oder Angst. Wir reagieren mit Ablehnung, Widerstand oder Rückzug, auch wenn wir in der konkreten Situation selbst nicht genau wissen, was da in uns ruft. Wir spüren nur, dass irgendetwas nicht stimmt. Die Reaktionen können unterschiedlich heftig ausfallen, je nachdem um welches Bedürfnis es sich handelt. Massiver Schlafentzug macht uns beispielsweise zunehmend aggressiv.

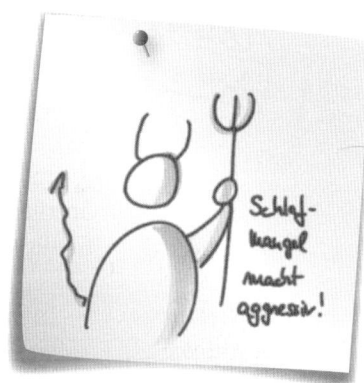

Es gibt lebensnotwendige Bedürfnisse wie Atmen, Essen, Trinken – oder auch sich wärmen können, für die eigenen physiologischen Bedürfnisse sorgen können, Sicherheit und Schutz erfahren (das wird besonders bei Katastrophen deutlich). Andere Bedürfnisse, wie z.B. das Streben nach Perfektion oder Selbsterfüllung, entwickeln sich später und meist erst, wenn essenzielle Grundbedürfnisse befriedigt sind. An dieser Stelle kommen wir an Abraham Maslows Bedürfnispyramide mit ihren fünf Ebenen kaum vorbei:

1. **Physiologische Bedürfnisse:** Atmung, Schlaf, Nahrung, Wärme, Gesundheit, Wohnraum, Kleidung, Bewegung.
2. **Sicherheit:** Recht und Ordnung, Schutz vor Gefahren, festes Einkommen, Absicherung, Unterkunft.

Maslows Bedürfnispyramide

3. **Soziale Bedürfnisse:** Familie, Freundeskreis, Partnerschaft, Liebe, Intimität, Kommunikation.
4. **Individualbedürfnisse:** Höhere Wertschätzung durch Status, Respekt, Anerkennung (Auszeichnung, Lob), Wohlstand, Einfluss, private und berufliche Erfolge, mentale und körperliche Stärke.
5. **Selbstverwirklichung:** Individualität, Talententfaltung, Perfektion, Erleuchtung, Selbstverbesserung.[118]

Zwar wird die statisch-hierarchische Ordnung Maslows nach dem Prinzip „Eins nach dem anderen" inzwischen vielfach kritisiert und deckt sich auch nicht immer mit den eigenen Lebenserfahrungen. Wichtig ist uns aber die Unterscheidung Maslows in Defizit- und Wachstumsbedürfnisse. Die Bedürfnisse auf den unteren drei Stufen der Pyramide bezeichnete Maslow als Defizitbedürfnisse. Wir nehmen sie unweigerlich wahr, wenn sie nicht befriedigt sind (volle Blase, Hunger, Angst, Durst, Herzklopfen etc.). Sind sie allerdings gestillt, denken wir nicht mehr darüber nach, sie weiter zu befriedigen. Ab der fünften und manchmal auch schon ab der vierten Stufe leiten uns die unstillbaren Wachstumsbedürfnisse. Wir hören quasi nie auf, sie befriedigen zu wollen. Deutlich wird das bei zwei Beispielen:

Manche Bedürfnisse sind unstillbar ...

▶ In unserer Gesellschaft leben viele Menschen in einem materiellen Überfluss. Und dennoch hören sie nicht auf, weiter intensiv zu konsumieren, um ihren Wohlstand noch weiter zu mehren.

▶ Ein Künstler hat vermutlich ein starkes Bedürfnis nach Selbstverwirklichung und Kreativität, dass jedoch nicht nach einer bestimmten Anzahl gemalter Bilder befriedigt ist – er ist in der Regel nie fertig und sucht immer nach neuen Wegen, sich über die Kunst auszudrücken.

... und damit wie geschaffen für Touch-Momente.

Die Bedürfnisse in der 4. und 5. Stufe sind im Trainingskontext besonders interessant und somit auch für unser Thema „Touch-Momente". (Was indes nicht heißt, dass man im Training die anderen Bedürfnisse ignorieren sollte!)

Viele Menschen haben nie gelernt, von ihren Bedürfnissen zu sprechen. Und damit meinen wir vor allem die eher das Sein betreffenden Wachstumsbedürfnisse wie Anerkennung, Selbstverwirk-

lichung und die Entfaltung unserer Talente. Im beruflichen Kontext
fällt es diesen Menschen oft noch schwerer als im Privatleben,
darüber zu sprechen. Nicht selten denken sie, dass andere schuld
sind, wenn ihre Bedürfnisse nicht erfüllt werden.

Bei manchen Menschen richtet sich die gesamte Lebensplanung
nach den Bedürfnissen anderer, z.B. der Eltern, des Partners, der
Kollegen oder des Vorgesetzten. Ihre eigenen Bedürfnisse nehmen
sie nicht wahr oder versagen sie sich. „In einer Welt, in der wir oft
streng verurteilt werden, wenn wir unsere Bedürfnisse wahrnehmen
und sie auch zeigen, kann es sehr beängstigend sein, gerade das zu
tun."[119] Diese Teilnehmer sind in Trainings manchmal vollkommen
überrascht (aber meist positiv), wenn sie über ihre Bedürfnisse
oder persönlichen Anliegen in einen Austausch mit anderen kommen.

Sobald wir jedoch über unsere Bedürfnisse sprechen und sie anderen mitteilen, machen wir eine sehr kostbare Türe in uns auf. Wir
sind achtsam mit uns, da wir spüren, was wir brauchen. Und meist
ist es dann auch erst möglich, diese Bedürfnisse zur Erfüllung zu
bringen. Dies ist oft eine wesentliche Voraussetzung für Touch-Momente. Die Teilnehmer sind mit sich selbst in Rapport, in Kontakt.

Für uns Trainer ist es wichtig, für solche Situationen feine Antennen zu haben. Je aufmerksamer und achtsamer wir sind, um
zum einen die Bedürfnisse der Teilnehmer wahrzunehmen und zu
beachten und zum anderen, um einen Rahmen zu schaffen, in dem
Menschen ihre Bedürfnisse spüren und befriedigen können, umso
besser. Es ist unsere besondere Aufgabe, eine Atmosphäre zu schaffen, in der jeder Teilnehmer Verantwortung für die eigenen Bedürfnisse übernimmt (oder dies wagt) und die Teilnehmer sich trauen,
diese einzufordern. Hierfür braucht es jedoch wiederkehrende
Momente und Situationen, in denen der Teilnehmer erfährt:
„Hier ist es gut, hier kann ich sein." Ermöglichen wir dies,
entsteht ein gutes Lernklima.

*Die eigenen
Bedürfnisse
einfordern? Im
Training?*

Warum das so wichtig ist? Marshall Rosenberg trifft den Nagel auf den Kopf: „Wenn wir unsere Bedürfnisse nicht ernst
nehmen, tun es andere auch nicht."[120] Unerfüllte Bedürfnisse
machen uns eng, unzufrieden, ärgerlich auf andere (weil
diese eventuell gerade das Bedürfnis ausleben, das wir uns
verbieten), lassen uns alte und neue Schmerzen fühlen und

uneins mit uns sein. (Vor-)Urteile, Kritik, Vorwürfe und Schuld-
zuweisungen sind dramatische Ausdrucksweisen unerfüllter Bedürfnisse. Das sind Gefühle und Zustände, die uns als Trainer oder
Teilnehmer in Trainingskontexten „hart" und „zu" machen.

„Unsere unbewussten Gedanken bestimmen, wie das Leben für uns
läuft. Wenn unser Leben befriedigend ist, arbeiten unsere unbewussten Gedanken für uns. Wenn es nicht befriedigend ist, sind sie
womöglich unsere Feinde. Sie können Einfluss darauf nehmen, ob
wir reich oder arm sind, ob wir geliebt oder gehasst werden, ob wir
Erfolg haben oder versagen. Sie beeinflussen außerdem, Augenblick
für Augenblick, was in unserem Leben geschieht."[121]

Auch als Trainer die
eigenen Bedürfnisse
im Blick behalten

Darauf haben wir als Trainer entscheidenden Einfluss, indem wir
Situationen schaffen, in denen Befriedigung möglich ist, und indem wir entsprechende Impulse geben. Hierzu noch ein wichtiger
Hinweis in eigener Sache. Auch als Trainer sollten wir dabei stets
unsere eigenen Bedürfnisse im Blick haben. Denn wenn uns diese
zu stark leiten, gewinnt vielleicht ein bestimmtes Bedürfnis von
uns, das sich immer wieder durchsetzt, die Oberhand, geht aber an
denen der Gruppe vorbei oder wirkt sogar kontraproduktiv. Unser
verständliches Bedürfnis nach Kontrolle hat z.B. öfter einmal die
Eigenart, schnell und oft aufzutauchen. Erfüllen wir es uns aber zu
oft, nerven wir die Teilnehmer womöglich oder engen sie ein. Es ist
eben nicht immer einfach, mit den Bedürfnissen ...

Wichtige Bedürfnisse
im Trainingskontext

Im Folgenden haben wir einige – wie wir denken – ganz wesentliche und spezielle Bedürfnisse herausgegriffen und um das ergänzt, was in Trainingskontexten zu deren Erfüllung getan werden
kann. Wir orientieren uns dabei an den Bedürfnissen, die auch
Marshall Rosenberg anführt, ergänzt um diejenigen, die wir darüber
hinaus noch für unbedingt beachtenswert halten. Die Berücksichti-
gung und Erfüllung dieser Bedürfnisse ist quasi die Vorstufe für
Touch-Momente.

Das Bedürfnis nach Nahrung für den Körper

Luft, Essen, Bewegung, Sport, Schutz vor lebensbedrohlichen
Lebensformen: Viren, Bakterien, Insekten, Raubtieren (auch
menschlichen) sowie Ruhe, Sexualleben, Unterkunft, körperliche Nähe und Wasser – as Ziel dieser Bedürfnisse ist ein Zustand, der mir sagt: „Hier fühle ich mich wohl!" Dazu braucht es:

▶ Einen gut gelüfteten Raum, also ohne „Mief", mit angenehmer Raumtemperatur, Fenstern und viel Tageslicht.

▶ Gutes, gesundes und leichtes Essen, Getränke und eben: ganz viel Wasser.

▶ Eine Pausenregelung, die den Bedürfnissen angepasst ist. Also eine Pause dann, wenn ich sie – als Teilnehmer – brauche.

▶ Gute hygienische Bedingungen: bei der Nahrungszubereitung, saubere und gepflegte Toiletten, die Möglichkeit, die Hände zu desinfizieren.

▶ Entfernung von Spinnen und Getier, das sich möglicherweise in den Seminarraum eingeschlichen hat (liegt sicher am spannenden Seminar).

▶ Sitzordnungen, die Kontakt und Nähe fördern, dito Gruppengrößen, die einen die körperliche Nähe von anderen wahrnehmen lassen.

▶ Verschiedene Phasen von Bewegung, Aktion, Stille und Ruhe.

▶ Erlaubnisrahmen für bequeme und gesunde Sitzmöglichkeiten, bequeme Kleidung (klar, dafür sind die Teilnehmern selbst verantwortlich), die Möglichkeit, auch einmal aufzustehen, wenn ich aufstehen und mich bewegen möchte.

▶ Sexualleben? Upps, darf man das überhaupt erwähnen? Und dennoch, das ewige Spiel zwischen den Geschlechtern, das Flirten im Seminar, unter den Teilnehmern oder zwischen Teilnehmern und Trainer ist Alltag. Manches Mal sind auch Paare als Teilnehmer dabei oder agieren als Trainerpaar und holen somit den Kontext Beziehung/Sexualität mit in den Raum hinein. Auch männliche Revierkämpfe sind bestens bekannt und entspringen, genauso wie weibliches Flirten, unserem Bedürfnis nach Sexualität.

▶ Dem Wohlgefühl entspricht ein attraktiver, angenehmer und schön gestalteter Raum, der anregend ist und zugleich Sicherheit verspricht.

Das Bedürfnis nach Struktur, Klarheit und Sicherheit

Ohne Struktur und Klarheit gibt es keine Ordnung und Erkenntnis. Auch Sicherheit wird oftmals durch Struktur erreicht. Wir brauchen eine innere und äußere Struktur, um uns wahrzunehmen und entwickeln zu können. Gelegentlich kommt im Training Verwirrung auf, wenn nämlich die Struktur des Trainings den Bedürfnissen und dem Modell des Trainers entspricht, die Teilnehmer hingegen eine ganz andere Vorstellung von Struktur im Kopf haben. Schließlich

Struktur vermittelt dem Teilnehmer: „Ich weiß, was auf mich zukommt."

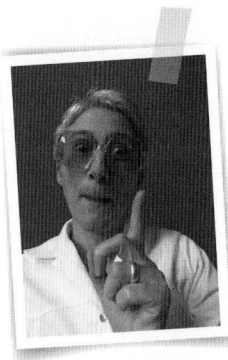

„Struktur kennzeichnet sich durch ein erkennbares Muster von Elementen und ihre Relationen untereinander. Sorgen Sie für eine logische Ordnung, die für den Teilnehmer erkennbar ist."

stellt ja das Gehirn selbst mit seinen Möglichkeiten und Wünschen viele Anforderungen (vgl.: „Was unser Gehirn zum Lernen braucht", S. 33 ff.), die nicht unbedingt zur oft verwendeten linearen Struktur von Trainings passen. „Wenn die Muster persönlicher Erfahrung und die Muster des Unterrichts aufeinanderprallen, ist das Kind (Anm. der Autorinnen: und ebenso der Teilnehmer) gezwungen, sich für eine Art Muster zu entscheiden. Oder aber Verwirrung und Konflikte zu erleiden (...) Wir alle wollen Inspiration und Anleitung beim Lernen. Wir möchten, dass man uns die Richtung zu den lohnendsten Erfahrungen des Lebens zeigt. Aber wir wollen uns auch sicher sein, dass diese Erfahrungen real und erreichbar sind, und wir wollen nicht, dass das, was wir bereits als wahr erkannt haben, willkürlich und ohne Sinn und Verstand über den Haufen geworfen wird."[122]

Das Ziel dieser Bedürfnisse ist das Gefühl: „Ich fühle mich sicher und kann einschätzen, was geschehen wird." Dazu braucht es:

▶ Eine verlässliche Übersicht über das Training, den Verlauf, die Inhalte, die Rahmenbedingungen.
▶ Einen Sitzplatz.
▶ Teilnehmerunterlagen, die übersichtlich sortiert und gegliedert sind sowie zum Thema passen.
▶ Aufbewahrungsmöglichkeiten für persönliche Dinge wie z.B. Wertsachen, speziell in den Pausen oder bei Outdoor-Aktivitäten
▶ Die Möglichkeit, dass sich sowohl die Teilnehmer als auch Teilnehmer und Trainer untereinander gut kennenlernen können. Das schafft Geborgenheit.
▶ Transparente Werte und deren authentische Umsetzung.
▶ Die Sicherheit, jederzeit frei die eigene Meinung zu nennen und auch persönliche Anliegen einbringen zu können.
▶ Bei Konflikten eine lösungsorientierte Klärung.
▶ Die Möglichkeit, „Nein" zu etwas sagen zu können. Bei uns gibt es beispielsweise immer einen Joker, den der Teilnehmer nutzen kann, der sich in einer bestimmten Situation etwas noch nicht zutraut.
▶ Vereinbarte und verlässliche Regeln des Miteinanders (Spielregeln im Training, Arbeitsvereinbarungen etc.).
▶ Ziele im Training, die die Teilnehmer teilen.

Das Bedürfnis nach Autonomie

Jeder Mensch hat eigene Träume, Ziele und Werte. Autonomie bedeutet, über das eigene Vorgehen und wie die
eigenen Träume, Ziele und Werte realisiert werden, bestimmen zu können. Das betrifft natürlich den eigenen
Lebensweg, aber auch das Training. Denn viele Teilnehmer möchten ganz konkret ein bestimmtes Ziel erreichen, deshalb sind sie – speziell bei offenen Seminaren
– ja da. Hier einige Anregungen, wie dieses Bedürfnis
im Kontext Training gelebt werden kann:

▶ Geben Sie Teilnehmern Raum, ihre Träume, Werte und Ziele
wahrzunehmen und diese einander mitzuteilen. Dies sind je
nach Trainingskontext auch mal längere Phasen, in denen sich
die Teilnehmer zurückziehen und an ihren Träumen und Zielen
arbeiten. Das anschließende Sprechen darüber kann – kon-
textabhängig – zu einem kostbaren Touch-Moment werden. Weil
es sehr persönlich ist.

▶ Machen Sie ein Angebot für einen Fahrplan durch den Tag, aber
legen Sie ihn nicht fest. Lassen Sie die Teilnehmer mitbestim-
men, wie der Tag/das Training sein soll.

▶ Geben Sie Freiraum bei der Umsetzung von Aufgaben, sodass
Teilnehmer noch einen Gestaltungsrahmen haben. Lassen Sie sie
z.B. eigene Zeit- oder Zielvorgaben erarbeiten.

▶ Stellen Sie das Know-how der Teilnehmer in den Mittelpunkt.
Lassen Sie sie z.B. Thesen oder auch Fragen zu einem Thema erarbeiten. Schaffen Sie Brainstorming-Phasen.

▶ Seien Sie ein Trainer, der sich seiner Träume, Ziele und Werte
bewusst ist. Zeigen Sie diese im Training, seien Sie an entsprechender Stelle ehrlich damit.

▶ Der Teilnehmer fühlt sich in seinem Autonomiebedürfnis wohl:
  – Wenn er Phasen hat, in denen er sich allein intensiver mit
    sich und einer Aufgabenstellung auseinandersetzen darf. (In-
    selmethode)

*Selbstbestimmt
eigenen Zielen und
Werten nachgehen*

*„Ja, da denken wir dann im Training: ‚Das ist ein
Störer' oder einer dieser ‚schwierigen Teilnehmer', vor
denen sich so viele fürchten. Dabei lebt der Mensch
sein Bedürfnis nach Autonomie aus und braucht
Diskussion. Nur wissen wir das nicht immer gleich."*

- Wenn er Möglichkeiten hat, seine Gedanken (z.B. Ideen, Fragen und Einwände) zum – möglicherweise geforderten – Transfer im Training zu diskutieren.
- Wenn er bei dem Eindruck „Hier läuft was schief" darauf hinweisen und Einfluss nehmen kann.
- Wenn er Möglichkeiten hat, den Sinn des jeweiligen Trainings für sich zu entdecken und einen Transfer zu seinem Arbeitsalltags zu finden.
- Wenn er verschiedene Angebote – etwa Entscheidungsfreiräume, Wahl- und Mitbestimmungsmöglichkeiten – hat, aus denen er selbst auswählen kann.

Das Bedürfnis zu feiern

Dieses Bedürfnis umfasst zum einen, die Gestaltung eines erfüllten Lebens und wahr gewordener Träume zu feiern, sowie zum anderen, Verluste und Abschiede – von geliebten Menschen, Träumen usw. – feierlich zu begehen. Feiern bedeutet für uns nicht nur wildes, lautes Feiern, sondern schließt ebenso auch die stillen, nahen Momente mit ein. In einem kürzlich durchgeführten Führungskräftetraining stand das Thema Abschied unerwarteterweise direkt am Anfang des Tages: Auf unsere Aufforderung, sich in der Runde mitzuteilen, 1. wie es einem heute Morgen geht und 2. welchen Helden es im Leben der Teilnehmer gibt, berichteten gleich mehrere Teilnehmer von Todesfällen in ihrem direkten Umfeld. Daraus entwickelte sich eine sehr tiefe, würdigende Stimmung, die

Sich selbst, andere und die Sache würdigen

ein Band der Verbundenheit um die Gruppe legte. Und dabei ging es überhaupt nicht ums Feiern, sondern darum, diesen kostbaren Moment entsprechend zu würdigen.

Nun aber zu ausgewählten Möglichkeiten, wie dem Bedürfnis nach Feierlichkeit im Training entsprochen werden kann.

▶ Wir fordern hiermit auf, zu feiern: freudiges und scheinbar Positives – auch in ritualisierter Form – zu feiern, aber auch Altes (Erkenntnisse, Gewohnheiten, Glaubenssätze, Verhalten etc.) im Ritual feierlich zu verabschieden. Altes oder Dinge, die zurückgelassen werden, brauchen Würdigung, damit sie anerkennend durch etwas Neues ersetzt werden können.

▶ Anfänge und Ende von einem Ereignis feiern. Hierzu können auch Bergfeste oder ein Kick-off zählen, alles lädt zum Feiern ein.

▶ Im Zuge eines gelebten Diversitymanagements können alle möglichen Feiertage gefeiert oder bedacht werden.

▶ Auch traurige oder nachdenkliche Anlässe brauchen feierliche Momente. Dieses sind dann eher verbindende Momente der Stille.

▶ Neben den klassischen Gelegenheiten, zu feiern, bewusst einmal das Augenmerk auf ungewöhnliche Anlässe richten:
 – In unserem Trainingsevent für eine Akademie zum Thema „Jeder ist ein Guru" bekam jeder Teilnehmer einen Guru-Ausweis mit eigenem Foto und schriftlich abgezeichneten Guru-Prüfungen.
 – Ein Trainerkollege, der seine Wurzeln im Orient hat, stiftet schon mal ein leckeres Tierchen, um es abends am Grillplatz des Tagungshotels schmackhaft und in schöner Runde am Feuer zu verspeisen.
 – Verleihen Sie Preise und Gewinne für Ihre Teilnehmer, z.B nach einem Quiz oder einer erfolgreichen Präsentation. Bei uns bekommen Teilnehmer, die sich als Erste etwas wagen, eine kleine Anerkennung materieller oder auch nicht materieller Art.

Das Bedürfnis nach Zugehörigkeit und Geborgenheit

Dieses Bedürfnis bezieht sich auf unser Gruppengefühl. „Ich bin ein Teil der Gruppe" ist das Empfinden, was wir uns als Teilnehmer wünschen. Dieses Bedürfnis zu erfüllen, bis hin zu einer Kohäsion, ist ein wesentliches Ziel im Training und unser Anspruch als Trainer. „Unter Kohäsion verstehen wir das Ausmaß an Zusammenhalt und ‚Wir-Gefühl'".[123] Dazu braucht es:

Zusammenhalt macht selbstbewusst.

▶ Intensive Prozesse, um sich gemeinsam zu erleben: in wechselnden Sozialformen oder Gruppenaufgaben.

▶ Interventionen, die gemeinsame (oder ähnliche) Werte und Ziele erleben und bearbeiten lassen. Dies ganz besonders im Kontext des Trainingsthemas.

▶ Unterschiedliche Austauschsituationen während eines Trainings. Dabei können die Teilnehmer ihre Erfahrungen, Fragen und Erkenntnisse einbringen.

▶ Werte wie Toleranz und Akzeptanz, die deutlich aufseiten des Trainers vorgelebt werden, speziell auch in Bezug zum Thema und zur Vielfalt von Gruppen.

Das Bedürfnis nach Interdependenz und Kontakt mit anderen

Akzeptanz und Wertschätzung erfahren

Dieses Bedürfnis geht noch weit über das eigentliche Gruppengefühl hinaus. Es steht für den direkten Kontakt zwischen den Teilnehmern im Sinne von Nähe. Unter dieses Bedürfnis bzw. Erleben fallen laut Rosenberg eine Fülle von Einzelbedürfnissen: „Akzeptanz, Wertschätzung, Nähe, Gemeinschaftlichkeit, Rücksichtnahme, Beitrag zur Bereicherung des Lebens (das geben, was das Leben fördert, und so die eigene Kraft lebendig machen), Emotionale Sicherheit, Einfühlsamkeit, Ehrlichkeit (die Ehrlichkeit, die uns Kraft gibt, von unseren Grenzen zu lernen), Liebe, Schutz, Respekt, Unterstützung, Vertrauen, Verständnis, Wärme."[124]

▶ Beachten wir diese Bedürfnisse und die damit verbundenen Werte, fällt Berührt-sein schon fast vom Himmel. Wechselnde Sozialformen und Settings im Training ermöglichen die Erfüllung dieser Bedürfnisse.

▶ Auch wir Trainer können als Person viel zur Erfüllung beitragen: Geben wir emotionale Sicherheit, indem wir sie selbst haben. Geben wir eine Form von Liebe, von Vertrauen und wir bekommen es zurück! „Die Grundlage der Empathie ist Selbstwahrnehmung; je offener wir für unsere eigenen Emotionen sind, desto besser können wir die Gefühle anderer deuten."[125]

▶ Die Haltung, die hinter vielen unserer „Touch-it"-Methoden steht (vgl. Kap. IV, S. 277 ff.), konzentriert sich auf diese Bedürfnisse, sie fördert den Zauber, wenn Menschen das erleben. Wesentlicher Schmierstoff dafür ist die empfundene Gemeinsamkeit, die speziell bei den gestalterischen Methoden und Interventionen erfahrbar ist.

Das Bedürfnis nach Spiel

Momente der Selbstvergessenheit erleben

Kinder spielen, Erwachsene vermeiden das wahre Spiel viel zu oft. Selbstvergessen zu spielen, dem inneren Kind, der eigenen Freude im Spiel Ausdruck zu verleihen, dabei zu lernen und Neues zu entdecken, ist indes auch ein tiefes Bedürfnis von Erwachsenen. Im Spiel entsteht Spaß und leichtes Lernen, Inhalte werden spielerisch verarbeitet und geankert. Und doch: Für viele Erwachsene erscheint Spielfreude im Alltag ein Widerspruch in sich. Und dennoch spielen wir: Der eine hat seine Hobbywerkstatt im Keller, der andere spielt Fußball oder tanzt. Andere kochen oder spielen eben bei der Gartenarbeit. In gewisser Weise ist auch das ein Spiel.

„Spiel als ursprüngliches Phänomen gehört nach Maurer (1992) zum menschlichen Leben wie Liebe, Tod, Herrschaft, Arbeit, Kultur und Sprache. Es tritt immer in wesentlicher Verbindung mit anderen gesellschaftlichen und existenziellen Lebenselementen auf und kann nicht losgelöst von der Lebenssituation der beteiligten Menschen und deren sozialen und kulturellen Verhältnissen betrachtet werden."[126]

„Ernst ist der Ausschluss des Spielens. Das Spiel schließt aber den Ernst ein", sagt Johann Huizinga in seinem Buch *Homo ludens*. Wird es deutlich? Eine spielerische Grundhaltung kann sehr wohl tief und ernst sein. Spielen können wir in allen Stimmungen. Zu spielen bedeutet, mehrere Beine zu haben, falls eines festgebunden ist. Es bietet einen Schatz an Wahlmöglichkeiten und Emotionen.

„Ein Hering suchte einen Delfin auf und sprach: ‚Meister, sage mir: Was ist Wasser?' – ‚Wenn du wissen willst, was Wasser ist', sagte der Delfin, ‚dann komm und lass uns damit spielen!'"

Beziehen wir also die vielfältigen und auch seriösen Formen des Spielens ins Training ein! Die Teilnehmer werden es Ihnen danken. Dazu gehören nicht nur die Spiele um des Spielen willens, sondern auch spielerische Arbeitsphasen, Phasen, in denen der Lernstoff kreativ wiederholt oder bearbeitet wird, Erarbeitungsphasen etc. – oder auch das szenische Spiel.

Das Bedürfnis nach spiritueller Verbundenheit

Auch dieses vereint wieder ein komplexes Bündel an Bedürfnissen. Im Bedürfnis nach spiritueller Verbundenheit liegen

▶ Schönheit,
▶ Harmonie,
▶ Inspiration,
▶ Ordnung und Friede.

Wollen wir diese Bedürfnisse beachten, geraten wir schnell in den Dunstkreis esoterischer Seminare. Denn natürlich bedeutet Friede nicht Konflikt. Wie oft aber entstehen Konflikte im Training? Wir meinen hier nicht, zugunsten der spirituellen Verbundenheit eine „Friede-Freude-Eierkuchen-Stimmung" zu schaffen, sondern uns vielmehr den aktuellen Stimmungen zu stellen. Wie kostbar sind

Spirituelle Verbundenheit ist mehr als Friede, Freude, Eierkuchen.

das Verbundenheitsgefühl und der innere Friede nach einer intensiven Intervention, an deren Anfang vielleicht auch ein Konflikt lag?

Diese Bedürfnisse lassen sich also sehr wohl erleben und befriedigen. Abhängig vom Thema und den Methoden bzw. Interventionen bekommen sie Raum und Möglichkeit zum Ausdruck.

Dem Bedürfnis nach **Schönheit** kann entsprochen werden durch:

▶ Eine schön und anregend gestaltete Umgebung. Denn die hat einen fundamentalen Einfluss darauf, was und wie wir lernen. Es braucht im Raum Hingucker, die anregen, neugierig machen und ästhetisch sind. Bewusst ausgewählte Installationen (gerne zum Thema des Trainings), Dekorationsobjekte und Seminarunterlagen heben die Schönheit des Trainings. Ausgewählte Objekte regen den Schönheitssinn an.

„Der eine braucht die Harmonie, der andere nicht. Ein typischer Konflikt aus meinen Paartherapiesitzungen. Sie kennen die Sache mit den dreckigen Socken?"

Dem Bedürfnis nach **Harmonie** kann entsprochen werden durch:

▶ Bewusste Gruppenprozesse, die ein Harmonieerleben fördern.
▶ Bewusste Auswahl und Verwendung von akustischen und visuellen Reizen (Musik, Klänge, etc.) und Maßnahmen; hier gilt auch: „Eher weniger als mehr."
▶ Passende und stimmige Farben im Raum und hinsichtlich der Materialien.

Dem Bedürfnis nach **Inspiration** kann durch Folgendes entsprochen werden:

▶ Kreative Phasen und Aufgaben.
▶ Ansprechende Materialien (diese sind vielleicht besonders ästhetisch oder ungewöhnlich).
▶ Aufgabenstellungen, Methoden und Interventionen, die die Inspiration fördern und das künstlerische Potenzial anzapfen (z.B. „Am Tisch", „Weltenerschaffer", „Helden aus der Kindheit" etc., vgl. auch Kap. IV, S. 277 ff.).
▶ Unterschiedliche Situationen und eine entsprechende Atmosphäre. Für Inspiration braucht es auch Purismus bzw. die Reduktion von Reizen wie Bilder, Worte, Lärm und Tempo.
▶ Das Weglassen von den Bewertungen und Zwängen einer idealisierten Welt. Der sogenannte Infomüll unserer Welt, speziell bei

Facebook- und Twittersüchtigen, die ihr Smartphone kaum noch aus der Hand legen, ist unerwünscht. Er plättet jegliche Inspiration. Schaffen Sie stille, achtsame Phasen in Ihren Trainings.

Das Bedürfnis „Integrität – Stimmigkeit zu sich selbst"

Ein sehr zentrales Bedürfnis, da es eine höhere Ebene in uns betrifft. Im Modell der Ebenen der Veränderung (bzw. der (neuro-) logischen Ebenen von Robert Dilts) findet sich dieses Bedürfnis auf der Ebene der Identität. Für Rosenberg gehören hier auch Authentizität, Kreativität, Sinnhaftigkeit und Selbstwert mit hinein.

Zum einen gibt es Interventionen, die genau dieses – und mehr – zutage fördern (z.B. das Format „Weltenerschaffer", siehe S. 286 ff.). Zum anderen können wir dieses Modell im Training durch das (Vorbild-)Modell des Trainers vorleben. Sind wir stimmig mit uns selbst, dann kommen wir in Resonanz mit uns, den anderen und auch dem Thema, weil wir uns wahrnehmen, weil wir uns annähern können. Es gilt, als Trainer authentisch zu sein, was nicht heißt, pausenlos die ganze Lebensgeschichte auf den Tisch zu packen. Viel mehr meint es, anderen (und sich) nichts vorzumachen. Dem Bedürfnis nach Selbstwert können wir recht einfach entsprechen: „Wenn wir Gutes über uns hören, werden wir klüger. Anderen Menschen Gutes über sie zu sagen, macht uns ebenfalls klüger."[127] Dies ist eine Einladung zu tiefer Wertschätzung und auch zum Kompliment. Für uns steht dahinter auch der Glaubenssatz, dass wir Teilnehmern viel zutrauen können, weil wir denken, „dass sie es drauf haben", dass sie es können und dass es ihnen gut tun wird. Es ist wirklich nicht schwer, jemandem zu sagen, dass er gut sein kann. Natürlich müssen wir es ernst meinen.

Stimmigkeit bedeutet: sich und anderen nichts vormachen

Dem Bedürfnis nach **Authentizität** können wir entsprechen, indem:

▶ wir eine Haltung einnehmen, in der Fehler erwünscht und erlaubt sind, Beurteilungen und Bewertungen passé sind, Ehrlichkeit Trumpf ist und sich alle gleichberechtigt fühlen.

▶ es in regelmäßigen Abständen die Möglichkeit gibt, sich als ganzer Mensch zu beteiligen (Körper, Geist, Seele), sodass alles angesprochen ist und innerlich bewegt wird.

Das Bedürfnis nach Kreativität

Diesem Bedürfnis zu entsprechen gehört zum Kerngeschäft von uns Trainern. „Mein Bildungsweg wurde vorübergehend von der Schule unterbrochen", unkte George Bernard Shaw. Seien wir achtsam, dass es unseren Teilnehmern in unseren Veranstaltungen nicht auch so geht. Denn wir wollen das Gegenteil erreichen: Kreativität. Die eigene Kreativität zu entdecken, ist einer der Kernwerte in unseren Trainings. Und damit meinen wir gleichermaßen die eigene Kreativität wie die der Teilnehmer. „Kreativ sein heißt das Denken befreien!"[128]

Kreativität macht Lernen leicht verdaulich und anspruchsvoll.

Gerade in Fachtrainings ist es eminent wichtig, die Inhaltsdichte mit Kreativität zu vermischen. Das macht das Thema wertvoll und gut verdaubar. Ganz nebenbei liefert es den Teilnehmern die Erkenntnis, dass sie kreativ, vielfältig und fantasievoll sind. Und damit wird es auch ihr Alltag.

Das Entdecken der eigenen Kreativität ist etwas Wunderbares, Befreiendes, was uns zu Schöpfern unserer eigenen Welten macht. Diese kreativen Momente sind echte Touch-Momente. Um dem Bedürfnis nach Kreativität zu entsprechen, bieten sich z.B. an:

▶ Alle möglichen Spiele und kreativen Seminarmethoden. Doch Achtung: Alles in kleinen Happen, die zunächst für eher Ungeübte ein guter Einstieg sind. Hier verweisen wir auf die entsprechende Literatur.
▶ „Erklären Sie nicht die Methode ..., legen Sie einfach los!"[129] Fangen Sie einfach an, bitten Sie die Teilnehmer aufzustehen, um das und das zu machen. Verschwenden Sie keine Zeit mit Erklärungen, sondern beziehen Sie die Teilnehmer „wie selbstverständlich" mit ein und muten Sie ihnen die Aufgabe zu.

Das Bedürfnis der Sinnhaftigkeit

Sinn setzt Energien frei.

Wir Menschen möchten Sinn! Sinnvoll handeln, Sinnvolles tun, Sinnvolles erleben. „Menschen, die ihr Leben sinnvoll finden, haben gewöhnlich ein Ziel, das herausfordernd genug ist, um all ihre Energie in Anspruch zu nehmen, ein Ziel, das ihrem Leben Bedeutung verleiht."[130] Wenn wir Sinn erfahren, stellt uns das weitaus mehr zufrieden als spontanes, kurzfristiges Erfüllen und Befriedigen von Bedürfnissen. Als Trainer haben wir besonders dann einen guten Job gemacht, wenn wir unseren Teilnehmern die Sinnhaftig-

keit des eigenen Handelns und der gemeinsamen Unternehmungen
vor Augen führen.

Das erreichen wir zum Beispiel indem wir:

▶ effizient arbeiten, denn Teilnehmer möchten „diesen Tag nicht
als Zeitverschwendung erleben". Sie möchten erfahren, dass er
sinnvoll für sie ist und war.
▶ Praxistransfer mit vielfältigen Methoden regelmäßig ermöglichen. So können die Teilnehmer die sinnvollen Erfahrungen aus
dem Training in ihren Alltag einbringen.
▶ selbst dem eigenen Sinn und der eigenen Sinnhaftigkeit perma-
nent auf der Spur sind und dies auch zeigen.
▶ Raum für Einwände geben und an die Kraft und die Bedürfnisse
dahinter denken.

„Touch-Momente" – so machen es andere

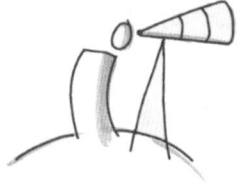

Im dritten Kapitel finden Sie:

Sandra Masemann, Barbara Messer: Touch it

Was wir von der Kunst lernen können

Wenn Teilnehmer – und natürlich auch wir Trainer – ihre Sicht bzw. ihr Verständnis über ein Thema in Kunst übersetzen, ist das für alle Beteiligten äußerst spannend. Dies vertieft das eigene Erleben, fokussiert Gedanken und führt zu komplexeren Vorstellungen als vorher. Es bildet sich ein gemeinsamer Kristallisationspunkt, der als starkes Bild oder Erlebnis in Erinnerung bleibt und zahlreiche Anknüpfungspunkte bietet, um Meinungen, Haltungen, Gedanken und Emotionen auszutauschen. Den künstlerischen Schaffensprozess erlebt zu haben stärkt für unsichere Zeiten, da einem diese Erfahrung nicht mehr genommen werden kann. Und das ist eine starke Ressource.

Kunst fokussiert Gedanken und erweitert den Horizont.

Es passiert aber noch weit mehr, wie wir aufgrund der Erkenntnisse aus der Suggestopädie wissen. Lozanov sagt: „Künstlerische Mittel im Unterricht (Konzertsitzungen, Aufführungen von ‚didaktischen Opern', ästhetisch gestaltete Lernumgebungen etc.) machen den Lernstoff nicht nur verständlicher, das Lernen wird zugleich genussvoller und effektiver."[131]

Angeregt durch die mehrjährige intensive Freundschaft mit Künstlern und durch einen Impulsbeitrag von Marlies Rainer auf dem Heldenprinzip-Symposium im Januar 2011 in Berlin haben wir Gedanken, Erfahrungen und Erkenntnisse zusammengetragen, die unser Verständnis von einem künstlerischen Schaffensprozess, auf den wir in bestimmten Trainingskontexten Wert legen, verdeutlichen.

Dabei ist Joseph Beuys unser Pate. „Beuys setzte sich in seinem umfangreichen Werk mit Fragen des Humanismus, der Sozialphilosophie und Anthroposophie auseinander. Dies führte zu seiner spezifischen Definition eines ‚erweiterten Kunstbegriffs' und zur Konzeption der Sozialen Plastik als Gesamtkunstwerk, in dem er

Ende der 1970er Jahre ein kreatives Mitgestalten an der Gesellschaft und in der Politik forderte. Er gilt bis heute weltweit als einer der bedeutendsten Künstler des 20. Jahrhunderts und war ein ‚idealtypischer Gegenspieler' zu Andy Warhol."[127] Von Joseph Beuys stammt das berühmte Zitat, auf welches wir uns gerne, spätestens jedoch beim Format „Weltenerschaffer" (siehe S. 286 ff.), berufen: „Jeder ist ein Künstler."

Sich der Kunst und des künstlerischen Ausdrucks zu bedienen, ist Quelle für Inspiration und Tiefgang im Training. Die Auseinandersetzung mit dem Ungewöhnlichen, mit wenigen, aber deutlichen Vorgaben, mit Materialien, die in einen Kontext zum Thema gebracht werden wollen, sowie der Rückzug des kognitiv Erklärbaren machen uns neugierig zu experimentieren und auf andere Weise zu gestalten, als dies PowerPoint und Moderationswand gemeinhin ermöglichen.

„Ich habe niemals Träume gemalt."
– Frida Kahlo –

Die Beschäftigung mit Kunst berührt auch ganz unmittelbar das eigene Leben und kann zu einem besonderen Empfinden und Wahrnehmen führen. Ist doch vor allem das Sehen mit unserem kognitiven Denken, mit unserem Verstand, verbunden und bestimmt im großen Maße, wie wir die Welt sehen und was wir wahrnehmen. Wenn wir nur mit dem Verstand sehen, leben wir in einer Welt, die wir nicht anfassen, schmecken, riechen und hören. Damit entziehen wir uns mannigfaltiger Überraschungen und Erkenntnisse. Kunst zeigt auf, was wir mit dem Kopf nicht gleich verstehen, was uns irritiert, neugierig und ratlos macht und was dennoch aus uns heraus entsteht. Kunst kann uns provozieren und beschämen, Kunst kann uns einladen, selbst Künstler zu werden.

„Kunst ist ein prozessorientiertes Werkzeug. Mithilfe dieses Werkzeugs kann man die Komplexität des Lebens besser verstehen."
– Yoko Ono –

Gerade in Trainings braucht es das Wissen, die Fachinformation oder den Inhalt, der den Teilnehmern nahegebracht werden soll. Suchen wir also Wege, den Menschen dafür zu gewinnen, zu öffnen und lassen wir hierfür zwei weise Menschen zu Wort kommen:

▶ „Die Dinge, die wir wissen, sind nicht die Dinge, die wir gehört oder gelesen haben, vielmehr sind es die Dinge, die wir gelebt, erfahren und empfunden haben." (Calvin M. Woodward)
▶ „Hilf mir, es selbst zu tun." (Maria Montessouri)

Der künstlerische Schaffensprozess ist eine physische Auseinandersetzung mit „Material" (Farben, Formen, Klängen, Sprache,

Bewegung etc.). In diesem Prozess wird seelisch um den emotionalen Ausdruck in der sichtbaren Darstellung gerungen. Es soll etwas aus uns heraus kommen, was in uns schlummert. Auf unseren Geist bezogen, geht es um Motive, Bilder und eine Art Sinnebene, die wir dem Ganzen geben wollen, die wir aus uns heraus wachsen lassen möchten.

„Also ich habe ja damals noch den eingewickelten Reichstag gesehen. Beeindruckend. Und was das alles mit mir gemacht hat ..."

Künstler gehen prozessorientiert vor. Sie gehen sehr bewusst in eine offene, ungewisse Situation, von der sie am Anfang nicht wissen, wie das Ergebnis aussehen wird. Sie lassen sich immer wieder auf ein Wagnis ein. Sie suchen den Konflikt zwischen malerischer Autonomie und Erfahrung, zwischen Lebensgeschichte und abstrakter Tradition sowie in der Herausforderung, vor die sie die Vorgaben des Materials und der eigene Drang nach Ausdruck stellen.

Dazu zitieren wir den Maler Gerhard Richter: „Ich (...) möchte am Ende ein Bild erhalten, das ich gar nicht geplant hatte (...). Ich möchte ja gerne etwas Interessantes erhalten, was ich mir nicht ausdenken kann."

„Thema meiner Arbeit ist immer Kommunikation."
– Larie Anderson –

Daraus lässt sich für uns ableiten, dass das „künstlerische Handeln" eine Tätigkeit ist, die unter dem Stern der Ungewissheit und Unplanbarkeit steht. Künstlerisches Tun ist im Prinzip eine Art von Improvisation. Wenn Künstler mit ihrer Arbeit anfangen, verfolgen sie zwar ein bestimmtes Interesse oder auch spezielle Fragen und Motive. Diese geben ihnen indes lediglich die Richtung vor, sie haben jedoch keine feste Vorstellung, was sich am Ende daraus konkret ergeben wird. Genau das ist das Wesen des schöpferischen Prozesses, in dem im Wechsel zwischen Handeln und Wahrnehmen etwas Neues entstehen kann.

„Meine Materialien und die Größe meiner Bilder bleiben ziemlich konstant, doch innerhalb dieser Vorgaben versuche ich, die Gegenstände zu verändern."
– Toba Khedoori –

Damit handeln Künstler bewusst und gewollt unter der Bedingung der Unsicherheit – und kommen damit gut zurecht. Ist sie doch zugleich der Schlüssel zur Innovation und Kreativität. Eine künstlerische Haltung drückt sich somit in der Bereitschaft aus:

▶ einen Weg ins Unbekannte, Unvorhersehbare und Ungewisse zu gehen,

- ► unbefangen zu beginnen,
- ► Freude am Experiment und am Spiel zu haben,
- ► Neues zu entdecken,
- ► Unsicherheiten und Krisen auszuhalten und an deren Überwindung zu glauben,
- ► zu fragen und dialogisch zu handeln,
- ► Emotionen zuzulassen,
- ► in ein bildhaftes Denken einzutauchen,
- ► anschauend zu urteilen und dann zu entscheiden.

Der künstlerische Schaffensprozess im Kontext Training

Den künstlerischen Schaffensprozess und andere Prinzipien aus der Kunst können wir gleich auf mehreren Ebenen in unsere Trainings einbeziehen.

1. Da ist zum einen der Prozess an sich. Wir gehen bewusst auf das Experiment Prozess ein. Es gibt zwar immer grobe Ablaufpläne für die jeweiligen Veranstaltungen. Dennoch gilt das geheime Versprechen zwischen uns, dass wir loslassen und auf das vertrauen, was die Teilnehmer zwischendrin aus sich und unseren Impulsen und Vorgaben kreieren. Wir achten intensiv darauf, was gerade „läuft", was es eventuell noch braucht, wohin die Reise gerade geht. Dabei vertrauen wir sehr stark auf die Teilnehmer, dass sie das Beste aus sich herausholen, und wir vertrauen zum anderen auf uns als Trainer, denen schon etwas Sinnvolles einfällt, falls etwas nicht klappt.

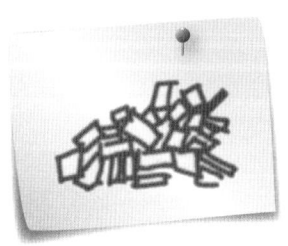

2. Da ist zum anderen das Schöpferische. Wir sind selbst tief davon erfüllt, wenn wir sehen, wie Teilnehmer z.B. beim Format „Weltenerschaffer" (siehe S. 286 ff.) ihren künstlerischen Schaffensprozess erleben. Manche Teilnehmer sind noch ganz ungläubig ob der Aufgabenstellung, andere ziehen sich sofort mit dem Material und der Aufgabe zurück und beginnen gemeinsam. Die anschließende Präsentation der Ergebnisse kommt einer wirklichen Vernissage mit echten Künstlern sehr nah. Die Teilnehmer sind: erfüllt, beseelt, verzaubert, gekräftigt, geerdet und sehr nah beieinander. Abhängig von der Gruppengröße entsteht eine eher stille kunstschaffende Atmosphäre oder eine eher laute. Aber es wird gestaltet und geschaffen – und keiner weiß vorher, was schließlich entstehen wird.

Das Wesen der Kunst und des künstlerischen Prozesses beinhaltet Impulse, die gerade in der heutigen Zeit der Arbeitswelt, den Unternehmen und uns Trainern gut tun. Durch starke Veränderungen in unserer Welt stellen sich dem Menschen überall Gestaltungsaufgaben. Scheinbar müssen alle zunehmend unter Unsicherheiten handeln und die Bereitschaft aufbringen, Risiken einzugehen. Dieser Prozess ist mit dem Verlust aller stabilen äußeren Orientierungen verbunden, löst veraltete Strukturen auf und lässt ehemalige Sicherheiten wegbrechen. Deshalb nutzen wir das Künstlerische und die künstlerischen Haltungen so gerne in unseren Trainings. Sie kräftigen die Teilnehmer von innen heraus, sie geben ihnen Kontakt zu ihrer eigenen Mitte.

Wir können uns für die heutige Arbeitswelt etwas von der Kunst und ihrer Haltung abschauen und diese nutzen, indem wir:

„Vieles hätte ich verstanden, wenn man es mir nicht erklärt hätte."

– Stanislav Jery Lec –

▶ unbefangen beginnen: die eigene Vorstellung weglassen, auf vorgezogene Sicherheiten verzichten, uns in das Wagnis des Handelns begeben.
▶ fragend, dialogisch handeln: uns an eine Situation herantasten, eher spielerisch, aber zugleich hoch aufmerksam und wach für alles sind, was die Situation und der andere Mensch uns als „Antwort" geben. Sie erschließt sich im tätigen, wirklichen sich Einlassen, im aktiven, fragenden, lauschenden Umgang.
▶ Neues entdecken: offen sein, etwas Fremdes zulassen können, das Neue überhaupt wahrnehmen können.
▶ anschauend urteilen und entscheiden: uns im Erkennen und Handeln von dem Angeschauten leiten lassen und daraus Intuition ebenso wie Handlungsschlüsse gewinnen.

Erfahrung mit dem künstlerischen Schaffensprozess kann der Wegbereiter eines zukunftsfähigen Handelns in der Gesellschaft werden.

Was wir vom Theater lernen können

„Das Theater besitzt (...) die Möglichkeit – die andere Kunstformen nicht haben –, eine einzige Sichtweise durch eine Vielzahl unterschiedlicher Sichtweisen zu ersetzen. Das Theater kann eine Welt in mehreren Dimensionen gleichzeitig zeigen (...). Das Theater gewinnt seine Stärke und Eindringlichkeit, sobald es sich der Aufgabe widmet, jenes Wunder zu schaffen – eine Welt im Relief."[133]

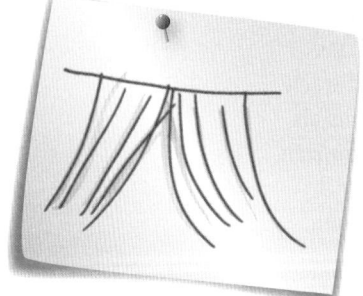

Im Theater sehen wir eine weitere Option, die Welt zu betrachten und uns in ihr zu bewegen. Theater ist ein Schluck Lebenselixier. Im Theaterspiel beginnen wir bei uns selbst, schöpfen aus uns heraus und bringen Dinge ans Licht, von denen wir nur unbewusst wussten, dass sie in uns schlummern. Und im Theater finden – durch Rollen, Bühnenbilder, Inszenierungen – Perspektivenwechsel statt.

„Im Grunde beginnt man bei sich selbst, wie wenn man alte Koffer mit persönlichen Sachen wiederfindet, sie hervorholt, betrachtet, wieder anprobiert, nachliest, rekonstruiert, nachträumt. Da gab es Wünsche und Fantasien, von denen man sich schon lange nichts mehr hat träumen lassen. Mit einem Mal sind sie wieder da."[134]

„Theater ist die menschliche Fähigkeit, sich selbst im Handeln zu betrachten."
– Augusto Boal –

Beide Autorinnen sind durch das freie Theater geprägt. Vor allem zu unserer gemeinsamen Zeit im Theater Picolo in Hannover haben wir intensiv geprobt und gearbeitet. Mehr als einmal stießen wir Spieler an unsere Grenzen. In dieser Zeit gewannen wir bereits einige zentrale Erkenntnisse für unsere spätere Arbeit als Trainerinnen. Auch hier agiert man schließlich vorne auf der „Bühne", sieht in die erwartungsvollen Gesichter seines Publikums und muss in verschiedene Rollen schlüpfen. Und hier wie dort wollen wir ja über uns hinauswachsen, uns „frei spielen", wie unser Schauspiellehrer Andreas Jamusch es nannte.

Als eine besondere Herausforderung erwies sich dabei das Tempo. Wenn wir unsicher wurden, speziell beim Spiel mit Masken, die wir – alleine auf der Bühne stehend – erst einmal mit unserer Präsenz zu füllen hatten, legten viele von uns immer einen Zahn zu. Wir wurden viel zu schnell. Viele Details im Körperausdruck waren gar nicht zu sehen und wir selbst gaben uns kaum die notwendige Zeit, eine Bewegung in Ruhe auf der Bühne zu installieren. Dazu pochte einem das Lampenfieber viel zu sehr im Herzen. Im Prinzip steht man ja mit einer Maske recht nackt auf der Bühne. Abhilfe verschaffte uns dabei die Idee des „Angel Path". Dieser Begriff steht für die Vorstellung, dass ein Engel im Hintergrund der Bühne ganz langsam vorbeigeht.

Der Engel stellte zum einen eine Ressource für uns dar, weil er uns das Gefühl gab, nicht alleine auf der Bühne zu stehen. Vor allem aber fungierte er als Bremse. Zunächst kam unsere Aktion als Maskenspieler – die fing impulsartig an und stoppte impulsartig –, dann kam der Engel, der hinten entlangging. Genau dadurch gab er den Zuschauern die nötige Zeit zu erkennen und zu verstehen, was da vorne auf der Bühne entstanden war. Dies ist ein elementares Moment gelungener Inszenierung, wenn ein Spieler ein Stück bzw. eine Szene in kleinen Einzelschritten auf der Bühne installiert: Es geht Schritt für Schritt. Und nachdem der Engel durch ist, geht es weiter. Er sorgt gerade durch diese Pausen für die besten Lacher oder das staunende Berührtsein.

Die Idee des „Angel Path" – nimm Dir Zeit!

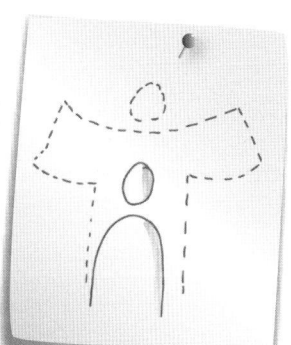

Hinter dem „Angel Path" steht also der feste Glaube an die Macht von gut gewählten Pausen, in denen das Gegenüber erst einmal wahrnimmt, was da passiert.

In anderen Kontexten wird manchmal davon gesprochen, dass ein Elefant gemächlich durch das Bühnenbild läuft. Auch er schafft wunderbar irritierende Pausen und Zeit. Zeit, die wir zum Wahrnehmen und Betrachten brauchen. Und Zeit, die wir ebenso als Trainer bewusst setzen sollten – im Vertrauen auf unseren „Angel Path".

Peter Brook und der leere Raum

Eine ganz wesentliche Quelle für Touch-Momente im Training stellen für uns Peter Brook und seine Auseinandersetzungen zum leeren Raum dar. „Ein Mann geht durch einen Raum, während ihm ein anderer zusieht, das ist alles, was für eine Theateraufführung notwendig ist." Dieses Zitat stammt von dem legendären Theaterregisseur, der Konzentration und Reduktion als Wurzel seiner Arbeit versteht. Brook verzichtet in seiner Arbeit als Regisseur weitgehend auf das Bühnenbild und andere optische Effekte.

Kennengelernt haben wir seine Arbeit im besagten Theater Picolo, in dem wir das pure Spiel auf leerer Bühne mit den Elementen Konzentration und Raum wagten. In einem Stück, welches unter seiner Regie entstanden ist, verstanden wir zunächst gar nicht, worum es ging. Wichtigstes Hilfsmittel war ein zweieinhalb Meter langer Bambusstock. Ansonsten gab es kaum Kulisse, wenige, sparsame Requisiten und dennoch waren wir als Zuschauer gefesselt. Ein schwarzer Schauspieler kam auf die Bühne und balancierte auf seinem Kopf ein Stück Bambus. Nach Sekunden war klar, was das ist. Der Bambus ist das Schiff aus dem Stück „Der Sturm". Der Sturm ist spürbar. Deutlich, zart und gewandt zugleich verinnerlicht der Spieler diesen Sturm in seinem Körper, seinem Gesicht und seinen Bewegungen.

Das Prinzip Präsenz Das ist das Prinzip des leeren Raums: Präsenz pur, die deutlich macht, mit wie viel überflüssigem Tand wir uns manchmal das Leben und auch das Training schwer machen.

Seinen Schauspielern verlangt Brooks Credo damit einiges ab. Bis eine Figur für ihn vollständig ist, braucht es zwei Phasen. Die erste ist die Vorbereitung, die zweite ist die Geburt. Sein Vergleich zündet: „Das Bild vom Töpfer möchte ich hier durch das einer Mondrakete ersetzen: Monate um Monate sind auf die gewaltige Aufgabe verwendet worden, den Start vorzubereiten, und dann, eines Tages – Wumm! Die Vorbereitung besteht im Checken, Testen, Reinigen; Fliegen ist etwas ganz anders. Entsprechend ist die Vorbereitung einer Figur das Gegenteil des Aufbaus – sie besteht vielmehr darin, dass alles niedergerissen, Stein um Stein abgetragen wird, was an Hemmungen und Einfällen (...) zwischen dem Schauspieler und der Rolle steht, bis die Figur ihn eines Tages wie ein Orkan bis in die letzte Pore durchdringt."[135]

Und dann kann der Schauspieler durchaus mit großer Präsenz eine leere Bühne, einen leeren Raum füllen. Der Begriff des leeren Raumes rückt damit die Beziehung zwischen Zuschauern und

Spielern in den Vordergrund, die Aufführungen eine positive Eigendynamik geben soll. Er wendet sich ab von jeglicher bloßen, statischen Wiedergabe einer einstudierten Inszenierung und präferiert das „unmittelbare" Theater.

Graf Dürkheim sagt: „Stellen Sie sich einen leeren Raum vor, in dem nichts ist. An Ihrer Weise durch diesen Raum zu gehen verwandeln Sie ihn entweder in einen Stall oder in eine Kirche. Denn er ist so, wie Sie sind. Es hallt von dort zurück, so wie Sie hineinrufen. Sie verwandeln den Raum".[136] Für Brook bildet das unmittelbare Theater eine Art „Arena", in der sich eine „unmittelbare" Konfrontation entfalten kann, die daraus entsteht, dass sich Lebendigkeit und Intensität im theatralen Ereignis konzentrieren. Das Theater kann wie durch ein Vergrößerungsglas, aber auch wie durch eine Verkleinerungslinse auf die Welt blicken und damit eine ganz besondere Sicht der Dinge bieten. Das Theater bietet sich immer in der Gegenwart an. Es ist im Vergleich zum Kino realer, das im Nachhinein eine Geschichte erzählt und auf einer Leinwand stattfindet.

Der Unterschied zwischen dem wirklichen Leben und dem Theater liegt im Unterschied der Konzentration. „Ein Ereignis im Theater mag einem Ereignis in unserem Leben ähneln oder gleichen, doch aufgrund bestimmter Bedingungen und Techniken ist unsere Konzentration größer. Also sind Raum und Konzentration zwei untrennbare Elemente."[137]

Reduktion schafft Raum für Konzentration.

Brook inszeniert konsequent das Prinzip: „Weniger ist mehr." Und deshalb noch einmal zurück zu der erwähnten Bambusstange. Eine Bambusstange kann alles sein. Ihre Bedeutung bekommt sie durch den Spieler und sein Spiel. Der Bambus kann ebenso ein Schiff sein wie eine Wand oder ein Widersacher. Er lebt von den Händen, den Augen und der Körperspannung sowie dem Raum, in dem er ist.

An dieser Stelle macht es uns Freude, die Analogie zwischen einem spannenden Training mit intensiven Touch-Momenten und der Theaterarbeit herauszukitzeln.
Denn auch in der konzentrierten Begegnung zwischen Trainer und Teilnehmer erfahren wir unendlich viel, ohne das viel „passiert" ist.

„Hut ab, meine Damen. Was Sie hier für Gedanken haben, diese Analogie! Darauf wäre ich nie gekommen!"

Für die meisten sind diese Informationen nicht bewusst spürbar, und dennoch wirken sie in höchstem Maße.

Wie ist es bei Ihnen? Schauen Sie aus der Meta-Position auf Ihre Trainingsbühne. Was sehen Sie? Was würde ein anderer Zuschauer sehen und wahrnehmen?

Fassen wir hierfür die Essenz aus dem, was wir von Peter Brook kennengelernt haben, einmal zusammen:

Konzentration auf das Wesentliche

Die Prinzipien der Theaterinszenierung im Kontext Training

Auf Spannung und Reduktion beim Einsatz von Material achten. Auch wir verwenden manchmal recht viel Material, setzen dieses jedoch bewusst in Szene, indem wir es aus dem üblichen Kontext herausnehmen und auf der Bühne im Training positionieren. Dadurch entsteht eine Spannung zwischen Raum, Teilnehmern und dem Material.

Entwicklung anstoßen

Nach Meinung Brooks ist der Stillstand der „Tod" eines Schauspielers. Sobald ein Schauspieler – und das können wir analog auf Trainer und Teilnehmer übertragen – in seiner menschlichen und beruflichen Entwicklung stehen bleibt, anstatt an sich zu arbeiten, wirkt sich dieses „Stehenbleiben" negativ auf seine Kreativität und künstlerische Entfaltung aus. Deshalb sehen wir es als zentral an, Teilnehmern und auch uns Trainern immer wieder Aufgaben zur eigenen Entwicklung zu geben. Im Sinne der persönlichen „Heldenreise" (siehe S. 253 ff.) sind die nächsten Hürden und Schwellen anzugehen, um weiter zu wachsen.

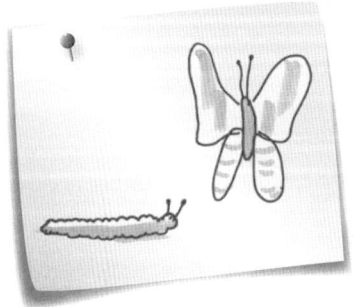

Das Stück ist die Botschaft

Kennen Sie den Sommernachtstraum? Da geht es um Liebe, Liebe und nochmals Liebe. „Im Mittelpunkt des Sommernachtstraums finden wir – ständig wird es wiederholt – das Wort ‚Liebe'. Alles kommt darauf zurück, sogar seine Musik. Das Stück verlangt von seinen Darstellern die Fähigkeit, während der Aufführung selbst ein Liebesklima zu schaffen, sodass diese abstrakte Vorstellung – denn das Wort ‚Liebe' ist an sich eine völlige Abstraktion – greifbar werden

kann. Das Stück führt uns Formen der Liebe vor, die immer weniger verschwommen sind, je weiter die Handlung fortschreitet. Bald beginnt ‚Liebe' wie eine Tonleiter zu erklingen, und allmählich werden wir in ihre verschiedenen Tonlagen und Tonarten eingeführt."[138]
Ebenso sollten wir es im Training halten: Wenn die Botschaft des Trainings „Team" ist, dann sollte „Team" auf allen Ebenen erfahrbar sein: nicht nur in den Interventionen und den Inhalten, sondern auch in der Haltung von uns Trainern. Dabei können wir selbstverständlich die Widersacher und Komplikationen mit einweben, ebenso, wie im Sommernachtstraum die Liebe zwischenzeitlich in Hass umschlägt. Dem Team steht das Individuum, bis hin zur Einsamkeit, gegenüber. Beziehen wir es ein und die Eckpfeiler eines Trainings stehen fest. Hier kommt die persönliche Kongruenz zum Thema wieder zum Tragen. Angenommen, das Training zum Thema Teamentwicklung wäre ein Theaterstück: Welchen Titel würden Sie ihm geben? Welchen Titel würden die verschiedenen Teilnehmer ihm geben? Dies ist eine Einladung, sich auf allen Ebenen mit dem Trainingsthema zu vereinen.

Achten Sie auch im Training auf eine durchgängige Botschaft.

Der Umgang mit dem Raum

Über Trainingsräume lassen sich Romane schreiben. Vom fensterlosen Kellerraum in einem Drei-Sterne-Tagungshotel auf dem Lande bis hin zu einem lichtdurchfluteten hellen, großen Raum mit Blick in die Natur ist alles dabei. So kommt es regelmäßig vor, dass wir Trainer den Raum nicht beeinflussen können – im Großen und Ganzen betrachtet. Im Kleinen können wir allerdings etwas tun.

▶ **Überflüssiges entfernen:** Vor Kurzem tagten wir in der durchaus charmanten Kantine bzw. Cafeteria eines Kunden, ein großer Raum mit Blick in den Innenhof. Am Abend vorher stellte eine Mitarbeiterin auf unseren Wunsch hin die Tische an die Seite. Sie meinte es gut. Als wir am nächsten Morgen kamen, räumten wir kurzerhand die meisten Tische und Stühle (die angeblich dezent in der Ecke gestapelt worden waren) heraus und entfernten die Salz- und Pfefferstreuer, die noch überall auf den verbliebenen Tischen standen.

▶ Wir können weitgehend **unnatürliche Materialien entfernen**, sodass eine Reduktion auf Natürliches möglich ist.

▶ **Mit einem Spannungsbogen auf der Bühne arbeiten:** Hier beziehen wir uns auf Trainerkollegin Amelie Funke, die ihren

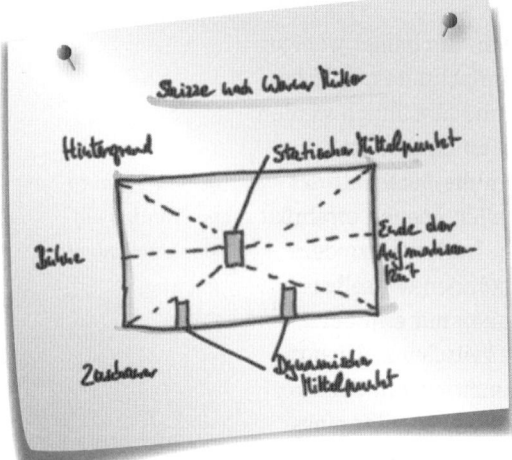

Abb.: Statischer und
dynamischer Mittelpunkt

Trainingsplatz vorne im Seminar auch als Bühne bezeichnet. „Wenn Sie sich als Person präsentieren, einen Inhalt vortragen oder eine Visualisierung auf einer Pinnwand oder einem Flipchart ins Zentrum rücken wollen, wählen Sie als Standort den ‚statischen Mittelpunkt'. Er befindet sich genau in der Mitte der Bühne, also dort, wo die Raumdiagonalen aufeinander treffen. Dieser Punkt ist der optimale Ort, um Informationen zu ‚senden'. Denn wer hier steht, wirkt zwar statisch, zieht aber die volle Aufmerksamkeit der Gruppe auf sich, während der Raum dahinter kaum noch wahrgenommen wird (das sogenannte Ende der Aufmerksamkeit). Doch Vorsicht: Der statische Mittelpunkt ist ein reizvoller, aber auch gefährlicher Standort. Suchen Sie ihn auf, so brauchen Sie viel Sicherheit und Stehvermögen."[139]

▶ **Materialen gezielt drapieren oder arrangieren:** Sie brauchen eine Aufmerksamkeit oder auch eine Irritation, sodass sie auffallen, neugierig machen oder eben interessant sind. Das darf gerne ungewöhnlich sein. Dadurch entsteht eine Spannung, die Sie nutzen können.

▶ **Den Raum nutzen:** Manche Räume haben Einrichtungen, die nicht wegzuschieben oder auszuräumen sind. Dann spielen Sie mit ihnen. Ist beispielsweise eine Säule mitten im Raum, bauen Sie diese in Ihr Training und Ihre Präsentation einfach ein. Heben Sie das „vermeintlich störende" Element dadurch sogar besonders hervor, befestigen Sie Zettel oder Ähnliches daran, beziehen Sie sich des Öfteren inhaltlich darauf. Oder sie nutzen das störende Element, als Kulisse, um an besonders wichtigen Punkten im Training dahinter hervorzukommen.

Die Postulate des Clowns – was wir vom Clown lernen können

Von Anbeginn ist das Theater ein heiliges Spiel, in dem der Mensch sich selbst erkennen konnte. Dies galt für viele Kulturen. Heiliger Spieler darin war der Clown oder auch Narr.

Menschen mögen Clowns: Sie rühren unser Herz, locken Lachtränen hervor und verursachen Bauchmuskelkrämpfe. Oftmals erkennen wir in ihnen und ihrem Spiel unsere vermeintlichen Schwächen. Das Clownsspiel ist spontan, lustvoll und überraschend. Aus vollen Zügen teilt der Clown seine gesamte Gefühlswelt von Freude bis Trauer mit seinen Mitmenschen. Er kann keine Regungen verbergen, man sieht ihm alles an – das macht ihn so vertrauenswürdig.

Die wertschätzende Neugier des Clowns ist ein Musterbeispiel für das Positive im Leben und seine Sicht auf die Welt. Denn „Clowns stolpern und scheitern, lassen sich trotzdem nicht unterkriegen und öffnen so die Herzen derer, die ihnen begegnen."[140] Eben weil der Clown sein Spiel todernst nimmt, können wir über ihn lachen. Oder anders ausgedrückt: Der Clown leidet – die Zuschauer lachen!

Kinder lieben erst recht den Clown, denn sie fühlen sich von ihm verstanden. Dem Clown geht mindestens ebenso viel daneben wie ihnen. Auch in unserer Erwachsenenkultur genießen Kinder noch einen ähnlichen „Welpenschutz" wie der Clown. Sie können noch nicht alles, sind auf die Hilfe anderer angewiesen und Fehler werden ihnen verziehen. „Sie wissen es ja noch nicht besser."

Beim Clown amüsieren uns Verhaltensweisen, die uns im Alltag ärgern.

Mit dem Erwachsenwerden ändert sich dies. Wir werden ernsthaft, denken, dass wir Dinge so und nur so tun sollten, überhaupt auf eine bestimmte Weise (erwachsen) sein sollten. Wir wollen keine Fehler machen und den Erwartungen vieler entsprechen. Im Zirkus lachen wir über den Clown genau dann am meisten, wenn er etwas tut, was er nicht soll, oder wenn er etwas sagt und im gleichen Moment das Gegenteil davon tut. Über eben solches Verhalten unserer Mitmenschen ärgern wir uns allerdings im Alltag. Komisch, oder?

Kinder und Clowns haben mindestens eine Sache gemeinsam: eine tiefe Unschuld. Die haben wir als Erwachsene verloren. Offenheit und Ehrlichkeit jedoch stellen diese Unschuld immer wieder her. Manche Erwachsene haben eben deswegen Angst vor Clowns, vor ihrer unmittelbaren Präsenz.

Spielen wir den Clown, braucht es nichts außer uns. Der Weg zum Clownsein ist ein großes Stück Selbsterfahrung und ersetzt so manche Therapie oder manches Coaching. Dabei kann es sein, dass wir eine lange Vorbereitungszeit brauchen, manchmal Jahre, bis wir sämtliche Hindernisse und Hürden in uns beiseitegespielt und uns befreit haben. „Die Auseinandersetzung mit der eigenen Persönlichkeit schafft im Spieler jene Freiheit, die es ermöglicht, sich vor sich selbst und vor anderen professionell fallen zu lassen."[141] Dann entsteht dieser magische Moment der Leichtigkeit des Seins. David Gilmore bezeichnet diesen Zustand als „Null". Haben wir diesen erreicht, können wir uns anders verhalten und – nicht im psychiatrischen, sondern im entdeckenden Sinne – „verrückt" handeln. Für den Clown geht es um „das Verrücken von Verhaltensweisen, um die Freiheit, sich grenzenlos ins Spiel fallen zu lassen, ganz Clown sein zu dürfen. Neben Humor und künstlerischem Gespür gehört dieses Vermögen zu den wesentlichen Voraussetzungen, die ein Clownsspieler besitzen sollte. Aber nur wenige verfügen über einen ungehinderten Zugang zu diesem Fundus. Die Freiheit originär zu sein, müssen sich die Allermeisten erst erarbeiten."[142]

Der Clown verrückt Verhaltensweisen – und gewinnt dadurch seine Freiheit.

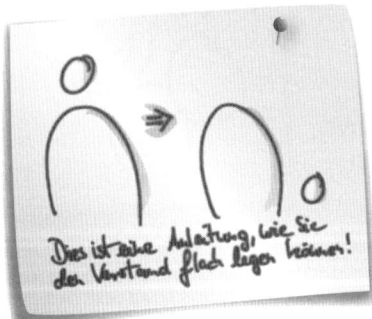

Clowns laden uns ein, über unsere Haltung nachzudenken.

In einem Seminar brachte es Dieter Bartels einmal so auf den Punkt: „Der Clown muss erst einmal den Verstand flachlegen." Das ist keine leichte Aufgabe, denn es gilt, hierfür all unsere Beurteilungen, Interpretationen und Wertungen über Bord zu werfen. Je mehr uns der Kopf (auch über Anspruchsdenken) beeinflusst, desto weniger Clownsein ist möglich.

Vieles aus der Welt des Clowns können wir als Trainer nutzen, um an unsere tiefen Ressourcen zu gelangen, Humor zu leben, weicher und leichter zu werden und auch, um gewisse Prinzipien – oder sagen wir eher Haltungen – in unsere Trainings einzuflechten. Wir dürfen z.B. über uns lachen, das tut jedem Teilnehmer gut. Die folgenden Postulate des Clowns sind hierfür eine Einladung.

Wie schön, ein Konflikt!

Clowns lieben Konflikte und Probleme, denen sie sich auf unermüdliche und vielfältige Weise zuwenden können. Es wird niemals die erstbeste Lösung gewählt oder gar ein Problem nicht ernst genommen. Ganz im Gegenteil, das Problem wird ausgespielt. Es ist ein Geschenk, weil ich als Clown eine Aufgabe habe und mich daran beweisen kann. Ich kann zudem meine Spielfreude daran erleben.

Sandra Masemann, Barbara Messer: Touch it

Clowns kennen auch keine Entscheidungsprobleme. Für sie gibt es entweder „gut" oder „schlecht". Das verschafft ihnen eine hundertprozentige Klarheit. Auch hierin unterscheidet sich der Clown von uns „normalen" Menschen. Während wir abwägen, beurteilen, nachdenken, über eine Entscheidung schlafen, hat der Clown in Sekunden erkannt, was er gut findet oder nicht. Da Clowns nicht diskutieren, sondern handeln, geht ihr Spiel oder ihre Aktion gut und schnell voran.

Aktion statt Diskussion!

Beispiel

Zwei Clowns stehen auf der Bühne, jeder hat einen Apfel. Diese wollen sie gemeinsam essen. Die beiden Clowns sind jedoch unterschiedlich. Nachdem sie dem Publikum „Guten Tag" gesagt haben, beginnt der eine Clown, sofort und blitzschnell-genüsslich seinen Apfel zu verschlingen. Freude und Genuss pur werden gerade durch das flotte Spiel unterstrichen. Der andere steht nur da und guckt zu. Dann beginnt er, die Vorbereitungen für das Apfelessen zu treffen: Koffer aufklappen, Decke drauf legen, Teller drauf stellen, Apfel drauf legen. Der andere ist schon längst fertig und guckt nun seinerseits zu. Nun wird der Apfel ganz in Ruhe verspeist, Stückchen für Stückchen. Das dauert seine Zeit und der andere Clown steht einfach daneben und wartet, bis sein Partner in Ruhe den Apfel gegessen hat. Und dabei genießt er: Dass er dabei zugucken darf, dass die Leute da sind und er sie angucken kann.

Im normalen Leben hätte es die üblichen Diskussionen gegeben: „Warte doch auf mich", „So kannst Du das nicht machen", „Das ist unhöflich, den Apfel im Stehen zu verschlingen" bis hin zu „Du bist rücksichtslos, weil Du nicht auf mich gewartet hast". Bei den Clowns ist die Handlung angenehm einfach. Der vermeintliche Konflikt, den wir Zuschauer heraufziehen sehen, existiert für sie gar nicht. Es wird gleich der Zündstoff daraus genommen, weil der eine sich nicht darum schert und der andere sich sein Recht nicht nehmen lässt.

Es gibt noch viele andere Möglichkeiten, einen Konflikt als Clown zu erleben. Der Klassiker: Ein Clown will ein Kunststück vormachen und es gelingt ihm nicht. Jedes kleine Problem wird ausgespielt und benutzt. Dadurch werden kleine Dinge zur riesigen Herausforderung. Ein einziger Ton, der nach 15 Minuten Vorbereitung aus einem Saxofon kommt, ist dann die Krönung der Szene.

Gas geben und die Sache annehmen

Der Clown liebt die Auseinandersetzung, er nutzt jede nur denkbare Möglichkeit, damit zu spielen. „Je peinigender das Problem, umso heißer seine Spiellust. Spielt sein Gegenüber den Schwachen, so spielt der Clown den Starken, spielt sein Gegenüber den Starken, so spielt der Clown den Schwachen. Denn er weiß, dass nur das Erleben der Polarität eine wirkliche Begegnung vorbereiten kann."[143]

Der Clown liebt es, sich öffentlich zu blamieren. „Wer am Rande der Eisfläche steht, sich festhält und beteuert: ‚Nein, ich gehe nicht aufs Eis, das ist viel zu glatt!' wird niemals die Chance bekommen hinzufallen. Aber genau das erwarten die Zuschauer. Sie wollen erleben, wie sich der Clown in schwierigen Situationen verhält, unbeholfen wird, durcheinandergerät, den Überblick verliert und nach einem überraschenden Sturz auf spiegelglatter Fläche ein dummes Gesicht zieht."[144] Es gäbe ja keinen Konflikt, würde man nicht auf die Eisfläche gehen. Es gilt, die Bremse zu lösen, Gas zu geben, die Sache anzunehmen und dabei kein Fettnäpfchen auszulassen.

Konflikte werden genossen, ausgelebt, ausgespielt – und zwar mit dem Handeln und Fühlen, keinesfalls mit dem Kopf. „Da sich der Clown dem Herrschaftsbereich des Verstandes entzogen hat, verzichtet er auf jede Form der Folgerichtigkeit. Er unterwirft sich bedingungslos undurchschaubaren Gesetzen."[145] Dies unterstreicht er gerne mit einem deutlich – zumindest auch innerlich – ausgesprochenen „Jawoll".

„Ja, also ganz ehrlich, diese Erkenntnisse werde ich einfach auch mal in meine Coachings einbeziehen. Soweit habe ich noch gar nicht gedacht. Es ist doch immer wieder unglaublich, wie inspirierend Gedanken anderer Menschen sein können."

Was können wir für unsere Arbeit als Trainer daraus ableiten? Hier einige unserer Gedanken:

- ▶ Konflikte gerne, freudig und positiv annehmen: „Ah, wie schön, ein Konflikt!"
- ▶ In Konflikten keinesfalls verbissen sein, sondern sich an der Vielfalt der Möglichkeiten erfreuen.
- ▶ Gibt es einen Konflikt, an seine Lösung glauben.
- ▶ Komplett andere Handlungen oder Lösungen ausführen als die für uns üblichen.

▶ Weniger urteilen und diskutieren, eher ausprobieren und innerlich „Ja" zu einem Versuch sagen.

Keine Zweifel!

Clowns zweifeln nicht. Wenn sie vom Zirkusdirektor in die Manege geschickt werden, ist genau das ihre Aufgabe: „Mach einfach!" Die Geschichte mit dem Zirkusdirektor ist eine recht verbreitete Hilfestellung in Clownworkshops, um das Zweifeln am Auftritt loszuwerden. Sie hilft. Voller Hingabe widmen sich Clowns in tiefer Seriosität und Aufmerksamkeit ihrer Aufgabe. Sie denken nicht nach oder urteilen lange darüber. Sie nehmen ihre Aufgabe an, sagen „Jawoll" dazu und legen los. Sie gehen mit der weltgrößten Überzeugung und Selbstverständlichkeit an die Arbeit.

Überzeugt sein von dem, was man tut

Auch hierzu ein Beispiel: „August betritt die Manege. Hunderte von Zuschauern blicken auf ihn: ,Sehr verehrtes Publikum. Endlich bin ich alleine. Gut, dass mich hier niemand sehen kann! Ich habe nämlich ein Geheimnis, das niemand erfahren darf!'"[146] Ein schönes Beispiel, oder? Hier braucht es kein Zaudern, Abwägen oder Nachdenken darüber, ob das jetzt wirklich sinnvoll ist, ob der persönliche Einsatz sich lohnt. Der Clown ist felsenfest überzeugt von dem, was er tut und wie er es tut. Der Clown möchte alles äußerst gerne berühren. Und in dieser Hingabe ist er so vollständig, dass sie uns beim Zuschauen auch berührt.

Mein Partner ist ein Genie!

Clowns wissen intuitiv, dass der Partner, mit dem sie auf der Bühne stehen, der beste ist, den es gibt. Daran gibt es nichts zu rütteln oder zu zweifeln. Eine gute Haltung, oder? Das schafft Wertschätzung und Augenhöhe, räumt Bewertungen und Zweifel aus. Wir können dieses Postulat nutzen, um unsere Teilnehmer in einem neuen Licht zu sehen. Und um unsere Co-Trainer zu schätzen und mit ihnen in verzückter Freundschaft durch den Trainingstag zu gehen. Für uns ist dieser Satz eine unglaublich kraftvolle Ressource gerade auch in schwierigen Trainingssituationen. Auch Teilnehmer mögen dieses Postulat. Manches Mal schütteln wir uns für eine gute Idee oder Handlung öffentlich die Hand und sagen: „Klasse, Du bist ein Genie!" oder „Herzlichen Glückwunsch". Eine kleine, feine Geste mit unglaublicher Wirkung:

Die darin enthaltene Wertschätzung, verbunden mit der nötigen Prise Humor, tut auf einer sehr tiefen Ebene gut und lädt alle ein, selbst mit Freude Wertschätzung zu geben oder zu empfangen.

Der Clown ist emotional!

Gute Clowns verstellen sich nicht. Sie sträuben sich nicht gegen Gefühle. Sie leben im Moment und in dem Gefühl, das sie gerade haben. Sie ziehen Gefühle geradezu magisch an und lassen sie sogar wachsen – sie baden quasi in einem Vollbad der Gefühle. Deshalb gucken wir ihnen so gerne zu. Denn diese Gefühle teilen sie unmittelbar mit. Darum wirken sie so sanftmütig und zauberhaft. Sie können keinem Menschen etwas zuleide tun.

Gefühle offenbaren statt verstecken

Für Clownsschüler ist es teilweise ein mühsamer Weg, dieses stetige emotionale Sein im Clown zuzulassen. Normalerweise halten wir unsere Gefühle zurück, da wir denken oder erfahren haben, dass genau dies verletzlich macht. Aber: Nach dem Erlebnis des Gefühlsbads im Clownsspiel möchte kaum einer mehr darauf verzichten. Es ist ein Geschenk, uns zu erlauben, unsere Gefühle zuzulassen.

Klinik-Clowns sind eines der besonders faszinierenden Beispiele, wie tragfähig der Humor von Clowns ist. „Von der sensiblen, humorvollen, spielerischen Interaktion und oft nur der bloßen Anwesenheit der Clowns profitieren alle, die direkt oder indirekt in ihrer Lebenssituation mit Schmerz, Leid und Krankheit konfrontiert sind. Es sind jene Augenblicke, die Mut geben, den Kampf gegen das Schicksal wieder aufzunehmen. Heitere Momente, um neue Kraft zu schöpfen oder auch, um ein wenig Abstand zu Unabänderbarem zu gewinnen."[147]

Der Clown trägt seine Gefühle über den Atem nach außen. Auch das ist auf unsere Trainertätigkeit übertragbar. Halten wir als Trainer den Atem an, sind wir meist blockiert, lassen wir ihn wieder los, werden wir lockerer und freier.

> „Das Unterbewusstsein nimmt sich die Chance, durch dieses kleine rote Loch in die Welt zu gucken."

Dieses eigene Zitat (schulterklopf!) spricht aus, dass im Clownsspiel unser Inneres deutlich nach außen sichtbar wird. Darin liegt die faszinierende Unschuld und Emotionalität des Clowns. Der Clown verbirgt nicht, er offenbart. Und genau für diese Ehrlichkeit wird er geliebt. Wir genießen als Zuschauer, wie der Clown seine Gefühle auslebt, über sie stolpert und mit ihnen die Zeit anhält.

Unsicherheit – kein Problem

Teilnehmer mögen es, wenn sie unsere Gefühle erleben, auch wenn sie uns hadern sehen oder andere, nicht ganz klare oder deutliche Stimmungen ausmachen. Sie bekommen dadurch Ideen und Anregungen für ihr eigenes Verhalten. So machen wir es beispielsweise transparent, wenn wir gerade unsicher sind, und gehen hinter eine Moderationswand, um uns dort abzusprechen oder zu beratschlagen. Oder wir äußern unsere Gedanken, während die Teilnehmer unsere Emotionalität sowieso erleben.

Der Clown ist neugierig!

Ähnlich wie Kinder sieht der Clown alles zum ersten Mal. Er nimmt in vollster Aufmerksamkeit – quasi bis in die Fingerspitzen – wahr, so als hätte er soeben etwas Neues und vollkommen Sensationelles entdeckt. Sein Blick ist durch keine

„Erlauben Sie mir einen großen Gedanken: Schaffen wir es mit der bejahenden Neugierde eines Clowns, die Welt um uns herum zu entdecken, so wird sie reich und schön."

wertenden Gedanken eingetrübt. Mit Neugier und einer positiven „Jawoll-Haltung" staunt er fassungslos und nähert sich dann. Auch wenn er diese Szene schon hundert Mal gespielt hat, ist er stets zu hundert Prozent wach, begeistert, verzückt, begierig, aufgeregt, lebendig.

Was können wir an Schlussfolgerungen für unsere Trainertätigkeit daraus ziehen? Hier wieder einige unserer Gedanken:

Sich immer wieder aufs Neue begeistern

▶ Unsere ursprüngliche Energie, Begeisterung und Neugier auf die Welt wieder aktivieren, uns unsere Lebendigkeit zurückholen. Das geschieht durch Achtsamkeit, durch einen bewussten Sprung in eben diese Haltung und durch Freude und Spiel im Training. Wir stellen das Denken und Urteilen zurück und spüren unserer tiefen Neugier nach: auf das, was wir erleben können, was sich anbahnt, was wir bewirken können, wo wir uns von anderen überraschen lassen können.
▶ Uns selbst überraschen, indem wir unsere eigenen Trainingsroutinen verlassen und Überraschungen einbauen.

▶ Den Teilnehmern mehr Raum geben, sie aktiver werden lassen und diese Ergebnisse auf uns wirken lassen. Das macht automatisch neugierig.

Clowns genießen!

Sie genießen den Auftritt, den Blickkontakt, ihre jeweilige Aufgabe. Dabei sind sie voller Hingabe. Zweifel kennen sie ebenso wenig wie Sorgen. Sie sagen „Ja" oder „Jawoll" und nehmen die Dinge hin, um dann an ihnen Freude zu haben. Dabei nehmen sie sich nicht vor, witzig zu sein. In seinem tiefen Inneren handelt der Clown mit großer Ernsthaftigkeit oder Seriosität. Es ist ihm ernst, was immer er macht. Und er glaubt an das, was er macht! Ein guter Clown zeigt sich selbst in absolut konzentrierter Form.

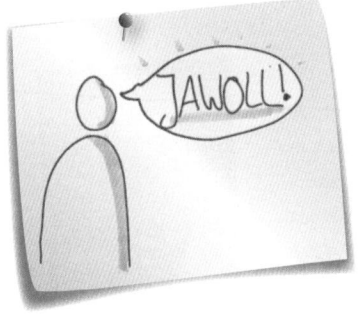

Um es mit Jacques Tati zu sagen (ein wunderbarer Clown, auch ohne rote Nase): „Geh in Deiner Arbeit auf, nicht unter!" Genießen wir also unsere Arbeit, unsere Trainings, unsere Teilnehmer und das, was wir tun.

Gewinne Lust am Scheitern!

Wohlwollend den eigenen Schwächen begegnen

Ein Clown erzeugt das Lachen des Publikums gerade dadurch, dass er seine eigenen Schwächen, Misserfolge und sein Scheitern zur Schau stellt. Wir Menschen lachen gerne über Schwächen und Missgeschicke – am liebsten über die der anderen. Der Clown nutzt einen Kunstgriff – er stellt sich bloß und nicht andere. Das unterscheidet ihn deutlich von uns Alltagsmenschen. Auch wenn wir es nicht vorhaben und vielleicht auch nicht mit Absicht machen, so tun wir es doch ab und zu: jemanden bloßstellen. Der Clown macht sich bei uns sympathisch, denn er lässt uns durch seinen Kunstgriff wohlwollend auf unsere Schwächen schauen. Er nimmt die eigenen Schwächen und auch die der anderen als Spielvorgabe – in dem Moment ist es sein Spiel – und verwandelt durch diese Annahme eine Schwäche in eine Stärke.

Natürlich gibt es auch im Theater Routinen. Selbst Clowns ziehen bisweilen „ihre Nummer" durch, auch im Improvisationstheater oder Theatersport wird immer wieder auf Klischees und Wiederholungen zurückgegriffen. Spannend wird es im Theater und beim Clown immer dann, wenn etwas schiefläuft und der „geplante"

Ablauf gestört wird. Einen echten Fehler im Clownsspiel zu haben, ist ein Geschenk, denn dann hat der Clown „Nahrung", kann daraus den nächsten Fehler generieren und es entsteht eine Nähe zum Publikum, die spürbar ist.

Was können wir an Erkenntnissen daraus ziehen? Das ist ein Gedanke von uns:

▶ Scheitern mit Lust? Das Nichtwissen um den nächsten Moment *Mut zum Risiko!*
erfordert Mut zum Risiko. Doch eben dieses Risiko, scheitern zu
können (und es zu genießen), ist ein wesentliches Prinzip im
Clownsspiel und Improvisationstheater. Es nimmt uns
auf diese Weise die Angst vor der falschen Entscheidung. Damit sei an dieser Stelle die Einladung ausge-
sprochen, in Trainingssituation öfter einmal das eine
oder andere komplett umzukrempeln: den Ablauf zu
verlassen, die Materialien zu vergessen, wegzulassen
oder zu verändern, Gewohntes sein zu lassen.

Clowns machen andere groß!

„Status (sozialer Status): Grad der sozialen Wertschätzung der
Position eines Individuums oder einer Gruppe in der unter spezif.
Wertgesichtspunkten entwickelten Rangordnung (‚Prestige') eines
sozialen Systems. Er wird durch persönliche Eigenschaften (Begabungen), v.a. jedoch durch Merkmale wie Einkommen, Herkunft,
Bildung, Beruf sowie S.-Symbole (Besitzgegenstände, Titel) bestimmt."[148]

Wir spielen Statusspiele. „Status Hoch oder Niedrig, das scheint
ein Grundmuster der Gesellschaft zu sein. Reiche und Arme, Herr-
schende und Beherrschte, Ehrenwerte und Minderwertige gibt es ja
bekanntlich überall. Die Verhaltensforschung hat darauf hingewie-
sen, dass wir uns auch im persönlichen Verhalten an der Vertikalen,
am hohen bzw. niedrigen Status orientieren und körperlich signalisieren, wo wir uns selbst einordnen: oben, um über den Schwierigkeiten zu stehen, oder unten, um bloß kein Gegner zu sein."[149]

Erwin Goffman sagt, dass unser Handeln stets in sozialen Rollen *Die Selbstdarstellung*
erfolgt und dass die Selbstdarstellung des Einzelnen nach vorge- *fällt uns leichter.*
gebenen Regeln ein notwendiges Element menschlichen Lebens
ist.[150] An dieser Selbstdarstellung hängt auch die Rangordnung, der

Status. Mit diesem gehen wir durch die Welt. Mal ist er hoch, dann wieder niedrig, je nachdem, wo wir uns gerade befinden.

Vieles an Statuszuschreibungen geschieht unausgesprochen. So ist klar: Wer viel Geld hat, der hat meist auch ein neues, großes Auto vor der Tür stehen und reist viel in der Welt herum. Wer in der Natur ohne Zelt und Spirituskocher überleben kann, hat dort einen höheren Status als jemand, der sich im Wald überhaupt nicht auskennt. Wissen, Fähigkeiten, Möglichkeiten, Geld, Herkunft, Kultur, auch das Geschlecht, sorgen für die Statuszuschreibung. Es gibt immer wieder Irritationen bis hin zu globalen Kriegen und Konflikten, wenn z.B. Statuszuschreibungen, die von einer kleinen Gruppe aufgestellt werden von allen anderen akzeptiert werden sollen, von der Mehrheit nicht mehr länger akzeptiert werden.

Die Stärke des Clowns: Er hat nichts zu verlieren.

Den Clown kümmert dies nun gar nicht, denn er nimmt automatisch und ganz selbstverständlich den untersten Status ein. Das macht ihn u.a. so sympathisch. Genau darin steckt eines seiner Geheimnisse: Denn auf dieser Stufe, der untersten in unserer Rangordnung, gibt es nichts mehr zu verlieren. In dem Moment, wo der Clown das im Spiel anerkennt, gewinnt er – um diesen Zugewinn gleich wieder aufs Spiel zu setzen. Ihn treibt allein das Ziel, dass die Menschen um ihn herum glücklich sind – es sei denn, sein Spielpartner hat ihn gerade wieder in die Pfanne gehauen. Wie Clowns andere groß machen – auch hierzu ein bewegendes Beispiel:

Beispiel

„Und es war wieder so ein Donnerstag, dem eine schlaflose Nacht vorausgegangen war, und ich hundemüde rausrückte, um den Kindern ein Lachen zu schenken. In einem Zimmer wartete Tobias, ein sechsjähriger, kleiner Patient mit einer Krebserkrankung. Wir betreuen Tobias schon lange, und er kannte uns dadurch schon sehr gut. Ich startete also mit großem Elan – so meinte ich jedenfalls – ins Zimmer und begrüßte Tobias freudig. Nach den ersten kleinen Gags schaute mich Tobias mit ernster Miene an, um mich dann zu fragen: ‚Du, Dr. Jux, hast du wieder Nachtdienst gehabt? Du siehst müde aus!' Ich hielt in meiner Performance inne und dachte kurz nach. Was sollte ich jetzt sagen? Sollte ich antworten ‚Nein, mir geht's super, komm lass uns Unfug treiben', oder sollte ich die Wahrheit

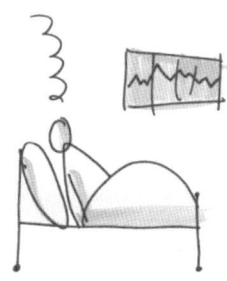

sagen, dass ich nämlich sehr müde war und mich am liebsten ins nächste leere Bett gelegt hätte, um zu schlafen!

Ich entschied mich spontan für die zweite Variante: ‚Ja Tobias, es war wieder sehr anstrengend letzte Nacht. Viele Patienten, du weißt schon …' Darauf Tobias: ‚Das habe ich gleich bemerkt, Du schaust wirklich müde aus … Du, darf ich Dir einen Vorschlag machen? Darf ich heute Dein Clown sein?'

Mir blieb vor Rührung der Mund offen: ‚Klar, super Idee!' Schnell und mit wenigen Strichen war Tobias dezent zum Clown geschminkt, und er zog meinen überlangen Ärztekittel an. Mit einem Johlen gingen wir nun von Zimmer zu Zimmer und Tobias unterhielt die Kinder mit unseren Gags, Spielen und Requisiten. Er machte das perfekt und mit einer derartigen Begeisterung, dass wir selbst Tränen lachten, oft genug hatte er uns ja beobachten können. Es war einer der berührendsten Augenblicke meiner Klinik-Clownarbeit."[151]

In dieser Anekdote steckt vieles drin, was wir als Basis für Touch-Momente verstehen: andere groß zu machen, ihnen tiefes Erleben und Ausprobieren zu ermöglichen. Sie stärken, sie größer werden zu lassen, ihnen Raum zu geben. Ihnen in unserem Training die Möglichkeit zu geben, über sich selbst hinauszuwachsen. Welchen Gewinn können wir daraus für unsere Trainertätigkeit ziehen? Hierzu wieder einige unserer Vorschläge und Gedanken:

Geben Sie Teilnehmern den Raum, über sich hinauszuwachsen.

▶ Interventionen wählen, die die Teilnehmer in Kontakt mit ihrem persönlichen Wachstum bringen.
▶ Trainingseinheiten einbauen, in denen die Teilnehmer etwas Neues kreieren, das im Status bzw. im Ansehen mindestens gleichwertig ist mit dem, was der Trainer „drauf hat".
▶ Sich einfach selbst zurücknehmen.

Bouffons – echte Antihelden

Kennen Sie die Bouffons? Bouffons sind recht groteske Spielfiguren, die unansehnlich und provozierend daherkommen. Sie tragen Verunstaltungen, haben übergroße Bäuche, lange Nasen,

Buckel, animalische Gliedmaßen wie Flügel oder Schwänze und bewegen sich eigenartig. Auch mit ihren Worten, Interaktionen und Bewegungen verunstalten sie manche soziale Gegebenheit. Sie sind Randfiguren der Gesellschaft. Ihre Geschichte reicht zurück bis ins Mittelalter. Sie fordern spielend Moral und Autoritäten heraus, sind gleichsam unbequem wie erfrischend, böse und befreiend.

Foto: Die Bouffons des Theaters Mariejeanne[152]

Bouffons stammen aus der Geschichte, speziell der französischen. Es sind die ehemaligen Missgeburten und verunstalteten Menschen, die vor den Toren der mittelalterlichen Städte ausgesetzt wurden. Sie waren krank, arm, hässlich, anders und gehörten nicht in die Stadt. Draußen vor den Toren der Städte hatten sie nichts mehr zu verlieren. Sie hatten bereits alles verloren, als Randgruppe und wahre Aussätzige standen sie in der Rangordnung ganz unten. Das ließ sie stark zusammenhalten. Manches Mal jedoch wurden sie zum Ergötzen des Volkes in die Städte geholt und auf großen Plätzen vorgeführt. Dort spielten sie dann.

„Der Archetyp des Bouffonen – und hierzu lassen sich auch der Narr, der Satyr, der Gnom, der Zwerg und der Fool zählen – repräsentiert menschliche Eigenschaften und Bedürfnisse. Allen ist gemeinsam, dass sie die Welt der Normalen parodieren, marginal sind und stets in Verbindung zu einer andersartigen, fantastischen Welt stehen.

Bouffons kennen keine Scham und keine Hemmungen.

In seiner höchsten Blüte zeigte sich das Groteske Theater in Form der Commedia dell' arte. Seine Figuren attackierten mit skurrilen Gesängen, wilden Tänzen und obszönen Gesten die Wohlanständigkeit der Heuchler und Mächtigen und wurden so zum Ausdruck der Wut, Angst und Verzweiflung des einfachen Volkes. Denn hinter dem gespielten Wahnsinn und der körperlichen Deformation verbirgt sich ein klares Bewusstsein und die Möglichkeit, Wahrheiten so deutlich auszusprechen, wie es sonst niemandem erlaubt ist. Kein Wunder also, dass es seitens der Herrschenden stets Versuche gab, die Praktiken des Grotesken Theaters zu verbieten oder wenigstens zu kanalisieren."[153]

„Sie verkörpern die Figur des Antihelden, des Letzten der gesellschaftlichen Skala. Im Gegensatz zum naiven Clown handeln die

Bouffons bewusst sakrileg und sind von ganzem Herzen unverschämt. Sie sind die geborenen Könige der ‚verkehrten Welt'. Die
Führung legen sie in die Hände ihres Dümmsten." – so formuliert
es die Regisseurin und Theaterdozentin Mina Tinaburri.

Der Bouffon ist eine faszinierende Spielfigur, die uns Spielern einiges abverlangt. Faszination hat der Bouffon für uns dadurch,
dass er die Pole der Emotionen in sich vereint und sie alle abbilden
bzw. spielen kann. So ist er in einem Moment vollkommen unterwürfig, gibt also dem Publikum das Gefühl,
etwas Besonderes, Herrschaftliches zu sein, um dann
schrittweise in einen höheren Status zu kommen und
sich in Hohn und Spott über das Publikum auszulassen.
Nimmt er Signale aus dem Publikum wahr, dass er „zu
weit gegangen" ist, begibt er sich wieder ins Devote. Es
ist für den Bouffon durchaus möglich, auf der Bühne
einen Sexualakt anzudeuten und sich dabei gleichzeitig über die
Kirche lustig zu machen. Wenn ihm dann mit Rausschmiss gedroht
wird, entschuldigt er sich und macht sich mit seinem Buckel ganz
klein. Spielmittel sind die Parodie, der Spott und vieles mehr. Ganz
normale Theatertexte, Tragödien oder auch Gedichte lassen sich,
sind die grotesken Figuren erst einmal erarbeitet, in ihrer eigenen,
parodistischen Version spielen. Es gibt eigentlich keinen Stoff, vor
dem sich das Groteske verschließt.

*„Das würde ich dann doch gerne
mal sehen, recht interessant und
verlockend. Ein Sexualakt auf
der Bühne, nein so was!"*

Für uns ist der Bouffon in seiner Klarheit und Lebendigkeit ein
Zeichen dafür, wie eng Gefühle beieinander liegen und wie viel an
Power in uns steckt. Wer einmal einen Bouffonkurs besucht hat,
hat danach ein extrem gutes Selbstgefühl. Ihm sind die eigenen
„schwarzen" oder verheimlichten Seiten nicht mehr fremd, er hat
deren Kraft gespürt. Das eigene Schamverhalten ist verändert, andere Menschen werden mit ihren Statusspielen eher durchleuchtet
und das Schwache dahinter gesehen. Zudem werden wir affiner für
Paradoxes und Widersprüchliches. Unsere Wahrnehmungsfilter stellen sich weit. Bewertungen können einen Moment beiseite gelegt
werden. Wir sehen und spüren intensiv – mehr als 100 Prozent.

Der Inszenierungsgedanke

Inszenieren wir Trainings? Inszenieren wir Trainings! Durch den Gedanken der Inszenierung bekommt die geplante Veranstaltung für

uns einen wesentlich größeren Rahmen, als wenn wir in Form eines Ablaufplans denken.

„Unter Inszenierung (vom griechischen „skene", zu deutsch: „Zelt") versteht man das Einrichten und die öffentliche Zurschaustellung eines Werkes oder einer Sache. Dies betrifft im engeren Sinne den Bereich der darstellenden Kunst. Dabei muss nicht unbedingt ein in sich geschlossenes Werk auf die Bühne gebracht werden, auch offene Formen wie etwa die Performance können inszeniert werden. Der Begriff wird oft auch synonym mit dem Begriff Regie verwendet und unterscheidet die Inszenierung insofern als künstlerischen Akt von der reinen Ausstellung, Aufführung oder Vorführung. Im weiteren Sinne kann auch jede andere Form der bewusst eingerichteten Darstellung als Inszenierung bezeichnet werden."[154]

Der Inszenierungs-
gedanke im Kontext
Training

Gerade der letzte Satz bringt es auf den Punkt. In der Form Inszenierung zu denken, bezieht Choreografisches, Dramaturgisches und Künstlerisches mit ein. Ein Training wird auf diese Weise eine ganz spezielle und individuelle Komposition. Zentrale Fragen sind dabei:

▶ Was ist das Lernziel des Trainings?
▶ Was soll es zu erfahren und zu erleben geben – in Bezug zum Lernziel und auch darüber hinaus?
▶ Wie können interessante Momente und Ereignisse geschaffen werden?
▶ Wie kann das Training so aufgebaut werden, dass es einen lebendigen, dramatischen Spannungsbogen gibt?

Im Inszenieren steckt die Idee, dass die Teilnehmer, Schauspielern gleich, weitgehend frei werden und etwas nach einer Vorgabe (im Theater ist es das Thema des Drehbuchs, im Training ist es das Thema des Trainings) aus sich heraus entwickeln. Das ist eine gänzlich andere Herangehensweise als bei einem klassischen Training, bei dem „Inhalt in einen Kopf gepfropft" werden soll.

Eine Inszenierung im Theater lebt von vielem: den Spielern, dem Regisseur, dem Autor, der das Stück geschrieben hat, dem Stück selbst, dem Bühnenbild, den Kostümen, dem Licht, den Effekten und der Musik.

Denken wir an den Spieler, in unserem Fall den Teilnehmer, kommt Altmeister Brook noch einmal zu Wort: „Wenn ein Schauspieler oder ein Regisseur einen eindrucksvollen Weg findet, um eine Szene zu spielen, ist es oft unmöglich zu sagen, ob diese Lebendigkeit durch seine Kreativität entstanden ist oder ob sie die ganze Zeit vorhanden war und nur darauf wartete, entdeckt zu werden."[155]

Brook spricht auch davon, dass der Schauspieler nach ein paar Wochen Probenarbeit nicht derselbe Mensch ist: „Seine Arbeit mit anderen Menschen hat ihn reicher gemacht und seinen Horizont erweitert."[156] Das ist auch unser Anspruch als Trainer: Wir schaffen einen Raum, in dem die Teilnehmer arbeiten dürfen, sich entwickeln, etwas kreieren, was anschließend als Gesamtwerk des Tages dasteht und uns alle bereichert hat. Teilnehmer werden auf diesem Weg zu Akteuren.

Trainerkollegin Petra Nitschke lässt sich bei der Konzeption und Planung ihrer Trainings auch vom Gedanken des Regiebuchs leiten: „Wie kann ich mein Seminar lebendig und spannend gestalten? Welche Methoden eignen sich am besten für die Vermittlung des Lernstoffs? Ziel ist, Lerninhalte verständlich und einprägsam zu vermitteln. Wie ein Drehbuchautor gestalten Sie bei der Planung des Seminarablaufs einen Spannungsbogen zwischen Aufnehmen und Verarbeiten von Lerninhalten."[157]

Der Trainer – ein Drehbuchautor

Der Gedanke der Inszenierung beinhaltet auch die Rhythmisierung, die Komposition eines Trainings. Verschiedene Phasen wechseln ab, bauen aufeinander auf und steigern sich letztendlich bis zum Höhepunkt des Trainings: dem Ende.

Wesentlich beim Inszenieren von Prozessen ist die Rhythmisierung, ein gewisser Spannungsbogen bzw. der Wechsel von Phasen der Aktivierung, Entspannung, Erarbeitung und Verarbeitung, Trainerpräsentation und Gruppenphasen, wie er z.B. in der Suggestopädie durch verschiedene Lernkreisläufe berücksichtigt wird. Auch bei Theaterstücken (und in Romanen) gibt es einen Spannungsbogen. Schaffen Sie also sich abwechselnde Phasen, die das Training lebendig machen.[158] Für diesen dramaturgischen Rahmen erstellen wir in der Regel je nach Aufwand ein Storyboard oder einen Ablaufplan. Natürlich ist der Umfang vom Prozess bzw. vom Event abhängig. Für Kongresse ist eine andere Planung erforderlich als für eine

Methode, die innerhalb eines normalen Trainingstages integriert wird. Dennoch sollten Sie eine gewisse Rhythmisierung beachten.

Bringen Sie Rhythmus in Ihr Training.

Wichtige Planungsaspekte für eine gelungene Rhythmisierung sind:

▶ Rahmenthema: eine passende sich durchziehende Metapher für die Veranstaltung
▶ Rahmenprogramm (z.B. ein Abendprogramm)
▶ Die Aktivierung von Teilnehmern im Vorfeld der Veranstaltung
▶ Die Startkontakte am Tag der Veranstaltung vor dem offiziellen Beginn
▶ Der gelungene Auftakt zum Thema
▶ Die Bearbeitung des Themas
▶ Zeiten für Teilnehmeraktivierung, Arbeitszeiträume
▶ Zeit für Pausen und Kontakte
▶ Zentrieren, resümieren, Transferzeiten
▶ Reflektieren
▶ Beenden
▶ Nachbereiten

Hinter diesen Aspekten stehen die drei Kernbereiche eines Trainings:

1. Der Einstieg, die Vorbereitung und Einführung
2. Die Themenbearbeitung und -wiederholung sowie die Ergebnissicherung
3. Der Ausstieg, die Integration, Reflexion und Bewertung, der Transfer, die Auswertung.

Ebenso wie im Theater aus Zuschauersicht nichts zufällig geschieht, sondern der Zuschauer immer auf der Suche nach Bedeutungen ist, gilt dies auch im Training. Ein Karton, der am hinteren Bühnenrand steht, vielleicht weil er einfach vergessen wurde, zieht die Aufmerksamkeit der Zuschauer auf sich. Warum steht der da? Ist es Absicht oder nicht? Spielt er im Stück noch eine Rolle? – dies sind möglicherweise Fragen, die Einzelne beschäftigen. Bewusst oder unbewusst nehmen die Teilnehmer auch in Trainings eine ganze Menge Details wahr, die uns als Trainer oft gar nicht präsent sind.

Nutzen Sie diese Gabe der Zuschauer bzw. der Teilnehmer. Sorgen Sie dafür, dass es in Ihrem Training jede Menge Anregungen gibt, die die Aufmerksamkeit der Teilnehmer herausfordern.

Die persönliche Heldenreise – seien Sie ein Held!

Die Heldenreise geht zurück auf Joseph Campbell, ein amerikanischer Professor und Autor, der intensiv auf dem Gebiet der Mythologie forscht. „Campbell untersuchte zahlreiche der großen Mythen, Volkssagen und Religionen aus aller Welt, um herauszufinden, was ihnen gemeinsam ist und warum Geschichten eine so große Bedeutung in unserem Leben haben. Sein Ziel war es, herauszufinden, worin die Ähnlichkeiten von Geschichten bestehen, welche Symbole und Bedeutungen immer wieder auftauchen, um damit einen Beitrag zu leisten, das gegenseitige Verstehen auf der Welt zu unterstützen (...) Campbell erkannte, dass beim Geschichtenerzählen immer wieder dem gleichen alten Muster des Mythos gefolgt wird: Das Modell der Heldenreise ist universell und tritt zu jeder Zeit und in jeder Kultur in Erscheinung. (...) ‚Die Reise des Helden ist ein unglaublich beständiger Satz von Bauelementen, die aus den tiefsten Abgründen des menschlichen Geistes immer wieder neu entstehen, in jeder Kultur anders ausgestaltet und doch im Grunde immer gleich.'"[159]

Ein universelles Modell für persönliche Entwicklung und Veränderung

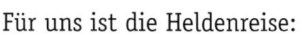

Für uns ist die Heldenreise:
- ein Modell für den Weg durch Wandel und Veränderung,
- ein roter Faden für Geschichten, die kleinen und die großen,
- eine Blaupause für die persönliche Arbeit am Lebensweg.

Die Heldenreise ist damit eine sehr wertvolle Quelle für Touch-Momente. Zum einen, weil wir uns selbst besser wahrnehmen, unsere Lebendigkeit spüren können, wenn wir mehr davon wissen, was wir erleben und wie es auf uns wirkt. Alleine die Erkenntnis, dass wir auf einer Reise (Heldenreise, Lebensreise) sind, stellt eine wesentliche Ressource dar. Das eigene Wachstumspotenzial wird uns bewusster. Zum anderen können wir die Heldenreise natürlich nutzen, um Teilnehmer mit diesem Modell in ihrem jeweiligen Wachstum zu betrachten. Und natürlich ist sie ein faszinierendes methodisches Tool auch in persönlichen Change-Prozessen oder denen von Organisationen, Systemen und Unternehmen.

Hänschens Heldenreise Den folgenden Helden kennen Sie alle – an ihm werden die Schritte der Heldenreise und die Entwicklung des Helden knackig deutlich:

Hänschen klein
Ging allein
In die weite Welt hinein.
Stock und Hut
Steht ihm gut,
Ist gar wohlgemut.
Doch die Mutter weinet sehr,
Hat ja nun kein Hänschen mehr!
„Wünsch dir Glück!"
Sagt ihr Blick,
„Kehr' nur bald zurück!"

Sieben Jahr
Trüb und klar
Hänschen in der Fremde war.
Da besinnt
Sich das Kind,
Eilt nach Haus geschwind.
Doch nun ist's kein Hänschen mehr.
Nein, ein großer Hans ist er.
Braun gebrannt
Stirn und Hand.
Wird er wohl erkannt?

Eins, zwei, drei
Geh'n vorbei,
Wissen nicht, wer das wohl sei.
Schwester spricht:
„Welch Gesicht?"
Kennt den Bruder nicht.
Kommt daher sein Mütterlein,
Schaut ihm kaum ins Aug hinein,
Ruft sie schon:
„Hans, mein Sohn!
Grüß dich Gott, mein Sohn!"

„Hänschen klein" zeigt uns: Von Kindheit an wachsen wir mit unseren ganz persönlichen Helden auf, mit Tom Sawyer, Pippi Langstrumpf oder Harry Potter. Die fanden wir toll, so wollten wir sein. Unseren Helden verdanken wir viele glückliche Stunden und mutige Abenteuer hinterm Gartenzaun – es war ein versunkenes, zufriedenes Spiel und ein faszinierender Glaube, wie die Welt sein kann.

„Dieser kleine Hans steckt doch in uns allen. Alle wollen wir in die Welt hinaus, um unser Glück zu machen. Fassen Sie sich auch ein Herz und gehen los! Das Abenteuer Leben wartet hinter jedem Gartenzaun."

Später waren es andere Helden, die uns bewegten und leiteten; vielleicht bestimmte Freunde aus der Schule, dem Verein oder der Clique. Viel brauchte es nicht dazu, vielleicht waren sie beim Sport schneller, höher, weiter als wir, hatten schon mehr geküsst als wir, legten sich weitaus mehr mit den Lehrern an, trauten sich, den ersten Joint zu rauchen, engagierten sich politisch. Und dann traten noch andere Helden in unser Leben, aus Filmen oder aus der Realität: Menschen, die etwas bewirkten, was wir uns selbst nie getraut hätten. Die Palette der Helden reicht von T-Rex über Suzie Quatro bis hin zum Pastor während der Konfirmandenzeit oder zu großen Helden wie Nelson Mandela oder Dr. Jane Goodall.

Neben den bekannten, großen Figuren aus der Medienwelt gab es auch die Helden im Alltag. Vor Kurzem fragten wir in einem Team von Führungskräften nach den persönlichen Helden. Ein „mittelalter" Mann sprach von seinem Vater als Held und auch Vorbild, wie dieser ihn und seine Geschwister großgezogen hat, nachdem seine Mutter gestorben war, als er vierzehn war.

Helden gibt es auch im Alltag.

Ein **Beispiel** von Barbara Messer: Die erste wirklich gute Sterbebegleitung, die ich als junge Altenpflegeschülerin erlebte, verdanke ich zwei Menschen. Zum einen dem Wohnbereichsleiter, der mich damals drei Tage quasi freistellte und einer fantastischen alten Dame, die ich die letzten Tage ihres Lebens begleiten durfte. Sie stellte von sich aus eine sehr hohe Nähe und Vertrautheit her, erzählte viel und ich saß einfach bei ihr. Voller Achtung und tiefem Respekt, dass sie mich an diesem faszinierenden Ereignis teilhaben ließ. Sie hatte, so wie sie wirkte und erzählte, keine Angst vor dem Sterben. Das beeindruckte mich. Sie war meine Heldin! Und meine kleinen Problemchen wie der nächste Anatomietest oder der Liebeskummer verblichen gegen die Bewältigung ihrer Aufgabe.

Die Heldenreise beschreibt unseren ganz persönlichen Lebensweg, unser Leben von Anfang bis Ende. Die Stationen der Heldenreise, die einzelnen Epochen, begleiten uns im Alltag. Somit ist sie auch ein wunderbarer Wegweiser in Krisen, weil wir anhand ihrer wissen, dass wir auf der Suche sind, dass wir unserem Ruf folgen und uns auf die Veränderungen (im Inneren und im Äußeren) einlassen müssen. Durch dieses Wissen fühlen wir uns als Reisende und sind weniger irritiert, wenn sich vieles wandelt.

Unser Leben – eine Heldenreise

Die Heldenreise ist die Geschichte des Übergangs von einem Lebensabschnitt oder einer Phase zur nächsten. Jeder Mensch – ganz gleich, wo er auf dieser Welt lebt – wird durch das Leben gezwungen, sich zu verändern. In Leben eines jeden Menschen gibt es Momente, in denen er durch Krisen geht. Diese Übergänge beginnen mit der Geburt und setzen sich bis zum Lebensende fort. Seien es Pubertät, Heirat, Elternschaft, Trennung vom Partner, Tod von Freunden, das Platzen von Träumen oder der Verlust des Arbeitsplatzes – immer wieder „zwingt" uns das Leben, uns weiterzuentwickeln und zu verändern, nicht stehen zu bleiben.

Die Heldenreise fungiert als Muster, als Schablone, die eine Richtschnur für Prozesse und Veränderungen darstellen kann. Sie greift viele Stimmungen, Erlebnisse, Hürden, Erkenntnisse, Wagnisse und Wege auf, die sich während einer Veränderung ergeben, auch bei der persönlichen Weiterentwicklung. Schlüsseln wir die Etappen der Heldenreise also einmal schematisch auf.

Die Heldenreise: Ein Stück in drei Akten

Die Schritte der Heldenreise

1. Akt: In der gewohnten Welt

Der Held lebt in seiner gewohnten Welt. Ihm sind die Regeln vertraut und er bewegt sich sicher und routiniert. Wir lernen den Helden in seinen gewohnten Mustern, im Denken und Handeln sowie in seinem typischen Alltag kennen.

1. Szene: Der Ruf – Der Held wird zum Aufbruch ins Abenteuer gerufen.

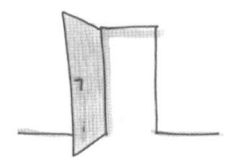

Der Held hört einen Ruf, z.B. nach Veränderung. Das kann eine Krankheit sein, eine Kündigung, starke Mitbewerber, deren Marktanteile wachsen. Es ist auf jeden Fall ein Ruf zur Tat, ein Aufruf zum Handeln. Es liegt etwas im Argen, neue Aufgaben warten. Doch Zweifel, Ungereimtheiten oder Sorgen hemmen die Bereitschaft zum Aufbruch.

Wir Menschen sind Gewohnheitstiere, so lange alles bleibt, wie es ist, kennen wir uns aus. Manchen Ruf lassen wir mehrfach an uns vorbeiziehen, viele Jahre harren wir der Dinge, bis ein Wink mit dem Zaunpfahl uns endlich die Augen öffnet: „Du bist gemeint! Geh los!"

2. Szene: Die Weigerung – Der Held weigert sich, in die Fremde zu ziehen.

Der Held hat Angst und Einwände. Er will nicht aufbrechen und in die Fremde ziehen. Der innere Widerstand ist aktiv, der Held ist Gefühlen ausgeliefert, die ihn hemmen, an eine Veränderung zu glauben oder sie zu wagen. Hier gilt es nun, die Hemmnisse zu klären, hinter die Widerstände zu schauen und der Angst ins Auge zu sehen. Wie kann diese Energie positiv umgewandelt werden?

Auch das ist bekannt: Durch Coaching, Therapie, ein ernstes Gespräch unter Freunden oder auch die eingetretene Realität können wir dem Ruf nicht mehr ausweichen. Wir wissen, dass wir wirklich etwas ändern müssen – und dennoch verharren wir. Die Angst vor dem Ungewissen lähmt uns, wir zweifeln an uns selbst, halten das Risiko für zu groß, können das Ziel nicht sehen, eine Vision nicht spüren oder sind einfach zu bequem.

3. Szene: Begegnung mit dem Mentor – Ein Mentor tritt dem Helden zur Seite.

Der Held erkennt unterstützende Kräfte, z.B. in sich selbst (Ressourcen aus der Kindheit, aus dem inneren Team oder auch die Erkenntnis, wie positiv die Weigerungsängste für ihn sind) oder in seiner Umgebung. Es taucht ein Mentor auf, der ihm Impulse gibt, ihm Kraft und Zutrauen entgegenbringt. Manchmal ist auch der (vermeintliche) Widersacher der Mentor, da er durch den forcierten Widerstand Kräfte im Helden aktiviert.

Der Mentor gibt uns den nötigen Schubs, schenkt uns Vertrauen, steht uns zur Seite und glaubt an uns. Er unterstützt uns emotional, geistig und/oder materiell. So übernehmen etwa Eltern für ihre pubertierenden Kinder oft die Rolle des Mentors: Sie nerven, haben Erwartungen und stellen ihre Kinder vor Herausforderungen, die sie selbst vermeiden würden. Mit 14 findet man das ganz und gar nicht okay, geht auf Widerstand und bringt eine ganze Menge Energie auf. Genau diese ist nötig, um seinen eigenen Weg tatsächlich zu gehen.

4. **Szene: Überschreiten der ersten Schwelle** – Der Held überwindet den Schwellenhüter.

Jetzt hat sich der Held für den Veränderungsprozess entschieden. Wenn es jetzt noch Einwände oder weitere Widerstände gibt, werden diese geklärt und aus dem Weg geräumt. Jede Reise beginnt mit dem ersten Schritt – dieses Sprichwort beschreibt auf einfache Weise das Überschreiten der ersten Schwelle: Der Held geht den ersten Schritt, sagt innerlich und äußerlich „Ja!" zum Unbekannten. Er ist bereit zu lernen!

2. Akt: Im Land der Abenteuer

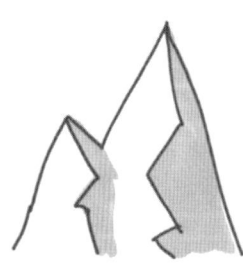

Nun ist der Held im Land der Abenteuer, einem unbekannten Land, in dem Prüfungen und Hürden auf ihn warten. Bedrohungen und Unsicherheiten lauern an allen Ecken und fordern den Helden heraus. Bei all den Halunken gibt es aber auch förderliche Gestalten!

1. **Szene: Der Weg der Prüfungen** – Der Held besteht Gefahren und besiegt Gegner.

Der Held bewältigt die bekannten und unbekannten Herausforderungen, Aufgaben und Wagnisse. Nach dem Prinzip „Zwei Schritte vor und drei zurück" gibt er sein Bestes. Er wächst auf dem Weg, indem er immer wieder an seine Grenzen gerät und diese überwindet. Er findet sich im Laufe der Zeit immer besser zurecht, findet Freunde, begegnet Widersachern und fällt dabei so manches Mal auf die Nase. Ein Beispiel: Die ersten Jahre der Selbstständigkeit als Trainerin sind bei vielen geprägt durch Versagens- und Existenzängste. Die typischen Aufs und Abs, was Einkommen, Auftragslage, Kundenakquise, wechselnde Anforderungen und das eigene Selbstverständnis anbelangen, zehren ganz schön an den Nerven.

2. Szene: Die entscheidende Prüfung – Der Held stellt sich dem entscheidenden Kampf.

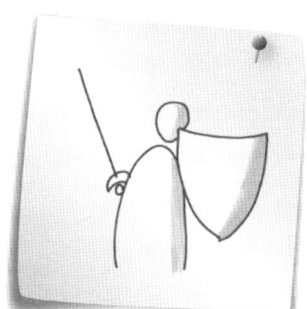

Der Held muss sich in einer alles entscheidenden Prüfung bewähren. In dieser Prüfung zeigt sich, ob der Held bereit ist, seinen Weg wirklich zu Ende zu gehen. Seinem Ruf ganz und gar zu folgen und notfalls auch vollends zu scheitern. Er muss beweisen, ob er wirklich zum Helden taugt, ob er für sich und seine Ideale einsteht. Dabei begegnet er seiner größten Angst, seinem größten Verlust und beweist, dass er es wert ist, die Belohnung in Empfang zu nehmen.

3. Szene: Die Belohnung – Der Held hat seine Aufgabe erreicht und wird mit dem Elixier belohnt.

Die Erkenntnis, der Gewinn, die Erleuchtung, all das kann jetzt in Empfang genommen werden. Das Elixier ist in den Händen, ein Schatz ist gefunden. Der Held (die Gruppe, das Team, das Unternehmen) hat das Ziel der Reise, z.B. eine notwendige Veränderung, erreicht. Dieser Moment ist wohl der magischste in der Heldenreise. Es ist vollbracht, alles wofür gekämpft wurde, was an Entbehrungen hinzunehmen und an Herausforderungen zu meistern war, ist Vergangenheit. Der Held ist am Ziel angekommen. Beim Marathon beispielsweise ist es der Moment des Zieleinlaufs, verbunden mit den begeisterten Rufen des Publikums und dem anschließenden Überreichen der Medaille: „Geschafft!"

3. Akt: Die Rückkehr

Die Reise hat den Helden verändert, vieles ist anders als vorher.

1. Szene: Der Weg zurück – Der Held tritt mit dem Schatz den schwierigen Rückweg an.

Die neuen Erkenntnisse (neue Verhaltensweisen, neue Prozesse, neue Ziele oder Strategien) müssen in den Alltag integriert werden.

2. Szene: Die Rückkehr über die Schwelle – Der Held bringt den Schatz sicher nach Hause.

Nun findet der tatsächliche Praxistransfer statt. Es können Irritationen auftauchen, da die Menschen aus der alten Welt die Heldenreise nicht mitgegangen sind. Der Gewinn, das Neue wird in die Praxis und den Alltag des Helden integriert.

3. **Szene: Die Schlüssel zum Neuen** – Der Held hat mit dem Schatz sich und seine Umgebung verändert.

Nun ist der Alltag des Helden wieder stabil, seine Innovationen, Erkenntnisse und Gewinne sind in den Alltag implementiert.

Der Urkonflikt zwischen „noch nicht können, aber wollen"

Die Schritte in der Heldenreise zeichnen einen unserer tiefen Urkonflikte auf: den Konflikt zwischen Sicherheit und Sehnsucht, zwischen Heimat und Fernweh, zwischen „noch nicht können, aber wollen". Einerseits möchten wir selbstständig als Trainer arbeiten, andererseits ist ein festes monatliches Gehalt doch so beruhigend und sicher.

Als Trainer auf Heldenreise

„Sie – und wir alle – sind auf einer Reise zu uns selbst. Ach ja."

Vielleicht haben auch Sie den Ruf gehört, als Sie sich für Ihre Aufgabe als Trainer „berufen" gefühlt haben. Sie haben eine Schwelle übertreten, wollten vorwärtskommen, haben dabei vielleicht gezögert, eigene Zweifel wahrgenommen, ein Hin und Her erlebt, aber dann den Schritt in die neue, unbekannte Welt gewagt – die Welt des Trainierens. Vieles ist mehr als ungewohnt, unbekannt, komplett anders, als Sie es sich vorgestellt haben. Sie sind auf Ihre Reise gegangen, haben Ihr altes Milieu, Ihre alte Aufgabe und vielleicht auch ein stützendes Team, einen sicheren Hafen, verlassen.

Die Prüfungen des Trainerdaseins

Viele Schwierigkeiten und Prüfungen sind in der Welt des Trainierens zu bestehen:

▶ Plötzlich gilt es, sein eigenes Profil zu schärfen.
▶ Plötzlich sind Sie weitaus verantwortlicher als vorher. Sie stehen gerade für das, was Sie bewirken bzw. „angerichtet" haben.
▶ Sie merken, dass Ihnen vieles im neuen Trainerleben noch nicht so gelingt, wie Sie es sich wünschen. Womöglich gibt es etwas, was Sie ärgert.
▶ Sie stehen mehr im Zentrum von (inneren) Konflikten.

- Sie stellen vielleicht fest, dass Sie noch gar nicht so weit sind, wie Sie sein möchten.
- Sie stolpern über sich selbst, sind sich selbst im Weg.
- Sie fürchten, dass Sie scheitern.
- Die Sache mit dem Marketing ist viel schwerer als gedacht, die Mitbewerber agieren so viel souveräner etc.
- Sie sind viel zu oft von der Familie und von zu Hause weg.
- Sie haben vielleicht Ihr Feuer als Trainer verloren.
- Oder etwas ganz anderes ...

Ist es bei Ihnen ähnlich? Lassen Sie sich hier – im Geiste und im Denken – selbst auf das wunderbare Experiment der Heldenreise ein! Sie ist ein Weg der Veränderung und eine sehr persönliche Arbeit. Wir erleben immer wieder, dass sie Lebendigkeit, Klarheit, Liebe, Begegnung und Freiheit in uns weiter wachsen lässt. Wenn Sie sich tiefer mit Ihrer persönlichen Heldenreise auseinandersetzen dann:

- erfahren Sie mehr über Ihren eigenen Weg. *Heldenreise – wofür?*
- entwickeln oder klären Sie Ihre persönlichen Wünsche, Bedürfnisse und Ziele immer dann, wenn es dran ist.
- bauen Sie eigene Widerstände, Barrieren, Schranken, Hemmnisse und Blockaden ab, sodass Sie weiterreisen können, und befreien sich von alten Einschränkungen, Fesseln, Denkmustern oder Konventionen, die Sie bremsen.
- erleben Sie Krisen, Herausforderungen und Veränderungen in Ihrem Leben besser, erleben Sie bewusst als Chance zur Veränderung und entwickeln mehr Resilienz.
- gewinnen Sie Klarheit und Kraft für einen schwierigen, aber unausweichlichen Schritt.
- werden Sie selbstsicherer, klarer, kontaktfähiger und leben intensiver Ihre Begegnungen.
- erneuern Sie das Vertrauen in sich und in Ihr Leben.
- entdecken Sie eine Vision für Ihren weiteren Lebensweg.

Wir starten in Ihrem Alltag, dem Traineralltag, dem möglicherweise aufreibenden, herausfordernden oder eher tristen Alltag. Viele von uns denken über diesen gar nicht groß nach, sie nehmen ihn so hin, wie er eben ist. Manche aber haben das Gefühl, dass „da noch etwas kommen muss". Sie hören oder spüren diesen inneren oder von außen kommenden Ruf. Sie spüren, dass ihre Lebendigkeit eingeschränkt ist, dass etwas im Weg ist. Der Ruf muss nicht laut

Den Ruf zur
Veränderung hören

sein, er kann als leises Klopfen, als immer wiederkehrender Zweifel daherkommen. Oder auch durch Menschen, die einen liebevoll an die Seite nehmen und sagen: „Hey, schau doch mal nach Dir, Du scheinst mit angezogener Handbremse zu fahren." Oder die Teilnehmer bleiben weg, die Aufträge werden rarer, es stimmt etwas nicht. Andere nehmen den Ruf erst wahr, wenn sich eine Krankheit (z.B. ein Burnout), eine Trennung oder Ähnliches eingeschlichen hat oder aufgetreten ist. Wer genau hinschaut, entdeckt indes immer wieder Hinweise, die uns zu Veränderungen einladen. Richten Sie daher einmal einen Blick auf Ihre Lebensbereiche:

▶ Familie, Ursprungsfamilie, Wahlfamilie
▶ Freunde
▶ Arbeit und Karriere
▶ Gesundheit, Fitness, Wohlbefinden
▶ Interessen, Hobbys und Freizeit
▶ Verpflichtungen
▶ Finanzen
▶ Persönliche Entwicklung
▶ Sinnfragen
▶ Träume, Visionen, Sehnsüchte

Was erfüllt Sie und macht Sie glücklich und zufrieden? Was ist gut, was soll so bleiben? Wie viel Freude bereitet Ihnen z.B. Ihre Arbeit oder das Familienleben? Wofür lohnt es sich, jeden Tag aufzustehen und sich einzusetzen?

▶ Gibt es etwas, was sich ändern sollte, was so nicht mehr gut ist?
▶ Was macht Sie unglücklich, unruhig, unzufrieden oder frustriert Sie?
▶ Was reibt Sie auf, kostet Sie sehr viel Kraft oder macht Sie wirklich traurig?
▶ Was würde sich in Ihrem Leben ändern, wenn Sie einen Teilbereich ändern würden? Was hätte das für Vor- oder Nachteile?
▶ Wo mögen Sie gar nicht hinschauen, was macht Ihnen Angst oder fühlt sich bedrohlich an?
▶ Gibt es etwas, was Sie eigentlich im Blick behalten sollten, weil Sie es aufschieben, weil die Beschäftigung damit Ihnen unangenehm ist? Was scheint Sie zu lähmen, zu erdrücken? Wo halten Sie etwas zurück, wo sagen Sie immer wieder „Nein"?
▶ Gibt es etwas, das Sie früher als Traum hatten und noch nicht gelebt haben?

▶ Wenn Sie Zauberkräfte und unendlichen Mut hätten, was würden Sie mit deren Hilfe am liebsten sofort ändern?[160]

Werten Sie nun Ihre Antworten aus:

▶ Welcher Bereich möchte Aufmerksamkeit? Was braucht Beachtung und Klärung?

▶ Was meldet sich in Form eines immer wiederkehrenden Bildes, einer Vision, eines Traumes, eines Anklopfens oder eines Rufs?

▶ Gibt es ein Bedürfnis nach Freiheit oder nach bestimmten Sehnsüchten?

▶ Welche Träume oder Fantasien sind Ihnen gekommen oder bewusst geworden? Gibt es verführerische Aspekte oder Visionen, etwas, was „Sie nie zu träumen gewagt hätten"? Eine bessere Zukunft? Was würde Ihr Leben noch lebendiger, erfüllter und vor allem glücklicher machen? Trauen Sie sich, das zu sagen!

▶ Was ist der Kern Ihrer Erkenntnis?

Dem Ruf auf den Grund gehen

Gemeinsame Auszeit

Einmal im Jahr nehmen wir uns eine gemeinsame Auszeit, um am Meer oder einem anderen naturnahen Ort diesen und ähnlichen Fragen nachzugehen. Dabei überprüfen wir auf diversen Ebenen unsere Zufriedenheit, unsere Arbeit, unsere Träume und stricken weiter an den erfüllenden Lebensplänen.

Wir weichen dabei nicht aus, sondern bleiben länger dran. Wer uns dort am Strand oder wo auch immer das ist, schon einmal gesehen hat, weiß, dass wir zwischen dem Sand, den Ordnern, Skizzen und Papieren auch die eine oder andere hitzige oder tief gehende Diskussion führen. Es geht meist ans Eingemachte. Und wir sind sehr dankbar, dass wir uns diese Zeit zur Reflexion nehmen.

So haben wir in diesem Sommer auch alles in Frage gestellt und dabei peu à peu gemerkt, dass wir mitten in einem eigenen Changeprozess sind. Eine Erfahrung, die uns, nachdem wir sie durchstanden haben, auf vielen Ebenen unseres Lebens glücklicher machte. Zwischendrin aber hatten wir: Angst, Sorgen, Hoffnung, Scheu – kurz gesagt: die Hosen voll.

Beispiel

Nach all diesen Fragen ist es an Ihnen, ob Sie aus der Gewohnheit aussteigen und große oder kleine Dinge verändern möchten. Meist vermeiden wir diese Veränderungen, weil wir Umbrüche oder Lebensveränderungen scheuen. Schließlich heißt das, bisherige Glaubenssätze, Verhaltensweisen und Denkweisen zu ändern!

Was ist der Grund meines Zögerns?

Viele denken bei anstehenden Veränderungen zunächst ans Scheitern. „Das wird mir nicht gelingen", „Das dauert alles viel zu lange" oder ähnliche Aussagen stellen sich mit vertrauten inneren Stimmen ein. Eine Niederlage wollen wir natürlich vermeiden, in unserer erfolgsverwöhnten Gesellschaft gilt ein Scheitern als unattraktiv. Schade. Denn im Scheitern machen wir ja meist die intensivsten Erfahrungen. Gut, es ist unbequem, aber es ist auch neu und erdet uns auf wunderbare Weise mit dem „Boden der Tatsachen". Auch das hängt mit unseren Glaubenssätzen zusammen. Ist ein Misserfolg wirklich nur ein Misserfolg? Oder ist er eine Lernchance, um zu wachsen? Denken Sie an den Genuss des Scheiterns beim Clown – niemals würde er auf diese Erfahrung verzichten wollen.

Aus der systemischen Arbeit (speziell in der Erfahrung von Aufstellungen) ergibt sich noch eine andere Antwort, warum wir so häufig zögern. Es ist unsere Bindung an unsere Eltern, Geschwister oder Großeltern, die immer auch eine systemische Verstrickung ist. Hadern wir oder zweifeln wir unterbewusst an der Liebe und Anerkennung unserer Eltern, dann wollen wir uns ihrer Loyalität und Liebe auf anderem Wege sicher sein. Viele Menschen neigen dazu, sich nicht freier oder glücklicher als die Eltern zu machen. Sie wollen nicht größer (oder erfolgreicher) als Vater oder Mutter sein. Eine tiefe, unbewusste Angst verbunden mit grenzenloser Loyalität lässt sie so handeln und auf den eigenen – erfüllten – Lebensweg verzichten.

Es braucht eine gute, freie Beziehung, um weit mehr als die eigenen Eltern zu wachsen, ihnen unähnlicher zu werden. Auch in Partnerschaften kann es Konflikte geben, wenn einer plötzlich nach einer Veränderung über sich hinauswächst.

„Wenn ich das Leben noch einmal leben könnte, würde ich versuchen, das nächste Mal mehr Fehler zu machen. Ich wäre nicht so perfekt, würde mehr Dinge leichter nehmen und lockerer leben. Ich würde mehr Dummheiten machen als auf dieser Reise. Tatsächlich gibt es nur Weniges, was ich wirklich ernst nehmen würde. Ich wäre viel verrückter und weniger hygienisch. Ich würde mehr riskieren und mehr reisen. Ich würde mehr Berge ersteigen und in mehr Flüssen schwimmen, mehr Orte besuchen, an denen ich nie gewesen bin. Ich würde mehr Eis essen und weniger Bohnen. Ich würde mehr in tatsächliche Schwierigkeiten geraten und weniger eingebildete Probleme haben!

Sehen Sie, ich war einer von denen, die vorbeugend leben und immer vernünftig sind und Stunde um Stunde, Tag für Tag normal. Es gab schon besondere Augenblicke, und wenn ich es noch einmal tun könnte, hätte ich mehr solcher Augenblicke – einen nach dem anderen. Ich war einer von denen, die immer mit Thermometer, Wärmflasche, Gurgelwasser, Regenmantel und Fallschirm reisten.

Wenn ich es noch einmal zu tun hätte, würde ich das nächste Mal leichter reisen. Wenn ich es noch einmal zu tun hätte, würde ich im Frühjahr früher barfuß gehen und im Herbst länger draußen bleiben. Ich würde mehr Karussell fahren, mehr Sonnenaufgänge beobachten, mehr mit Kindern spielen, wenn ich mein Leben noch einmal leben könnte. Aber sehen Sie, das kann ich eben nicht."[161]

„Wenn Sie keinen Ruf hören, dann rufen Sie mich einfach an. Ich helfe Ihnen gerne!"

Es ist Ihre Entscheidung, ob Sie Ihr Leben ein Stück weit verpassen, es an sich vorbeiziehen lassen wie einen Film, oder ob Sie es so leben, wie Sie es möchten. Sie können sich am Modell der Heldenreise orientieren. Nehmen Sie Kontakt zu Ihrem Ruf auf, schauen Sie, welche Helden es gibt, die eine Bedeutung für Sie haben.

▶ Was für Helden gab es früher in Ihrem Leben, in Ihrer Kindheit? Welchem Vorbild wollten Sie folgen, wer beeindruckte Sie? Wen fanden Sie einfach klasse und wollten genauso sein? Das können ganz normale Menschen gewesen sein, aber auch Wesen in

Welche Helden gibt es für mich?

ihrer Fantasie. Gab es jemanden, dem Sie nacheiferten und vor allem: warum?

▶ Gibt es in Ihrem jetzigen Leben Menschen, die Sie als Helden bezeichnen, die für Sie eine Bedeutung haben? Die Sie bewundern, vor denen Sie tiefen Respekt oder Achtung haben? Was finden Sie an ihnen anziehend oder beeindruckend?

Ein Ziel ins Auge fassen

In dieser Auseinandersetzung stellen Sie sich Fragen zu Ihrer jetzigen Situation:

▶ Welche Impulse sind es, die Sie spüren und wahrnehmen? Was lockt Sie, was sind Ihre Träume und Visionen?
▶ Was könnte das Ziel Ihrer Reise sein? Was gibt es für Sie zu gewinnen (Fähigkeiten, Erkenntnisse, Fertigkeiten, Möglichkeiten, Kompetenzen etc.)?
▶ Ist das Ziel attraktiv? Lohnt es sich aufzubrechen?
▶ Gibt es etwas, was Sie zurückhält?

Ein faszinierendes Buch ist in diesem Zusammenhang „Mein Leben ohne Limits" von Nick Vujicic. Als kleiner Junge wollte Nick sich das Leben nehmen, weil er schwer damit zurechtkam, ohne Arme und Beine zu leben. Heute reist er um die Welt, versprüht Lebensmut und liefert neue Perspektiven für Probleme des Alltags: „Ohne Arme und Beine ist nicht halb so schlimm wie ohne Hoffnung!"

Er sagt: „Erkenne, dass eine Veränderung notwendig ist. Leider dauert es oft seine Zeit, bis uns klar wird, dass eine Veränderung dran ist. Wir haben uns an den Lauf der Dinge gewöhnt, selbst wenn er nicht gerade bequem ist. Manchmal siegt einfach die Faulheit. Oder die Angst. Mitunter braucht es auch einen regelrechten Schock, bevor wir uns an einen neuen Weg wagen. Bei mir war der Selbstmordversuch so ein Schockmoment. Jahrelang hatte ich mich durchgeschlagen und gute Miene zum bösen Spiel gemacht. Aber in mir gärte die ganze Zeit der Gedanke, dass ein Leben mit diesem Körper nicht lebenswert war. Erst als ich in der Badewanne lag und bereit war, den Kopf unter Wasser zu halten, kam ich zur Besinnung. Wenn ich ein glückliches Leben führen wollte, musste ich selbst etwas dafür tun."[162]

Meist liegen der Ruf nach Veränderung und der Widerstand ganz nah beieinander. Das macht es für viele Menschen so schwer, das Dilemma zwischen unserem Bedürfnis nach Sicherheit und dem nach Freiheit aufzulösen. Dieses Hin und Her lässt uns gar nicht erst aufbrechen oder losgehen. Dabei meint es unser innerer Widerstand durchaus gut mit uns. Er lässt uns abwägen, einschätzen, innehalten, nachdenken, ins Grübeln kommen. Die Zeit, sich mit Ruf und Widerstand auseinanderzusetzen, ist unerlässlich, um eine Entscheidung herbeizuführen. Der Widerstand kann uns im Sinne eines „Jetzt erst recht" stark antreiben, verharren lassen oder gar zurückwerfen. Gelingt es uns, ihn aufzulösen, auch indem wir nach seiner guten Absicht schauen, bringt er uns Zuversicht und Kraft.

Hierzu einige hilfreiche Fragen im Kontakt mit Widersachern und Widerständen:

Widerständen auf die Spur kommen

▶ Wer sind Ihre Widersacher? Woher kommen sie? Sind sie Ihnen bekannt? Bekommen Sie eventuell Hinweise von anderen zu Ihren Widersachern?
▶ Sind sie im Außen oder kommen sie von innen?
▶ Wie sieht Ihr Widersacher aus? Mit wem hat er noch zu tun?
▶ Welche positive Absicht hat er? Was will er für Sie erreichen? Wovor will er Sie schützen?
▶ Welche Bedürfnisse haben Sie jetzt, was brauchen Sie?
▶ Was brauchte der Widersacher, um zu schweigen, ruhig und zufrieden zu sein? Und wie wäre es dann?

Die nächsten Schritte auf der Heldenreise sind der Aufbruch und der Übergang in die neue Welt. In dem Lied „Hänschen klein" wird diese Schwelle ganz klar definiert:

„Der Aufbruch in Unbekanntes ist immer mit einer Transformation verbunden. Das, was der Mensch noch ist und das, was er künftig sein wird, ist vollkommen verschieden. Der Aufbruch ist damit per se ein spannendes Wagnis."

Hänschen klein
Ging *allein*
In die weite Welt hinein.

Dort tauchen noch einmal die Schwellenhüter auf. Ein Schwellenhüter kann die eigene Angst ein, die Sorge, die Furcht. Wir sind voll mit teilweise sehr schmerzhaften Erinnerungen an Angstvolles in unserem Leben. So wie wir, nachdem wir als Kind eine heiße Herdplatte berührt haben, es nach dem Verbrennen der Hand nie wieder getan haben, geht uns das vielleicht auch mit anderen Erlebnissen. Hat uns eine bestimmte Situation oder Erfahrung

Angst vor der Schwelle überwinden wehgetan, vermeiden wir es, damit wieder in Kontakt zu kommen. Fragen, die an dieser Stelle weiterhelfen, sind:

▶ Haben Sie in Ihrem Leben schon einmal eine gravierende Schwelle überschritten, eine tief greifende Veränderung erlebt? Etwas, was sie wirklich erschüttert hat?

▶ Wer waren dabei die Schwellenhüter, wer oder was hielt Sie zurück, wer oder was spornte Sie an?

▶ Waren es innere oder äußere Wesen, so etwas wie Dämonen und Ungeheuer? Ein Ungeheuer kann auch mal der Vorgesetzte – oder auch der eine oder andere Elternteil – sein!

▶ Wie sind Sie den Weg der Veränderung gegangen? Was haben Sie erlebt?

▶ Was war danach anders?

Diese Fragen möchten Sie auf Ihre inneren Prozesse einstimmen. Sie müssen sie nicht beantworten, aber vielleicht ist die eine oder andere Frage im Rahmen Ihrer Heldenreise sinnvoll, wenn Sie sich für Touch-Momente öffnen möchten.

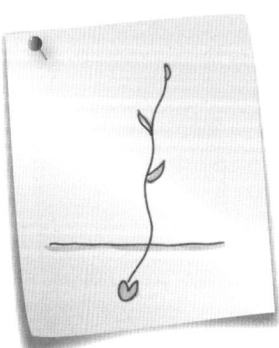

Auf unserer Reise und in unseren Leben gibt es häufig jemanden, der sich an unsere Seite stellt, uns wohlwollend schubst und stärkt. Der sagt: „Komm, Du, mach das jetzt. Das schaffst Du!" Immer wieder treffen wir auf Menschen, die uns zur Seite stehen, die uns stärken, aufmuntern und an uns glauben. In der Arbeit mit der Heldenreise tauchen die Mentoren meist dann auf, wenn der Held sich entschieden hat, seinem Ruf zu folgen. Die Mentoren bejahen den Schritt. Die Mentoren geben uns den Impuls und fordern uns auf, jetzt den Schritt zu wagen. „Ein Mentor ist jemand, der schon dort war oder ist, wo du hin willst, und sich außerdem Zeit für Dich nimmt. Er will, dass Du es auch schaffst."[163]

Unterstützung suchen In Märchen und auch in vielen Filmen stattet der Mentor den Helden zum Beispiel mit einem Zaubertrank aus, der ihn unbesiegbar oder unsichtbar macht. In unserer heutigen Welt stattet er uns vermutlich eher mit dem nötigen Wissen aus. Wie ist es in Ihrer Welt? Erkennen Sie Menschen, die Ihnen helfen wollen und sich Ihnen offenbaren?

▶ Welche Unterstützung gibt es? Welche Formen und Besonderheiten?

► Welche Schwierigkeiten gibt es? Welche möglichen Schwierigkeiten benennen Ihre Mentoren?
► Was stellt Ihnen Ihr Mentor zur Verfügung (Wissen, Kompetenzen, Fähigkeiten etc.)
► Welche Wünsche und Erwartungen haben Sie an Ihren Mentor? Was brauchen Sie von ihm?

Mentoren können alle möglichen Wesen sein, von der Schwester, die an einen glaubt, bis hin zu spirituellen Mentoren wie Gott. Aber natürlich auch Mütter und Väter, Großeltern, Freunde und Kollegen und das eigene innere Kind. „Hab keine Angst, Dir Mentoren zu suchen. Aber sei Dir bewusst, dass Mentoren nicht nur wie Cheerleader jubelnd am Spielfeldrand stehen. Sie werden dir genauso klar mitteilen, dass Du vom Kurs abweichst, wenn sie das denken. Wenn Du Mentoren willst, musst Du auch bereit sein, ihre Kritik anzunehmen. Aber keine Angst, sie wollen nur Dein Bestes."[164]

Sich den Prüfungen stellen

Ein zentraler Bestandteil der Heldenreise sind die – kleinen wie großen – Prüfungen, denen sich der Held stellen muss. Einen geliebten Menschen zu verlieren oder sein Zuhause, eine geliebte Routine, einen festen Arbeitsplatz, sind allesamt Prüfungen auf unserem Weg. Das Loslassen eines geliebten Menschen – indem er stirbt oder uns verlässt – sehen wir dabei als eine der größten Prüfungen sowie sicherlich der selbst erlebte Übergang vom Leben in den Tod. Dieser ist unsere allerletzte Prüfung in unserem Leben.

Doch auch, wenn sich Ihr Alltag aktuell sehr schwierig und herausfordernd gestaltet, wissen Sie, dass Sie gerade in der Phase der Prüfungen sind oder mit Ihren eigenen inneren Widersachern zu tun haben. Vergegenwärtigen Sie sich in diesen Situationen, dass sie immer mit Erkenntnissen und persönlichem Wachstum verbunden sind. Das macht den Weg leichter.

Im Märchen oder im Film tritt der Held seine entscheidende Prüfung an, wenn er auf den allergrößten Drachen trifft und diesen mit dem entscheidenden magischen Schwertstich tötet. Anschließend trinkt er das Herzblut des Drachen (das Elixier), während ihn die schmachtende Jungfrau anhimmelt. Im „normalen" Leben sind die entscheidenden Prüfungen die großen Momente, in denen uns das Herz in die Hose rutscht, uns der Atem stockt und es um alles geht. Bisweilen ist diese Prüfung ganz real, wie z.B. eine Abschlussprüfung im Beruf oder an der Uni. Auch die erste schwere Aufgabe im neuen Job oder das erste große Trainingskonzept zählen hierzu. Oder die Entscheidung „Machen wir zusammen weiter oder nicht?". Es ist der vollzogene Abschied in der Trauerphase oder in Trennungen, die Akzeptanz, dass derjenige oder das, was bisher war, weg ist. Das gilt beispielsweise auch für die erste Nacht in der eigenen Wohnung oder in einer fremden Stadt, nachdem wir aus- oder umgezogen sind.

Wir können auf unserem Weg nicht wissen, ob das, was uns jetzt so schwer vorkommt, wirklich die entscheidende Prüfung war oder „ob es nicht noch schlimmer kommen kann". Hierzu ein sehr treffendes Zitat, dessen Quelle wir nicht kennen, das jedoch an dieser Stelle passt: „Ich war traurig, weil ich keine Schuhe hatte. Bis ich einen Menschen traf, der keine Füße hatte."

Das Elixier ist die Erkenntnis. Nach der entscheidenden Prüfung erlangen wir den Gewinn, die Erkenntnis – oder eben das Elixier. Wir haben den heiligen Gral in der Hand, nehmen die Schatzkiste in den Arm oder stehen endlich am Traualtar. Wir sind gewachsen, wir haben etwas Entscheidendes gelernt oder erfahren. Wir stehen hinter der Hürde und haben den Sprung gewagt – und wissen nun, was in uns steckt.

Beispiel

Hier ist unsere Mission

Begeisterung wecken – um Gipfel zu stürmen: Unser Ziel ist einfach, aber nicht leicht zu erreichen: Wir wollen die Kommunikation und die Prozesse zwischen Menschen, in Unternehmen, Institutionen und Verbänden verbessern. Auf dem Weg dorthin wollen wir Sie begeistern: Ihre Mitarbeiterinnen und Mitarbeiter, Ihre Teams, Ihr Unternehmen, Ihre Institution und Sie selbst. Für sich und für andere.

Wir regen Menschen an, Neues zu wagen, um ihre eigenen Stärken als persönlichen Mehrwert zu erkennen und in ihre Arbeit einfließen zu lassen.

Unser System: Spiel, Kreativität und Freude, gepaart mit Wissenschaft und Methode.

Offen, spielerisch und systematisch zugleich, zeigen wir Menschliches auf und machen das Gefundene für das Miteinander und die Arbeit im Unternehmen nutzbar. Dazu arbeiten wir mit einer Vielfalt an Methoden aus der Lernpsychologie, des Theaters, der Systemtheorie und der Kommunikationswissenschaften. Für Unternehmen, Institutionen und Verbände, für Menschen. Eines können wir Ihnen versprechen: Die Freude wird auf Sie überspringen. Denn Freude, Kreativität, Vertrauen und Inspiration bilden die Basis unserer Arbeit zusammen mit Ihnen.

Den Teilnehmer mit auf die Heldenreise nehmen

Das ist der Punkt, an dem sich unsere Heldenreise als Trainer auf wundersame Weise mit der Heldenreise unserer Teilnehmer verbindet. Vielleicht hören diese den Ruf überhaupt erst durch unser Training, sie kommen wieder in Kontakt mit verschütteter Lebendigkeit, mit Visionen und Träumen, sie spüren, was ihnen fehlte, und bekommen eine Ahnung, was sich für eine Sehnsucht in ihnen breitmacht.

Das Training: Ruf und/oder Prüfung für Ihre Teilnehmer?

Wir nehmen als Trainer meist bewusst oder auch unbewusst die Aufgabe des Mentors oder Vorbildes ein. „Ein Vorbild ist jemand, der auch schon dort war oder ist, wo Du hin willst, aber den Du nur wenig oder gar nicht kennst. Normalerweise beobachtet man Vorbilder aus der Ferne, guckt sich Dinge ab, liest ihre Bücher und wertet ihre Karriere für den eigenen Weg aus. Oft handelt es sich bei Vorbildern um berühmte Vertreter und Koryphäen aus der eigene Kunst."[165]

Die Teilnehmer haben sich im Training weiterentwickelt, denn sie haben eine Menge Prüfungen – von der einfachen Teilnehmerpräsentation bis hin zum Abschied von lieb gewonnenen Beschränkungen, Einwänden und Verhaltensweisen – hinter sich und spüren, wie sie plötzlich innerlich gewachsen sind. Gut, das sind kleine Prüfungen im Vergleich zu den großen im Leben. Aber es sind Prüfungen im unbekannten Land des Trainings.

Nach den neu gewonnenen Erkenntnissen geht es nun wieder zurück in die alte, gewohnte Welt. Und sie kommen zu Hause in ihrem Alltag ganz anders an, als sie losgegangen sind. Sie sind verändert, haben etwas erlebt, was sie ihrem eigenen Selbst näher gebracht hat. Und dies gilt es nun in ihren Alltag zu integrieren. Das kann für sie selbst sowie für ihr Umfeld recht knifflig sein. Andere Menschen können befremdlich, neidisch oder verstört reagieren, denn die Teilnehmer haben etwas gewagt oder erkannt, was für die anderen keine Relevanz hat.

„Schwierige Teilnehmer"? – Sie sind vermutlich „auf Reise"... Natürlich haben wir auch Teilnehmer, die hadern, die nicht weiterkommen, die womöglich ganz andere Sorgen haben, als sich in der Arbeit zu engagieren. Denken wir nicht „Der spinnt!" oder „Sie kapiert es nie", sondern stellen wir uns einfach vor, dieser Mensch ist gerade auf seiner Heldenreise. Werden wir lieber zum Mentor als zum Besserwisser oder zum Widersacher.

Als Trainer haben wir eine Fülle an Möglichkeiten, andere Menschen zu fördern und sie auf ihrem Weg zu begleiten. Dies wird insbesondere bei jungen Teilnehmern deutlich. Wir führen sie bewusst in den Beruf oder die Aufgabe ein, geben womöglich erste wegweisende Impulse.

Auch ältere Teilnehmer, die eine andere Schwelle überschreiten, brauchen unsere Aufmerksamkeit. Die Aussicht auf das Rentenalter oder eine neue Position, für die gerade in diesem Training die Voraussetzungen geschaffen werden sollen, ist auch eine Prüfung. Etwas seit Jahren Verlässliches hört auf, die jahrelange, vielleicht hingebungsvoll ausgeführte Arbeit mit all ihren Kontakten und Beziehungen muss verabschiedet werden. Das fällt schwer, wenn noch nicht klar ist, was danach geschieht. Und nicht zuletzt werden wir als Trainer auch zunehmend mit Themen wie Burnout oder schwerwiegenden familiären Problemen konfrontiert.

Talente entdecken!

Entdecken und heben wir die Schätze und Talente unserer Teilnehmer. Talent lässt sich daran erkennen, dass Teilnehmer:

▶ Leidenschaft zeigen; sie brennen für ein Thema oder Projekt.
▶ andere inspirieren mit ihren Ideen, das kommt schon im alltäglichen Gespräch zutage.

- ▶ Druck lieben; es lockt und fordert sie heraus, unter Tempo und Anstrengung zu arbeiten.
- ▶ voll Tatendrang sind und zupacken, Herausforderungen nicht umgehen.
- ▶ anderen Spaß an der Arbeit vermitteln und selbst welchen haben, der auch nicht zu versiegen scheint.
- ▶ clever sind, gerne denken und ihre Intelligenz weiterentwickeln.
- ▶ unbequem sind und nicht alles schlucken.
- ▶ kritische Fragen stellen.

Seien Sie sich bewusst, wo Sie Mentor oder Vorbild sind, seien Sie verständnisvoll, wenn Menschen sich nicht „ins unbekannte Land der Prüfungen und Hürden" begeben wollen. Sie sind nicht immer perfekt und machen das eine oder andere noch nicht richtig. Sie sind vielleicht verwirrt und überfordert. Aber: Glauben Sie an sie! Und:

Als Trainer sind Sie Mentor und Vorbild.

Seien Sie selbst ein wahrer Held

Wir brauchen Helden auf unserer Welt. Wir brauchen Helden, die sensibel, achtsam und tatkräftig handeln. Helden, die für etwas einstehen, die sich Ziele setzen, die die Welt verbessern wollen und die dafür einstehen, dass Ziele erfolgreich umgesetzt werden. Nehmen Sie das Ruder in die Hand, wenn Sie feststellen, dass etwas anders läuft als gewünscht.

Ein Trainer als Held
- ▶ macht sich sofort bemerkbar, wenn Unrecht und Ungerechtigkeit geschieht.
- ▶ deckt Tabus auf, die nicht mehr positiv wirken. Er wagt es, hinter die Absicht des Tabus zu gucken. Er stellt Kontakt und Beziehung zu den betreffenden Personen her, findet mit ihnen das Bedürfnis und Anliegen dahinter heraus. Für Trainer kann das schon in der Auftragsklärung stattfinden.
- ▶ beseitigt Unklarheiten.
- ▶ engagiert sich für Teilnehmer, die überfordert und/oder irritiert sind.
- ▶ steht für das ein, was ihm wichtig ist.
- ▶ zeigt Profil und steht für das ein, was er verspricht.
- ▶ entwickelt sich weiter.

▶ steht zu seinen Schwächen.
▶ ist bereit zu scheitern.
▶ sucht und findet Gleichgesinnte/Wegbegleiter.
▶ folgt seinem Ruf.

Was macht für Sie einen Trainer zum Helden? Bitte halten Sie hier Ihre Notizen fest:

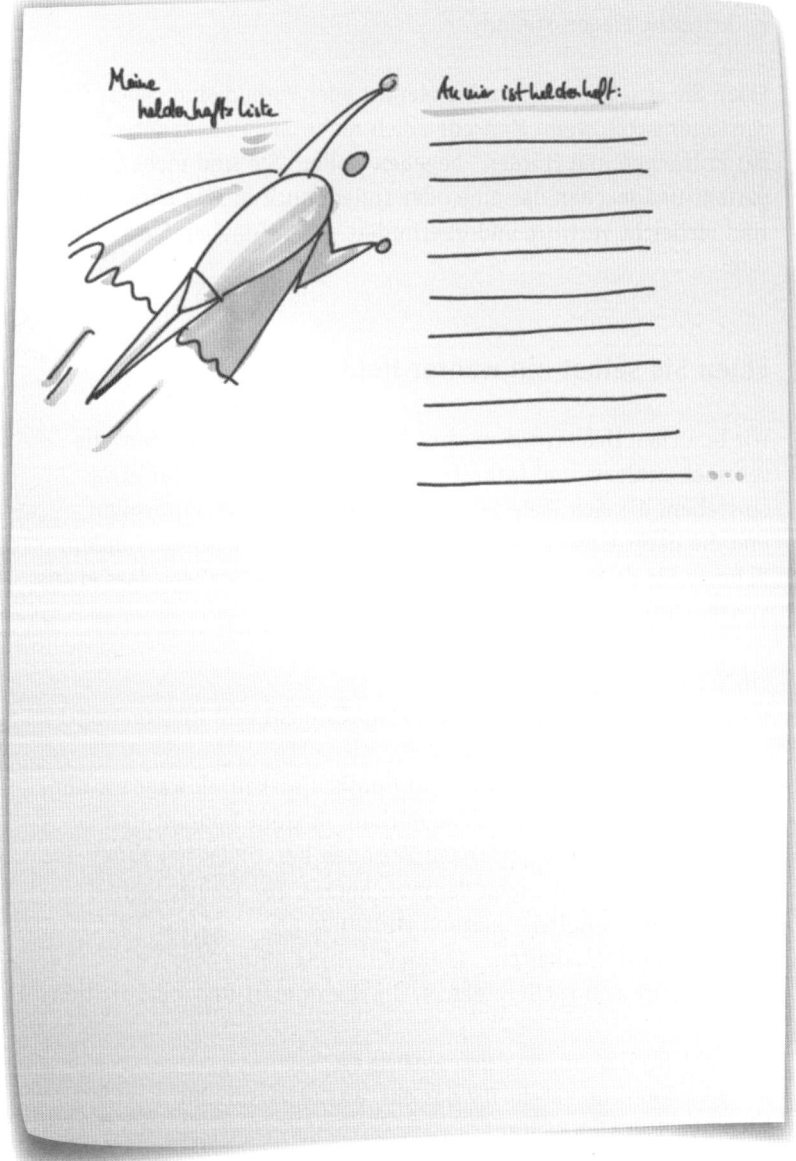

„In Touch" mit den Teilnehmern

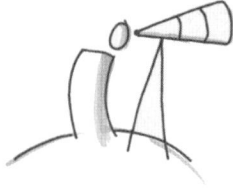

Im vierten Kapitel finden Sie:

In den vorangegangenen Kapiteln haben Sie vieles gelesen, was Sie als Trainer in Ihrer Persönlichkeit, Ihrer Rolle und Ihrem didaktischen Selbstverständnis inspirieren soll, den Boden für Touch-Momente zu bereiten. Nun geht es abschließend um geeignete Methoden oder Interventionen.

Wir haben mehrfach diskutiert, wie umfangreich dieses Kapitel sein soll. Es gibt schließlich unendlich viele Methoden und Interventionen, die tiefere Begegnungen mit sich und anderen schaffen. Wir haben uns dann für eine ganz spezielle wie persönliche Auswahl entschieden, die exemplarisch für besondere Touch-Momente im Training steht. Hier sind also unsere Highlights ...

Kleine Interventionen für Touch-Momente

Wir sind Fans von kleinen, aber wirksamen Interventionen im Training, die den Teilnehmern signalisieren: Hier wird es mir gutgehen,

*„Verehrte Leser, nun über-
lasse ich Sie der Welt der
praktischen Übungen. Sie sind,
denke ich, bestens gerüstet."*

hier kann ich mich wohlfühlen, hier wird etwas Gutes passieren. Kleine Interventionen, die zum Ziel haben, Persönliches zu schaffen und zu fördern.

Sicher kommt Ihnen das eine oder andere davon bekannt vor, die Interventionen sind keine gänzlichen Neuentwicklungen. Entscheidend ist für uns aber das „Wie" ihrer Durchführung. In ihnen soll unsere persönliche Grundhaltung zum Ausdruck kommen. Und die ist: weich, freundlich, neugierig und dadurch geprägt, dass wir uns genussvoll zurücknehmen. So geben wir den Teilnehmern Platz und schenken ihnen unsere Aufmerksamkeit. Hier unser Potpourri:

Vorstellungsrunden

Eine Vorstellungsrunde gibt es immer. Die Teilnehmer und wir Trainer möchten schließlich wissen, mit wem wir es zu tun haben.

Eine Vorstellungsrunde nimmt ein wenig die Angst und Anfangsscheu, die manche Teilnehmer haben, und schafft damit – je nachdem, wie sie gestaltet ist – die Basis für gegenseitiges Vertrauen. Wir persönlich legen sehr viel Wert auf einen guten Anfang und auf die Aufmerksamkeit, die die Teilnehmer durch diese Runden erfahren. Und meist knüpfen wir dabei an das Thema des Tages an und/ oder aktivieren in dieser Runde die Ressourcen der Teilnehmer.

„Aus meiner Praxis weiß ich, wie wichtig guter und tiefer Kontakt zu anderen Menschen ist. Eine Vorstellungsrunde schafft Vertrauen, die Menschen wagen später mehr, wenn sie die anderen kennen."

Es ist ein zentrales Bedürfnis von uns allen, zu wissen, wie die anderen heißen und wer sie sind. Die Namen und noch ein wenig mehr zu kennen, ermöglicht es, andere anzusprechen sowie selbst angesprochen zu werden und baut erste Schritte für die Beziehungen untereinander auf.

Eine Vorstellungsrunde dient dem Austausch von Informationen übereinander. Neben der persönlichen Vorstellung, meist mit Worten, sammeln die Teilnehmer auch viele Eindrücke „zwischen den Zeilen", mit wem sie es den ganzen Tag zu tun haben. Kennen sich die Teilnehmer, wie es ja oft bei Inhouse-Trainings der Fall ist, bekommen sie auf diese Weise einen weiteren und meist viel privateren Eindruck über die Kollegen. Körpersprachliche Signale und andere Eindrücke, auch aus ersten Begegnungen und Aktivitäten, werden wahrgenommen. Dies gilt insbesondere dann, wenn Sie zusätzlich folgende Varianten mit ins Spiel bringen.

Das meistgehasste Kleidungsstück

Diese spezielle Vorstellungsrunde führt in die Vergangenheit und weckt Erinnerungen an die eigene Kindheit. Im Rahmen dieser Vorstellung kommen wir den anderen Teilnehmern näher, weil wir einen kleinen Eindruck von ihrer Kindheit bekommen und weil unsere Erinnerungen wiederum durch ihre gespeist werden. Dadurch entsteht ein Gefühl von Vertrautheit und Geborgenheit. Diese Runde nutzen wir am Anfang eines Trainings, sie kann aber auch zwischendurch zum Einsatz kommen.

Das Vorgehen: Die Gruppe sitzt im Stuhlkreis oder in einer anderen Variante, die es ermöglicht, dass sich die Teilnehmer gegenseitig anschauen können. Die Teilnehmer stellen sich nun vor mit ihrem Namen, ihrer Funktion resp. ihrem Beruf sowie dem typischen Kleinkram, aber dies – bitte – in sehr kurzer Form. Anschließend beantworten sie die folgenden drei Fragen:

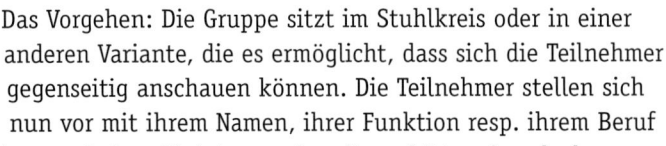

▶ Welches war mein Lieblingsspiel/-spielzeug als Kind?
▶ Was war mein meistgehasstes Kleidungsstück als Kind?
▶ Mein erster „richtiger" Kuss?

Die Teilnehmer gehen auf eine kleine Zeit- und Erinnerungsreise. Das kann einen Moment dauern, weil sich die Teilnehmer erst trauen müssen, mehr zu erzählen oder Persönliches zu äußern. Doch meist stellt sich zügig eine gute Runde ein, in der alle innerlich in die Vergangenheit reisen und die anderen plötzlich mit ganz anderen Augen sehen. Sobald wir feststellen, dass die Teilnehmerin gegenüber, die auch so um die fünfzig ist und im schicken Kostüm dasitzt, ebenfalls voller Hingabe Gummi-Twist auf dem Schulhof gespielt hat, ist sie uns gleich vertrauter und sympathischer.

Beim gemeinsamen Blick auf die Vergangenheit verschwinden Berührungsängste.

Neben dem Kennenlern-Effekt mit gleichzeitigem Vertrauensaufbau weckt diese Methode Ressourcen und bewahrt ebenso altes Wissen. Bald sind sie nämlich nicht mehr da, die Menschen, die noch mit Strickleibchen zur Schule gingen und Strumpfhalter für selbst gestrickte Strümpfe trugen. Auf diese Weise kann achtungsvoll von den Generationen und auch Kulturen gelernt werden.

So gibt es Menschen, die sich kaum für eine ihrer vielen Lieblingsspielsachen entscheiden können, und wieder welche, die gar keine hatten, weil sie in tiefer Armut aufgewachsen sind. Hier wächst der Respekt voreinander.

Mein Held in Kindertagen

Starten wir mit einer solchen Variante in den Tag, haben wir schnell unsere Kinderherzen geöffnet. Pippi Langstrumpf, Ritter Lanzelot oder auch Michel aus Lönneberga werden wach. Gestandene Geschäftsmänner, die davon sprechen, wie sehr Michel aus Lönneberga ihr Vorbild war, werden noch menschlicher, als sie es vorher schon waren.

Hilfreich ist, wenn Sie als Trainer selbst starten. Mit Ihrem Beitrag schaffen Sie einen Erlaubnisrahmen, der es den Teilnehmern wiederum leichter macht, sich zu öffnen und etwas Persönliches zu erzählen. Die Einstiegsfrage lautet:

▶ „Was ist Dein persönlicher Held aus der Kindheit? Und warum hast Du ihn bewundert?

Zusätzlich kann die Frage nach aktuellen Helden in die Runde gegeben werden (vgl. auch „Die Heldenreise", S. 297 ff.). Mit dieser Vorstellungsrunde aktivieren sie sehr schnell verborgene Ressourcen, wie das Feedback einer Teilnehmerin aus einer Train-the-Trainer-Veranstaltung belegt: „Mich selbst begleitet bis heute noch immer der ressourcenvolle Zustand, in den ich durch den Anker mit den ‚Helden meiner Kindheit' gekommen bin – welche Macht so ein ‚kleines' Tool hat ... – 1000 Dank!"

Die Insel

„Die Insel"[166] ist eine ganz einfache und zugleich sehr wirksame Intervention. Sie verdankt ihren Namen dem Film „About a boy". Dort gibt es ein Zitat von Hugh Grant „Jeder ist eine Insel", womit

er zum Ausdruck bringt, dass wir alle einzigartig und auch alleine sind. Dies gilt selbst dann, wenn wir mit anderen zusammenleben. Für uns ist dieser Satz bedeutsam, denn wir Menschen brauchen im Trubel des Alltags und gerade auch in Trainings zwischendrin immer wieder Momente der Einkehr, Stille und Einsamkeit. Bei der Methode „Die Insel" geht es darum, ganz bewusst – und ggf. auch regelrecht ritualisiert – während eines Trainings Zeit mit sich alleine in einem sehr konzentrierten Rahmen zu verbringen.

Es muss dabei nicht gleich der Wüstentrip nach Afrika für Führungskräfte sein, um eigene Grenzen, Bedürfnisse, Wünsche oder Kräfte zu entdecken. Als Vorbereitung braucht es lediglich:

Was Sie für den Aufenthalt auf der „einsamen Insel" brauchen ...

► Schreibzeug, Stifte und Papier – bei mehrtägigen Veranstaltungen eventuell Schreibbücher oder Hefte.
► Plätze im Raum oder außerhalb, an die sich die Teilnehmer zurückziehen können.
► eine Klangschale oder Ähnliches, um den Anfang und das Ende der „Insel-Zeit" einzuläuten.
► je nach Bedarf und Wunsch Musik im Hintergrund.
► Bei längeren Sessions empfehlen sich Decken und Kissen, Fatboys oder anderes bequemes Sitz- und Liege-Equipment.
► Gerne können die Teilnehmer für diese Aufgabe nach draußen gehen, sofern Umgebung und Witterung das zulassen.

Die zeitliche Vorgabe ist variabel, meist reichen 10 bis 30 Minuten, bei Bedarf auch mehr. Die Teilnehmer bekommen über den Tag oder die Tage verteilt eben diese Zeiten, in denen sie sich auf sich besinnen und – gegebenenfalls zu bestimmten Fragestellungen – ihre Gedanken, Wahrnehmungen, Gefühle, Erkenntnisse und Eindrücke erspüren und anschließend aufschreiben. Solche Inselimpulse kann es immer wieder über den Tag verteilt geben.

In unserer schnellen Welt fehlt oft die Zeit für das Nachspüren, Nachklingen oder überhaupt erst das Auftauchen lassen. Kaum ist eine Sache erledigt, wartet schon die nächste. Doch gerade in diesen Zwischenmomenten des Nichtstuns, des einfach nur In-sich-Hineinspürens taucht oft für uns Bedeutsames und sogar Richtungsweisendes auf. Diesen Zwischenmoment wollen wir bewusst nutzen, indem wir „Die Inseln" entsprechend inszenieren oder ritualisieren.

So wählen wir bewusst andere Plätze als die üblichen, die die Teilnehmer im Seminarraum einnehmen. Hier eine Auswahl an Vorschlägen:

Geeignete Orte für „einsame Inseln"

▶ Auf dem Fußboden, vielleicht mit einem Kissen, in der Mitte des Stuhlkreises.
▶ Die Teilnehmer sitzen zwar auf ihren Stühlen im Stuhlkreis, jedoch mit der Blickrichtung nach draußen und der Kraft der Gruppe im Rücken.
▶ Gemeinsam in die Natur gehen und dort einen Platz für sich suchen und finden (im Wald, unter einem Baum, auf einer Wiese).
▶ Alle zusammen mit ein wenig Abstand voneinander in einem Treppenhaus oder einem Ort, der zwischen „Etwas" liegt.
▶ Im komplett leeren Raum, jeder auf einem Sitzkissen.
▶ Mitten im Getümmel, z.B. am Bahnhof oder Flughafen, in der Empfangshalle des Hotels oder Tagungshauses
▶ Im Rahmen einer anderen Inszenierung wie z.B. „Weltenerschaffer" (siehe S. 286 ff.) zwischen den verschiedenen Welten oder bewusst zeitlich dazwischen.
▶ usw.

Bei der Aufzählung wird deutlich, dass die Platzwahl auch eine tragende Rolle für diese Intervention spielt. In der abendlichen Stille eines Seminarraumes kommen den Teilnehmern andere Gedanken als am frühen Morgen im Wald.

Hier eine Auswahl an möglichen Aufgabenstellungen:

Aufgabenstellungen ▶ Nimm Dir 15 Minuten (10, 30, 60 Min.) Zeit,
  – um inmitten des Trubels (der Stille, der Ruhe, der anderen etc.) das wahrzunehmen, was Dir wichtig ist und was Du für nicht wichtig befindest.
  – um die Stille wahrzunehmen und was Dir in der Stille widerfährt.
  – Deine Fragen zum Thema XY zu finden.
  – um Deine Wahrnehmungen, wenn Du jetzt hier draußen an diesem Baum sitzt, zu spüren und zu notieren.
  – um die Geschichte, die Dir gerade durch den Kopf kommt, zu notieren.
  – für etwas, was Du den anderen Persönliches sagen möchtest, aber bisher noch nicht gesagt hast.
  – etwas zu finden, was Du nach diesem Training anders machen möchtest.

▶ Gehe für 30 Minuten in den Wald und suche Dir dort einen Platz, an dem Du verweilen möchtest, sammle deine Gedanken und bringe sie anschließend wieder mit.

▶ Bewältige in den kommenden 15 Minuten folgende Aufgabe: (die zum Thema passt).

▶ Finde ein Ritual, was Dir (oder der Gruppe) hilft, offener (vertrauter, stärkender o. Ä.) miteinander umzugehen.

▶ Spüre in den nächsten 30 Minuten Stationen Deines Lebensweges nach, die heute, hier, jetzt eine Bedeutung haben.

Variante: Ganz allein

Bei mehrtägigen Trainings können Sie mehrere Stunden oder gar einen ganzen Tag für „Die Insel" kreieren. Dabei bekommen die Teilnehmer z.B. extra Aufgaben, die zum Thema passen. Statt der üblichen Gruppenarbeit haben sie den ganzen Tag über Zeit, sich mit dem Thema auseinanderzusetzen, in einen persönlichen Flow zu kommen und etwas aus sich heraus zu entwickeln. Dabei machen die Teilnehmer ganz unterschiedliche Erfahrungen.

Verstärkt werden kann diese Variante auch noch durch die Vorgabe, dabei den ganzen Tag zu schweigen. Was in Klöstern Brauch ist, kann auch Wahrnehmungsprozesse

Alleine im Wald ...

in einem Seminar vertiefen oder beschleunigen. Stille ist weit mehr, als die Abwesenheit von Lärm. Am Abend kommen die Teilnehmer dann zusammen und tauschen sich im moderierten Rahmen aus, um die Ergebnisse zu sichern.

Tipp: Nutzen Sie Rituale, wenn die Teilnehmer nach der Phase des Alleinseins wieder zusammenkommen. Das kann eine Klangschale sein, ein Gong, ein Kreis, in dem sich alle an den Händen fassen, ein Tanz ...

Einigen Teilnehmern kann das Alleinsein sehr schwer fallen, deshalb sollten Sie als Ansprechpartner zur Seite stehen bzw. Hilfen anbieten.

Achtsamkeitsübungen

Achtsamkeitsübungen gibt es viele, Sie werden Sie vielleicht auch aus anderen Kontexten kennen. Wir möchten sie hier lediglich am Beispiel „Ich bin hier und kann Dich sehen" anreißen – verbunden mit dem Hinweis, dass wir diese Übung den besonderen Momenten vorbehalten, wie z.B. in unserer Jahresgruppe. Es erfordert als Trainer Erfahrung und Fingerspitzengefühl, ob die Teilnehmergruppe bereits so vertraut miteinander ist, dass sie für diesen fast schon intimen Touch-Moment offen ist.

Die Teilnehmer werden aufgefordert, im Raum herumzugehen und sich einen Platz zu suchen, an dem sie gerne stehen. Dort schließen sie die Augen und nehmen sich intensiv einige Minuten wahr: was sie fühlen, spüren, innere Bilder, Töne, Stimmen. Es kommt einer kleinen Trance oder Meditation gleich. Die Teilnehmer kommen dadurch in einen sehr ressourcevollen Zustand und nehmen sich selbst deutlich wahr. Nun öffnen sie die Augen und gehen in sanften Schritten wieder im Raum herum. Sie blicken nun die anderen bewusst an, schauen den anderen Teilnehmern bewusst in die Augen. Nun gehen sie auf den nächsten Menschen zu, nehmen sich an den Händen, schauen sich an und sprechen: „Ich bin hier und kann Dich sehen. Du bist da und kannst mich sehen." Diese Variante ist von Gila Antara und wird zudem noch gesungen.

„Ich bin wie ich bin"

Ich bin wie ich bin
Mit allen Dingen
Ich bin wie ich bin
Ich will mich singen
Und meiner Seele
Zeit und Raum geben
In mir zu leben
In mir zu sein.[167]

Eine andere Variante ist: „Ich bin ich und Du bist Du, zusammen sind wir wir." Dieses Variante haben wir bei Daniel Götz und Eike Reinhard kennengelernt. Es gibt auch noch eine andere, sehr tief gehende Variante, die die Ubuntus zueinander sagen: „Sawa Bona", „Ich sehe Dich", sagt der eine und der andere antwortet mit „Sokhona", „Hier bin ich". Es gibt zahlreiche andere Versionen, die Sie nach Ihren Werten und Wünschen gestalten können. Es geht letztlich aber immer um das bewusste Wahrnehmen von sich selbst und dem anderen. Nachdem sich Teilnehmer auf diese Art berührt haben, wechseln sie zu zwei oder drei weiteren. Danach kommen wieder alle zusammen.

Unter anderen angeregt durch die tiefere spirituelle Arbeit von Gila Antara fügen wir auch an der einen oder anderen Stelle Lieder ein, die den Menschen auf sich, das Sein und die anderen einstimmt. Hier verweisen wir gerne auf den kostbaren Liederschatz von Gila Antara (www.gila.antara.co.uk) oder auch auf Lieder aus anderen Nationen, die sich in Büchern wie „Come together songs" finden (siehe Beispiel links).

Aufgaben zur persönlichen Weiterentwicklung

Speziell in Trainings, in denen es primär um die persönliche Weiterentwicklung von Menschen geht, bietet es sich an, den Teilnehmern spezielle Aufgaben zu geben,

▶ an denen sie wachsen können,
▶ an denen sie etwas Persönliches ausprobieren können,
▶ die sie unterstützen, ihre Ziele zu erreichen.

Auch jenseits des Seminars — Diese Aufgaben können innerhalb und außerhalb des Seminars (vielleicht mit Freunden, Familie oder Kollegen) ausgeführt werden. Beispiele für solche offenen Aufgaben können sein:

▶ Jemandem, der anderen Menschen stets sehr viel Hilfe und Unterstützung anbietet, dieses einen Tag lang untersagen.
▶ Jemand, der sehr ernst ist, bitten, fünfmal am Tag andere Menschen zum Lachen zu bringen.
▶ Jemandem, der sehr viel lächelt, dieses einen Tag lang untersagen.

Sandra Masemann, Barbara Messer: Touch it

Zuhören

Das Zuhören ist äußerst simpel und dabei komplett ungewohnt und sehr wirksam. Hier geht es schlicht und einfach darum, sich in einer Partnerübung als Dyade in einem Zweiergespräch zu vertiefen. In der Form unterscheidet sie sich allerdings von den gewohnten Zweiergesprächen in unseren üblichen Alltagssituationen. Hier gilt: Einer spricht und der andere hört – ausnahmslos! – aufmerksam zu.

Eine Dyade kann sehr intensiv, außergewöhnlich oder auch feierlich sein. Dies hängt ganz davon ab, wie Sie diese inszenieren und anberaumen. Sie können als Trainer spezielle Vorgaben für die Dyaden geben oder die Teilnehmer auch einfach sprechen und zuhören lassen.

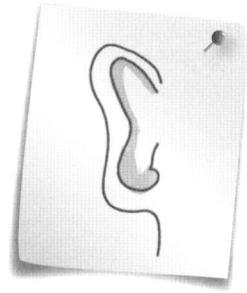

Beispiel: 5 oder 10 Minuten Gesprächszeit je Dyadenteilnehmer. Mögliche Fragevorgaben können sein:

▶ Was macht Dich glücklich?
▶ Wofür bist Du dankbar?
▶ Worauf kannst Du stolz sein in Deinem Leben?
▶ Wen oder was liebst Du?
▶ Wer darf Dich lieben?
▶ Was kannst Du heute tun, um ein erfülltes Leben zu leben?
▶ und viele andere mehr!

Zuhören –
ohne Zwischenfragen!

Es ist ein wahres Wunder, zu erleben, wie viel Persönliches die Menschen dabei erzählen und wie verbindend dieses Sprechen und Hören ist. Allein die Erfahrung, dass uns jemand fünf oder zehn Minuten aufmerksam zuhört, ist ereignisreich. Zum einen sind wir es kaum noch gewohnt, ungestört und ohne Unterbrechung durch andere zu erzählen, was aus uns herauspurzeln möchte. Darunter ist oft sehr viel Persönliches oder was einen hohen Stellenwert für uns als Person hat. Zum anderen entsteht durch die Dyade eine ganz besondere Nähe und Verbundenheit.

Große Interventionen für Touch-Momente

Weltenerschaffer

„Weltenerschaffer" zählt zu unseren absoluten Lieblingsformaten, das sich mit ganz unterschiedlichen Gruppengrößen (von 6 bis zu 80 Personen) und räumlichen Vorgaben durchführen lässt. Die Methode hinterlässt bei den Teilnehmern einen tiefen Eindruck, wie das folgende Statement belegt.

> „Liebe Barbara, liebe Sandra,
> auf dem DGSL-Kongress in Brehna im März habe ich Euren Workshop „Weltenerschaffer" miterlebt und möchte Euch hier noch einmal sagen, wie wunderbar er mir gefallen hat. Es war so spannend, die Perspektive der Welten erschaffenden Menschen einzunehmen, die wir ja schließlich als Trainerinnen (und Coachs) sind. Uns Gedanken zu machen, welche Werte wir vertreten und gelebt wissen wollen. Und dieses Vorhaben mit so lebendigen Requisiten auszuführen, wie Ihr sie hattet, war ein kreatives Vergnügen. Euch ist es gelungen, eine intensive Spannung in die ‚Choreographie des Erschaffens' zu bringen. So war – um in diesem Bild des Weltenerschaffers zu bleiben – auch die Zeit wichtig, die erschaffene Welt Welt sein zu lassen und sie in Ruhe zu betrachten. Und den Abstand zu genießen, um von der Außenaktivität wieder zur inneren Zentrierung zu kommen." — *Dagmar von Consolati* –

Bei den „Weltenerschaffern" ist der Name Programm: Die Teilnehmer bekommen ganz unterschiedliche Materialien an die Hand und gestalten damit kleine „Welten". Sie werden zu Künstlern ihres Themas. Diese Welten sind sehr faszinierend, weil sie – schon beim

Gestalten – eine tiefe Spiel- und Schaffensfreude der Teilnehmer wecken und sie ein Stück weit aus der Realität entrücken. Weiterhin ermöglicht sie eine Beschäftigung mit Inhalten aus ganz unterschiedlichen Sichtweisen. Mit großer Freude, Schaffenskraft, Neugier, Kreativität und Teamgeist sind die Menschen dabei, ihre Assoziationen und Fantasien zum vorgegebenen Thema auszuleben. Es kommen ungeahnte Gedanken und Ideen zum Vorschein: meist vollkommen überraschende Ergebnisse, Installationen, kleine Kunstwerke, die denkwürdig in Erinnerung bleiben.

In diesen geschaffenen Welten kann anschließend weiter „gearbeitet" werden. Dann sorgt die spannende Kulisse für eindrückliche Sichtweisen und Aspekte zum aktuellen Thema des Trainings.

Die erschaffene Welt: Kulisse für weitere Aktionen

Einen, in der Natur der Sache liegenden, Nachteil hat diese Methode, sie ist je nach Gruppengröße recht material- und zeitintensiv. Sie kann über mehrere Stunden dauern, aber auch – je nach Situation und Aufgabenstellung – deutlich kürzer ausfallen. Arbeiten die Teilnehmer draußen, muss mehr Material bewegt werden, dann braucht es entsprechend mehr Zeit. Sollen die Teilnehmer in den Welten auch noch agieren und aktiv damit arbeiten, braucht es auch hierfür Zeit.

Mögliche Einsatzgebiete

▶ Den Variationsmöglichkeiten und thematischen Bezügen sind keine Grenzen gesetzt. Geeignete Kontexte liefern z.B. Trainings aus dem Soft-Skills-Bereich oder auch Themen wie Storytelling, Kreativität, Pädagogik, Führung, Werte und Glauben, Historisches etc.

Vorbereitung

▶ Sie benötigen einen umfangreichen **Materialfundus**, z.B.: viele Stoffe unterschiedlicher Beschaffenheit, Baldachine, Zelte (z.B. Kinderzelte oder Strandmuscheln), große Papierbögen, Stühle, Bretter, Tische, Stehtische, Kartons, Kisten, andere Kleinmöbel. Material zum Befestigen, wie z.B. Seile, Schnüre, Spanngurte. Lichteffekte, wie z.B. Lichtschläuche, Lichterketten, kleine Scheinwerfer, Taschenlampen etc. Hier noch ein paar Spezialitäten aus unserem aktuellen Fundus: ein Karton voller Nagelfeilen und Duschhauben, den wir in einem Hotel geschenkt

Material: Von ganz ge-
wöhnlich bis ungewöhn-
lich – aber reichhaltig
(siehe auch Fotos rechts)

bekommen haben, eine Schlüsselsammlung, leere Marmeladengläser, eine Holzeisenbahn, Strohhalme, eine Dose mit Plastiktierchen, große Papierrollen (Küchenkrepp), Steine, einfache Kostümteile. Vor einiger Zeit fragten wir anlässlich einer Großgruppenveranstaltung einen Kunden, ob er „viele Materialien – alles von einer Sorte – übrig hätte". Er war erst ein wenig fassungslos, bot dann aber zehn Umzugskartons an, die mit altem Büromaterial gefüllt waren an. Erst war ihm das ein wenig peinlich. Als er dann jedoch sah, wie seine Mitarbeiter aus genau diesen Dingen eine riesige Büropuppenstube gebaut hatten, legte sich das sofort. Auch die Bussibärsammlung einer Kollegin kam gut an.

▶ Es braucht viel **Platz**: Entweder benötigen Sie einen großen Raum, in dem Sie viele verschiedene Ecken abteilen können, oder mehrere Räume wie z.B. Flure, Nischen oder anderes. Je ungewöhnlicher ein Ort, desto inspirierender kann er sein.

▶ Sie brauchen einen **thematischen Fokus**, wie zum Beispiel:
  - Führungsleitlinien
  - Kernwerte aus einem Serviceversprechen
  - Eine Geschichte (diese kann dann auch in der von den Teilnehmern geschaffenen Welt inszeniert werden)
  - Ein Wert, ein Gefühl, eine Begebenheit, die wesentlich ist und/oder war
  - Eine Ressource
  - Eine Frage ...

Dauer/Zeit

▶ Für die eigentliche Gestaltungszeit: Richtwert ca. 30 bis 45 Minuten, kann je nach Themenstellung auch mehr sein.
▶ Zzgl. 15 bis 30 Minuten, wenn die Teilnehmer in den von ihnen geschaffenen Welten noch etwas machen/inszenieren sollen.
▶ Ca. 5 Minuten gegenseitige Präsentationszeit je Welt.

Gruppen

▶ Die Teilnehmer gehen in Kleingruppen à 3 bis 5 Personen zusammen, bei Großgruppen können die einzelnen Gruppen auch größer ausfallen.

Sandra Masemann, Barbara Messer: Touch it

Vorgehensweise/Ablauf

Das Material wird ausgelegt, vorzugsweise an einem anderen Platz, als dem, an dem bis dato gearbeitet wurde. So kann der neue Raum auch bewusst neu in Beschlag genommen werden. Das Material kann thematisch sortiert auf dem Boden oder auf Tischen liegen. In der Regel benutzen wir einen Stoff als Unterlage und bauen darauf quasi kleine Materialinseln auf. Praktischer Nebeneffekt: Die

Teilnehmer werden neugierig. Erzählen Sie den Teilnehmern nun, was auf sie zukommt. Dies ist ein ganz zentraler Moment. Neugier ist im Raum, weil das vorbereitete Material schon verlockend im Seminarraum ausliegt. Meistens kann sich kaum einer zurückhalten, gleich loszulegen. Und gleichzeitig gibt es bei einigen Teilnehmern auch eine gewisse Anfangsskepsis, die sich jedoch im Tun schnell verflüchtigt.

Nun ist auch der geeignete Moment, die beiden Paten für diese Intervention und das bevorstehende Ereignis vorzustellen.

Der Aktion stehen Pate ...

▶ **Pippi Langstrumpf:** Sie ist Patin für den kostbaren Glaubenssatz: „Ich mach mir die Welt, wie sie mir gefällt." Pippi hat den höchsten Grad des Reframings erreicht. Sie lebt alleine, die Mutter im Himmel, der Vater auf einer weit entfernten Insel, ständig von Einbrechern heimgesucht, und im Nacken eine engagierte Kinderheimerzieherin. Pippi lächelt, reitet aus, sucht Sachen und versteckt Limonade im Limonadenbaum. Sie lehrt uns, mit einfachen Dingen glücklich zu sein und sich die eigene Welt so zurechtzulegen, wie man möchte.

▶ **Joseph Beuys:** Ihn schätzen wir als Künstler. Zum einen ist er ein faszinierendes Beispiel, wie er seine Kriegserlebnisse (quasi seine Heldenreise) in der Kunst zum Ausdruck bringt und bearbeitet. Zum anderen hat er die Menschheit mit seinem Credo ermutigt: „Jeder Mensch ist ein Künstler."

Nun gehen die Teilnehmer an die Aufgabe, mit dem Material gemeinsam in ihrem Team kleine Welten einzurichten – ähnlich wie wir als Kinder „Höhlen" gebaut und uns dort unsere eigene Welt geschaffen haben. Eine vergleichbare Freude entsteht auch sofort.

Beispiel I: Werte aus einem neuen Serviceversprechen

Nachdem die Teilnehmer in Kleingruppen die Kernwerte eines Serviceversprechens dem Kunden gegenüber erarbeitet hatten, sollten sie diese als Welt erschaffen (siehe Fotos).

Nach der Präsentation der Welten kam der nächste Schritt: In ihrer geschaffenen Welt erarbeiteten die Teilnehmer in Gruppen folgende zwei Fragen:

1. Was brauche ich noch, um das Serviceversprechen mit Leben zu füllen?
2. Wir sind im Jahr 2016. Das Serviceversprechen ist umgesetzt. Woran merken es die Kunden?

Fotos: Die erschaffenen Welten ...

Sandra Masemann, Barbara Messer: Touch it

Beispiel II: Mittelalterlicher Markt

Anlässlich der Frühjahrsakademie der Sportakademie Niedersachsen stellten wir den „Weltenerschaffer" unter das Motto: „Jeder ist ein Guru." Ziel war es, jenseits des pädagogischen Expertentums das Besondere in jedem Trainer herauszukitzeln und zu etwas Besonderem werden zu lassen. Nach zwei Tagen gemeinsamen Prozesslernens in höchst aktiver Form gab es eine abschließende Guruprüfung, ein Guruausbildungsnachweisheft und die Entlassung zurück in die normale Welt.

Im Rahmen des „Welten-Erschaffers" war es Aufgabe, einen historischen Markt zu erschaffen, in dem dann spezielle Begabungen der Teilnehmer (der zukünftigen Gurus) gezeigt werden sollten. Mit wenigen Stoffen, bunt gemischten Gegenständen aus einem Koffer und etwas Musik entstand ein kreatives Markttreiben. Die eingerichteten Welten waren u.a.:

▶ Der mobile Beichtstuhl
▶ Die Schenke
▶ Die Trickbetrüger
▶ Die Quacksalber
▶ Ein Zauberer mit einem Kunststück

Nachdem die Welten erschaffen sind, können diese gegenseitig bespielt und/oder präsentiert werden. Das geschieht in einem gemeinsamen Rundgang. Auch danach oder davor kann in den Welten weitergearbeitet werden. Hierbei gibt es zwei Varianten:

1. Die Teilnehmergruppen bleiben in ihrer eigenen, soeben geschaffenen Welt.
2. Die Teilnehmer wechseln die Gruppen und betreten damit eine andere, neue Welt, an und in der sie nun weiterarbeiten.

Varianten und Arbeitsaufgaben

Hier ein paar Beispiele für Arbeitsaufgaben in den Welten:

▶ In den Welten wird eine Geschichte erzählt.
▶ Die Teilnehmer präsentieren einen weiteren Inhalt/Aspekt etc.
▶ Sie müssen aus der jeweiligen Welt heraus Fragen beantworten.

Nach der gegenseitigen Präsentation geht die Methode dann zu Ende. Danach braucht es eine bewusste Pause, um wieder in die normale Welt zurückzukommen. An dieser Stelle lässt sich beispielsweise gut die Intervention „Insel" einbinden. Im Anschluss können auch noch folgende Fragen zur Reflexion erörtert werden:

▶ Wo ist meine/unsere Arbeit Routine, wo sind Gestaltungsspielräume?
▶ Was ändert sich, wenn ich in der Arbeit eine künstlerische Haltung einnehme?

Jeder ist ein Guru!

Das Format „Jeder ist ein Guru!"[168] bietet insbesondere längeren Trainingsprozessen einen genialen Rahmen, indem es die komplette Veranstaltung von der Vorinformation bis zur Nachbearbeitung – oder auch nur Sequenzen – unter ein gemeinsames Motto stellt. Ein Motto kann ein Thema vielfältig abbilden und Neugier stiften. Es ist verlockend, inspiriert, fördert tiefe Kreativität und schafft einzigartige Erinnerungen. Und vor allem bringt es die Menschen nah zueinander, weil über das Motto und die Auseinandersetzung damit Nähe und Touch-Momente entstehen. Was meinen Sie, was Ihre Teilnehmer (und/oder Sie selbst) alles produzieren werden?

Vereint unter einem Motto

Ist ein passendes Motto gefunden, entstehen daraus viele gute Assoziationen, die zu konkreten Ideen werden. Die Umsetzung des Mottos kann umfangreich, aber auch dezent erfolgen. Häufig bieten sich aktuelle Ereignisse oder regionale Besonderheiten als Motto an, wie:

▶ Fußball-WM oder -EM
▶ Olympiade
▶ Karneval
▶ Fastenzeit
▶ Ferien

Oder der Tagungsort liefert das Thema:

▶ Gipfeltreffen (da der Tagungsort in den Bergen liegt)
▶ auf die Reise gehen (der Tagungsort liegt am Hafen, am Bahnhof, an einem touristisch attraktiven Ort)

▶ auf der Messe (der Tagungsort liegt an einer Messe)
▶ Campus (der Tagungsort liegt in der Nähe einer bekannten Uni)

Vorgehensweise/Ablauf

Unser Beispiel, nach dem diese Intervention auch ihren Namen hat und welches viele Möglichkeiten der Abwandlung bietet, lautet: „Jeder ist ein Guru/eine Gurine!"

Die Teilnehmer hatten sich im Vorfeld einer Veranstaltung Koryphäen wie Friedemann Schulz von Thun gewünscht, was sich jedoch nicht realisieren ließ. Genau an dieser Stelle knüpften wir an und schufen den Rahmen für eine Methoden-Werkstatt mit dem Ziel, die Trainingsperlen der jeweiligen Teilnehmer hervorzuzaubern und auf diesem Weg die eigene Brillanz wahrzunehmen – ganz nach dem Motto: „Jeder ist ein Guru!"

Angelehnt an die Schritte der „Heldenreise" nach Joseph Campbell machten sich die Teilnehmer auf die Reise in ein unbekanntes Land. In diesem dramaturgisch inszenierten Rahmen trafen die Teilnehmer Mentoren, begegneten Widersachern und hatten immer wieder Prüfungen zu bestehen. Dabei wurde fortlaufend eine spannende Auswahl an Methoden zur Inhaltsvermittlung und -bearbeitung trainiert. Zudem wurden Teilnehmerpräsentationen zu eigenen Themen in den Prozess eingebunden und sorgten für einen intensiven Transfer. Es gab Elemente des Storytellings, Methoden aus der modernen Suggestopädie, dem Theater und dem Prozesslernen.

Foto: In zwei Tagen vom Trainer zum Guru werden!

Das Motto zog sich auf folgende Weise durch die Veranstaltung:

1. In der Einladung zur Veranstaltung wurde das Motto und eine erste Methodenauswahl vorgestellt.

2. In einem weiteren Vorab-Schreiben wurden den Teilnehmer detaillierte Infos speziell zu den Dingen mitgeteilt, die sie für die Veranstaltung mitbringen bzw. vorbereiten sollten:

„Liebe TeilnehmerInnen der Frühjahrsakademie.

„Jeder ist ein Guru! Und jede ist eine Gurine!" – unser Motto verspricht viel und wir möchten einiges miteinander tun. Es geht vor allem darum Ihre/Eure inneren Schätze zu heben, die eigene Kreativität zu packen und den kollegialen Austausch zu ermöglichen.

Wir bitten Sie im Vorfeld um einiges:

▶ Ein schlichtes, schwarzes Oberteil.
▶ Einen Hut oder eine andere Kopfbedeckung, die einem Guru oder einer Gurine gerecht wird.
▶ Interessante Kleidungsstücke (von grauselig bis wunder-hübsch).
▶ Eine Geschichte von einem Guru, die Sie interessant finden.
▶ Bringen Sie in Ihren Gedanken einen wirklichen Guru mit. Ein Guru, der für Sie etwas Besonderes ist, wie z.B. Schulz von Thun. Was ist das Besondere an ihm, womit wirkt er/sie, was zeichnet sie/ihn aus (große Hürde, Status, Habitus etc.)? Sofern Sie ein Foto, ein Buch oder gar etwas anderes von Ihrem Guru haben, bringen Sie es bitte mit.
▶ Ein *Goldstück* aus Ihrem Trainingsrepertoire, welches den anderen TeilnehmerInnen der Frühjahrsakademie vorgestellt werden möchte. Eine kurze Info, um was es sich handelt inklusive Zeitbedarf, Methodenart (z.B. Aktivierung, Feedback, Input, Präsentation etc.), bitten wir bis zum *Donnerstagmittag per E-Mail* an uns zu senden. Es wäre klasse, wenn die Methode nicht länger als 15 Min. dauert.
▶ Am Freitagabend wird es einen Markt geben. Bitte stöbern Sie dafür im eigenen Haushalt nach interessanten Gegenständen und bringen Sie diese mit. Getreu dem Motto „Alles, was verzaubert" können z.B. Stoffe, besondere Lampen, Zaubermaterial oder was auch immer dienlich sein.

Ganz wichtig ist uns Leichtigkeit! Jede Person bereitet sich so vor, wie es ihr selbst Freude macht."

3. Der Ablauf der zweitägigen Veranstaltung selbst:

▶ Begrüßung im Saal.

▶ **Auftakt mit dem Pilgerweg.** Vor dem Pilgerweg findet eine kurze Einführung in den Pilgerweg statt. Am Ende des Pilgerweges liegt ein Guru-Ausweis, den die Teilnehmer an sich nehmen. Darin sind Schritte der Guru-Ausbildung aufgeführt.

▶ **Zurück im Plenum.** Vorstellung der Inhalte der kommenden zwei Tage und der damit verbundenen Ausbildung. Vorstellung der Teilnehmer.

▶ **Methode Schaufenster.** Die Teilnehmer bekommen die Aufgabe, ihr Thema bzw. ihren Guru in einer Minute zu präsentieren.

▶ **Begegnung mit der roten Nase.** Wir führten eine 1,5-stündige Sequenz mit dem Ziel durch, die Teilnehmer mit der roten Nase (Clownsmaske) vertraut zu machen. Hierbei kam auch der Hut ins Spiel, den die Teilnehmer mitbringen sollten. Das Agieren als Clown war ebenfalls ein Baustein der Guruausbildung, denn aus dem eigenen Clown können wir eine Menge Humor und Mut für unsere Trainerrolle schöpfen. Zugleich bildeten die Postulate des Clowns eine sehr schöne Basis für entspanntes und emotional ausgerichtetes Trainieren.

Foto: Die Ausbildung zum Guru folgt einem klaren Plan.

▶ **„Weltenerschaffer".** Dieses Tool fand als Abendveranstaltung statt. Die Teilnehmer entwickelten einen historischen Markt, auf dem noch einmal spezielle Begabungen der Teilnehmer vorgestellt wurden. Der Rundgang über den Markt dauerte mehr als eine Stunde, weil vieles präsentiert wurde, darunter eine Schenke, ein Verkauf für Heilmittel, der Stand der Trickbetrüger und eine Wahrsagestube. Die Kreativität der Teilnehmer hatte Funken gesprüht, die bei diesem Rundgang spürbar waren. Und wir Trainer hatten Tränen in den Augen, weil wir so berührt davon waren, welche Tiefe, Kreativität und Schaffensfreude aus den Teilnehmern herausgesprudelt waren.

▶ **Sein Goldstück präsentieren.** Am zweiten Tag wurden morgens nach einer kurzen Startrunde die eigenen Goldstücke dargeboten. Jeder Teilnehmer präsentierte 5 bis 15 Minuten seinen ganz speziellen Input. Auch hierfür gab es einen Stempel im Guruausbildungsheft.

▶ **Trainerhaltung – Trainerpräsenz.** Auf Wunsch des Veranstalters führten wir eine Trainingssequenz mit einer neutralen Maske durch. Dabei ging es um die Körperhaltung jedes Trainers, die durch die neutrale Maske besonders sichtbar wurde. Wieder ein Stempel im Ausbildungsheft.

▶ **Modelling** (Methode aus dem NLP). Mit einem Arbeitspapier in der Hand wurden die Teilnehmer dazu angeleitet, sich mit „ihrem" Originalguru zu beschäftigen, um ein Stück weit etwas von ihm abzugucken. Dies geschah in Dyaden.

▶ **Abschluss mit der Guruprüfung.** Die Teilnehmer bekamen nach einem kleinen Fototermin ihren Guruausweis. Feedbackrunde, das Training ging zu Ende (schade!).

Nebenbei: Das Motto hatte eine in sich wunderbare Suggestion. Zuvor war der Gedanke da, sich einen Guru zu holen. Durch die Intervention wurden die Teilnehmer selbst zu Wissenden bzw. es kam zutage, was sie bereits an Wissen und Kompetenzen in sich trugen. Und das wiederum trug zu deren persönlicher Zufriedenheit und zum Stolz bei.

So füllen Sie das Motto mit Leben ... Hier wird deutlich, mit wie wenig Tools und Interventionen ein Motto lebendig werden kann. Möglichkeiten sind:

▶ Ein griffiger Slogan
▶ Spezielle Einladungen
▶ Kleidung und Kostüme
▶ Mitgebsel
▶ Aufgabenstellungen unter dem Motto
▶ Requisiten & Dekoration
▶ Essen und Trinken, welches sich auf das Motto bezieht
▶ Inszenierte Programmpunkte
▶ Musik!

Die Heldenreise

Auf die Heldenreise[169] gingen wir bereits an anderer Stelle in diesem Buch ausführlich ein, um Ihre/unsere eigene Entwicklung als Trainer zu reflektieren (siehe S. 253 ff.). Sie ist aber nicht nur ein Wegweiser für Krisen und Veränderungen im Leben, sie liefert auch einen wunderbaren roten Faden, der durch Prozesse führen kann – in der Arbeitswelt, in Unternehmen und eben in Trainings und Workshops. So lässt sich beispielsweise das Thema „Führen in schwierigen Zeiten" komplett interaktiv nach den Schritten der Heldenreise aufbauen und ermöglicht den Teilnehmern damit einen gänzlich neuen Zugang zu einem vielleicht schon sehr vertrauten Thema.

„Immer diese Veränderungen. Ich mag den Wolf Biermann, der sagte ja: „Nur wer sich ändert, bleibt sich treu.'"

Auch lässt sich der Heldenmythos hervorragend zur Dramaturgie von Veränderungen in Unternehmen nutzen. Der damit verbundene Prozess ist leicht zu erkennen, zu verstehen und aus einem tieferen Verständnis heraus auch besser zu optimieren. Unterschiedliche Rollen und Funktionen von Abläufen, Ereignissen und Prozessen können damit wahrgenommen und strukturiert werden. Daraus entsteht eine stabilisierende Struktur, die Vertiefung und erweiterte Handlungsspielräume möglich macht. So steigt bei Veränderungsprozessen die individuelle Kompetenz, auf den Prozess, in die Vergangenheit, das Jetzt und in die Zukunft zu blicken. Die Heldenreise greift dabei viele Stimmungen, Erlebnisse, Hürden, Erkenntnisse, Wagnisse und Wege auf, die jede Veränderung durchziehen.

Dramaturgie für Veränderungsprozesse in Unternehmen

„Die eigenen Heldenreisen – ob nun die gemeinsame des Unternehmens oder die individuelle eines Menschen – wird unterstützt durch Metaphern, Geschichten und innere Bilder. Diese Musterbildung, die mit analytischen, kreativen und digitalen Methoden arbeitet, reduziert die übliche Komplexität und Kompliziertheit. Im Zusammenspiel von Körper, Verstand und Gefühl lassen sich ‚heldische' Lern- und Handlungskompetenzen von Organisationen, Gruppen und Personen analysieren sowie ausbauen."[170]

Im Folgenden stellen wir die Möglichkeit vor, die Heldenreise nach Joseph Campbell als Veranstaltungsdramaturgie zu nutzen.

Mögliche Einsatzgebiete

▶ Mehrtägige Trainings, aber auch Tagesveranstaltungen und Workshops

▶ Symposien, Tagungen etc.

▶ Begleitung von Erneuerungs- und Veränderungsprozessen in Unternehmen

▶ Persönlichkeitsarbeit (Karriereplanung, Biografiearbeit, Visionssuche ...)

▶ Team- und Führungskräfteentwicklung einschließlich entsprechender Trainings

Vorbereitung

▶ Zielbestimmung der Veranstaltung

▶ Konzeptionserstellung für die Veranstaltung. Diese ist vom Kontext und der Inszenierungsform abhängig.

Dauer/Zeit

▶ Zeit: mindestens 1,5 Tage

Gruppen

▶ Die Gruppengröße ist variabel.

Vorgehensweise/Ablauf

Die Schritte der Heldenreise: Ihre Konzeptionsvorlage

Entlang der Schritte der Heldenreise (siehe auch S. 256 ff.) erstellen Sie das Konzept der Veranstaltung. Die einzelnen Schritte verlangen ihrerseits bestimmte Aufmerksamkeiten, bieten aber auch ganz unterschiedliche Handlungsoptionen und Interventionsmöglichkeiten. Doch sehen Sie selbst.

1. Akt: Die gewohnte Welt

Die Teilnehmer bringen aus ihrem Alltag gewohnte Verhaltensweisen, Rituale und Denkgewohnheiten mit. Alternativ stellen wir als Trainer bestimmte Aspekte daraus vor.

▶ **1. Szene: Der Ruf**
Der Held wird zum Aufbruch ins Abenteuer gerufen.

Dies geschieht natürlich über die Weckung des Teilnehmerbedürfnisses, an der Veranstaltung teilzunehmen, bzw. darüber, dass die Veranstaltung bekannt wird und die Menschen feststellen, dass sie dahin wollen. Sie rufen dazu auf, die Teilnehmer beschäftigen sich im Vorfeld mit der Veranstaltung, erfahren darüber, denken über eine Teilnahme nach.

Oder: Auf der Veranstaltung wird der Ruf verdeutlicht, beispielsweise durch die Vorstellung aktueller Erkenntnisse zum Thema XY. Diese machen deutlich, dass es Zeit ist zu handeln. Selbstverständlich können hier auch Austauschrunden stattfinden oder der Ruf wird szenisch umgesetzt (endlich kommt das alte Nebelhorn vom Dachboden wieder zum Einsatz).

▶ **2. Szene: Die Weigerung**
Der Held weigert sich, in die Fremde zu ziehen.

Einige der Teilnehmer haben Zweifel, ob es sinnvoll ist, zu Ihrer Veranstaltung zu kommen. Vielleicht gibt es auch verlockende Alternativen. Machen Sie deutlich, was das Besondere an Ihrer Veranstaltung ist, stellen Sie den Nutzen in den Vordergrund.

Oder: Es stellen sich die ersten Diskussionen im Sinne von Pro und Contra ein. Auf der Veranstaltung werden Einwände deutlich kommuniziert. Auch hier lebt das Format vom weiteren Input durch den Trainer.

▶ **3. Szene: Begegnung mit dem Mentor**
Ein Mentor tritt dem Helden zur Seite.

Auf der Kick-off-Veranstaltung treten Menschen auf, die als Mentoren wirken und agieren. Diese zerstreuen mögliche Bedenken der Teilnehmer. Vielleicht haben Sie selbst als Trainer eine Wirkung, die die Zweifel der Teilnehmer verpuffen lässt. Vielleicht taucht auch im persönlichen Alltag der zukünftigen Teilnehmer ein Mensch auf, der vorab motiviert: „Hey, da solltest Du hingehen, das ist genau das Richtige für Dich!"

Oder: Auf der Veranstaltung agieren die Teilnehmer miteinander, sie finden sich gegenseitig als Mentoren. Auch kann der Trainer hier klassische Mentoren vorstellen oder sie als periphere Bilder oder Hinweise aufführen. Vielleicht ist es an dieser Stelle auch hilfreich, mit dem Modell des inneren Teams zu arbeiten und die Anteile zu betrachten, die uns sagen, dass jetzt der richtige Zeitpunkt ist, dem Ruf zu folgen.

▶ **4. Szene: Überschreiten der 1. Schwelle**
Der Held überwindet den Schwellenhüter.

Nutzen Sie Rituale. An dieser Stelle kann ein Ritus durchgeführt werden. Nach der Bereitschaft der Teilnehmer, sich auf die Auseinandersetzung mit dem Thema einzulassen, wird gemeinsam die Schwelle „ins Neuland" überschritten. Dies kann das bewusste Überschreiten einer Linie wie eines dicken Seils oder eines Holzbalkens sein, die die bekannte von der unbekannten Welt trennen. Auch bieten sich vielfältige Outdooraktivitäten an, bei denen eine Schwelle (Graben, Bach etc.) überwunden werden muss.

Schwellenhüter sind häufig auch die eigenen Ängste der Teilnehmer. Diese können gemeinsam besprochen werden (was ist die gute Absicht der Angst – wovor schützt sie? Was ist die tiefe Angst dahinter etc.), um sie nutzbar zu machen. An dieser Stelle können auch Rituale zum Einsatz kommen, wie beispielsweise das Verbrennen oder Begraben alter Gewohnheiten/Ängste in einem symbolischen Akt.

2. Akt: Im Land der Abenteuer

Nun wird es spannend, das Land der Abenteuer ist betreten. Neues und Unbekanntes wartet auf die Teilnehmer. Hier können Ideen, Konzepte, Projekte oder Aktionen neuer, aktueller Art vorgestellt werden, wie etwa neueste Forschungsergebnisse. Hier bietet sich alles an, was die Teilnehmer aus ihrem gewohnten Umfeld und ihren gewohnten Denkbahnen herausreißt – und dies dann auch möglichst durch eigene Aktion.

▶ **1. Szene: Der Weg der Prüfungen**
Der Held besteht Gefahren und besiegt Gegner.

Hier können tatsächlich Prüfungen und Aufgaben gestellt werden, die die Teilnehmer durch ihren ungewohnten/unbekannten Kontext besonders herausfordern und sie mit sich selbst konfrontieren.

Auf vorhandene Kompetenzen aufbauen ... Wichtig dabei: Die Teilnehmer sollten ihr altes Wissen und ihre bisherigen Kompetenzen auch in der unbekannten Aufgabenstellung einbringen und nutzen können, um dadurch ein Stück weit über sich hinauszuwachsen und Selbstvertrauen zu gewinnen. Regen Sie die Teilnehmer an, sich untereinander auszutauschen, damit ein aktuelles Feld neuer Ideen und Fragen entsteht.

▶ 2. Szene: Die entscheidende Prüfung
Der Held stellt sich dem entscheidenden Kampf.

Was im Film der Kampf mit dem Drachen ist, ist in Ihrer Veranstaltung die besondere Herausforderung: Auch hier bietet sich natürlich eine knifflige Outdooraktivität an oder eine sehr persönliche Arbeit, bei der die Teilnehmer stark mit sich selbst konfrontiert werden. Vielleicht ist es auch „nur" eine ganz besondere Teilnehmerpräsentation oder eine persönliche freie Rede an die übrigen Teilnehmer, die nicht ganz leicht fällt.

... und neue Kompetenzen fördern und bewusst machen.

Oder: Die Teilnehmer präsentieren Ergebnisse ihrer Projektarbeiten und berichten von den entscheidenden Kämpfen, die damit verbunden waren.

▶ 3. Szene: Die Belohnung
Der Held hat seine Aufgabe erreicht und wird mit dem Elixier belohnt.

„Vergessen Sie nicht: Essen und Trinken hält Leib und Seele zusammen, gerade bei längeren Unternehmungen."

Der Begriff Elixier verspricht natürlich viel – und kann beispielsweise im Rahmen einer feierlichen Abendveranstaltung eingenommen werden. Der Begriff Elixier steht für den Gewinn, der nicht nur materieller Güte ist, sondern auch tiefe Erkenntnisse in sich birgt. So können sich die Teilnehmer während der Einnahme (bzw. der feierlichen Entgegennahme) des Elixiers über ihre „Heldentaten" noch einmal gegenseitig loben und auf die Schulter klopfen. Es ist zudem ein guter Anlass, auch die Erkenntnisse anderer Projekte (oder Teams, Gruppen, Unternehmen etc.) hervorzuheben und vorzustellen.

Die gemeinsame Siegesfeier (früher um das erlegte Mammut, jetzt anlässlich der bestandenen Prüfung) ist ein kostbarer Moment für ein inspirierendes Ritual – und ein echter Touch-Moment!

3. Akt: Die Rückkehr

Jetzt richtet sich der Blick „zurück in den Alltag". An dieser Stelle können Best-Practice-Beispiele vorgestellt oder auch Gesprächsrunden zum Thema Transfer in den (Berufs-)Alltag durchgeführt werden. Geeignet sind zudem inspirierende Aktivitäten, die die tiefere Kreativität der Teilnehmer anregen, sodass diese Kraft und Selbstvertrauen für die Rückkehr in ihre vertraute Welt sammeln können.

▶ **1. Szene: Der Weg zurück**
  Der Held tritt mit dem Schatz den schwierigen Rückweg an.

Mit dem Blick gen „Heimat" gerichtet, muss der Teilnehmer seine Erkenntnisse und sein neues Wissen in sich verankern, um es über die Schwelle zu bringen. Dazu helfen Transfergespräche und Erkenntnisverankerungen, die im Rahmen von Fantasiereisen, Trancearbeit, Feedbackrunden, Reflexionsaufgaben oder Spaziergängen in der Natur geschehen können.

Zur Anregung können auch hier Best-Practice-Beispiele vorgestellt werden, um zu verdeutlichen, wie andere neu erlangtes Wissen in Taten umgesetzt haben. Hier sollten zudem Möglichkeiten zum Netzwerken angeboten werden.

▶ **2. Szene: Die Rückkehr über die Schwelle**
  Der Held bringt den Schatz sicher nach Hause.

Jetzt findet die Verabschiedung statt, die Teilnehmer gehen nach Hause. Ein Abschiedsritual verstärkt den Prozess des Abschieds, des Lossagens von der Veranstaltung. Ein nächstes, in Aussicht gestelltes Follow-up o. Ä. erleichtert das Nach-Hause-Gehen.

▶ **3. Szene: Die Schlüssel zum Neuen**
  Der Held hat mit dem Schatz sich und seine Umgebung verändert.

Nun sind die Teilnehmer wieder in ihrem Alltag angelangt. Zur Transfersicherung bieten sich hier Nachschriften, Dokumentationen, Fotoprotokolle etc. an – und alles, was als „greifbare Erinnerung" an die Veranstaltung im Gedächtnis bleibt.

Das Thema Heldenreise als konzeptionelle Grundlage von Weiterbildungsmaßnahmen bietet eine unbegrenzte Fülle an Möglichkeiten, inspirierende Impulse für nachhaltiges Lernen zu realisieren und zugleich tiefe und schöne Touch-Momente zu schaffen. Ihrer eigenen Kreativität und Inspiration sind dabei keine Grenzen gesetzt.

Die Expertenrunde

Die „Expertenrunde"[171] ist eine sehr kostbare und inspirierende Intervention, um die Vielfalt unterschiedlicher Positionen und Wahrnehmungen zu einem Thema oder Anliegen ins Training zu holen.

Der Begriff Experte ist dabei durchaus wörtlich zu verstehen. So meinen wir nicht primär den Experten, der es wirklich – z.B. in einem Fachgebiet – ist, sondern denjenigen, der aus einem ganz anderen Kontext, aus einer ganz anderen Lebenssituation heraus seine Sicht zu einem Thema kundtut. Es geht darum, den Blick und den Gedankenraum zu erweitern und so typische Denk- und Verhaltensmuster zu durchbrechen. Dabei ist in der „Expertenrunde" Vielfalt gefragt, sodass auch entsprechend viele Aspekte zu einem Thema beleuchtet und gehört werden.

Den Blickwinkel erweitern

Von der Vorgehensweise erinnert die „Expertenrunde" an die Fishbowl-Methode. „Bei der Fishbowl-Methode (auch Innen-/Außenkreis-Methode) diskutiert eine kleine Gruppe von Teilnehmern des Plenums im Innenkreis (im „Goldfisch-Glas") exemplarisch die Thematik, während die übrigen Teilnehmer in einem Außenkreis die Diskussion beobachten. Möchte ein Teilnehmer aus dem Außenkreis etwas zur Diskussion beitragen, kann er mit einem Mitglied des Innenkreises die Plätze tauschen."[172] Bei der „Expertenrunde" verhält es sich genau andersherum: Die Teilnehmer sitzen im Innenkreis und die Experten stehen außenherum.

Fishbowl-Methode einmal andersrum

Mögliche Einsatzgebiete

▶ Alle Trainings. Größere Veranstaltungen wie Tagungen oder Kongresse oder auch kleine, intime Gruppen. Es sollten aber mindestens 12 Teilnehmer sein.

Vorbereitung

▶ Einen Stuhlkreis im Raum sowie in der Mitte ggf. ein Symbol passend zum Thema platzieren.

▶ Außen um den Stuhlkreis herum Positionen schaffen, wo die Experten stehen. Anstelle der üblichen Prominenten bieten sich eher Alltagshelden oder ganz normale Menschen sowie Menschen aus ganz anderen Kontexten an (siehe unten).

▶ Namensschilder erstellen, ggf. auch mit entsprechenden Symbolen versehen, um die Positionen und deren Experten zu markieren.

Dauer/Zeit

▶ Je Durchlauf 5 bis 10 Minuten. Erfahrungsgemäß sind drei bis vier Durchgänge sinnvoll, das kann aber je nach Thema und Situation variiert werden.

Gruppen

▶ Je Durchgang zwischen 4 bis 6 Experten benennen, alle anderen Teilnehmer sitzen im Stuhlkreis.

Vorgehensweise/Ablauf

Keine Scheu vor "Alltagsexperten"

Sie wählen eine zum Thema des Trainings passende Fragestellung oder These, um das Thema einzugrenzen. Nun stehen Sie vor der Aufgabe, sich passende Experten auszuwählen. Neben den bereits erwähnten „Alltagsexperten" bieten sich immer auch Personen an, die mit Thema oder Kontext „nun gar nichts zu tun haben". Dies hat den Vorteil, dass ihre Statements unvoreingenommen und wirklich ungewöhnlich sind.

Hier ein Beispiel: Als Experten zur These bzw. zum Glaubenssatz „Ich muss immer perfekt sein" (oder: „Ich muss immer alles richtig machen und Vorbild sein", „Ich darf keine Gefühle zeigen") werden benannt:

▶ Stefan, 4 Jahre, Deutschland (die Freiheit und Unbedarftheit eines Kindes)

▶ Maggy, 22 Jahre, Auckland/Neuseeland (am anderen Ende der Welt, Naturparadies, junger Mensch mit Aufbruchstimmung und Elan)

▶ Pippi Langstrumpf (mit ihrem Lebensmotto „Ich mach die Welt, wie sie mir gefällt" bringt sie immer wieder wertvolle Impulse, zumal sie für viele Menschen ein sehr wichtige Mentorin in der Kindheit war)

▶ Fischer in Fukushima (oder eine Person mit einem anderen aktuellen Hintergrund. Gibt dem Thema – speziell im fokussierten Seminarkontext – einen aktuellen Bezug zur Gegenwart und spricht auf der emotionalen Ebene an, da derartige Ereignisse die Teilnehmer sowieso betroffen machen und gedanklich beschäftigen)

▶ Jose, 45 Jahre, 4 Kinder, Peru, Schuhputzer (auch hier bewusst ein Mensch aus einem ganz anderen Kulturkreis, der seiner Arbeit einen ganz anderen Stellenwert beimisst)

▶ Ein indianischer Häuptling, Kanada (mit dieser Position holen wir die Weisheit und Intuition der Naturvölker in die Runde)

▶ Meine Großmutter (diese Position steht tatsächlich für die eigene Großmutter oder den Großvater. Die viel zitierte Altersweisheit bekommt damit einen persönlichen Bezug)

„Diese Sache mit den verschiedenen Experten hat schon was. Es ist immer wieder verblüffend, was unterschiedliche Perspektiven verdeutlichen."

Dies ist natürlich nur eine ganz persönliche Auswahl. Wählen Sie sich selbst die Experten aus, von denen Sie glauben, dass sie eine ungewöhnliche bzw. ganz eigene Perspektive in das Thema einbringen können. Und bedenken Sie: Es ist allemal erfrischender, wenn sich eine alte Ureinwohnerin von den Fidschi-Inseln zum Thema Burnout äußert als einer der sattsam bekannten Experten aus den üblichen Talkshows.

Nachdem Sie sich für Ihre Experten entschieden haben, schreiben Sie diese auf Karten und verteilen sie außerhalb des Stuhlkreises im Raum. Erläutern Sie die Expertenpositionen in ein oder zwei Sätzen kurz und knapp, ebenso das Thema der Expertenrunde, sofern dies noch nicht bekannt ist. Achten Sie auf eine prägnante Formulierung des Themas. Je griffiger es ist und je näher es am Alltag der Teilnehmer andockt, desto besser kommt die Diskussion in Gang und desto größer ist der erzielte Effekt.

Formulieren Sie das Diskussionsthema prägnant und knackig.

Ist alles geklärt, geht es los. Die Teilnehmer sitzen im Stuhlkreis, Sie als Trainer eröffnen die erste Runde und laden die Teilnehmer ein, die außen liegenden Positionen der Experten einzunehmen.

Sobald diese besetzt sind, können Sie den Teilnehmern noch eine Minute Zeit geben, damit sie sich auf die Position und die innere Haltung des jeweiligen Experten einschwingen können.

Nun starten Sie die Diskussion mit der These bzw. dem Thema. Hier noch ein paar Beispiele:

▶ Was denken … die Experten … über den Satz: „Wer führt, muss sich selbst führen können!"
▶ Was denken … die Experten … über Menschen, die glauben, dass das, was sie tun, nicht genug ist?
▶ Welchen Rat geben Sie als Experte jemandem, der denkt „Mir wird alles zu viel?" oder „Ich habe Angst, Nein zu sagen".

Nun sprechen die Teilnehmer aus der jeweiligen Rolle heraus ihre Gedanken aus. Das geschieht ohne bewusste Reihenfolge und ergibt sich meist ganz von selbst. Nachdem alle zu Wort gekommen sind (Achtung, auf Nachzügler achten!), beenden Sie die Runde. Währenddessen bleiben die übrigen Teilnehmer ruhig sitzen und hören einfach zu. Für die nächste Runde wechseln die Experten und mit ihnen auch die möglichen Schwerpunkte bzw. Perspektiven der Runden. Beispiele:

Wechseln Sie die Perspektive des Themas.

1. Was denkt der Experte über den besagten Glaubenssatz?
2. Was denkt der Experte über Menschen, die diesen Glaubenssatz haben?
3. Welchen Rat gibt der Experte diesen Menschen?

Variante: Innenkreis

Bei dieser Variante sitzen die Experten in der Mitte des großen Stuhlkreises und diskutieren länger miteinander. Dazu haben sie einen eigenen kleinen Stuhlkreis und es gibt einen Moderator, der durch das Gespräch führt. Dabei ist es auch möglich, dass ein Platz für Teilnehmer aus dem Außenkreis frei bleibt, die sich z.B. für einen Moment auf den Stuhl setzen und Fragen stellen oder einen Gedanken einbringen.

Quelle: Diese Methode haben wir anlässlich eines Führungskräftetrainings entwickelt.

Sandra Masemann, Barbara Messer: Touch it

Der Pilgerweg

Diese Methode[173] lebt von der variantenreichen Inszenierung und greift das Wesen des Pilgerns auf: Man legt einen gemeinsamen Weg zurück, auf dem Eindrücke gesammelt werden und eine Art von persönlicher Einkehr stattfindet. Der Weg wird ganz bewusst inszeniert, indem etwas dargestellt wird, z.B. über Pinnwände mit Infos, oder auch etwas geschehen kann, wie etwa ein Stimm- oder Wortteppich, der gesprochen wird, während die Teilnehmer den Pilgerweg durchlaufen. Dabei setzen sie sich multisensorisch mit dem Thema, der Botschaft oder dem Motto des Pilgerwegs auseinander.

Kreieren Sie den Pilgerweg multisenorisch.

Diese Methode ist aufwendiger und passt daher gut zu längeren oder größeren Veranstaltungen. Wir finden jedoch, dass sich der Einsatz immer lohnt und für besondere Touch-Momente gut ist. Hinsichtlich seiner Gestaltung setzen dem Pilgerweg nur Ihre Kreativität und Ihr Einfallsreichtum Grenzen.

Mögliche Einsatzgebiete

▶ Trainings zu persönlichen Themen
▶ Kongresse, Tagungen etc.
▶ Veranstaltungen eines Unternehmens, eines Vereins, einer Gruppe etc.

Vorbereitung

▶ Es braucht Raum für den Weg. Gut geeignet sind z.B. längere Flure in Tagungshotels oder ein in einem Saal abgetrennter Bezirk. Der Pilgerweg kann auch direkt vor dem Veranstaltungsgebäude liegen oder sogar in der Natur, etwa in der Grünanlage des Seminarhotels.
▶ Mindestens 8 bis 10 Moderationswände, andere mobile Wände gehen auch.
▶ Große Stoffbahnen, um Zwischenräume zu füllen.
▶ Materialien, die zu dem passen, was Sie verdeutlichen möchten. Das kann etwas aus dem Unternehmen sein, aus der Natur oder aus Ihrem persönlichen Materialfundus.
▶ Textliche Informationen, die Sie auch auf den Pinnwänden vermitteln möchten, sowie Bilder, Fotos, sonstige Schriftstücke etc.
▶ Eventuell musikalische Untermalung für den Weg ...
▶ ... sowie alles, was zu Ihrer Variante des Pilgerweges passt.

Dauer/Zeit

Die Vorbereitung ist intensiv und dauert mehrere Stunden. Die Durchlaufzeit durch den Pilgerweg hängt von der Länge des Weges ab. Rechnen Sie mit 2 bis 5 Minuten pro Teilnehmer.

Gruppen

Zwei bis acht Akteure, abhängig von der Inszenierungsform. Die Besucherzahl des Pilgerweges ist nach oben offen. Damit es nicht zu lange dauert, sollten es jedoch nicht mehr als 100 sein, denn jeder Teilnehmer braucht seine Zeit, um durch den Pilgerweg zu gehen. Es soll ja auch bewusst innegehalten, beobachtet und erlebt werden.

Vorgehensweise/Ablauf

Ideen zur Ausgestaltung

Sie brauchen eine Idee, wie Sie den Weg füllen. Hier ein paar Ideen zur Anregung:

▶ Sie bestücken die Pinnwände mit Hinweisen zum Thema. Das können Bilder sein, wesentliche Aussagen und Thesen (z.B. Zitate, Protokolle, Interviewergebnisse etc.), passende Metaphern, die Sie an den Pinnwänden befestigen.
▶ Sie brauchen kleine Symbole oder Ereignisse, die Sie auf dem Weg aufstellen: ein Krug mit Wasser, trockenes Brot auf einem Stein, ein kleiner Brunnen, ein Materialhaufen, der zum Unternehmen passt (z.B. ein Aktenberg, der für die zu bewältigenden Informationsfluten steht, die heißen Drähte des Callcenters, die „heiligen Kühe" des Unternehmens etc.). Diese werden dann auf dem Weg aufgestellt.
▶ Wenn Sie mit einer Stimm- oder Wortcollage arbeiten möchten, brauchen Sie Textstücke und Aussagen sowie Sprecher, die diese zitieren.
▶ „Spezialeffekte" wie z.B. Nebel, Düfte, Geräusche.
▶ Spezielle Ausrüstungsgegenstände, wie z.B. ein Bergseil mit Bauchgurt und Karabinerhaken, an dem sich alle einhaken müssen, wenn sie durch den Pilgerweg gehen. Dies kann eine starke Metapher sein: „Wir lassen Euch nicht hängen."
▶ Kostüme (mit Bezug zum Thema) für die Gestalter und Akteure des Pilgerweges, die an dessen Inszenierung beteiligt sind.

Gestaltung des Wegs

Kreieren Sie mit den diversen Materialen einen schlauchartigen Weg. Dazu bieten sich die Pinnwände und große Stoffbahnen an. Der Durchgang sollte ungefähr 1,5 Meter breit sein, sonst wird es für die später entlanglaufenden Teilnehmer eng. Genügend Material vorausgesetzt, kann Ihr Pilgerweg gut Strecken von 10 bis 20 Metern (oder auch länger) füllen. Der Weg kann gerade, aber auch verschlungen verlaufen. Letzteres hat den Vorteil, dass Sie einen Teil der Pinnwände beidseitig verwenden können.

Richten Sie den Weg erst „trocken" ein. Stellen Sie dafür zunächst den Korridor mit den Wänden und füllen Sie diesen dann aus, indem Sie die Pinnwände gestalten sowie die Materialien in und an den Weg legen.

Wenn die Teilnehmer später durch den Pilgerweg gehen, kann es sehr reiz- und eindrucksvoll sein, wenn sie dabei etwas hören. Um das zu erreichen, können Sie natürlich Musik verwenden oder auch Geräusche, die „vom Band" kommen.

Fotos: Am Ende des Pilgerwegs lockt das Elixier ...

Oder Sie arbeiten mit einer Stimmcollage. Dazu braucht es ausgewählte Wörter oder Textpassagen, die von Sprechern, die verdeckt hinter den Wänden stehen, monoton oder besonders betont gesprochen werden. Auch diese Sprecher können sich abwechseln und/oder ihre Position ändern, sodass die Stimmen den „Pilgern" immer wieder an unterschiedlicher Stelle begegnen. Achten Sie bei dieser Stimm- oder Wortcollage allerdings darauf, dass sie nicht überladen ist. Die Inhalte müssen von den Teilnehmern noch verstanden werden. Zitiert werden können z.B. Auszüge aus Interviews oder Passagen des Leitbilds, welches anschließend vorgestellt werden soll. Hier sind den Inszenierungsmöglichkeiten ebenfalls keine Grenzen gesetzt.

Auch das Ende des Pilgerwegs können Sie bewusst gestalten. Dort kann z.B. ein Pilgerbuch liegen, in dem die Teilnehmer, die gerade herauskommen, ihre Eindrücke spontan aufschreiben können. Oder sie erhalten einen Ausweis, einen Trank oder Ähnliches.

Durchführung

Idealer Auftakt für Arbeitstreffen

Ist der Pilgerweg fertig vorbereitet, geht es los. Die Teilnehmer stehen erwartungsvoll davor und gehen dann einzeln durch den Weg. Dafür benötigen sie in der Regel 2 bis 5 Minuten pro Person. Persönlich gestalten wir das Ende gerne als bewusstes Überschreiten einer Schwelle. Da die Teilnehmer meist recht verzückt und beeindruckt aus dem Pilgerweg herauskommen, ist es gut, einen bewussten Übergang zu haben. Im Anschluss kann dann ganz „normal" weitergearbeitet werden. Von daher ist der Pilgerweg ein toller Auftakt für ein Arbeitstreffen.

Natürlich kann der Pilgerweg während der Veranstaltung aufgebaut bleiben oder zum Ende noch einmal begangen werden. Auch lassen sich noch weitere Veränderungen oder Ergänzungen vornehmen, wie etwa die Integration neuer Ergebnisse und Erkenntnisse.

Die Idee zum Pilgerweg entstand anlässlich des Tachelesgipfels der Deutschen Gesellschaft für Suggestopädisches Lernen (www.dgsl. de) im Jahr 2010. Dort galt es, die Ergebnisse einer Mitgliederbefragung und neue Aktionen des Verbandes im Rahmen der Tagung den Mitgliedern zu präsentieren. Seitdem nutzen wir den Pilgerweg regelmäßig als Auftakt für Veranstaltungen, die über mehr als einen Tag gehen. Auch bei der beschriebenen Intervention „Jeder ist ein Guru" stellt der Pilgerweg den Auftakt dar.

Sleeping together

„Sleeping together"[174] ist anders, fällt aus dem Rahmen, sorgt für neue und tiefe Erlebnisse und Begegnungen: komplett raus aus dem Trainingstrott, weg vom Flipchart und den anderen üblichen Utensilien des Seminarraums.

Sleeping together knüpft an unsere archaischen Bedürfnisse nach Gemeinsamkeit und Verbundenheit an. Der Name der Methode ist dabei Programm: Die Teilnehmer schlafen gemeinsam – und das möglichst unter freiem Himmel. Und wenn sie nicht gemeinsam schlafen, verbringen sie zumindest einige Abend- oder Nachtstunden zusammen – das ist die abgeschwächte und leicht umzusetzende Variante.

Erinnern Sie sich? Als Kinder war es für uns ganz normal, wenn wir abends in unserem Zimmer im Bett lagen und die Tür einen Spalt weit offen ließen, um die Familie noch zu hören. Dadurch fühlten wir Geborgenheit. Als Jugendliche mochten wir es dann, bei Freunden zu übernachten und davor gemeinsam Rockpalastnächte zu gucken. Wer bei den Pfadfindern war, weiß erst recht, wovon wir sprechen. Die geheimnisvolle Stimmung in den Jurten war einmalig.

Trauen Sie sich also, Varianten von „Sleeping together" in Ihr Repertoire aufzunehmen. Es ist – auch als Erwachsener – ein besonderes Erlebnis, Zeit auf diese Art und Weise miteinander zu teilen. „Sleeping together" kann in vielen Trainings Platz haben, am besten natürlich bei mehrtägigen Veranstaltungen oder in Trainingsreihen.

Vorbereitung

▶ Erlaubnis der Teilnehmer einholen
▶ Platz für die gemeinsame Übernachtung finden (drinnen oder – besser – draußen)
▶ Verpflegung organisieren (im Sinne der Methode am besten unter den Teilnehmern selbst)
▶ Erreichbarkeit klären, wenn Sie draußen nächtigen
▶ Kleine Aktionen, die das Event begleiten, wie z.B. das Storytelling-Format „Am Tisch" (siehe S. 313 ff.)

Vorgehensweise/Ablauf

Nachdem Sie sich für dieses Ereignis entschieden haben, bestimmen Sie den Umfang. Wollen Sie den Teilnehmern die Möglichkeit geben, eine ganze Nacht gemeinsam zu verbringen oder ist es nur zu einigen Stunden möglich (z.B. am Abend gemeinsam an einem Lager zusammensitzen oder sich bereits am sehr frühen Morgen treffen und die Nachtgedanken mit in den Tag nehmen)?

Varianten

▶ **Draußen schlafen:** Wagen Sie es ruhig, nutzen Sie laue Sommernächte, um mit den Teilnehmern draußen zu schlafen. In Zelten oder noch besser: unter freiem Himmel um eine Feuerstelle herum.

Laden Sie zu Abendritualen ein:
- Gespräche um die Feuerstelle herum führen,
- (gemeinsame oder persönliche) Geschichten erzählen
- Lieder singen
- von Geheimnissen berichten
- ein leckeres Buffet genießen
- eine kleine Schnitzeljagd erleben
- die Sterne deuten und über die Weite des Himmels philosophieren.

Es ist besonders schön, wenn alle mit den Köpfen gemeinsam zur Mitte schlafen. Bei allen Übernachtungsvarianten ist es von besonderer Bedeutung, sich am Morgen, noch in die Decke gehüllt oder im Schlafsack eingekuschelt, die Träume der Nacht zu erzählen (natürlich nur freiwillig!). Denn die Träume sind nach einer solchen Nacht oft sehr speziell.

▶ **Drinnen schlafen:** Natürlich können Sie auch mit allen zusammen in einem großen Raum schlafen. Auch dort passt ein Picknick hin, eine schön gestaltete Mitte des Raums dient als Lagerfeuerersatz. Effekte wie Licht und Musik lassen sich ebenfalls einbinden. Schaffen Sie eine Atmosphäre, die einfach schön, geborgen und behaglich ist, sodass sie den Teilnehmern in Erinnerung bleibt.

▶ **Stunden um die Nachtzeit herum verbringen:** Ist es Ihnen nicht möglich, mit den Teilnehmern die gesamte Nacht zu verbringen, oder möchten Sie dies aus bestimmten Gründen nicht, dann kreieren Sie einige gemeinsame nächtliche Stunden.

Ein Matratzenlager mit vielen Kissen und gemütlichen Ecken zum Sitzen oder „Lümmeln" birgt auch schon viel in sich. Die Zeit bis Mitternacht oder darüber hinaus lädt zu inspirierenden Momenten ein. Auch hier haben Geschichten, Träume, Visionen oder Aktionen Platz. Manche Tagungshäuser haben hierfür besonders schöne Räume, die Sie als gemeinsame Rückzugsmöglichkeit nutzen können.

Und: Unterschätzen Sie nicht die gemeinsamen Zusammenkünfte in den sehr frühen Morgenstunden. Dort lässt es sich für Frühaufsteher gut philosophieren.

▶ **Einfach abends draußen sein:** Und wenn das alles nicht möglich ist, dann schaffen Sie einen Abend am Lagerfeuer: mit Geschichten, Dialogrunden, Liedern. Vielleicht hat sogar noch jemand eine Gitarre dabei und begleitet Sie beim Singen.

Quelle: „Sleeping together" haben wir in diversen Varianten und Settings durchgeführt und sind immer wieder von der Tiefe der Begegnungen erfüllt.

Am Tisch

Die Methode „Am Tisch"[175] lässt sich in einen Satz zusammenfassen: Nach einer kleinen Vorgabe schreibt jeder eine ganz einfache Geschichte – impulsiv und spontan –, ganz gleich, wie lang oder kurz diese ausfällt.

Auch „Am Tisch" liefert magische Momente, welche sich durch tiefe persönliche Erkenntnisse und Einsichten der Teilnehmer – bisweilen überraschend – einstellen. Sie erfahren, wie leicht Geschichten entstehen und wie viel sie mit uns persönlich zu tun haben. Da tauchen z.B. persönliche Sehnsüchte, Befürchtungen oder andere Impulse aus dem Unterbewusstsein auf. Dies ist einer der besonderen Touch-Momente, ein weiterer kommt hinzu, wenn die Geschichten miteinander geteilt werden. Neben vielen anderen Emotionen sind hier Ehrfurcht und Empathie stark wahrzunehmen.

Foto: Sorgen Sie für eine Atmosphäre, die zum Schreiben einlädt.

Wir führen diese Übung oft in einer ganz besonderen Atmosphäre – außerhalb des klassischen Trainingssettings – durch. Dabei entsteht der Genuss der geheimnisvollen Stimmung, angefüllt mit Kreativität und Mut, das Geschriebene preiszugeben.

Mögliche Einsatzgebiete

▶ Storytelling
▶ Trainings im Bereich Unternehmenskultur
▶ Führungskräftetraining, Teamentwicklung
▶ Ausgewählte Fach- und Verhaltenstrainings
▶ Förderung der Kreativität
▶ Persönlichkeitsentwicklung
▶ Train-the-Trainer-Veranstaltungen
▶ Als Nebenbei-Effekt auf Tagungen und Kongressen

Vorbereitung

▶ Wichtigste Voraussetzung: ein langer Tisch, an dem alle Teilneh-mer gemeinsam Platz haben. Dieser sollte freigeräumt sein.
▶ Der Raum kann natürlich auch atmosphärisch besonders herge-richtet werden, z.B. mit Kerzenständern, Hintergrundmusik etc. Oder auch bewusst puristisch gehalten werden.
▶ Schreibzeug (auf schönes Papier und einen guten Stift achten!).
▶ Vorbereitete kleine Zettel mit Angaben wie:
    – Name einer unbekannten Person, eines Ort etc. (fiktive Na-men, alltägliche, bekannte Orte). Je Angabe ein Zettel.
    – Ein erster Satz (siehe Beispiele weiter unten).
    – Eine Bildpostkarte oder ein Gegenstand zur Inspiration (für alle Teilnehmer gemeinsam oder für jeden Einzelnen).

Dauer/Zeit

Normalerweise dauert „Am Tisch" eine bis eineinhalb Stunden. Wenn alle Geschichten vorgelesen werden und es viele Teilnehmer sind, kann es entsprechend länger dauern.

Durchführung/Vorgehensweise

Der Trainer hat Geschichtenanfänge, Gegenstände, Namen oder Bildpostkarten (oder etwas ganz anderes) vorbereitet und legt diese auf die Tischmitte.

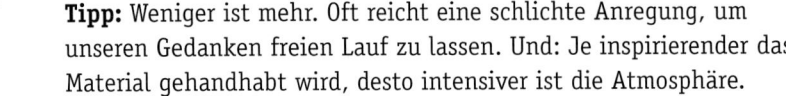

Tipp: Weniger ist mehr. Oft reicht eine schlichte Anregung, um unseren Gedanken freien Lauf zu lassen. Und: Je inspirierender das Material gehandhabt wird, desto intensiver ist die Atmosphäre.

Nachdem die Teilnehmer die Zettel mit dem Namen und dem Ort (oder je nach Variante das Bild oder den Gegenstand) bekommen haben, fangen sie gemeinsam an, jeder für sich eine Geschichte zu schreiben. Während des Schreibens bleiben alle zusammen am Tisch sitzen. Jede Person konzentriert sich auf sich selbst und genießt dabei die gemeinsame Schreibenergie. Sobald alle fertig sind (30 bis 45 Minuten sind erfahrungsgemäß ein guter Zeitrahmen), können die Geschichten vorgelesen werden.

Gibt es Teilnehmer, die ihre Geschichte nicht selbst vorlesen wollen, können auch wir als Trainer das übernehmen (Zustimmung des Teilnehmers natürlich vorausgesetzt). Es müssen auch nicht alle Geschichten vorgelesen werden.

Unsere Erfahrung mit dieser Methoden: In jeder Geschichte stecken tiefere Ideen, Bedürfnisse, Werte, die uns leiten, sowie Dinge, die wir mögen und schätzen oder verachten. Schließlich sind die einfach drauflosgeschriebenen Geschichten in unseren Köpfen entstanden und unser Unterbewusstsein mischt stark dabei mit. Sie können die Teilnehmer darüber reden lassen, welche Werte, Wünsche und Erkenntnisse in den Geschichten von Bedeutung waren.

Den Impuls zu dieser Methode verdanken wir der Erfolgsautorin Karen-Susan Fessel im Rahmen eines von ihr geleiteten Schreibseminars. Sie arbeitete dort mit der Variante der Bildpostkarte. Seitdem entwickelten wir unterschiedliche Versionen. Hier einige Beispiele für Geschichtenanfänge:

Beispiele für Geschichtenanfänge

- ▶ Es war wie jeden Tag: Mit müden Augen putzte Madeleine ihre Zähne, zog ihre Schuhe an und …
- ▶ Die Sonne zog am Fenster vorbei und ich sah wieder diesen komischen Vogel auf dem Garagendach sitzen …
- ▶ Erst letzte Woche hat sie von ihm Post bekommen, und jetzt schreibt er schon wieder …
- ▶ Martina dachte immer noch an die Zeit im Freibad zurück. Es gab dort auch schon für 50 Pfennig jede Menge Schleckereien zu kaufen …
- ▶ Die kleine Danuta zog die beiden Zeltlappen auseinander und sah, wie ihre Mutter das Wasser für den Tee aufsetzte …
- ▶ Martina war sich nicht sicher, ob sie diese Frau schon einmal gesehen hatte. Doch, es war letzte Woche in der Straßenbahn, gleich beim Hauptbahnhof …

▶ Das Taxi unter der Brooklyn Bridge wartete schon seit 10 Minuten auf die beiden Typen mit den schwarzen Koffern ...

▶ Das Mädchen mit dem roten Mantel versteckte sich für ihr Leben gerne. Sie hörte ihre Mutter wieder rufen, als sie sich zu den Männern ins Boot setzte ...

▶ Michael hasste es, wenn er seinem Vater beim Fischen zusah und nicht mitdurfte. Dieses Mal war es allerdings so kalt, dass ganz Island eisig war und die Schule schon wieder ausfiel ...

Lerninseln

Intensive Gruppenarbeit zu verschiedenen Aspekten eines Themas

Die Intervention „Lerninseln" zählt zu unseren Favoriten, weil sie Menschen einfach und unkompliziert zusammenbringt und gemeinsam an einem Thema arbeiten lässt. Lerninseln sind insbesondere dann geeignet, wenn Sie möchten, dass Teilnehmer sich in Gruppen punktuell mit verschiedenen Aspekten eines Themas intensiver auseinandersetzen. Die zentrale Aufgabe des Trainers besteht dabei vor allem in der Vorbereitung der Methode. Während der Durchführung hält er sich im Hintergrund, übernimmt die Rolle des Zeitwächters oder steht für Verständnisfragen zur Verfügung. Je unsichtbarer er ist, desto wirkungsvoller ist das Format. Dann haben die Teilnehmer mehr Raum für sich.

Mögliche Einsatzgebiete

▶ Alle Trainings, auch größere Veranstaltungen, wie Tagungen oder Kongresse.

▶ Der Fokus der Aufgabenstellung kann ganz unterschiedlich gesetzt werden: von rein fachlichen Aspekten bis zur persönlichen Betroffenheit.

▶ Sowohl zur Vertiefung eines Themas als auch zum Einstieg geeignet.

Vorbereitung

▶ Diverse Lerninseln werden im Raum verteilt: Jede Lerninsel hat Platz für drei bis maximal sechs Personen.

▶ Möglicher Aufbau einer Lerninsel: ein Karton in der Mitte (als Tisch, Schreib- oder Zeichenfläche und zentraler Punkt), drum herum Sitzgelegenheiten. Der Vorteil am Karton: Er ist sehr flexibel, kann verschoben und gedreht werden, die sechs Seiten können unterschiedlich verwendet/beschriftet werden – und Kartons machen den Teilnehmern Spaß.

▶ Die Anzahl der Lerninseln richtet sich nach der Gruppengröße und der Menge der verschiedenen Themenaspekte.

▶ Die Themen der Inseln sind optimalerweise so vorbereitet, dass die Teilnehmer sofort loslegen können. Jede Insel ist mit Arbeitsmaterial und einer Arbeitsanleitung für die Teilnehmer ausgestattet. Je unterschiedlicher die Aufgabenstellungen, desto mehr Erfahrungen können die Teilnehmer sammeln.

Dauer/Zeit

▶ Erfahrungsgemäß sind je Lerninsel 7 bis 10 Minuten Gruppenarbeit ausreichend. Mehr als 6 Runden sollte man nicht durchführen.

Gruppen

▶ Je Lerninsel 3 bis 6 Personen (möglich ist es auch mit zwei Personen, dann aber gibt es nur zwei – ggf. konträre – Perspektiven, ab drei Personen entsteht mehr kreativer Fluss).

▶ Gruppengröße insgesamt: mind. 9 Personen bis hin zur Großgruppe.

Vorgehensweise/Ablauf

Zum Thema des Trainings haben Sie die wesentlichen Kernaspekte mit dem dazugehörigen Arbeitsmaterial vorliegen. Sie können nun entweder die Insel im Raum Schritt für Schritt vor den Augen der Teilnehmer aufbauen und das Vorgehen erklären – oder aber Sie überraschen die Teilnehmer z.B. nach einer Pause mit der neuen Sitzordnung.

Tipp: Geben Sie klare Regeln für die Zusammenarbeit und eine gute Erklärung des Themas vor (ggf. auch eine schriftliche Arbeitsanleitung), das erleichtert allen das Arbeiten.

Die Teilnehmer teilen sich in Arbeitsgruppen und wandern von Lerninsel zu Lerninsel. Alle Gruppen arbeiten parallel. Nach Ende der vorgegebenen Zeit je Lerninsel geben Sie ein akustisches Signal. Alle wechseln den Platz und widmen sich ihrer neuen Aufgabe. Haben alle Teilnehmer jede Station durchlaufen, endet das Format. Sie können natürlich auch festlegen, dass jeder Teilnehmer nur eine bestimmte Auswahl an Lerninseln besetzt.

Beispiel

Lerninseln zum Thema Resilienz

Dieses Beispiel soll zeigen, wie einfach Lerninseln funktionieren. Natürlich gibt es viele Möglichkeiten, um es künstlerischer zu gestalten, auszubauen etc.

Das Thema Resilienz wurde im Vorfeld durch zwei Aktionen in das Training eingebracht. Aktion Nummer eins war eine Szene mit einer vom Burnout betroffenen Frau und ihrer Therapeutin: eine überspitzte Persiflage mit viel Inhalt. Im zweiten Teil folgte der fachliche Input zu den drei Grundhaltungen und vier Fähigkeiten von Menschen, die eine hohe Resilienz auszeichnet.

Multifunktionale Kartons

Diese sieben Aspekte hatten wir bereits auf sieben vorbereitete Kartons notiert. Die Kartons fungierten gewissermaßen als mobiles Bühnenbild und hatten dadurch eine gänzlich andere Wirkung als die klassische Flipchart- oder Pinnwandpräsentation (siehe Foto rechts). Während wir die drei Grundhaltungen und vier Fähigkeiten benannten, drehten wir die jeweiligen Kartons um und erläuterten das jeweilige Schlagwort den Teilnehmern. Anschließend verteilten wir die Kartons im Raum, die nun zu den Tischen der Lerninseln wurden. Darauf positionierten wir jeweils das Arbeitsmaterial mit den folgenden Arbeitsanweisungen:

Zu den drei Grundhaltungen:

▶ **Optimismus:** Nach dem Guten im Schlechten suchen: Ein Teilnehmer erzählt eine Geschichte aus dem Leben, bei der vermeintlich etwas schiefgegangen ist. Die anderen hören zu und nennen danach Beispiele für „das Gute im Schlechten".

▶ **Akzeptanz:** Lesen Sie die Geschichte „Vom alten Mann und den Pferden". Was können Sie daraus für Schlüsse für Ihr Leben ziehen?

▶ **Lösungsorientierung:** In der Flaschenpost vor Ihnen steckt ein Zettel, in dem ein echtes Problem aus einem anderen Unternehmen beschrieben ist. Entwickeln Sie als Team eine praktikable Lösung. Im Anschluss werten wir gemeinsam aus, welche Lösung uns am besten gefällt. Diesem Team winkt ein kleiner Gewinn!

Zu den vier Fähigkeiten:

▶ **Die Regulierung des Selbst:** Auf dieser Insel finden Sie ein Arbeitsblatt zum Umgang mit Kränkungsgefühlen. Besprechen Sie in Ihrer Gruppe, welche Schlussfolgerungen Sie daraus ziehen können. Entwickeln Sie eine Methode des Selbstmanagements bei Kränkungsgefühlen (hier variieren, je nach Kontext und Vorwissen der Teilnehmer).

▶ **Die Übernahme von Verantwortung:** Hier finden Sie einen Zeitungsartikel über ein Unternehmen in der Krise und wie es diese durch gemeinsames Lernen von- und untereinander gemeistert hat. Ziehen Sie aus diesem Best-Practice-Beispiel allgemeingültige Schlussfolgerungen, wie das Prinzip Verantwortung hilft, Krisen zu überwinden.

▶ **Die Gestaltung von Beziehungen:** Zeichnen Sie ein Netzwerkbild Ihres Beziehungssystems (privat – beruflich/enger – eher loser Kontakt).

▶ **Die Gestaltung der Zukunft:** Diese Lerninsel findet als Abschlussevent in der Gesamtgruppe statt. Wir hören gemeinsam ein Lied zum Thema!

Foto: Die Kartons –
mobiles Bühnenbild, Tisch
und Arbeitswerkzeug

Touch it ...

Liebe Leser,

nun sind wir ein ganzes Stückchen Weg zusammengegangen. Das Experiment schließt hier jetzt ab!

Wir haben unsere Gedanken auf vielfältige und teilweise auch sehr direkte Weise mitgeteilt und aufgeschrieben. Sie als Leser haben das Geschriebene mit Ihren Assoziationen, Erfahrungen und Sichtweisen weiter zum Leben erweckt.

Danke dafür!

Unsere Anregungen und Impulse haben Sie hoffentlich inspiriert, Ihnen noch mehr Lust auf Ihren eigenen Weg gemacht, Sie zum Nachdenken und Schmunzeln gebracht oder auch den einen oder anderen interessanten Einwand in Ihnen hervorgerufen.

All das war in unserem Sinne.

Wir wünschen Ihnen auf Ihrem Weg viele berührende Touch-Momente, die Sie den tieferen Sinn Ihres Tuns immer wieder spüren lassen. Und wir freuen uns, wenn wir – falls wir uns einmal treffen sollten – in ein Gespräch über Ihre und unsere Erfahrungen kommen.

Bis dahin,

Sandra Masemann und Barbara Messer

Anhang

Fußnoten

1 http://de.wikipedia.org/wiki/Touch: Entnommen am 28. Oktober 2011.

2 Gilmore, David: Der Clown in uns. Kösel, München 2011, S. 18-19.

3 Lindinger, Karin: Lass los und gewinne! Gräfe und Unzer, München 2004, S. 140.

4 http://de.wikipedia.org/wiki/Resonanz_(Physik): Entnommen am 19. Oktober 2011.

5 Masemann, Sandra/Messer, Barbara: Improvisation und Storytelling in Training und Unterricht. Beltz Verlag, Weinheim 2009, S. 67.

6 Galli, Johannes: Die Lust am Scheitern. Galli Verlag, Freiburg 2008.

7 Messer, Barbara: Das 1 x 1 des Führens in der Pflege. Schlütersche Verlagsgesellschaft, Hannover 2011, S. 65.

8 Unsere Thesen beziehen sich auf die Aussagen in dem Kartenset „Erkenntnisse aus der Gehirnforschung" von Ralf Besser.

9 Roth, Gerhard: Das Gehirn und seine Freiheit. In: Beiträge zur neurowissenschaftlichen Grundlegung der Philosophie 2006, S. 13.

10 Besser, Ralf: Kartenset „Erkenntnisse aus der Gehirnforschung".

11 Grawe, Klaus: Neuropsychotherapie. 2004, S. 106 ff.

12 Besser, Ralf: Kartenset „Erkenntnisse aus der Gehirnforschung".

13 Ebd.

14 Ebd.

15 Vester, Frederic, zitiert nach: Riedel, Katja: Persönlichkeitsentfaltung durch Suggestopädie. Schneider Verlag, Hohengehren 2000, S. 38.

16 Riedel, Katja: Persönlichkeitsentfaltung durch Suggestopädie. Schneider Verlag, Hohengehren 2000, S. 38.

17 Besser, Ralf: Kartenset „Erkenntnisse aus der Gehirnforschung".

18 Weidenmann, Bernd: Update für Trainer. managerSeminare, Bonn 2011, S. 30.

19 Besser, Ralf: Kartenset „Erkenntnisse aus der Gehirnforschung".

20 Unser Buchtipp: Masemann, Sandra/Messer, Barbara: Improvisation und Storytelling im Training, Beltz, Weinheim 2008. Darin befinden sich ganz viele Ideen, wie Sie Storytelling im Training nutzen können.

21 Besser, Ralf: Kartenset „Erkenntnisse aus der Gehirnforschung".

22 Ebd.

23 Skill Autorenteam: Seminare lebendig gestalten. Gabal Verlag, Offenbach 1995.

24 Blümke, Karen: Trainerpersönlichkeit und Lernatmosphäre. In: Grötzebach, Claudia (Hrsg.): Trainieren mit Herz und Verstand. Gabal Verlag, Offenbach 2006, S. 95.

25 Riedel, Katja: Persönlichkeitsentfaltung durch Suggestopädie. Schneider Verlag, Hohengehren 2000, S. 267.

26 Vester, Frederic, zitiert nach: Riedel, Katja: Persönlichkeitsentfaltung durch Suggestopädie. Schneider Verlag, Hohengehren 2000, S. 267.

27 Riedel, Katja: Persönlichkeitsentfaltung durch Suggestopädie. Schneider Verlag, Hohengehren 2000, S. 48-49.

28 Ackermann, Rolf: Suggestopädie. Erschienen in: Kleiner Wirtschaftsspiegel, Heft 7/1988. Entnommen den Teilnehmerunterlagen der SKILL GmbH.

29 Klein, Zamyat M.: Zauberwelt der Suggestopädie. managerSeminare, Bonn 2010, S. 71

30 O'Connor, J./Seymour, J.: Neurolinguistisches Programmieren: Gelungene Kommunikation und persönliche Entfaltung. VAK Verlag, Freiburg 1995, S. 133.

31 Isert, Bernd/Rentel, Klaus: Wurzeln der Zukunft. Junfermann, Paderborn 2000, S. 51.

32 Vgl. O'Connor & Seymour (1995), S. 132, sowie Isert & Rentel (2000), S. 51f.

33 Isert, Bernd/Rentel, Klaus: Wurzeln der Zukunft, Junfermann, Paderborn 2000, S. 53.

34 O'Connor, J./Seymour, J.: Neurolinguistisches Programmieren: Gelungene Kommunikation und persönliche Entfaltung. VAK Verlag, Freiburg 1995.

35 Isert, Bernd: NLP-Trainer-Manual. Forum für Meta-Kommunikation, Berlin 1999, S. 1-2.

36 Nach: Isert, Bernd: NLP-Trainer-Manual. Forum für Meta-Kommunikation, Berlin 1999.

37 Wagner, Hartmut, in: Skill-Autorenteam: Seminare lebendig gestalten. Gabal, Offenbach 2001, S. 113.

38 Klein, Zamyat M.: Zauberwelt der Suggestopädie. managerSeminare, Bonn 2010, S. 13.

39 Blümke, Karen: Trainerpersönlichkeit und Lernatmosphäre. In: Grötzebach, Claudia (Hrsg.): Trainieren mit Herz und Verstand, Gabal Verlag, Offenbach 2006, S. 97.

40 Molzahn, Rainer: Und wie außen, so auch innen. In: Skill-Autorenteam: Seminare lebendig gestalten. Gabal Verlag, Offenbach 1995, S. 23.

41 Messer, Barbara: 100 Tipps für die Validation, Brigitte Kunz Verlag, Schlütersche Verlagsgesellschaft, Hannover 2007, S. 54.

42 Ebd., S. 54.

43 Fourier, Stefan: Drei Oscars für den Chef. Econ, Berlin 2006, S. 14.

44 Feustel, Bert/Komarek, Iris: NLP-Trainingsprogramm. Südwest Verlag, München 2006.

45 de.wikipedia.org/wiki/Inneres_Team: entnommen am 25. Juni 2011.

46 Isert, Bernd/Rentel, Klaus: Wurzeln der Zukunft. Junfermann, Paderborn 2000, S. 302.

47 Messer, Barbara: Das 1x1 des Führens in der Pflege. Schlütersche Verlagsgesellschaft, Hannover 2011, S. 39-40.

48 Dietz 2008, S. 68.

49 Mehr Infos zur Jahresgruppe auf www. masemann-und-messer.com oder www. reise-der-heldin.com

50 O'Connor, Joseph/Seymour, John: Weiterbildung auf neuem Kurs. VAK Verlag, Kirchzarten bei Freiburg 2001, S. 85-86.

51 Galli, Johannes: Die sieben Keller-kinder. Galli Verlag, Freiburg 2011, S. 7.

52 Ebd., S. 11.

53 Ebd., S. 48.

54 Ebd., S. 50.

55 Ebd., S. 52.

56 Ebd., S. 52.

57 Ebd., S. 52.

58 Schulze-Seeger, Jürgen: Schwarzer Gürtel für Trainer. Beltz, Weinheim 2009.

59 Schlehuber, Elke/Molzahn, Rainer: Die heiligen Kühe und die Wölfe des Wandels. Gabal, Offenbach 2007, S. 230.

60 Gilmore, David: Der Clown in uns. Kösel Verlag, München 2011, S. 13.

61 James, Tad/Shephard, David: Die Magie gekonnter Präsentation. Junfermann, Paderborn 2002, S. 105.

62 Angelehnt an: Isert, Bernd: Trainermodelle und ihre Implikationen erkunden. NLP-Trainer Manual. Forum für Meta-Kommunikation, Berlin 1999.

63 Murphy, Joseph: Die Macht Ihres Unterbewusstseins für Ihren Erfolg. Ariston, Heinrich Hugendubel, Kreuzlingen/München 2008, S. 60.

64 Ebd., S. 63.

65 Reineck, Uwe/Sambeth, Ulrich/ Winklhofer, Andreas: Handbuch Führungskompetenzen trainieren. Beltz, Weinheim 2009, S. 273.

66 http://de.wikipedia.org/wiki/Integri-tät_(Ethik): entnommen am 28. Juni 2011

67 Reineck, Uwe/Sambeth, Ulrich/ Winklhofer, Andreas: Handbuch Führungskompetenzen trainieren. Beltz, Weinheim 2009, S. 287

68 vgl.: Messer, Barbara: Das 1 x 1 des Führens in der Pflege. Schlütersche Verlagsgesellschaft, Hannover 2011.

69 vgl.: Asgodom 2009

70 vgl.: Messer, Barbara: Das 1 x 1 des Führens in der Pflege. Schlütersche Verlagsgesellschaft, Hannover 2011.

71 Covey, M.R./Merill, Rebecca: Schnelligkeit durch Vertrauen. GABAL, Offenbach 2009, S. 28ff.

72 Szeliga, Roman: Erst der Spaß, dann das Vergnügen. Kösel Verlag, München 2011, S. 79.

73 Blumenschein, Annette/Ehlers, Ingrid Ute: Der Pippi Langstrumpf Faktor. Murmann Verlag 2004, S. 195.

74 Ebd., S. 199.

75 Aus: Canfield, Jack/Hansen, Mark Victor: Mehr Hühnersuppe für die Seele. Goldmann Verlag, München 2001.

76 Blumenschein, Annette/Ehlers, Ingrid Ute: Der Pippi Langstrumpf Faktor. Murmann Verlag 2004, S. 209.

77 vgl.: Masemann, Sandra/Messer, Barbara: Improvisation und Storytelling in Training und Unterricht. Beltz Verlag, Weinheim 2009.

78 Blumenschein, Annette/ Ehlers, Ingrid Ute: Der Pippi Langstrumpf Faktor. Murmann Verlag 2004, S. 217.

79 Ebd., S. 223.

80 Weyh, Helmut/Krause, Peter: Kreativität – Ein Spielbuch für Manager. Econ Verlag, Düsseldorf 1993.

81 Ebd.

82 Hahn, Peter: Humor als therapeutische und soziale Kompetenz. www.humor. ch. Hinsichtlich des Aspektes Therapie gering verändert.

83 Nach einer Idee aus: Einfach die Welt verändern im Job. Pendo Verlag, München und Zürich 2006.

84 Seiwert, Lothar: Das Bumerang-Prinzip – Mehr Zeit fürs Glück. Gräfe und Unzer Verlag, München 2002.

85 Riedel, Katja: Persönlichkeitsentfaltung durch Suggestopädie. Schneider Verlag, Hohengehren 2000, S. 63.

86 James, Tad/Shephard, David: Die Magie gekonnter Präsentation. Junfermann, Paderborn 2002, S. 103-104.

87 Golemann, Daniel: Emotionale Intelligenz. dtv, München 1999, S. 127.

88 Kline, Peter: Das alltägliche Genie. Junfermann Verlag, Paderborn 1997, S. 198.

89 Masemann, Sandra/Messer, Barbara: Improvisation und Storytelling in Training und Unterricht. Beltz, Weinheim und Basel 2009, S. 194.

90 Feustel, Bert/Komarek, Iris: NLP-Trainingsprogramm. Südwest Verlag, München 2006.

91 O'Connor, Joseph/Seymour, John: Weiterbildung auf neuem Kurs. VAK Verlag, Kirchzarten bei Freiburg, 2001, S. 87.

92 http://books.google.de: Entnommen am 9. November 2011.

93 Ferenchich, Roberta: Lernbedürfnisse vs. Lernblockaden. In: DGSL Magazin, Ausgabe 2011, ISSN 1866-8925.

94 Gilmore nennt alles, was ist, die Null. „Das sehe ich als unsere Kernerfahrung, die wir direkt erleben und die uns niemand erklären muss. Erst dann wird das Leben durch uns geprägt. ... Die Null ist also das leben, das Lebendige in uns – und das Leben ‚lacht'." Gilmore (2011), S. 11-12.

95 Gilmore, David: Der Clown in uns. Kösel, München 2011, S. 10

96 Kline, Peter: Das alltägliche Genie. Junfermann, Paderborn 1997, S. 209.

97 Rosenberg, Marshall B.: Gewaltfreie Kommunkation. Junfermann, Paderborn 2002, Rückseite Buchumschlag.

98 Molzahn, Rainer: Niemand weiß alles – aber alle wissen etwas oder: Gruppenprozess und Gruppenarbeit. In: Seminare lebendig gestalten. Gabal, Offenbach 2001, S. 134.

99 Lindinger, Karin: Lass los und gewinne!, Gräfe und Unzer, München 2004, S. 73.

100 http://www.stangl-taller.at/TEST-EXPERIMENT/experimentbsprosenthal: Entnommen am 14. November 2011

101 zitiert nach: Riedel, Katja: Persönlichkeitsentfaltung durch Suggestopädie, Schneider Verlag, Hohengehren 2000, S. 71.

102 Messer, Barbara: 100 Tipps für die Pflegeplanung. Brigitte Kunz Verlag, Hannover 2006, S. 17.

103 Maier, Christian: Wesentliches. Bildung und Wissen, Nürnberg 2000, S. 19.

104 Schmitt, Ralf/Voller, Thorsten: Ich bin total spontan. Ariston, München 2010, S. 163.

105 Allerdings: Mit zunehmender Altersreife erlauben viele von uns sich auf charmante Weise, wieder Fehler zu machen, die gewonnene Gelassenheit sorgt dafür.

106 Pfetsch, Hela: Lehre mich nicht, lass mich lernen oder: Vom Umgang mit Fehlern. In: Skill-Autorenteam: Seminare lebendig gestalten. Gabal, Offenbach 2001, S. 164-165.

107 Dagmar von Consolati

108 Kline, Peter: Das alltägliche Genie. Junfermann, Paderborn 1997, S. 199.

109 Gens, Klaus Dieter: Mit dem Herzen hört man besser. Junfermann, Paderborn 2007, S. 36.

110 Csikszentmihalyi, Mihaly: Flow – Das Geheimnis zum Glück. Klett-Cotta, Stuttgart 2007, S. 23.

111 Masemann, Sandra/Messer, Barbara: „Lass mich dein Spiegel sein!" Erschienen in: Praxis Schule 5-10, Heft 3/20, S. 9-10.

112 Isert, Bernd: NLP Trainer Manual. Forum für Meta-Kommunikation, Berlin 1999.

113 Renolder, Christa/Scala, Eva/Rabenstein, Reinhold: Einfach systemisch! Ökotopia, Münster 2007, S. 65.

114 Nach: McDermott & O'Connor 1999, S. 144.

115 Seiwert 2002, S. 107.

116 Vgl. Möbius, Jill A./Schache, Rüdiger: Fragen, die das Herz bewegen. Via Nova, Petersberg 2005.

117 angelehnt an: Rabenstein, Reinhold/Reichel, René/Thanhoffer, Michael: Das Methoden-Set. 1. Anfangen. Ökotopia, Münster 1998.

118 http://de.wikipedia.org/wiki/ Maslowsche_Bedürfnispyramide: Entnommen am 30. Oktober 2011.

119 Rosenberg (2002), S. 70.

120 Ebd.

121 Kline, Peter: Das alltägliche Genie. Junfermann, Paderborn 1997, S. 186.

122 Ebd., S. 168.

123 Molzahn, Rainer: Niemand weiß alles – aber alle wissen etwas oder: Gruppenprozess und Gruppenarbeit. In: SKILL-Autorenteam: Seminare lebendig gestalten. Gabal, Offenbach 2001, S. 133.

124 Rosenberg (2002), S. 70.

125 Goleman, Daniel: EQ – Emotionale Intelligenz. dtv, München 1999, S. 127.

126 Riedel, Katja: Persönlichkeitsentfaltung durch Suggestopädie. Schneider Verlag, Hohengehren 2000, S. 71.

127 Kline, Peter: Das alltägliche Genie. Junfermann, Paderborn 1997, S. 231.

128 Weidenmann, Bernd: Handbuch Kreativität. Beltz, Weinheim und Basel 2010, S. 9.

129 Schulze-Seeger, Jürgen: Schwarzer Gürtel für Trainer. Beltz, Weinheim 2009, S. 160.

130 Csikszentmihalyi, Mihaly: Flow. Klett-Cotta, Stuttgart 2007, S. 283.

131 Lozanov zitiert nach: Riedel, Katja: Persönlichkeitsentfaltung durch Suggestopädie. Schneider Verlag, Hohengehren 2000, S. 40.

132 http://de.wikipedia.org/wiki/ Joseph_Beuys: Entnommen am 14. November 2011.

133 Brook, Peter: Wanderjahre. Alexander Verlag, Berlin 1989, S. 29.

134 Batz, Michael/Schroth, Horst: Theater zwischen Tür und Angel. Rowohlt Taschenbuch, Reinbek bei Hamburg 1983, S. 24.

135 Brook, Peter: Wanderjahre. Alexander Verlag, Berlin 1989, S. 21.

136 Antara, Gila: Richte Dich auf. Selbstverlag. Songrise, Ingleston House. The Terrace, Chale 2004, S. 12. www.gila-antara.co.uk

137 Brook, Peter: Wanderjahre. Alexander Verlag, Berlin 1989, S. 203-204.

138 Ebd., S. 135.

139 Funcke, Amelie/Havermann-Feye, Maria: Training mit Theater. managerSeminare, Bonn 2004, S. 18-19.

140 Bartels, Dieter: Das Clowntheater 1x1. Buschfunk Verlag, Planegg 2010, Klappentext.

141 Ebd., S. 135.

142 Edb., S. 135.

143 Galli, Johannes: Clown, die Lust am Scheitern. Galli Verlag, Freiburg 2008.

144 Bartels, Dieter: Das Clowntheater 1x1. Buschfunk Verlag, Planegg 2010, S. 48.

145 Galli, Johannes: Clown, die Lust am Scheitern. Galli Verlag, Freiburg 2008.

146 Bartels, Dieter: Das Clowntheater 1x1. Buschfunk Verlag, Planegg 2010, S. 67.

147 Szeliga, Roman: Erst der Spaß, dann das Vergnügen. Kösel, München 2011, S. 114.

148 Brockhaus, Band 13. Brockhaus, Leipzig, Mannheim 1999.

149 Batz, Michael/Schroth, Horst: Theater zwischen Tür und Angel. Rowohlt Taschenbuch, Reinbek bei Hamburg 1983, S. 126.

150 Goffmann, Erwin: Wir alle spielen Theater. Piper, München 2003.

151 Szeliga, Roman: Erst der Spaß, dann das Vergnügen. Kösel, München 2011, S. 118-119.

152 http://www.theatre-mariejeanne. com: Entnommen am 20. November 2011.

153 http://www.knalltheater.de/ groteskes-theater-buffonen.html: Entnommen am 15. November 2011.

154 http://de.wikipedia.org/wiki/Inszenierung: Entnommen am 15. November 2011.

155 Brook, Peter: Wanderjahre. Alexander Verlag, Berlin 1989, S. 32.

156 Ebd., S. 32.

157 Nitschke, Petra: Trainings planen und gestalten. managerSeminare, Bonn 2011, S. 13.

158 Hierzu finden Sie mehr auf der CD: Masemann, Sandra/Messer, Barbara: „Inhalte! Merkwürdig! Vermitteln!" in der Methodenreihe „Trainings inszenieren". Jünger Medien, Offenbach 2011.

159 Masemann, Sandra/Messer, Barbara: Improvisation und Storytelling in Training und Unterricht. Beltz, Weinheim 2009, S. 197f.

160 Bei diesen Fragen und weiteren Aussagen in diesem Kapitel haben wir uns hier Anregung geholt: Höcker, Angelika: Business Hero. Gabal, Offenbach 2010.

161 Matthes, Andrew: So geht's mir gut. VAK Verlag, Kirchzarten bei Freiburg, 2007, S. 51.

162 Vujicic, Nick: Mein Leben ohne Limits. Brunnen Verlag, Gießen 2011, S. 175-176.

163 Ebd., S. 202.

164 Ebd., S. 203.

165 Ebd., S. 203.

166 Dieses Methode finden Sie auch auf der CD: Masemann, Sandra/Messer, Barbara: Trainings inszenieren, Prozesse inszenieren. Jünger Medien, Offenbach 2011.

167 Antara, Gila: Erde – meine Mutter (CD).

168 Dieses Methode finden Sie auch auf der CD: Masemann, Sandra/Messer, Barbara: Trainings inszenieren, Prozesse inszenieren. Jünger Medien, Offenbach 2011.

169 Ebd.

170 http://www.business-wissen.de/ organisation/heldenprinzip-sich-jetzt-als-unternehmen-auf-heldenreise-begeben/: Entnommen am 14.03.2011.

171 Diese Intervention finden Sie auch auf der CD: Masemann, Sandra/Messer, Barbara: Trainings inszenieren, Prozesse inszenieren. Jünger Medien, Offenbach 2011.

172 http://de.wikipedia.org/wiki/Fishbowl: Entnommen am 27.03.2011.

173 Diese Intervention finden Sie auch auf der CD: Masemann, Sandra/Messer, Barbara: Trainings inszenieren, Prozesse inszenieren. Jünger Medien, Offenbach 2011.

174 Ebd.

175 Diese Intervention finden Sie auch auf der CD: Masemann, Sandra/Messer, Barbara: Storytelling im Training. Jünger Medien, Offenbach 2011.

Literaturverzeichnis

Antara, Gila: Richte Dich auf. Selbstverlag. Songrise, Ingleston House. The Terrace, Chale 2004. www.gila-antara.co.uk

Bartels, Dieter: Das Clowntheater 1x1. Buschfunk Verlag, Planegg 2010.

Batz, Michael/Schroth, Horst: Theater zwischen Tür und Angel. Rowohlt Taschenbuch, Reinbek bei Hamburg 1983.

Besser, Ralf: Erkenntnisse aus der Gehirnforschung (Kartensets), www.besser-wie-gut.de

Blumenschein, Annette/Ehlers, Ingrid Ute: Der Pippi Langstrumpf Faktor. Murmann Verlag 2004.

Brook, Peter: Wanderjahre. Alexander Verlag, Berlin 1989.

Canfield, Jack/Hansen, Mark Victor: Mehr Hühnersuppe für die Seele. Goldmann Verlag, München 2001.

Covey, M.R./Merill, Rebecca: Schnelligkeit durch Vertrauen. GABAL, Offenbach 2009.

Csikszentmihalyi, Mihaly: Flow – Das Geheimnis zum Glück. Klett-Cotta, Stuttgart 2007.

Ferenchich, Roberta: Lernbedürfnisse vs. Lernblockaden. In: DGSL Magazin, Ausgabe 2011, ISSN 1866-8925.

Feustel, Bert/Komarek, Iris: NLP-Trainingsprogramm. Südwest Verlag, München 2006.

Fourier, Stefan: Drei Oscars für den Chef. Econ, Berlin 2006.

Funcke, Amelie/Havermann-Feye, Maria: Training mit Theater. managerSeminare, Bonn 2004.

Galli, Johannes: Clown – Die Lust am Scheitern. Galli Verlag, Freiburg 2008.

Galli, Johannes: Die sieben Kellerkinder. Galli Verlag, Freiburg 2011.

Gens, Klaus Dieter: Mit dem Herzen hört man besser. Junfermann, Paderborn 2007.

Gilmore, David: Der Clown in uns. Kösel, München 2011.

Goffmann, Erwin: Wir alle spielen Theater. Piper, München 2003.

Goleman, Daniel: EQ – Emotionale Intelligenz. dtv, München 1999.

Grawe, Klaus: Neuropsychotherapie. Hogrefe, Göttingen 2004.

Grötzebach, Claudia (Hrsg.): Trainieren mit Herz und Verstand. Gabal, Offenbach 2006.

Höcker, Angelika: Business Hero. Gabal, Offenbach 2010.

Isert, Bernd: NLP-Trainer-Manual. Forum für Meta-Kommunikation, Berlin 1999.

Isert, Bernd/Rentel, Klaus: Wurzeln der Zukunft. Junfermann, Paderborn 2000.

James, Tad/Shephard, David: Die Magie gekonnter Präsentation. Junfermann, Paderborn 2002.

Klein, Zamyat M.: Zauberwelt der Suggestopädie. managerSeminare, Bonn 2010.

Kline, Peter: Das alltägliche Genie. Junfermann, Paderborn 1997.

Lindinger, Karin: Lass los und gewinne!, Gräfe und Unzer, München 2004.

Maier, Christian: Wesentliches. Bildung und Wissen, Nürnberg 2000.

Masemann, Sandra/Messer, Barbara: „Lass mich dein Spiegel sein!" Erschienen in: Praxis Schule 5-10, Heft 3/20.

Masemann, Sandra/Messer, Barbara: Improvisation und Storytelling in Training und Unterricht. Beltz Verlag, Weinheim 2009.

Masemann, Sandra/Messer, Barbara: Storytelling im Training. Jünger Medien, Offenbach 2011.

Masemann, Sandra/Messer, Barbara: Trainings inszenieren, Prozesse inszenieren. Jünger Medien, Offenbach 2011.

Matthes, Andrew: So geht's mir gut. VAK Verlag, Kirchzarten bei Freiburg 2007.

McDermott, Ian/O'Connor, Joseph: Die Lösung lauert überall. VAK Verlag, Kirchzarten bei Freiburg 1998.

Messer, Barbara: 100 Tipps für die Pflegeplanung. Brigitte Kunz Verlag, Schlütersche Verlagsgesellschaft, Hannover 2006.

Messer, Barbara: 100 Tipps für die Validation, Brigitte Kunz Verlag, Schlütersche Verlagsgesellschaft, Hannover 2007.

Messer, Barbara: Das 1x1 des Führens in der Pflege. Schlütersche Verlagsgesellschaft, Hannover 2011.

Möbius, Jill A./Schache, Rüdiger: Fragen, die das Herz bewegen. Via Nova, Petersberg 2005.

Murphy, Joseph: Die Macht Ihres Unterbewusstseins für Ihren Erfolg. Ariston, Heinrich Hugendubel, Kreuzlingen/München 2008.

N.N.: Einfach die Welt verändern im Job. Pendo Verlag, München und Zürich 2006.

Nitschke, Petra: Trainings planen und gestalten. managerSeminare, Bonn 2011.

O'Connor, Joseph/Seymour, John: Weiterbildung auf neuem Kurs. VAK Verlag, Kirchzarten bei Freiburg 2001.

O'Connor, John/Seymour, John: Neurolinguistisches Programmieren: Gelungene Kommunikation und persönliche Entfaltung. VAK Verlag, Kirchzarten bei Freiburg 1995.

Rabenstein, Reinhold/Reichel, René/Thanhoffer, Michael: Das Methoden-Set. 1. Anfangen. Ökotopia, Münster 1998.

Reineck, Uwe/Sambeth, Ulrich/Winklhofer, Andreas: Handbuch Führungskompetenzen trainieren. Beltz, Weinheim 2009.

Renolder, Christa/Scala, Eva/Rabenstein, Reinhold: Einfach systemisch! Ökotopia, Münster 2007.

Riedel, Katja: Persönlichkeitsentfaltung durch Suggestopädie. Schneider Verlag, Hohengehren 2000.

Rosenberg, Marshall B.: Gewaltfreie Kommunkation. Junfermann, Paderborn 2002.

Roth, Gerhard: Das Gehirn und seine Freiheit. In: Beiträge zur neurowissenschaftlichen Grundlegung der Philosophie 2006.

Schlehuber, Elke/Molzahn, Rainer: Die heiligen Kühe und die Wölfe des Wandels. Gabal, Offenbach 2007.

Schmitt, Ralf/Voller, Thorsten: Ich bin total spontan. Ariston, München 2010.

Schulze-Seeger, Jürgen: Schwarzer Gürtel für Trainer. Beltz, Weinheim 2009.

Seiwert, Lothar: Das Bumerang-Prinzip – Mehr Zeit fürs Glück. Gräfe und Unzer, München 2002.

Skill Autorenteam: Seminare lebendig gestalten. Gabal, Offenbach 1995.

Szeliga, Roman: Erst der Spaß, dann das Vergnügen. Kösel, München 2011.

Vujicic, Nick: Mein Leben ohne Limits. Brunnen Verlag, Gießen 2011.

Weidenmann, Bernd: Handbuch Kreativität. Beltz, Weinheim und Basel 2010.

Weidenmann, Bernd: Update für Trainer. managerSeminare, Bonn 2011.

Weyh, Helmut/Krause, Peter: Kreativität – Ein Spielbuch für Manager. Econ Verlag, Düsseldorf 1993.

Stichwortverzeichnis

Für mehr bewegende Momente im Training

Hans Heß (Hrsg.)
Erzählbar
111 Top-Geschichten für den professionellen Einsatz in Seminar und Coaching

2011, 278 Seiten
ISBN 978-3-941965-32-4
49,90 Euro

Petra Nitschke
Trainings planen und gestalten

2011, 288 Seiten
ISBN 978-3-941965-16-4
49,90 Euro

durchgehend vierfarbig!

Bernd Weidenmann
Update für Trainer
In 14 Lektionen zur didaktischen Meisterschaft

2011, 280 Seiten
ISBN 978-3-941965-17-1
49,90 Euro

Jörg Friebe
Reflexion im Training
Aspekte und Methoden der modernen Reflexionsarbeit

2010, 312 Seiten
ISBN 978-3-941965-08-9
49,90 Euro

1. Publikationspreis der intern. Fachtagung „Erleben und Lernen 2010"